幕末期のオランダ対日外交政策

「国家的名声と実益」への挑戦

小暮実徳
Minori Kogure

彩流社

目次

はじめに――ナポレオン戦争以降のオランダ対外政策を対日政策から再解釈

日本の開国以降を扱う日欧外交関係史の研究では、日本と欧米諸大国、特に英米仏との外交関係の研究が主である。日本と長い通商関係を有していたオランダに関する外交史研究は少なく、専ら日蘭関係は、文化交流史の視点から多くの研究がなされた。この研究状況は、オランダのヨーロッパにおける領土的小国性から、その自主的対日外交政策の可能性に関する否定的な見解から生じている。確かにオランダは、他の欧米諸大国と比較すれば小規模国家である。しかし当時オランダは、アジアに広大な植民地蘭領東インド(現インドネシア)を有し、植民地保有国としてはイギリスに次ぐ世界第二位であった。同植民地の首尾よい運営により、当時オランダ経済は、極めて良好であった[1]。この点を考慮すると、現在の関連研究内では、当時オランダが有していたアジアにおける影響力と欧米列強間における役割、またその日本における特別な影響力が見逃されており、ここから当時の日欧外交関係史、日蘭外交史、更にはオランダ極東政策について正確な認識が出来ない。そこで幕末期におけるオランダ対日外交政策のテーマを、徹底的に考察する必要がある。

本書では主にオランダ語原文書・著作に基づき、一八五〇年から一八六三年までのオランダ対日外交政策で生じる以下の諸問題を検討し、解明する。

一、本研究が一九世紀オランダ近代史の再解釈を如何に可能とするか。

二、ヨーロッパの領土的小国オランダは、アジアにおける他のヨーロッパ諸列強間で、如何にアジア問題を処理し得たか。
三、何故オランダは、アメリカ合衆国による日本開国以降、自主的で積極的な対日政策を採用したのか。
四、オランダは、日蘭両国の古来の関係により、如何に日本での利害を促進し得たか。
五、オランダにとって如何なる問題が、日本用件の中で生じたのか。
六、何故オランダは、諸外国人への江戸開市後も、長崎の旧オランダ定住地出島に留まり続けたのか。
七、新たな日本市場内で、オランダは如何なる計画を立案し、展開して行ったのか。
八、世界一最強国アメリカ合衆国に対しオランダは、如何にして日本での利害を促進したか。
九、何故オランダの自主的で積極的な外交政策は終焉を迎えたのか。

一、日欧外交関係史における二つの問題点

1 科学的研究を阻害する通念

現在の一九世紀日欧外交関係史では、幕末期のオランダ対日外交政策に関する研究が少ない。この研究状況は何故生じたか。これには同研究内にある通念の存在に関する問題が指摘できる。それは〝他の欧米諸列強に比べ、オランダは強国ではなく、日本問題で自主的な政策が取れなかった。むしろ小国オランダは、他国との良好な関係維持に努め、ここから日本は他の欧米諸列強との関係強化に至った〟との通念である。このもっともらしく聞こえる通念により、日欧外交関係史研究では、オランダに注目する研究が少なくなってしまった。しかしこの通念は、科学的実証を伴っておらず、すなわちこの通念を学術的に検討した研究はない。

2 交渉史研究における問題点

上述の通念の問題以外にも、更に現在同研究分野においては、以下の問題点が指摘できる。それは日本側と欧米側に分けて説明する。

a 日本の研究成果の問題

日本の研究成果が抱える問題として、日蘭交渉史は日本史の分野に属し、そこで用いられる史料は、主に日本側の史料である。日本の史料から、当時日本に駐在した欧米各国要人との交渉については、多くの詳細な研究がなされている。更にそれに関する史料も整理され、また出版もされている。また日本の一部の研究では、日本の史料を補完する形で、欧米諸列強内の大国で、日本の開国以降重要な役割を果たしたイギリスの外務省文書や、更にアメリカの文書を用いたものも存在する。しかしこれらの研究も、日本に来た個人の検討が主であり、そこで特には地域的、すなわち長崎、横浜等の開港地における状況や当地における日本人との交渉の様子を扱うものが多い(2)。すなわちこのような研究からは、その諸外国人の本国政府が、全体として、どのように日本問題を観察し、そしてどのような対日政策を立案していたのかは、ほとんど理解できない。更に欧米諸列強の本国政府の文書を、十分に検討したものはほとんど散見されない。

b 欧米の研究成果の問題

欧米の研究成果が抱える問題としては、日本開国以降、日本と欧米諸列強、特に英米との関係に焦点が向けられたことである。イギリスでは、イギリス外務省文書や日本の当時の古文書を詳細に用いたビーズリー(3)、コルタッチ(4)の一連の著作は注目される。また当時の駐日外交官等の研究、日誌等は多く出版されている。そしてアメリカでは、アメリカの日本関係外交文書を詳細に用いたグッドマン[5]やワイリー[6]の著作は有益である。更にペリー司令官遠征記や当時の日本を訪れた各国要人に関する研究も、詳細になされている。しかしながら上述の著作内では、英米・日本間との関係が中心となっている。

また日本の研究状況とかかわるが、英米の著作においても、地域的な英米関係が強調される傾向にある。例えば日本開国後、日本では攘夷運動が激しくなり、外国人殺傷事件を含む多くの不幸な事件が起こった。当時日本当局は、有効な防衛措置を講ずることが出来なかった。ここからイギリス全権は、長崎にいるオランダ全権よりも、江戸のアメリカ全権との緊密な連絡を続けることになった。しかしこれは、単なる偶発的、また地域的レベルで生じたことを指摘しなければならない。さもなくば、アジアにおける新興国アメリカに対するヨーロッパ諸列強の外交同盟関係を理解できない。

このような研究状況の中、オランダでは、当時ほとんど知られていなかった日本文化への興味から、民族学的アプローチの研究も多く見られる[7]。しかし、オランダの対日外交に関する研究は少ない。一八五〇年代の日蘭外交関係を検討した著作では、ファン・デル・シェイスの古典的作品『オランダ日本開国論』[8]、ファビウスの伝記的作品、スタペルカンプ『ヘルハルドゥス・ファビウス　一八〇六—一八八八』がある[9]。しかしながらステリングベルフは、「シェイスは詳細な研究をなしたが、専らオランダ史料に基づき、それ以降同問題は、オランダ語でも英語でも著されなかった。そこで日本開国は、英語の、またはアメリカの問題内で認識される[10]」と述べ、オランダでの研究内では、当時の日本問題がほとんど無視されていることを適切に指摘している。このような研究状況から、当時オランダ本国政府首脳が、如何なる外交方針により対日政策を行っていたかについては、本格的な研究は全くなされていない。更に言えば、その重要性を指摘する研究も、ほとんど見ることは出来なかった。

著者はこの日蘭外交関係を、オランダ外交史・植民地史にかかわる問題と考えている。しかし同分野では「オランダにとってのアジア問題は、インドネシアが最重要用件であり、他のアジア用件は、それ程重要ではなかった。そこでオランダにとって、日本問題はほとんど関心なく、当時オランダは、日本問題にほとんど関与しなかった」との別の通念が存在する。このためオランダにおいて日本問題は、そのオランダ外交史・植民地史内で扱われることがない。更に現在のオランダ外交史・植民地史では、中国・シャムへの興味に留まり、日本問題は外交関係で扱われることはなく、ほとんどオランダ東インド会社（Vereenigde Oost-Indische Compagnie; the United Netherlands East India Company）研究内で扱われるだけである。

二、日蘭外交関係史の問題点

上述の現在における日欧外交関係史上の諸問題を理解すると、幕末期の日蘭外交関係史内では三点の問題が指摘できる。

1、オランダは、他の欧米諸列強に追従する政策しか採れなかったし、採らなかったと解釈された。更にこれは「オランダ小国論」との理論からも説明されている。すなわちオランダは小国政策、すなわち「欧米列強との困難な外交的問題に拘らず、中立政策を採り続け、その一方で貿易・海運等の商業的利益を極大にする政策」[11]を採ったと解釈された。また当時オランダは、既に日本での最恵国待遇を有していたので、オランダが主導権をとる必要はなく、そのようなオランダの態度は、他国との良好な関係維持にも繋がったと解釈された。

2、既存の研究書では、地域的な問題が多く扱われ、ここから英米関係が極めて良好であったとの感を与えている。

開国後、日本国内では排外運動が高まり、多くの由々しい諸事件が起こった。それに対し日本当局は、有効な諸手段（警察権等）を有していなかった。ここから欧米諸国は、自国民の保護のために共に協力する必要に迫られた。そこで特に、長崎を本拠地としているオランダよりも、イギリスのオールコック（Rutherford Alcock, 1809-1897）は、江戸にいるアメリカのハリス（Townsend Harris, 1804-1878）と緊密な接触を持ったことは考えられる。しかしこれはやむを得ない、地域的状況から生じたものである。そこでこの地域的視野からは、当時の欧米諸列強によるアジアの勢力圏獲得競争で生じていた、ヨーロッパ対アメリカとの構図が見えてこない。

3、既存の日本開国期を扱う日欧関係史内では、オランダへの視点が欠けており、ここから誤った見解も生じることになっている。例えば当時日本・欧米諸列強間で、戦争が起こらなかったことへの意見である。これに関して、ある日本の研究書では、当時の幕府対応の不適切さを指摘するものもあるが、その一方で、圧倒的な武力を背景に来航したイギリスに対して屈することが無かったことを日本の外交成果と評価するものがある。(12) その他の解釈では、当時イギリスの対アジア政策の基本姿勢は「小英国主義」であり、そこでイギリスが日本に対し武力に訴えなかったとしているものもある。(13)

当時の幕府の無定見は、明らかである。この結末は、ただ数人の才知ある幕府官吏のお陰で、その場を乗り切ったと考えるべきであろう。例えば「森山栄之助は当時多少英語がしゃべれたが、漂流民ラナウドからも英語を習い、流暢に英語がしゃべれるようになった。森山はオランダ語も堪能で、オランダ商館長は、森山のオランダ語は自分よりもずっとうまいくらいだということだった」(14)。また林大学頭の論理により、ペリーは通商に関して十分な話し合いが出来なかったとの指摘がある。(15) つまりここから幕府自体が、明確な将来の指針を掲げ、更には幕府内部を改革し、対外関係においての主導権をとっていったとは考えにくい。

ここから日本が戦争に至らなかった問題については、日本におけるオランダの存在を指摘すべきである。日本はオランダと長い関係を持っており、そこでは戦争もなく、平和的に貿易が続けられていた。このようなことから日本は、欧米諸列強から、話が出来る相手として考えられていた事実を考慮すべきなのである。オールコックは、「ついに北京にまでヨーロッパ各国公使館の旗が打ち立てられた。日本は中国よりも賢明で、ヨーロッパと東洋の相対的地位を完全に変えてしまった諸変化を、中国よりもよく理解し、評価できたと信ずべき理由があるように思われる。それは、ひとつには、目の前に現れる事実の真の意義を中国人よりもすばやく、また適応性をもってとらえたことにもあるようだが、同時にそれは、かれらがオランダ人との関係を保っていたことにもよることが大であろう」と指摘し、その後ウィレム二世の開国勧告書をあげ、オランダの対日貢献を評価していることからも伺える。(16)

また当時日本では、ヨーロッパの一言語であるオランダ語を操るオランダ通詞がおり、実際に同言語により、欧米諸列強代表との交渉が続けられていた。この事実も、重要な点と言える。またイギリスは、ヨーロッパ大陸の友好国オランダが、対日問題を進展させることを期待していたこと、更にイギリスは中国・インドの問題があり、アジアにおける更なる出費はしたくなかったことも挙げられる。すなわち当時欧米と日本間で戦争が生じなかったことは、「小英国主義」や「日本の外交力の成果」とは、一概には言えない。つまりイギリスにとっては、オランダが日本問題を日本当局と交渉中であるので、勿論その交渉中に武力誇示を仄めかし、その進展を図る策略はあったが、本格的に武力政策を行う必要を感じなかったのである。すなわち同盟国オランダとの関係、そしてオランダの日本での存在が、日本を戦争に至らせることなく、更には日本の西欧化に大きく貢献したのである。ここでまた注目すべきことは、このイギリスの態度は、アジアに有するオランダの影響力を示していると言え、これは他の欧米諸国をも共有していたと考えられる。

三、通念から離れた、幕末期のオランダ対日外交政策の積極的考察

a オランダの帝国主義から

当時オランダは欧米諸列強中で、日本に対し何も出来ないほどの小国であったのか。当時オランダは、アジアに広

大なインドネシアを保有する、イギリスに次ぐ植民地大国であった。ここからオランダは、アジア地域で重要な国であった。しかしながら近年まで、アジアにおけるオランダの対外政策は、ほとんど評価されて来なかった。この状況の中、オランダ外交・植民地史研究内で生じた新しい概念、オランダの帝国主義（Nederlandse Imperialisme）は、オランダの自主的な外交政策への視点を支持することになろう。これについては序章で検討する。すなわち蘭領東インドの視点から、オランダにとってアジア問題は政治経済上、極めて重要であり、その包括的な視野に日本問題も含まれるのである。

b日本問題はオランダの「国家的名声と実益」との視点から

日本開国後、多くの欧米諸国が日本問題に参入する。この状況の中でオランダは、日本問題を諦めなかった。それはまず蘭領東インドの考慮から、オランダにとってアジア用件は、極めて重要であったことによる。また日本問題は、オランダにとって特別であった。すなわち西欧国として唯一オランダは、日本の所謂「鎖国」時代にも、関係を続けていた。この事実は、オランダの海上貿易国としての地位を高めた。すなわち日本におけるオランダの政治的影響力の向上は、アジアに位置するインドネシア経営に連関し、極めて重要な問題と考えられていた。また開国以前は、厳しい対外政策を維持してきた日本であったが、開国後は積極的な欧化政策を採用した。この西欧文物に強い欲求を持つ日本は、オランダにとって非常に魅力ある新市場であった。すなわちオランダは、日本との古くからの関係から、日本に関する知識を、どの国よりも優れて保有していた。そこで日本開国後、このような利点を生かし、アジア全体における政治経済的観点から、オランダが日本問題を最重要用件として捉え、その中で当該利益を確保しようとしたことは、極めて当然である。更に当時オランダは、一八三四年に始まる蘭領東インドにおける強制栽培制度（Cultuurstelsel）により、巨大な利益を上げていた。ここから日本は、同地の植民地産物の新たな捌け口としても、その地理的緊密さから、現実的な市場であった。

c日本の伝統主義から

開国以後日本は、他の欧米諸列強と比べて、オランダを〝付き合う価値のない国〟と考えたのであろうか。この反証には、日本は英米よりも旧知のオランダに頼りたかったとの事実がある。日本は開国したが、幕府は極めて伝統主義にあり、また数多くの大名・藩主により、大胆な改革は非常に難しかった。そこで幕府は、当初開国への明確な計画も立てられず、またその実現に、積極的な意思も持たなかった。ただ、特にアメリカによる圧力により、それを余儀なくされていただけである。ここから当時オランダの穏健な日本開国、またその助言は、幕府にとって大変都合が良かった。更に幕府内では、オランダがインドネシアを有していることから、英米と比べれば小規模であるが、十分関係を持つに足る国との認識もあり、そこでオランダとの緊密な関係から、徐々に欧化するとの計画も存在していた。

これらの事実や視点を考慮すると、日本開国以降、直ぐにオランダが日本から締め出されたとは考えづらい。またオランダも、日本問題を簡単に諦めたとも思えない。これには十分な科学的証明が必要である。

四、本書の構成と特色

上述の通念や一般論から生じた既存の関連研究状況に対して、如何に十分論駁できるか。これについては、この分野で欠けているオランダ側の史料を徹底的に検証することである。すなわちイギリスではビーズリーに代表される著作、アメリカではグッドマン、ワイリーの著作により、英米における対日外交文書は十分に検討されている。そこでこれらの史料を、再度使用することは控える。しかし本書では、同研究の重要な一視点である英蘭同盟関係の証明から、ビーズリーが用いていないイギリス外務省と在蘭イギリス公使の史料を検討した。これによりイギリスの対日政策におけるオランダの重要な存在が、理解されよう。

本書では、現在ほとんど研究されていないオランダの史料に集中した。その際オランダ本国政府の外交政策立案に関する一次史料が、本テーマに最も重要であった。そこで同分野では全体としてほとんど使われて来なかったオランダのハーグ（'s Gravenhage）にある国立文書館（Nationaal Archief 略称 NA）が保有する、オランダ旧植民省（Ministerie van Koloniën）と外務省（Ministerie van Buitenlandse Zaken）文書に含まれる日本関係文書を中心に、本書は構成されている。

オランダ植民省文書内では、特にその秘密文書（Geheim Archief）が、政治外交関係を扱っている。このインデックス内では「日本用件」（Japanse Aangelegenheden）と書かれているものが当該文書である。しかし植民省文書内では、テーマ別に文書は纏められていない。また植民省公開文書（Openbaar Archief）のインデックスには、文書の要約が書かれているが、この時代の秘密文書には要約がない。当時植民省が日本問題を管轄しており、全ての日本関係文書は植民省に集積した。植民省は、このように外事用件も扱っていたため、オランダ外務省や直接の実行機関蘭領東インド政庁（Gouvernement van Nederlandsch Indië）との連絡が不可欠であり、それらの文書も含んでいる。オランダが日本貿易を実施する際、その貿易を担当していたのは、蘭領東インド政庁であった。既存の貿易関係で生じる問題は、蘭領東インド総督（Gouverneur Generaal）が処理する権限を有していた。しかし一九世紀中葉、日本との政治外交関係に踏み入った際、蘭領東インド総督は、その種の問題を処理する権限は無く、上級官庁である本国植民省にその判断を委ねた。そこで当時の対日政策を検討する際には、オランダ本国植民省・外務省の史料を分析することが、必要不可欠なのである。

上述の問題提起から本書では、当時の日本問題に関する欧米諸国の歴史を、局地的な視点からではなく、世界史的視点から検討する。ここから当時の日本問題の中で、現在欠けている視点であるが、当時重要な役割を果したと思われるオランダの視点に注目する。この問題を、明らかな根拠によって証明するためには、オランダ本国植民省文書の中で、その政策決定者の文書を年代順に追うことが必要である。シェイスの本には、今回本書で用いた史料が含まれることがある。しかし同書は、オランダの貢献を世界に訴えるために著された経緯を持ち、そのため史料が出版の際に修正されていることがあるため、原史料から検討したことを付記する[17]。

他のオランダ側の資料としては、オランダ議会議事録（*Handelingen der Staten-Generaal 1e & 2e Kamer*）、オランダの学術雑誌を必要に応じて検討した。またオランダ政府文書内の検討では、当時の民間人の日本問題に関する見解は伺い知れない。すなわちオランダ人官吏ではなく、オランダの民間人が、当時日本問題をどのように捉えていたかどうか、これは興味を引く点であった。当時の時代精神を意識しながら政府文書を検討することは、政策立案背景の理解に必要と思われたので、当時の新聞も検討した。これにはオランダの貿易で重要な都市であるロッテルダムの新聞、新ロッテルダム新聞（*Nieuwe Rotterdamsche Courant* 略称*NRC*）を選択した。同新聞の検討により、民間人の日本問題に関する、またその政府政策に関する見解・批判が理解でき、それにより当時の時代精神を総合し、公文書を批判的に観察できた。

序　章　ナポレオン戦争以降のオランダ対外政策の再解釈

本章では、本書の中心テーマである幕末期におけるオランダの対日外交政策を、原史料に基づき本格的に検討する前に、一九世紀オランダ対外政策史研究に関する現在の動向を踏まえて、本書のテーマを規定する枠組みを提示する。そしてその新視点から、既存の公刊史料・文献を再検討する。この中で、本書のテーマに対する現在の一般論、あるいは通説・通念が、既知の公刊史料・文献からも、十分批判・修正され得ることを示す。

インドネシア研究を除く、ナポレオン戦争後のオランダの対アジア政策に関する研究は稀少である。特に対日政策については、日蘭両国においても、ほとんど散見されない。数少ない研究書の中で、まず日本では、当時のオランダの対外政策は伝統的中立政策を取り続ける、ヨーロッパ諸列強の勢力均衡に加われない弱小国とする「小国論」の中で論じられる。[1] そしてオランダでも、「小国論」説、また〝単純に〟その国の規模から見て、オランダの小国性を批判なく認め、積極的で自主的なオランダの外交政策の側面を検討しない傾向が強い。またオランダでは、オランダ史全体を通じて、その外交方針を「中立と自由貿易」と位置付け、その視点から検討することが一般的である。[2]

そこで本章では、一九世紀オランダの対外政策の新視角を提示するため、まず通念となっているオランダ小国論の成立過程・起源を、ナポレオン戦争以降のオランダ外交史の検討から明らかにし、その後、現在のオランダ植民地史から生じた、オランダ外政を積極的に考察する新概念「オランダの帝国主義」への検討を行う。これらの作業から、今まで通説となっているオランダへの〝単純な〟小国論に対して批判を行い、そして現在の新視点の妥当性を証明する。その後本書のテーマである幕末期におけるオランダの対日外交政策を積極的に捉える前提を確認し、その視点を共有する。

一、ナポレオン戦争後のオランダ外交史の概観(3)

1 オランダの対外政策に関する古典的な研究

一九世紀におけるオランダの対外政策を扱った適当な研究史や、更にこのテーマで同時期を本格的に扱った研究は存在しない。そこでオランダの対外政策が、概説的に述べられている研究を紹介し、オランダ外交史研究上の重要なキーワードと概念について検討する。

まず最初にフレーデ(G.W. Vreede, 1809-80, ユトレヒト大学教授)の著書『二十年間の戦い フレーデの諫言全集』(*Een twintigjarige strijd. Volledige verzameling vertogen van G.W. Vreede*, Utrecht 1869)が挙げられる。彼は生涯、国内ではトルベッケ(Johan Rudolph Thorbecke, 1798-1872)、国外ではナポレオン三世(Charles Louis Napoléon Bonaparte, 1808-1873)に対する強力な敵対者であり、無関心政策(Afzijdigheidspolitiek)をオランダ外交政策の指針とした。彼の批判は、オランダ政府の対外関係強化に向けられた。すなわち彼は、オランダの対外積極政策への自制を促した。フレーデによれば、オランダはただ、一層の自己意識を示すべきであり、その際ネーデルラント連邦共和国(一五八八—一七九五)だけではなく、フランスの影響下にあったバタフィア共和国(一七九五—一八〇六)にも、その範を見出すことが出来たとした(4)。自由主義者により系統立てて、批判的に宣伝される外交業務への縮小が、彼にとって目の上のこぶであった。

次に三世紀に亙るオランダ外交政策の基本書として、ファン・ハーメル(Joost Adriaan van Hamel, 1880-1965, アムステルダム大学教授）の著書『大国間でのオランダ　この国の独立した国民存在からの外政と外交史の特徴』（*Nederland tusschen de mogendheden De Hoofdtrekken van het buitenlandsch beleid en van de diplomatieke geschiedenis van ons vaderland sinds deszelfs onafhankelijk volksbestaan*, Amsterdam 1918）が挙げられる。これは当時大変な人気を博し、オランダ外交の伝統や傾向を考慮する際、明白な痕跡を残すことになった。ファン・ハーメルは、オランダ外政が、共和国時代も一九世紀の時代も、更にまた現在においても、多くの基本法則において等しく当てはまるとの主張を弁護した。そしてオランダは、中立的統合の中心として持ちこたえ、国際的平安と安定の信条を代表することに貢献すべきであるとした。しかしながら同時に、大陸の仏独のような覇権思考をもつ国に対抗するため、また中大国としてのオランダ存続の必須要件である植民地保有を可能にするためにも、イギリスの支持が必要であると広く呼びかけた。世紀転換期の大きな緊張により、オランダの中立政策が動揺している際に生じたこのファン・ハーメルのオランダを中大国とする見方は、オランダにある一定の力を見出しているものと言える。

ライデンの法律家テルダース（Benjamin Marius Telders, 1903-1945, ライデン大学教授）は、オランダ外務省との交友から推測すると、外務省の承知の上か、あるいはまた唆された感もあるが、英仏新聞紙上に現れるオランダの中立への非難に対して、これらの諸大国の利害が一致する時のみ小国を援助する手法に抗議した。そこから彼は、オランダは日和見に依存してはならず、更にオランダの中立が権利であるだけでなく、ヨーロッパの利害においても義務であるとし、彼は自らの立証を裏付けるため、数世紀に亙るオランダ外政指導の様々な伝統的特徴に言及した。[5]

このテルダースの意見が、ユトレヒトの歴史家ヘイル（Pieter Catharinus Arie Geyl, 1887-1966）に筆を執らせた。[6]ヘイルは、英仏がオランダの中立政策を疑問視しているのではなく、ただ現状においても、オランダの中立政策が十分意義をもつかと自問をしているだけであると考えた。すなわちヘイルは、ヨーロッパに対してオランダが中立の義務があるとはせず、また特に一八一四年、すでにオランダが中立政策を選んだとするテルダースの考えを非難した。何故ならオランダ王ウィレム一世（Willem Frederik, 1772-1843）のベルギーと統合されたネーデルラント王国の機能は、「フランスの保塁」の役目であったからである。

以上古典的なオランダ外政史の著作を概観した。ここからオランダの研究が、当時のヨーロッパの政治動向に大きく影響されたことが分かる。しかし同議論の中で、オランダがヨーロッパの勢力均衡に加われない小国としては扱われていない。それでは以下、現在の研究を用いてオランダ対外政策を、特にオランダを小国として考察する手法はどのように生じてきたかを概観する。

2 オランダ小国論の成立

ナポレオン戦争(一七九六―一八一五)の結果、オランダは一時消滅したが、戦後のウィーン会議(一八一四―一五)により、現ベルギーを含む領土と共に独立を回復した。その際英蘭間で締結されたロンドン条約(一八一四、一八二四)に基づき、広大な旧オランダ植民地(特にインドネシア)がオランダに返還された。これはイギリスが、オランダの弱小国としての独立回復は、自らの対ヨーロッパ大陸政策の観点から無意味と見なしていたからである。そこでオランダは、大陸における「イギリスの歩哨」として、場合によっては仏独とも対抗し得るほどの力を持つことが期待された。

そのため当時オランダは、ヨーロッパの勢力均衡に完全に組み込まれていた。同時期の中立的態度は、単に小国がとる「国際政治への関与をいわば極小にして国際紛争に巻き込まれるのを避け、その間に海運業などの利益が極大になるような外交方針」を追従してはいない。これこそが、特にネーデルラント連邦共和国時代からのオランダの伝統的中立政策であり、〝選択的〟または〝実利的〟中立政策と言える。すなわち伝統的なオランダの国際政治手法とは、大国の強引な政策を忌諱し、そこから政治問題を道義的問題に持ち込み、国際政治においては――オランダの歴史家(7)の言葉を借りれば――、「自制と中立」を合言葉とし、その実現として反大陸的態度を採り、ヨーロッパにおける領土的野心を回避し、むしろその領土縮小をも考慮するほどであった。これは古来オランダが、海上商業国を強く志向していた伝統に由来する。しかしその後、当時オランダの主要な産業地帯であり経済基盤であった現ベルギーが分離（一八三九）する事態に陥った。同事件により領土がほぼ半分となり、この「オランダ小国論」が生じる土壌が出来たのである。

すなわちこの結果オランダは、ほとんど「de oude Republiek der Zeven Verenigde Nederlanden（ネーデルラント連邦共和国）」の領土となり[8]、そこでオランダは二流国ではなく〝小国〟[9]となったと言われた。そして以前はヨーロッパの勢力均衡に欠かせない存在であったが、もはやヨーロッパでは積極的に行動できず、その自立さえも疑われるようになった。更にここから今までは、ある意味〝選択的〟とも言えた中立政策は、そうも言えなくなってきたと評されるようになった。ただオランダは植民地を有しているので、デンマーク等の小国とは異なるが、「第三ランクの国」に降格したとも言われるようになった[10]。すなわちこのような論法が、現在までのオランダ対外史概説の本流となり、「オランダ小国論」が広く受け入れられる土壌が完成したのである。

しかしここで一つの疑問が生じよう。オランダがフランスに対する保塁の機能を失ったと同時に、小国になったとする論法である。つまりこのような判断は単に国力ではなく、その軍事力に大きく依存している。軍事力の強弱は、当時重要な問題であったと理解できるが、このような論法のみが、オランダの小国論を規定しているように思われる。

歴史的にオランダは、先に概観したようにヨーロッパの武力紛争、または同地の領土拡張に興味を持たなかった。ベルギー分離は、確かにオランダのその後の方向性を決定づけたように思われる。しかしその方向は、まさにオランダ人が元来望んでいたとも言える。すなわちベルギー分離時の「ベルギー人に対する不屈の戦いは、実際の分離を取り消そうとするものではなく、より好意的な分離を得るためであり、勿論虚栄心の強いベルギー人を彼らの土地に据えさせること」[11]であった。元来ベルギーは、フランスの影響の強い地域であった。そこであるベルギーの文筆家は、そのパンフレットの中で、「我々は、我々の考え方、そして支払った犠牲からフランス人だ。……我々は、革命の諸戦争で流した血からフランス人だ」とし、フランスとの合併を望み、オランダとの統一に抗議していた[12]。

そこでベルギー分離の際、オランダの政治家トルベッケは、当然恩知らずのベルギー人の請願を非難しながらも、一方でもうこれ以上、彼らと一国家同盟の中で生きていく必要がない事実に喜んだ。当時これから先オランダは、ヨーロッパでどうすべきかの問いが発せられた際、多くの文筆家が一つの明確な回答を出したことは注目に値する。「人々は、これから再びオランダ人として一緒になった。我々はヨーロッパを、今後全く必要としなくて済む(13)」。このように北(オランダ地方)では、概してやかましい反乱癖のあるベルギー人から離れることが出来たので、ベルギー分離を安堵し、喜びとして感じてもいたのであった(14)。

更にベルギー分離から、もう一つ見逃せない側面がある。ベルギー分離は、英仏大国の覇権政治の一端を示していた。また元来オランダは、ベルギーと統合したオランダの独立回復を切望していたわけではなかった。これはオランダの〝最も当然の同盟者(15)〟イギリスの、大陸における歩哨であるための措置であった。つまり同措置によりオランダは、元来興味のないヨーロッパの勢力均衡に巻き込まれていたのであった。そこでベルギー分離の結果であるヨーロッパにおける領土的縮小により、オランダは以前からの自己主張を、理論的・実践的に強く唱えられるようになった。つまり覇権政治の嫌悪と、カルヴァン主義に影響された国民性により、オランダの道義的な政治解釈、すなわちこの種の問題から超然と中立でいることが、オランダの使命と訴えられる状況が生じたのであった。ベルギー分離は政治問題を、道義的に解釈するきっかけをオランダに与えた。そこでその後は堂々と、オランダはその中立政策を大義名分をもって歩めるようになったのである。すなわちオランダは、フランスに対する保塁の機能を失うことにより、伝統的なヨーロッパでの不拡張、むしろ小さな国家を望んだ伝統、その根底にある海上貿易国への志向を実現できるようになったのである。

一八三〇年以降オランダには、海上商業国の道が決定づけられた。しかしそれは、オランダ自らが志向したとも解釈できる。というのは、その際オランダは大国の政策を追従するしかない一小国に甘んずることを潔しとしなかったからである。この決定づけられたヨーロッパの領土的小国性を、如何にして解決したのであろうか。

3　オランダ的対外政策「国家的名声と実益」——特に植民地政策から

ベルギー分離によりオランダは、国土の点ではヨーロッパ大陸における〝小国〟になったかもしれない。しかし当時オランダは広大な植民地を有する植民地保有国であり、その地位はイギリスに次ぐ世界第二位であった。国土の小ささを潔しとするこの国家が、何故植民地を必要としたか。それはオランダが、単なる一小国に陥ることにより、国際的舞台に参加できないことを防ぐためであった。すなわちヨーロッパ諸大国内で、オランダが重要な国と見なされないことは、オランダの〝国家的名声〟を損ねるだけではなく、それは実際の政治経済的利益、すなわち〝実益〟にも直接参与できないことを意味した。事実、中大国外交官は、大国の外交官と同待遇を受けなかった。(16)ここから東南アジアにおけるオランダの優位の維持は、常にその国家的名声と関連していたと理解できる。(17)

例えばウィレム一世は、王立骨董陳列室（Het Koninklijk Kabinet van Zeldzaamheden）を作り（一八一六）、東洋で得られた珍しいものを所蔵し、それを各国の要人に見せた。この事実をオランダ人歴史家レジェーネは、王立骨董陳列室が国家統合として役立ったとし、更にまた全世界との関係を持つ力強い商業国としてのオランダの国家的プロフィールを強めたと判断している。(18)つまりオランダは、ヨーロッパにおけるその〝国家的名声〟を保全し、そしてそれを可能な限り向上させるために、ヨーロッパ外の領土、すなわち植民地の維持に固執した。一八七〇年蘭領東インド予算付属資料説明書内では、「確かに蘭領東インドの所有により、オランダは、かなりの大きさの国である」との発言がある。また上述したが、植民省と外務省は密接な繋がりを持っていたが、植民省の方が規模が大きかったことは、オランダ外政の特色と言える。(19)

一九世紀に顕著となる欧米列強のアジア政策は、各国に等しく重要な用件であったが、オランダにとっては、更に他国よりも一層重要な問題であった。つまりオランダにとっての海外用件は、ヨーロッパ列強を直接刺激せず、そのヨーロッパにおける領土的小国性を克服する手段であった。そこで第一には、オランダのアジア用件の直接的関心事は、本国の経済に大きく資するその植民地〝蘭領東インド〟の経営であった。この首尾良い経営が、本国に大きな繁栄、すなわち〝実益〟をもたらすだけではなく、その広大な植民地を維持することにより、オランダの〝国家的名声〟を高めたのである。

植民地経営の望ましくない点は、統治に相当の費用を要することである。しかしこの植民地を放棄した瞬間に、オランダはより下位のランクの国家「デンマーク」[20]と見なされ、「蘭領東インドなくば、オランダはただの北海の農民」[21]となるのは必至だった。そこでオランダは、ヨーロッパ大陸外では、大陸の政策とは全く異なる方針を追求した。オランダは是が非でも、「二流国中の第一位」でありたかった。そこで実際オランダは、ヨーロッパの大国政治からは「無関心（Afzeitigheid）」に振舞った。しかしこのオランダの態度は、倫理的な考慮ではなく「プラグマティック」なものと言える。[22]すなわちこの態度は〝伝統的中立政策〟「国際政治への関与をいわば極小にして国際紛争に巻き込まれるのを避け、その間に海運業などの利益が極大になるような外交方針」と同一視され得ない。すなわちオランダの無関心政策は、ヨーロッパ大陸に限定され、アジアでは全く逆に、その外交政策は強い積極性を示した。[23]

オランダは、ヨーロッパの勢力均衡・覇権政治に関わることを嫌った。しかし常に、それらに無関心であったわけではない。すなわち一層国際的な利害が求められた場合には、それに参加するとの意見がある。[24]これについては下関砲撃（一八六四）に、英仏米と共に参加し、その中でオランダは、大きな成果を収めたことが挙げられる。また「伝統的中立政策」説は、中立主義と中立の区別が曖昧であり、政治的な意味（Neutralism）と法的な意味（Neutrality）が混在している。[25]すなわち「伝統的中立政策」説を、そのまま当時のオランダ対外政策には当てはめることは出来ない。フローニンゲン大学のオランダ人歴史家タムセによれば、一八六〇年代のオランダの自由な中立政策は、オランダの利害に上手く合致していたと解釈している。[26]

これまでの議論から、特に既存のオランダ対外史研究内の大きな問題は、オランダの対外政策を安易に一元的に捉えていることから生じたことが分かる。つまりオランダの対外政策は、大きく二つの面が存在する。それは対ヨーロッパ政策と対アジア政策である。そこでこの視点にほとんど着目せず、一元的にオランダを「小国」として扱い、その外交方針の柱を「伝統的中立政策」として片づけることは出来ない。オランダの小国性と思われる姿勢は、特にヨーロッパ内の問題に対してであり、アジアでは広大なインドネシア植民地を有しているが故に、全く〝小国〟とは言い難い面を示しているのである。ユトレヒト大学のオランダ人歴史家カイテンブラウワーは自著で、ライデン大学のオランダ人歴史家ファスール（Cees Fasseur）の作品から「一九世紀中頃オランダ政府は、拡張に決定的な役割を演じた。概して現地の行政官が、外地における介入のイニシアチブを取った。このイニシアチブは、多く蘭領東インド政庁に採用され、後にオランダ本国政府は、この〝fait accompli（既成事実）〟を突きつけられた」を引用している。[27]

このような視点から、オランダはヨーロッパの小国といえるが、アジアでは大国であったとの意見もある。[28] 大国イギリスは、一九世紀オランダのアジアにおける影響力を恐れていた。それは蘭領東インド総督ファン・デン・ボス（Johannes van den Bosch, 1780-1844）が、イギリス人がジャワを意図して認可したロンドン条約第二項である差別関税を、アチェーにも適用しようとした際である。このようなオランダの行動は、イギリス外相パーマストン（Henry John Temple Palmerston, 1784-1865）を大いに悩ませた。「彼（パーマストン）はジャワの関税について、既に五年間もオランダと戦っていた。そしてスマトラにおける同じ状況が生ずることを避けたかった。……パーマストンも、アジアにおけるあらゆるオランダの進出に関して、ハーグの承認を必要とするロンドン条約第六項を挙げた。しかし条約の権利に対するこれらの抗議は、全く効き目がなかった。そこで彼はまた、〝東インド海域におけるオランダ当局の敵愾心とその支配権の伸張について〟怒鳴り散らさずを得なかった」[29]。またパーマストンによるロンドン条約解釈の妥協への提案は、オランダでは取り上げられなかったとの事実にも裏付けられる。[30]

ここで更に注意を喚起したい。オランダ対外政策の二面性、すなわち対ヨーロッパと対アジア政策の中で、対アジア政策は更に二つの面を有している。それは植民地問題と通商問題である。植民地問題は海外用件ではあるが、領土的には自国に属するため、本来の意味での国外問題とは言えない。すなわちそれ以外の問題が真の対外問題であり、ここからオランダの対アジア用件は、主として本書の中心問題である「日本」であったと言っても過言ではない。[31]すなわちオランダにとって、直接的統治を必要としない〝通商〟は、特に重大な利害であり、このような商業的〝実益〟も、その小国性を克服する重要な用件であった。更にオランダ史を振り返れば、本来商業的利益に基づき各国との良好な関係を保つことが、古くからのオランダの道義的国際関係の理想でもあったが故に、同問題は、それだけ一層理解されるのである。概してオランダでは、世界経済における重要性のお陰で、他国から賞賛される地位を得ていると考えられていた。そこで大抵その植民地が、オランダ経済の重要性の基盤として見なされたのである。[32]

オランダにとって、その小国性を克服する点で、〝国家的名声〟は重要な用件であった。そこでオランダは、単に経済活動上の利益を得ることだけでは満足しなかった。勿論このような〝国家的名声〟は、国際的信用を高める働きを持ち、商業上にも間接的に寄与したことは容易に想像がつく。すなわちこの視角に、日本問題が存在する。つまり極東までにも、オランダが、その影響を及ぼしているとの〝名声〟、それに伴う〝自信〟、それがオランダを単なる二流国として見せない前提でもあった。この〝国家的名声〟の維持が、他のヨーロッパ諸列強と渡りあうことを可能にした。例えば「オランダの中間者的な多くの役割は、フランスに対する障壁しての機能が失った際も、多くのものは残った。ベルギーも、フランスに対する中立的障壁との機能の他に、中間者的な様々な重要な役割を担うものになった」との意見にも現れている。[33]また確かに大国と比べれば様々な面で劣るにせよ、オランダは地理上、重要な場所に位置し、海上中大国としては最も重要な国であったとも言われる。[34]更に「小国が使える手段は大国に比べ非常に少ない。しかし上手く使えば、大国よりもずっと良い成果になる。それはその政策が概して、正当であることによる」[35]との意見もある。このようなことからオランダの対外積極政策への可能性を、特に本テーマである日本問題においても、簡単に否定してはならない。

4 「オランダの帝国主義」――オランダ対外政策の積極的な評価

オランダにとって植民地・海外用件が極めて重要であったことは、長らく認識されて来た。現在このオランダ対外史研究において、一九世紀後半、特に一八七〇年代のオランダの積極的なインドネシア政策を、帝国主義的活動として捉え、それを「オランダの帝国主義」として位置づける考え方が定着しつつある。しかし一八七〇年代以前の、オランダの拡張政策も見逃してはならない(36)。この新概念は、対インドネシア政策だけではなく、その延長上にある真の対外政策、対日本・中国政策にも、概して当てはまると考えられる。そこでまず同概念への考察を行い、その後本書のテーマとの関連性について検討する。

「オランダの帝国主義」は、オランダの近現代外交史の再評価から生じた概念であり、外交史の伝統を有するユトレヒト大学の歴史家達が中心となっている。近年までオランダ外交は、オランダの政治的利害から、ほとんど無きものとして扱われ、そこでオランダの近現代外交史は、ほとんど活発な議論に上がることはなかった。勿論ヨーロッパにおけるオランダの領土的小国性も、一般的にオランダ外交を力強く見せることはなかった。しかし、このような外見を帯びることは、オランダの極めて現実的な対外政策の利害と合致していたのである。つまりオランダが〝強国〟と見なされれば、当然ヨーロッパの諸列強間で生じる様々な問題に参与しなければならず、それはオランダの国益に大きくそぐわなかった。すなわち「小国はその非重要性により、諸大国から干渉されないのであり、そこから大国に何か挑戦するようなことはしてはならない」し、「この考えは中大国にも当てはまる」のである(37)。ここからオランダ対外政策を、二〇世紀の巨大な資本と強圧的な軍事力を背景とする欧米列強の拡張政策〝帝国主義〟と結び付けることは、ほとんどありえなかった。

この視点は、特にライデン大学（Universiteit Leiden）出身の研究者に顕著であった。ライデン大学はオランダで最も古い歴史を持つ大学であり、官僚・著名な知識人を多く輩出した。その関係から同大学では、現実的な国家利害を代弁する研究が強く見られる。それはオランダの死活問題であった植民地研究が盛んであることにも現れており、その象徴としては、現在同大学人文学部歴史学科に統合された旧ヨーロッパ拡張史研究所（Instituut voor de Geschiedenis van de Europese Expansie, 略称 IGEER）が挙げられよう。(38) また植民地関係の民族学的研究では、王立蘭領東インド言語学地理学民族学研究所（Het Koninklijk Instituut voor Taal-Land- en Volkenkunde van Nederlandsch Indië 略称 KITLV）が現在同大学に隣接し、(39) シーボルト（Philipp Franz von Siebold, 1796-1866）のコレクションで有名な国立民族学博物館（Museum van Volkenkunde）もライデンに位置する。民族学研究は、ただ珍しいアジア・アフリカの地理・民族・言語・風習を研究するだけではなく、その知識を円滑な植民地統治に役立てること、また植民地において、ヨーロッパで必要な産物（所謂植民地産物 Koloniale Produkten）が、如何に栽培可能であるか、またヨーロッパの産業製品の売却が可能かなどを正確に知るための、極めて政治経済的目的も大きかった。このような背景から、近年では IGEER 設立の功労者で先の所長ウェセリンク（H.L. Wesseling）によるオランダ帝国主義論に否定的な一連の著作・発言が顕著なものと言えよう。彼はヨーロッパ列強の帝国主義と、オランダ外政を結び付けることを忌避した。なぜなら一八七〇年以降オランダは、新たな植民地獲得に奔走せず、東南アジアの既存の植民地保有に努め、スマトラの統治権承認に西アフリカの所領を手放しさえもしたことによる。そこで彼は「オランダ帝国主義の分析には、〝明確な指針のない（非公式な）〟そして〝周辺的〟帝国主義、あるいは経済的、マルクス主義的な類としての理解が、より考慮に値するであろう」と述べた。彼のこのような歴史観は、アムステルダム大学ブレーマン（Jan Breman）に「過去を美しく整えている」と批判された。(40)

このようなライデン学派の考え方には、オランダの新しい植民地統治は、現地の支配者に対して、ヨーロッパ流の価値基準をもって臨み、統治能力についての優越感をもって、自己の支配を正当化した「恩恵を施す者（De Weldoener）」として、オランダは植民地との「共生（samenleving）」を図ったとの視点から発していると思われる。(41) 同じ態度は、日本でも見られた。在日オランダ商館長ステュルレル（Johan Willem de Sturler, 1777-1855）の長崎奉行への手紙は、オランダ人が日本人に対して「恩恵を施す者」であろうとするオランダ人の姿勢をもっともよく示しているとされ、シーボルトのスタンスも同様と観察されている。(42) ライデン大学ウェセリンクの前任者スハーパー（B.W.

Schaper）は、オランダにも帝国主義との用語が当てはまるとしても、それは「消極的帝国主義（reluctant imperialism）」として、ウェセリンク同様、オランダ外政に大国的近代帝国主義を結びつけることを避けた。

多くの議論を経て、現在この「オランダの帝国主義」との概念規定から、オランダの対外政策が積極的に考察されるような傾向にある。ライデン大学においてもファスールが、オランダの植民地に対する穏健な政策を以下のように説明し、その再解釈を行った。すなわち彼によれば、一八三〇年頃のオランダの全在外資産（buitenbezittingen）と海外領土（buitengewesten）は、厄介物（lastposten）であり、全く赤字経営であった(43)。ここからオランダにとって、植民地、特にインドネシアに対して、強力な軍事力を背景にした強圧的な植民地統治が、費用の点で全く不可能であった。この解決策としてオランダは、信用と寛容さをもって、植民地を統治することを余儀なくされた(44)。そこから生まれた措置が、「自制政策（onthoudingspolitiek）」と呼ばれるものであり、ここから「平和的政策（vrede politiek）」を採り、少ない力と費用により統治を可能にした(45)。このようにオランダは、現地の人間と出来る限り上手く共生する努力を行い、その植民地の維持を長く続けたのである。

このような態度が強調され、ここからオランダの植民地政策が一見すると高圧的ではなく、そこでその非積極的な外観から、中立政策、あるいは小国的な手法を取らざる得ないような感を与えてきた。しかしファスールは、オランダの中立政策と植民地政策の全く異なる点として、オランダ植民地政策には「あらゆる平和的手段が無価値になった際には、武力行使を行う(46)」との選択肢が、常に存在していたことを指摘し、そのような解釈を修正したのである。すなわちオランダは、実利的観点から出来る限り武力政策を避け、植民地統治費用を最小限に押さえる努力を続けた。しかしその政策が功を奏さなくなれば、欧米列強の〝帝国主義〟に見られる傾向のように、最終的に常に武力鎮圧を辞さない手段を持っていた。そこでオランダの対外政策、特に植民地政策を、単なる中立政策、また小国政策から、語ることは出来ない。更にインドネシア島嶼部における欧米各国の影響力を強める傾向にも、オランダは小国としての地位に甘んぜず、黙ってはいなかった。その例として、ボルネオの北半分の領土を巡る問題が挙げられる(47)。すなわちこの時代のオランダ植民地政策を、他の欧米諸列強による帝国主義とは異なる、特殊な形態に位置づけようとするのではなく、現在広義で理解される〝帝国主義〟との概念の中で、「オランダの帝国主義」として考察することが妥当である。

5 オランダにとっての日本問題

上述の検討から、「国家的名声と実益」を意図した、オランダの対外政策を理解した。そして特にそれは、オランダの対アジア政策に顕著であった。この視点を踏まえて、オランダの対日問題を考察する意義がある。つまり日本問題は、オランダにとって特に重要であったことによる。すなわちオランダは、欧米列強中唯一、日本が所謂鎖国政策を行っている時期においても、同国との貿易関係を有していた。[48] オランダは、この極東に位置する日本との関係を、商業的関係をも含め、ヨーロッパにおけるオランダの〝国家的名声〟を高めるために利用した。

例えば日本の開国後、未だ日本問題の先行きが不安定な際、ヨーロッパ各国はオランダにその仲介を期待した。在ハーグ英全権アバークロンビー（Ralph Abercromby, 2nd Baron Dunfermline, 1803-1868）は、「同じ舞踏会で、オランダ国王が、フランス全権の不可避の欠席により同公使館書記と北アメリカ合衆国全権に対して、日本問題について同様の話をしていたと思います。しかしオランダ国王が、ロシア全権ともそうすることが出来たかは分かりませんでした」とイギリス外務省に報告している。これはオランダ国王自らが、各国全権に日本問題について話していた事実を示し、如何に日本問題が、オランダにとって名誉かつ重要であったかを示している。[49]

オランダにとっての日本問題は、オランダ東インド会社時代の輝かしい日々の名残であった。[50] そこで日本遠征を三度行ったファビウスが、「昨年収めた成果は、現在のところ、オランダに僅少な利益しかもたらしていない。しかし日本で厚誼を受けた諸国と同等の地位に立てる点では、大事なことである。オランダの栄誉に賭けて、更に最上の条件を獲得しなければならない」と述べていることも、同種の関心を表している。[51] ここからオランダにおける日本研究は、当時世界で最も進んでいたことも理解できる。更に当時オランダ語は、日本における第一外国語であった。これはオランダだけの特権であった。「彼らがいかに幼稚かご存知だと思いますが、イギリス人もフランス人もオランダ語がわからないのですよ」[52]と、当時の日本人が述べているは奇妙なことではない。

当時オランダは、日本人の心性やその習慣、そして彼らと接するノウハウを〝極めて〟熟知していた。オランダにとって日本問題は、その植民地蘭領東インドとの関係で、アジアにおけるオランダの影響力を維持、または可能な限り拡大するとの観点から最重要用件であり、更にオランダは、それを可能にする自信もあった。ここからオランダが日本開国後、その熟知された商業地の拡大に取り掛かることにより、その〝実益〟を追求したと考察することは極めて自然である。例えば日本開国後、オランダは日本からの船の注文を満たし、そしてオランダ海軍将校を同地へ派遣した。その際イギリス全権は、「それ以来、植民・外務両大臣は、対日政策で断固たる措置を採る必要に迫られ、現在彼らは、今年の年頭にオランダ国王が承認した、更に進んだ段階にまで至ったように思われる」と観察していた。[53]

ナポレオン戦争後から一八二〇年代まで、オランダにとって、本国経済に直接的に資する蘭領東インドの再統治の完了が最優先された。その上、ずっと以前から利益の少ない対日貿易は、オランダにとって魅力を失っていたとも言われている。[54]しかし一八三四年に始まる強制栽培制度から、大きな利潤を得ることになった。ここから造船・海運が、急速に展開した。しかし近代工業の会社の数は、一八五〇年あたりでも非常に少なかった。[55]このような状況から、植民地産物の新たな捌け口が求められていた一方、工業化も図られていた。この視点に蘭領東インドから地理的にも近く、更に旧知の間柄であり、当時貿易が独占状態であった日本に、興味を持たないはずはないのである。[56]時代は下るが、第一次世界大戦以降の蘭領東インドと日本との貿易関係を指摘する。例えば木綿について、第一次世界大戦以前に蘭領東インドは、主としてオランダとイギリスから輸入していた。しかし戦後は、特に日本との関係が深まった。この変化の原因としては、日本の地理的位置が貿易に都合が良いこと、更に日本では安価な労働力が獲得でき、またヨーロッパに比べて労働者に対して篤くないこと、またその質も向上しているため、わざわざヨーロッパ製品を買う必要がないことが挙げられる。[57]

ここから「国家的名声と実益」の点で、日本問題はオランダにとって極めて重要であった。また一九世紀、欧米列強によるアジア勢力圏分割にオランダも、ヨーロッパ列強の一員として、参加していることを見過ごしてはならない。一九世紀初頭から先鋭化する新興国アメリカのアジア進出に、オランダは「最も当然の同盟者」イギリスと共同し、アジアの共通利害のため対抗した。[58] そこでアジアにおける英蘭関係にも、一視点を置く必要があり、この関係に関しては、後述する。本章では、既存の資料の再検討と新概念「オランダの帝国主義」との視点から、オランダの対外政策、特に日本政策への基本姿勢を認識した。次にこのオランダにとって極めて重要な用件であった日本問題、本書のテーマである幕末期のオランダ対日外交政策の諸問題を検討する。

第一章　「東方の盟主」としての英蘭関係——第一次・第二次ロンドン条約を中心にして

オランダの対アジア政策、特に対日本政策の可能性を論ずる際に、見逃してはならない視点が英蘭関係である。現在まで英蘭関係は、特にアジアにおいては、基本的に敵対関係として観察される傾向にあった。[1] その原因はオランダでは、自国がヨーロッパ、そしてアジアでも、イギリスの庇護の下にあるとの認識が強く、そこでオランダは、常にイギリスから政治的、経済的にも抑圧を受けていたとの見解が広く受け入れられていたからである。本章では、このような一般論から離れ、アジアにおける英蘭同盟関係を指摘する。

この英蘭同盟関係を理解するため、ここではとりわけナポレオン戦争（一七九六—一八一五）後、英蘭間で二度締結されたロンドン条約（一八一四、一八二四）に注目する。それによりイギリスが、オランダにとって「最も当然の同盟者」であることを認識する。そしてそれはアジアにおいては、特に「東方の盟主（Lords of the East）」の関係であり、英蘭共同の対アジア政策に繋がっていたことを示す。[2]

現在まで、同条約締結による英蘭植民地規定と幕末期の日本問題を関連させた研究はない。しかしこの英蘭両国により締結された東アジア植民地に関する条約を考察することにより、アジアにおける欧米列強の植民地・対外用件に関する大きな枠組みを見出すことが出来るように思われる。勿論日本は、オランダの植民地ではない。しかしその延長上の勢力圏の問題に、日本を視野に入れることは可能である。

一、ロンドン条約(3)

一七九五年、フランス革命の影響を受け二〇〇年にも及んだネーデルラント連邦共和国は崩壊した。オランダ総督ウィレム五世(Willem V Batavus, 1748-1806)は、家族と共にイギリスに亡命し、フランスを支持する愛国党がバタフィア共和国(Bataafse Republiek, 1795-1806)を成立させた。その後ルイ＝ナポレオンを王とするオランダ王国(Koninkrijk Holland, 1806-1810)、そしてフランスによる併合(一八一〇—一八一三)を経験し、ナポレオン退位後の一八一三年、オラニエ公ウィレム六世(Willem Frederik, 1772-1843)が帰国したことによって、ネーデルラント王国(Verenigd Koninkrijk der Nederlanden, 1815-1830)が成立し、それはウィーン会議(一八一四—一八一五)においてヨーロッパの列強によって承認された。

ロンドン条約は、一八一四、一八二四年の二度にわたり英蘭間で締結された。同条約によりオランダは、ナポレオン戦争によってフランスに奪われた植民地を、再占領したイギリスから返還された。しかしオランダのかつての植民地全てが、返還されたのではなかった。ウィーン会議の理念「正統主義」は、列強の利害によって、巧みにその変更を余儀なくされた。すなわちロンドン条約は、ナポレオン戦争後生じた、ヨーロッパの新しい勢力均衡を顧慮して、英蘭両国の植民地を新たに画定したものである。この条約では特に、極めて重要である東アジアの植民地が争点となった。その際、同地の植民地における両国の権利に関しても、新たに規定された。

二、第一次ロンドン条約（一八一四年）

ナポレオン戦争により、オランダ国旗がはためいていたのは日本だけといわれた。[4] しかしナポレオンがエルバ島に流され、ヨーロッパに平和が訪れた結果、オランダは独立を回復した。その際オランダは、先に所有していた植民地の返還も約束された。[5] その規定が、一八一四年第一次ロンドン条約である。

オランダへの植民地返還に対して、イギリスでは様々な考慮が働いていた。「ヨーロッパ、そして我々の解放へのイギリスにおける漠然とした喜び、とりわけ国外追放の身でいるオラニエ公と同家への同情、またフランスの占領に対しオランダ自らが行った抵抗への同情、更に（オランダが）ベルギーとの統一に加え、植民地の所有により、我々の母国（オランダ）をフランスの征服欲に対する城壁としてみなされ得るほど強力にするとの政治的考慮、そして最後に、領土的野心に品位ある自制を強調し、ヨーロッパを自らの要求により各々分割したがっている他の諸列強に影響力のある手本を示すこと、これら多くの原因により、——キャッスルレー侯（Viscount Castlereagh, 本名 Robert Stewart, 1769-1822）の言葉を用いると——ほとんどロマンティックな試み、すなわち植民地返還により、我々の母国（オランダ）の意志に沿うことに、イギリスは満たされていた」。[6]

勿論オランダも、先のネーデルラント連邦共和国の領土を拡大するためにも、また旧蘭領植民地回収の点でも、イギリスは「最も当然の同盟者」に違いなかった。イギリス亡命の身であったウィレム一世は、新しいオランダを「一八一四年の同王国（オランダ）の役割は、フランスに対するヨーロッパの城壁、かつ大陸におけるイギリスの歩哨」[7] であり、更に「出来れば永久にオランダを、より緊密にイギリスと結びつけたい」として、ナポレオン戦争後のイギリスとの同盟を強調していた。[8] そして彼は、植民地返還問題に関するイギリス側の見解を、フランスに対してオランダが適切に保護される条件として寛大であるだけではなく、我々自身の安全のために正当で合理的であるとし、[9] 本件がイギリス主導で行われることに理解を示していた。[10] イギリスは、オランダがこれらの植民地を首尾よく運営することで本国の経済を強化し、更にはヨーロッパの勢力均衡の一部を担うことを期待していたのであった。オランダをフランスに対抗できるほどの勢力にするとの考えは、イギリスの小ピット首相(William Pitt, [Pitt the Younger], 1759-1806)に由来し、それは一八〇五年四月一一日ペテルスブルクで結ばれた秘密条約で確認された。当時の外相キャッスルレーは、この考えに完全に同意しており、同計画実現に努力した。すなわち強国としてのオランダの独立回復こそが、イギリスにとって好ましかった。[11]

この視点からキャッスルレーは、オランダ・ベルギーの統合を、「オランダ自身とヨーロッパ、そして特にイギリスのために不可欠[12]」とし、またオランダの旧植民地については「効率良い独立と友好的オランダ国が、勢力均衡の一部として、そしてイギリス自身の外堡としても、ヨーロッパのイギリスに重要であった。オランダ王国の在外領土は、イギリスの利害に合致するならば、喜んで支払われた」との意見であった。すなわち彼は、「局地的諸問題よりも全体の利益に基づく十分な相互理解が、両国には全く重要なのである。東アジア海域の現実的な政治軍事的混乱に巻き込まれず、オランダ政府と共に、イギリス国民の商業権とその利害を適切に規定する[13]」ことを最重要視していた。

第一次ロンドン条約の直接的な交渉は、イギリス全権キャッスルレー、オランダ全権在ロンドン蘭大使ファーヘル(Hendrik Fagel, 1765-1838)間で行われた。しかし実際オランダ側では、更に外相ファン・ナーヘル(Anne Willem Carel van Nagell van Ampsen, 1756-1851)と国務長官ファルック(Anton Reinhard Falck, 1777-1843)を加えた三頭政治に、[14] 更にホーヘンドルプ(Gijsbert Karel van Hogendorp, 1762-1824, 前外相、当時国務会議副議長[Vice-president van Raad van Staat])も交渉に携わった。

この交渉は簡単には進まなかった。その理由は、イギリスには上述の政治的考慮があったにせよ、アジアの政治経済的に極めて重要なオランダ旧植民地を、自らの利益を保障する条件のない返還は出来なかったからである。[15] 概してオランダは、アジアにおける自国の影響力を復活させるためにも、返還された植民地におけるイギリスの影響力を出来る限り排除したかった。そこで商業的には、自国商人のために保護貿易制度を採用する積もりでいた。それに対しイギリスは、商業的利害を保持すべく、植民地における商業条件は、イギリスが自国植民地で施行している同条件を要求した。[16] キャッスルレーは、オランダへの植民地返還が英蘭両国の同盟を強化し、更にオランダがフランスから効果的に独立することに寄与するならば、ケープ植民地（喜望峰、Cape of Good Hope）は例外にせよ、[17] 全ての返還に対して異論はなかった。[18] しかし彼は、イギリスにも植民地を開放すると定めた条項がなければ、オランダ植民地の返還は困難であるとも考えていた。[19] この複雑な問題をキャッスルレーは、「オランダへの植民地返還に制限をつけるような体裁は賢明ではないが、またオランダの全植民地をイギリスが保有する積りであると仄めかすことも正当ではない。そこで〝ヨーロッパ全般の利害のため〟との言葉の後に、〝そして特にはオランダのため〟との言葉を挿入した方が良く、交渉の際には、オランダの利害は保持すべきと示すことが得策であろう」と説明している。[20] すなわちイギリスにとって、オランダ旧植民地は重要ではあるが、この全保有は困難であった状況も存在した。またイギリスにとって極めて重要な考慮は、オランダが、フランスの脅威が大きければ、それだけ一層重要な大陸の同盟者であるとの事実であった。[21] イギリスは、オランダがイギリスを敵として見るようなことを、何としても避けなければならなかった。

一方オランダでは、自国の利害を最優先したファン・ナーヘル外相が、フランス革命戦争開始時である一七九二年に、オランダが所有していた領土を交渉の基本方針とすることを「当然」と指示していた。[22] その後ファーヘルへの伝令では、ケープ植民地を除いた旧オランダ領全植民地の返還を指示した。このようなファン・ナーヘルの強硬な姿勢は、キャッスルレーを硬化させ、交渉の進展は望めなかった。[23] キャッスルレーにとって、このようなオランダの抵抗は、全く「恩知らず」の行為であり、その後交渉は再開されたが、ほとんど友好的に進まなかった。[24] ファン・ナーヘルは、本件の進展に全く同意できず、そこで代わってファルックが、その交渉にあたることになった。[25]

第一次ロンドン条約は、一八一四年八月一三日に署名された。そこでは最終的に、一八〇三年一月一日時点で、オランダが所有していた全植民地が、オランダに返還されることが確認された。そのためセイロン（Ceylon, 一七九五年イギリス占領）は、イギリス領となった[26]。しかしイギリスにとって、政治的に重要視されたケープ植民地（一八〇六年イギリス占領）は、「我々自身の平和のために（to our own peace）」として例外とされ、イギリス領となった[27]。ケープ植民地の問題に関してキャッスルレーは、「ケープ植民地は、オランダ、また両国にとっても商業的価値はない。しかしイギリス国民に、何か重要性を抱かせる地点である。更にオレンジ公とその国民は、両国の共同的商業利点から、これらの植民地の防衛をイギリスに委ねることで、何の犠牲も払うことはないであろう[28]」との見解であった。

この結果はオランダにとって大きな譲歩とも言えるが、オランダには、このキャッスルレーの考慮に同調する意見も存在した。それは先のホーヘンルプの兄であるディルク・ファン・ホーヘンドルプ（Dirk van Hogendorp, 1761-1822）の覚書に見られる。彼は、ナポレオン政権下でフランス側に奉仕し、一八一〇年ナポレオンの副官となり伯爵に列せられた。ナポレオンの没落後公職から離れた。この彼の覚書内では、蘭領東インドの返還に関して、その返還の基準年は一七九四年か一八〇二年か、そこで我々が失えるものは何かを考慮している。その際彼は、返還年を一八〇二年アミアンの和約とすると、セイロンはイギリス所有となる。セイロンは停泊地としては重要であるが、オランダ東インド会社の時代、既にこの地は厄介者であり、すなわち利益よりも統治に費用が要したと観察する。更に彼は喜望峰についても、イギリスが非常に重要な地点、すなわちイギリスの多くのアジア所有地にとって安全な堡塁と観察し、そこでイギリス人が当地を維持することは、オランダの東アジア所有地にとっても、最も安全な保証と防衛を与えることになると考察している。すなわちイギリスの保護により、オランダ人自身もまるで「その地の支配者」のように振舞え、それはオランダのアジア所領の安全に利益、かつ有用と指摘している[29]。この視点に基づけば、本件において一見すると、オランダが大きな譲歩を強いられたように見えるが、実際は「名を捨てて実を取った」とも考えられる。

しかし当時オランダでは、イギリスと協調するのが望ましいと考慮し、譲歩して締結したと考えていた。そこでオランダは、辛い植民地の喪失に耐えなければならず[30]、当然ファン・ナーヘルは、この内容に満足できなかった。そこで彼は「ファーヘル大使の名誉ある交渉の結果が、私の署名によって汚されることはできない」と、その署名を拒否し、更に王に辞職を願い出た。結局オランダ側からは、同大臣の署名はなされず、ファーヘル大使のみが署名を行った。(31)

三、オランダ領植民地返還とその問題

オランダは植民地回収のため、使節団全権にエラウツ（Cornelis Theodorus Elout, 1767-1841）、ファン・デル・カペレン（Godert Alexander Gerard Philip van der Capellen, 1778-1848）、ムンチンハ（Herman Warner Muntinghe, 1773-1827）を選出した。しかしその後ムンチンハに代わって、海軍少将ブイスケス（Arnold Adriaan Buyskes, 1771-1838）を任命した。この際ファン・デル・カペレンは、同時に蘭領東インド総督を引き継ぐ任務も負った。彼らが蘭領東インドに出発する前に、ナポレオンがエルバ島を脱出しフランスに帰国したことにより、この使節団に随行する兵隊と艦隊がヨーロッパで必要となった。そこで同使節団は、出発の延期を余儀なくされた。ようやく一八一五年一〇月末、ブイスケス指揮の小艦隊が、使節団全権を乗せて蘭領東インドに向かって出航した。

一八一六年四月一七日現地に到着した一行は、直ぐに大きな問題に直面した。当時旧蘭領東インドを管理していたイギリスのフェンダル（John Fendall, 1762-1825）は、オランダへの植民地返還に関して何の命令も受けていなかった。(32)一八一六年六月一八日彼は初めて、同植民地のオランダへの返還とのイギリス本国による指示を受け取った。しかし彼は、このイギリス本国の指示を十分と見なさず、直接の上級官庁であるイギリス東インド会社の指示を待つとした。同年七月六日フェンダルは、ベンガル政庁からの指令を受け、この植民地返還を履行し、七月一日付で業務停止とした。そこでようやく八月一九日、バタフィアはオランダ使節団に委ねられた。

しかしながらこのオランダ全権使節団に、更なる困難が降りかかった。それは本植民地返還以前の駐ジャワ英占領軍総督であったトーマス・スタンフォード・ラッフルズ（Thomas Stamford Raffles, 1781-1826）が、第一次ロンドン条約による返還方法に強く異議を唱えたからである。何故なら「ラッフルズの大嫌いな敵こそが、オランダ人」であった。すなわち彼は直接アジアにおり、その現地における強力なライバルとしてのオランダ人をよく認識していたと思われる。一八一六年三月ラッフルズは、同職をフェンダルに譲りイギリス本国へ帰国した。そして彼は新聞等を用いて、旧オランダ植民地の重要性を訴え、同時にオランダの植民地政策を非難し続けた。ラッフルズは、この植民地の生産物を重要と見なしていたのではなく、その地理的価値を最重要視していた。彼は、ジャワから最も良く作戦行動の指令が行えるため、ナポレオンが同地を領有した事実も挙げ、ジャワの政治商業的重要性を具体的に指摘した。更にジャワは、中国貿易の点から重要とも述べている。そこでイギリスに対し商業的嫉妬心が強く、排他的であるオランダに、同地を渡すことは極めて問題であると訴えた。

(33) (34) (35) (36) (37)

オランダのこのような傾向は、主にイギリスの著作で指摘される。例えば、「ナポレオン戦争以前にも、イギリス人は一七八四年英蘭条約にあるようなオランダ人の独占要求に異議を唱えていた」、また「オランダへの植民地返還の際、彼らは諸条約や契約を更新しようとした。これは現地イギリス商人を恐れさせたが、この中で特に、マラッカ海峡は完全にオランダ人の管理下に置くとの考えは、イギリス当局を不安にさせた(38)」との記述である。すなわちこれらの記述から、オランダのアジアにおける強い影響力が理解され、ラッフルズの恐れが的を得ていたことが分かる。

ここからラッフルズは、強硬な態度をとる必要性を感じた。彼は、中国と東インドを繋ぐマラッカ・スンダ両海峡を、イギリスの中国貿易に極めて重要な地域と指摘し、同地の保全は不可欠と観察した。そこでラッフルズは、一八一八年三月ベンクーレン（Benkulen）副総督として当地に赴任した後、オランダの東洋政策に対抗する根拠地の獲得に狂奔した。彼は『東方群島におけるわが国の利益』（Our Interests in the Eastern Archipelago）と題したインド担当局長カニング（George Canning, 1770-1827）に提出した意見書の中で、「オランダは、この群島に船舶が入るのに通らなければならない唯一の航路――スンダ海峡とマラッカ海峡――を所有し、イギリスは、今や喜望峰とシナの間に立脚すべき一インチの土地も所有せず、給水をうけたり食物の供給をうけたりすることの出来る一つの好意ある港湾も所有しなかった」と指摘した(39)。この観点から彼は、「残されている唯一の径路たるマラッカ海峡の自由な通航を確保すること」は、イギリスの「政治的ならびに商業的利益のために根本的に重要な目的」と位置づけた。そこで彼は本国の指示に反する行為に出ても、同地における「根拠地の建設」に努めたのであった(40)。

この地域におけるラッフルズの行為に対して、オランダはイギリスに強く抗議した。当初イギリス本国は、ヨーロッパにおけるオランダとの協調を不可欠と見ており、ラッフルズの行為に批判的であった。そこでカニングは、ラッフルズを一時的に本国に召還させることを考えた。ラッフルズは、以前総督であったので、その立場を鑑みて総督代理（Lieutenant-Gouvernor）との肩書きを有していた。しかしながらそれは実際、単なる通商委員（commercial resident）にすぎず、何の政治的権力を有するものではなかった(41)。そこでイギリス本国が、旧オランダ領植民地におけるラッフルズの行為を正式に否認したことは(42)、ラッフルズを大きな困難に陥れた。しかしそのような環境下においても、ラッフルズは諦めなかった。彼は本国の決定に屈することなく、新たに航行拠点として適している島に目を付けた。その地がシンガポールである。

ラッフルズは、イギリスによりオランダの植民地は返還されたにせよ、島嶼部におけるオランダの立場が法的に弱いことに気づいた。確かに一八一四年当時、インド産アヘンが中国（広東）における茶貿易の対価商品として十分資していたこともあり、イギリス東インド会社は香料貿易に何の現実的な利害も持っていなかった。更に言えば同会社は、島嶼部自体、また同地域における商取引からの利益にほとんど関心がなかった。しかし英インド政庁は、中国航路の保護の重要性を強く認識していた。そこでラッフルズは、イギリス商業と同地における影響力の確保から、一八一九年未だ独立していたアチェーのスルタンであるジョホール（Johor）と友好条約を締結したのである(43)。彼はジョホールに、イギリス東インド会社が独占して商館を設立できる権利を認めさせた。しかしながらこれは、実際イギリス政府の要求ではなかった(44)。

このラッフルズの行為に対して、オランダは再度イギリス本国に激しい抗議を行った(45)。イギリス東インド会社は、ラッフルズのシンガポールにおける基地設置を禁止させようとした。しかしながら同会社は、彼の活動を止めることが出来ず、そこでイギリス本国にラッフルズの処遇を委ねた。イギリス本国は、このラッフルズの行為を命令違反とし、その全行動を否認する声明を行った。しかしながらこのシンガポール設立は、ラッフルズにとって有利に働いた。それは、シンガポールの土地の快適さと利便性からである。例えばシンガポールで一年間生活するのは、イギリス東インド諸島における古くからの植民地であり、ラッフルズの新しい任地であったベンクーレンでの一ヶ月の生活よりも安く済んだ。また明らかに商業・海運にとっても、同地は有益であった。建設後最初の二年半で、二八八九隻の船が同港に来航し、一八二〇年夏には、移住者が既に一〇〇〇〇―一二〇〇〇人にも膨れ上がった(46)。このような状況が影響し、徐々にイギリス本国の考えが変わっていった。すなわちイギリス本国はシンガポール領有を、特にフランスとの戦争の場合、イギリスの政治経済的視点から極めて重要と観察し、更に中国海域への進入口に海軍基地を保有することから、戦争が生じた場合、イギリスの中国貿易に大きな保障となると考慮した(47)。そしてとうとうキャッスルレーは、オランダにシンガポールを要求するようになった。彼はオランダが、マラッカ・スンダ両海峡を独占しようとする傾向に不信感を抱いており、またそれに関して、同領域の統治が、オランダだけでは極めて困難であり不可能と観察していた。そこでキャッスルレーは、「頭の悪い政治家が、全く危険で不可能な政策方針へ、オランダ王を乗り出させるよう助言しているに違いない」と考えた(48)。

すなわちシンガポール確保後のイギリスの目的は、東南アジア全土におけるイギリス商業の保全と、中国へのマラッカ海峡ルートを支配下に置くことであった。この戦略から、ラッフルズの新定住地は価値があった。これ以外にキャッスルレーは、何の領土欲を持たなかった。そしてオランダのために、より危険な諸国を除外するためにも、島嶼部における漠然とした政治覇権を主張することで満足したのである(49)。とにかくイギリス政府は、イギリス商業を部分的にも島嶼部から排除することには同意せず、更にマラッカ海峡をオランダの手に完全に委ねない方針であった。[50] しかしながらイギリスには、オランダ人に迷惑をかけたくない気持ち（しかしオランダ人に、イギリスの圧力を時折かける）があった。そこでただイギリスの望みは、島嶼部の自由であった。[51] この状況によりロンドンでは、島嶼部に関する新たな決定がなされる必要があると判断した。ラッフルズの計画は用いるべきであるが、オランダを転覆してはならなかった。そこで彼らを妥協させ、現地イギリスの利害と一致させることが重要と考えたのである。[52]

しかしここで、何故当然の権利として、オランダが自らの植民地返還を強く主張できなかったのであろうか。そこにはオランダ側に、イギリスに対する補償金の問題が存在したからである。それは第一次ロンドン条約に従って、オランダはその旧植民地を回収しようとしたが、その返還に遅延が生じた。そこでその間、同植民地を管理していたイギリスに対し、オランダは様々な諸経費を補償金として支払う義務を負った。しかしその補償金が高額で、更にその算出方法について、オランダでは承認できないものもあった。そのためオランダは、同件についても、イギリスと交渉しなければならなかった。このような英蘭間に生じた新たな問題を解決するため、一八二〇年ロンドンで、再び両国による交渉が行われることになった。

四、第二次ロンドン条約（一八二四年）

イギリス側ではキャッスルレー外相とカニングが、オランダ側では全権委員エラウツと公使ファックルクが、この交渉に参加した。エラウツは、マラッカ・スンダ海峡をオランダが領有するとの排外商業政策を否認しており、クランカーティから公正な人物と見なされていた。[53] しかしこの交渉は一致を見なかった。更にイギリス側から協議延期が申し入れられ、その中断が余儀なくされた。その理由はオランダ側が、まずビリトン（Biltoeng）をオランダに返還する代わりに、シンガポールをイギリスに譲渡するとのイギリスの提案に聞く耳を持たなかったこと、更にイギリスに負っている補償金の代価として、ベンガル（Bengalen）のバンカ（Banka）、フルタハ（Fultha）を譲渡するとのイギリスの提案にも反対したからである。一致した点といえば、英蘭両国の全植民地において相互に商活動が行えること、一方の国が土着スルタンとの独占的商業権を得ることへの禁止等であった。

結局一八二三年まで、正式な植民地交渉は再開されなかった。しかしこの間オランダ側では、シンガポール放棄は止むなし、更にはインド半島にあるオランダの基地も必要なしと判断していた。これはオランダ側で早い時期から、インド大陸のオランダ所領に余り関心がなく、スマトラにあるイギリスの所有地と交換する方が良いとの考えがあったことによろう。(54) またオランダ側のこの譲歩に到る背景としては、これ以上イギリスとの関係がこじれることは、オランダの利益にならないとの認識からである。そこで公然にも、オランダとの交渉は必要なしと述べていたキャッスルレーの自殺後、(55) オランダ側は外相となったカニングを説得して、ロンドンでの交渉再開にこぎつけた。

ここでは植民相ファルック、その補佐として甥のシッカマ（O.W. Hora Siccama, 1805-1879）、ファーヘル、そして蘭領東インド陸軍大尉（Kapitain van het Oost Indische leger）エラウツ（Cornelis Pieter Jacobs Elout, 1795-1843）が、一八二三年末ロンドンでのイギリスとの会談に臨んだ。ファーヘルは、活動的で非常に愛想の良い聡明な人物とされ、イギリスにも長く住んでおり、当地に大きな影響力を持っていた。(56) これらの人物の任命は、イギリスとの交渉を円滑にしたいとするオランダ側の配慮と認識される。このエラウツ任命の経緯は、ファーヘルもファルックも東インド用件に深い認識がなく、とりわけ彼らは、現地の経験に欠けていた。先の使節団全権エラウツは、第一次ロンドン条約の曖昧さは、植民地問題を知らない本国の人間による結果と指摘していた。(57) ここからこの種の問題は、このエラウツ自身が補うことが出来たのであるが、オランダ国王ウィレム一世は、当時財務相を務めている彼を手放したくなかった。そこで現地経験の欠如を埋めるため、ファン・デル・カペレンの先の副官（Adjudant van den Gouverneur Generaal）であり、先の使節団全権の息子を任命したのであった。(58)

上述のオランダ側の譲歩はあったが、更にオランダの利害のために、もう一度イギリスでは、政治上の決定を考慮した。それがオランダ商業に保護を与えた一八二四年条約条項2であり、オランダの保護関税規定を認めたことである。[59]更にカニングの言葉によれば、「東方の盟主として、我々が他の世界で存在する中で、出来る限り早期に、我々相互間の問題を終了させる一層の理由がある」とし、オランダへの挑戦は避けるべきとの考慮があった。すなわちこれは他国の介入、具体的にはアジアにおける貿易活動を急速に展開するアメリカ合衆国による介入を招くと考えられた。しかしながら余りに緊密なオランダとの取り決めは、他国のこの二同盟国への介入を招くとも懸念されている。[60]このような状況から、同会談で特に問題となったことは、オランダがイギリスに支払う植民地返還遅延としての補償金であった。当初イギリスは三五万スターリングポンドを要求していたが、それを一〇万スターリングポンドにまで譲歩した。オランダ側では、イギリスが引渡される武器必需品等の価値を、オランダの見積りの三倍以上で計算していると異議を唱えており、この金額でも了承できなかった。そこで再度、交渉が決裂する危険にも遭遇した。[61]オランダ側は、バタフィアでの香料を一定量イギリスに売却すること、またイギリス船のために、スマトラのタパンヌリ（Tapanoeli）、そしてジャワのアチェー（Atjeh）の港を開放する提案をして解決を図ろうとした。しかしオランダ本国の大臣で、先の使節団全権エラウツは、同提案から起こりうるイギリスとの新たな問題を危惧した。そこで彼はイギリスの要求額を、むしろ支払う方が良いと判断した。そこで補償金額を五万スターリングポンドへ引き下げて欲しいとするオランダの最終提案が拒否された後に、オランダはイギリスの要求額一〇万スターリングポンドを支払うことに決めた。[62]こうして一八二四年三月二四日、第二次ロンドン英蘭条約が成立した。

五、第二次ロンドン条約で注目される条項の内容(63)

第一条、英蘭各々の東アジア植民地において、両国民はその各々の土地で最恵国待遇に基づき貿易活動が認められる。

第二条、一方の国民への輸出入関税は二倍を超えない。

第三条、今後東インド地域の国家と、他方に不利益となる如何なる条約も結んではならない。

第五条、海賊行為を双方で取り締ること。

第六条、東インドの現地官吏らは、双方の政府の委任なく、新しく商館を建設できない。

第七条、モルッカ諸島(Moluksche eilanden)、特にアンボン(Ambon)、バンダ(Banda)、テルナート(Ternate)では、例外的にオランダの香料貿易の独占が認められる。

第八条、オランダは、東インドで大陸に属する全事業所をイギリスに譲渡する。

第九条、イギリスはマルボロ要塞(Fort Marlborough)の商館とスマトラ島(Sumatra)の全所有地をオランダへ譲渡する。そして今後同地で商館を設立せず、また現地国家との如何なる契約も結ばない。

第一二条、シンガポールはイギリス領となる。イギリスは、カリモンス諸島(Carimons-eilanden)またバタム(Battam)、ビンターフ(Bintag)、リンジン(Lingin)、シンガポール海峡の南に位置するその他の島々で、今後商館を設立せず、また現地国家との如何なる契約をも結ばない。

第一五条、第八、九、一〇、一一、一二条で述べられた土地や所有物は、当時国以外の国に譲渡してはならない。当事国の一方がそれらを放棄する際には、他方の当事国に譲渡される。

小括

ロンドン条約は、イギリスからオランダへの植民地返還との大前提に加え、特に東アジアにおける両国の勢力範囲の画定、またその利害保持を目的としていた。このイギリスからオランダへの植民地の返還は、「ロマンティックな方法で」なされたものではなく、双方の利害による結果であった。キャッスルレーは、第一次ロンドン条約の解決に関し、現実的政治に一致して行われたと述べている。(64) 一方オランダにとっても、単なるイギリスの〝好意〟によって、植民地が返還された訳ではない。すなわちオランダは、イギリスが大陸のフランスに対するイギリスの保塁としてのオランダの重要性を必要としていることから、それを自ら進んで引き受ける姿勢を見せることで、イギリスに政治的圧力をかけることが出来た。更にラッフルズが、執拗にも東アジアにおけるオランダの行動に反対したが、この事実からも、当時アジアにおけるオランダの影響力の強さが示されている。しかしながらオランダは、大陸の庇護者としてのイギリスを強く必要としたことにより、このロンドン条約において、オランダ側が譲歩した感は拭えない。(65) カニングは、オランダを「東方の盟主」と表現し、その同盟関係を強調しているが、「盟主(イギリス)は、もう一人の盟主よりも一層大きかった」。更にオランダのインドネシア統治は、イギリス外政を考慮した副産物であった。(66) すなわちオランダは、譲歩を強いられたのである。ここから英蘭間の商業利害対立は、一八二四年条約によっても解決されなかった。オランダは絶望的な歳入欠乏の中で、自国領域内のイギリス商業の優位を容認し続けることは出来なかった。ここからオランダの独占欲、イギリスの排除との構図となったのである。(67)

しかし一方イギリスでも、このロンドン条約に対して極めて批判的であった。タイムズ紙(*The Times*)は、本件でイギリス大臣がオランダ人に騙されたと考えた。更にあるイギリス人は「イギリスはせっかく占領したジャヴァをまたオランダに返還したのは、全く取り返しのつかぬ一大失策をあえてしたのだと繰り返していた」と述べている。(68)

イギリスはオランダの大陸インドを手に入れ、その完全な支配を確立し、かつ島嶼部においても自らの権利を確認させたにせよ、双方が納得行く利害の一致がなされたとは簡単に述べられない。そこでその後も植民地問題が再浮上し、一八七一年スマトラ条約（Sumatra Treaty）が新たに締結されることになった。この経緯を簡単に述べれば、パーマストンが、オランダのアチェーに対する伸張に抗議を行った。しかし当時既に、アジアのイギリス商業は独り勝ちではなく、フランスやアメリカ、また近い将来にはドイツやイタリアにも、東南アジアにおける英蘭植民地独占が脅かされる見通しとなっていた。ここからイギリス外務省は、一八四八年以降のオランダ商業政策が平和的傾向であると考慮し、より大きな一国家によりも、オランダの手に委ねるほうが良いとの判断に変わった。そこでスマトラの東だけではなく、アチェーもオランダに放棄したのである。[69] このように英蘭間には、アジアでは「東方の盟主」の関係が存在する。この「東方の盟主」の関係は、当時様々に議論され、しぶしぶでもあったが、相互を取り持つ一要素であったと理解されている。[70]

すなわち「オランダは、国際関係において独立国であった。すなわちその主権は、完全な自由を享受でき、容易に乱されるものではなかった。一八七〇年代まで、これらの問題は顕著にならなかった。この時期になされたことは、一八二四年条約には係らない関係と、インドネシア人に関する問題の解決であった。他のヨーロッパ諸国との関係を除けば、ある意味この両国は、実際〝独占的な東方の盟主〟であった」[71] と理解された。またヨーロッパで戦争が生じた際、オランダはイギリスの援助を欠かせないと思っていたが、イギリスの了解の下で、当時オランダが自立した政策を採ることが出来たことが指摘されている。[72] 更にオランダは、インドネシアの防衛にも、イギリスの支援を当てにしていた。[73] このようにオランダは、大国イギリスの支援を受け、その力以上の外交政策を採ることが出来た事実は注目すべきである。

第二章　「東方の盟主」としての英蘭関係——英蘭ロンドン条約内の日本問題を中心にして

第一章では、東アジアにおける英蘭の政治同盟関係を認識した。そこから〝オランダの勢力範囲としての日本〟〝日本を開国させた際の英蘭間の諸条件〟を理解する。しかし当然この取り決めは、英蘭間に限定されており、それがそのまま他の諸列強に適応されることにはならない。ただ幕末期におけるヨーロッパ諸国は、日本問題に関して、オランダを仲介人として尊重した。例えばイギリスは、日本人の性質また日本の制度から、フェートン号事件(1)（Phaeton incident, 1808）による影響を十分認識していたため、オランダが日本問題で、イギリスの仲介を首尾よく行ってくれることを望んでいた(2)。しかしこの状況を打ち破ったのが、アメリカである。

アメリカはアジア進出に遅れをとり、更に先行する英蘭の巧みな外交によって、アジアにおける拠点を建設できずにいた。これはアメリカにとって重大な問題であった。そこでその中国問題、捕鯨問題が活発になってきたことから、アメリカは英蘭の植民地ではない場所、またある国の勢力圏にはない国を探す必要が急務となった。そこから日本が選ばれた(3)。

第一次・第二次ロンドン条約の主目的は、オランダへの植民地返還である。それを踏まえながら本章では、この返還に纏わる問題ではなく、本条約により制定されたアジアにおける両国の植民地規定を、日本問題を意識しながら再検討する。イギリスの、特に東インドの現地イギリス官吏は、この植民地の有用性に気付いていたので、旧蘭領植民地の返還に反対した(4)。そこで植民地返還当初イギリス本国政府は、オランダの植民地に興味が無かったにも関わらず、その後の政治的考慮から、それを余儀なくされたのである。[5] すなわちイギリス本国政府は、植民地の返還は認めるが、そこで得られていた利益を放棄することを望まず、この植民地画定の際、双方のアジア植民地全体の規定を両者で確認し、相互の利益を図ることになったのである。

一、イギリスが見るアジアにおけるオランダの勢力圏

このロンドン条約交渉の際、実際どこまでの地域が先のオランダの勢力圏と認識されていたのであろうか。それを認識することにより、アジアにおけるオランダの権利を理解できよう。同条約の交渉内では、東アジアを一般的に表す表現として「in the Eastern seas」との語句が用いられている。また条約内では「東インドにおける(in Oost-Indië)」や「東インド諸島における(in den Oostersche Archipel)」などの表現も用いられている。ここからは、オランダの勢力圏を明確には認識できない。しかしラッフルズが、イギリス新聞紙上でオランダの植民地政策を非難した際、オランダがその植民地「ケープ植民地から日本まで(van Kaap tot Japan)」[6]、イギリス国民を損ねてきたとの表現を見ることも出来る。[7]

このラッフルズの記述からイギリスでは、オランダの勢力範囲を蘭領東インドだけではなく、その先の日本までをも含めている。当時勿論イギリスにおいて、オランダが日本と通商関係を有していることは十分認識していた。ここからオランダは、日本が開国した際、このロンドン条約から見て取れるような権利を、日本においてもイギリスに対して要求できたようにも思われる。

二、ロンドン条約内の日本問題

ロンドン条約交渉の際、日本に関する問題は生じなかったのであろうか。これに関しては、ナポレオン戦争中オランダ船が日本に来航できなかった時期、オランダの代わりにイギリスが、日本に対して支払った金額があり、その金額をイギリスが、オランダに返還を求めた問題がある。同件でオランダは、イギリスがこの金額を支払った理由は、その見返りに日本で銅を調達される条件があったことを指摘し、その返還の必要はないと反論した。更にこの際、ラッフルズが派遣したイギリス使節団と日本で交渉した出島商館長ドゥフ（Hendrik Doeff, 1777-1835）は、イギリス側が契約を完全に履行しなかったとして、逆にイギリスへの賠償請求を考えていたようであった。(8)

この問題の経緯を簡単に説明する。本件は、ラッフルズによる日本への使節団派遣計画から生じた。ラッフルズが日本貿易に興味を抱いた理由として、彼自身は、「多くの疎かにされているアジア諸国の貿易とは、明らかに決して同じではないが、それを継続する努力への主な誘引として、その貿易が一層大規模に開かれる展望を有しているからである」と説明している。(9)またラッフルズは、中国貿易の特殊性とそれに伴う不確定さから、イギリス商人のために日本貿易を開くことが望ましいとも考えていた。そして日本にイギリス商館を設立し、二五〇〇万人もの人口に重要な商品、そしてイギリス工業製品を供給することは、それ自体大きな国家的目的としていた。(10)また彼は日本の鉱山資源、特に金銀に大きな興味を示している。(11)更に、例え日本貿易で商業利益が伴わなくとも、重要な中国との関係で、日本問題は政治的観点で重要ではなかろうかとも指摘している。(12)そこでラッフルズは大きな期待を抱いて、出島をイギリス行政下に組み込むために、日本使節団を組織したのであった。更にその際、日本の特質・資源に関し、出来る限りの知識を獲得する目的で、(13)船には商品を積んで、日本で貿易を行う計画を立てた。しかしもし日本との貿易が不可能と思われた場合には、船は中国に行き、その地で商品を売却することにした。(14)日本問題は特殊であり、イギリス人には困難であったので、経験豊富なオランダ人を雇用することにした。そこで先の出島商館長ウィレム・ワルデナール（Willem Wardenaar, 生年不詳-1816）が雇われた。ワルデナールの給料は、同遠征で生じる利益の二〇％となっていた。この金額を英ベンガル政府は、通例からは高額であるが、彼のジャワにおける立場とこの任命の特殊性から妥当と判断した。[15] ここからもラッフルズが、同遠征に相当の力を入れていることが理解される。そして彼も本遠征の困難さを十分認識していたにせよ、その重要性と利益は極めて大きく、試みを十分正当化するとも述べている。[16] 更にラッフルズは、オランダ人ファン・ブラーム（Andereas Charles van Braam Houckgeest, 1800-1873）からも、日本問題に関する助言を受けた。この内容は、日本人は他の外国人を排除しているので、オランダ船と偽って入港すること、更に経験豊富なオランダ人船長を雇用することが良いとし、そこで日本に何度も訪れたフォールマン（Voorman, 生没年不詳）が推薦された。また日本人はオランダ語を話すので、船員もオランダ人で構成し、そして日本人との衝突を避けるため、最初に日本に行くイギリス人は温和な人間であるべき等である。このように入念に準備され、ラッフルズの日本遠征隊は出発した。[17]

日本での同遠征隊の詳細は、他の史料から述べる。[18] 一八一三年七月二日、先の商館長でありインド評議員ワルデナールは、新商館長としてカッサ（Anthonie Abrahum Cassa, 1760-1817）を連れ、出島にやってきた。当初ドゥフは四年間もオランダ船が現れなかった理由も、更に同船の来航した真の目的も分からなかった。しかしその後ワルデナールが、イギリスの出島接収が記されているドゥフ宛のラッフルズ書簡を抱えてきたことが判明した。ドゥフは、日本のオランダ商館はジャワに付属するものではなく、更に祖国がフランスに併合された報告も受けていないので、ラッフルズの計画である出島接収を拒否した。ワルデナールは先の在日商館長で、ドゥフの商館長昇進の恩人、また友人であり、更に現在バタフィアの彼の財産管理人でもあった。ワルデナールは、旧交を利用し説得を続けた。しかしそれでも出島接収が不可能と知るや、ドゥフには多額の金銭、当時荷倉役のブロムホフ（Jan Cock Blomhoff, 1779-1853, 後の在日商館長）には商館長への昇進を提案して、彼らの買収を図った。しかしこれらの行為は、ドゥフらには無駄であった。

ワルデナールは日本人に全ての事実を報告すると述べ、ドゥフを威嚇した。しかし逆にドゥフは、先のフェートン号事件を挙げ、日本人の反英感情と、更にその報復の機会を狙っていることを説明した。そして彼は、ワルデナールがイギリス船にも係わらず、オランダ船と偽って入港したことを奉行に申し立てると応戦した。これに対してワルデナールは、涙ながらに彼の一行の安全を、ドゥフに哀願することになった。呼ばれた五大通詞は、この事実を奉行に申し上げることは危険と判断した。そこで彼らは、本船をアメリカ雇船扱いにして、取引を行いたいとドゥフに告げた。この申し出に、一八一〇―一二年にかけて一隻の船も入船しなかったことから生じたオランダ商館の負債八万二六九両との現実が加わった。そこで抜け目ないドゥフは、この負債を償却するためにワルデナールと取引を行うことに決めた。

この取引の要点を、『ヅーフ日本回想録』から簡単に説明する。本契約によると、まずドゥフは、このイギリス船を通例の商船として扱い、その二隻の積荷を全て受け取り、通例のように売却する。そしてイギリス側は、この売上金から、一八〇九年から同年(一八一三)までの在日オランダ商館が抱えた負債を支払う。これに対してドゥフは、余剰金が許す限り、イギリス側に銅を引き渡す。更にドゥフは役得として、銀七〇〇ピコルを受け取り、彼自身または彼のバタフィアの代理人に支払われる。以上が契約の大要である。しかしラッフルズは、ドゥフにより出島接収の目的を果たせなかったので、このドゥフへの契約を履行しなかった。そこで恐らくドゥフは、同契約の履行をイギリス側に求めようとしたと思われる。

ドゥフはラッフルズの日本遠征の目的、すなわち出島接収と、また日本での貿易が不可能な場合には中国に行き商品を売却するとの二つの計画を、ラッフルズが東アジアで行ったと同じ手法(本国の指示と対立する行為)により阻止したことは、ラッフルズを大いに悔しがらせたことと思われる。ドゥフは一八一七年に日本を後にした。彼は本国帰還後、ウィレム一世から最大の暖かさをもって叙勲される。(19)これはオランダにとって、傲慢なラッフルズに対し唯一抵抗できたオランダ人として、特別賞賛に値したことを示しているものと思われる。

先の財務大臣エラウツの息子で軍人・政治家エラウツ（Pieter Jacob Elout van Soeterwoude, 1805-1893）は、その著書『一八二〇―一八二四年、植民地に関するイギリスとの交渉史への貢献』の中で、本件を以下のように触れている。「これが上述の金額だけの問題であるならば、この全く不愉快な事件に関して、恐らく不愉快な議論になるものに踏み入らないこと、この全てをそのままにし、この要求を諦めることが最適であろう。ドゥフの要求も保留である」と述べ、最後に「これを手付かずにして置くことが最も良いことであろう[20]」と、この問題を片付けている。

この短い記述は、オランダがロンドン条約の交渉において、日本問題に触れたくなかったことを示している。すなわち同問題が、この際本格的に取り上げられて欲しくはなかった。つまり本条約内で副次的な問題である日本問題が、交渉の議題に上がっていたならば、当然イギリスは日本を含めた規定も要求したかもしれない。当時オランダの日本貿易は、十分な利益を上げているとは言えなかったが、オランダにとってほぼ独占状態である日本に、イギリスの影響が入って来て欲しくはなかったと考えられる。

ここで本章の趣旨とは異なるが、日蘭交渉史の一つの問題を指摘する。すなわち当時の日蘭貿易は、〝オランダ政府の帳簿が常に赤字だらけであったにも拘らず、何故その貿易を続けたのか〟との問題である。これに対しては今までは、オランダは政治的な意図から日本に留まり続けた、と指摘されてきた[21]。しかしながらこのラッフルズの日本遠征事件をみると、その際の利益により、四年間に及ぶ在日オランダ商館の全負債が清算でき、更にドゥフは、その役得まで得ることが出来ている。この事実から政府の貿易、いわゆる本方貿易ではなく、個人の貿易、いわゆる看板貿易で（また私貿易［密貿易］もで）、大きな利益を上げていたことが指摘できる。もちろん先の日蘭貿易の利益とは比べることは出来ないが[22]、しかし当時も十分、効率の良い貿易を続けていたと考えられる。例えば一八三九年のジャワとマドラからの輸出の中で、日本は四七万四五〇〇Fr.とあり、これはイギリスと比べれば八分の一くらいであるが、スウェーデン（六五万六〇〇〇Fr.）、ハンザ諸都市（五二万三七〇〇Fr.）とほぼ同じである[23]。また日本への輸出品の本方商品価格と販売業者の商品価格の表によれば、販売業者価格は本方商品価格と比べて、既に約三～四倍の高値で取引きされ、品物よっては二〇倍程（香料等）にもなっていることからも裏付けられる。[24]特に日本銅や樟脳は、大きな関心がもたれていた。[25]

三、英蘭・アメリカ間とのアジアにおける利害関係

第二次ロンドン条約では、まず英蘭双方の東インド植民地における利益、すなわち双方の東インドにおける最恵国待遇（第一条）が述べられている。これは、英蘭の確固とした緊密な同盟関係を再確認したものである。そしてこの英蘭関係が、単なる友好国ではないと明白に示す条項が、一方が当該植民地を放棄した際、他方の国がそれを受け継ぐとの条項（第一五条）である。この条項から、特にアチェーへのアメリカ進出を牽制していた英蘭の意図を考察できる。[26]すなわちアメリカのアジア進出に、英蘭は共同して対抗していたのである。

当時のアメリカ対中国貿易の形態は、ほとんどアメリカ民間商人による私的な貿易であった。そこで国をあげて積極的に行われていたものではない。しかし一七八九―一七九〇年間の資料では、既にアメリカ商船で広東に入港した船は一四隻にも上っていることが分かる。これはイギリス東インド会社船二一隻、同インド在籍船四〇隻には及ばないとしても、オランダ船五隻、ポルトガル船三隻、フランス・デンマーク各船一隻と比べれば、断然多いのである。また当時の主要輸出品である茶に関しては、アメリカへの輸出は三〇九万三二〇〇スターリングポンドに達しており、イギリスの一七九九万一〇三二スターリングポンドに次いで、また第二位を占めている。更に毛皮では、一七九五年以降イギリスの毛皮業者を圧倒している。[27]またアメリカ商人は、蘭領東インドのスマトラにおける香料貿易を一七九〇年に開始したが、それは急速に展開し、広東での貿易に匹敵するほどになった。オランダ政府は、アメ

リカのジャワにおける商業活動に同情的ではなく、高関税によってその活動を制限しようと試みた(28)。

アメリカは中国貿易で、ヨーロッパの国々に後れを取ったが、着実にその貿易を拡大していた(29)。このアメリカの急速な貿易拡大の原因としては、アメリカ企業が、イギリス東インド会社等に比べて、小規模でかつ敏活、また努めて経費を削減したこと、そしてイギリス東インド会社以外に、特に大きな競争者が存在せず、アメリカの東アジア貿易開始の当初は、各国から好感情で迎えられたことが挙げられる。例えば一七九四年の英米条約（ジェイ条約）では、アメリカ商人はイギリスから、インド貿易において特権が与えられている(30)。更にアメリカ商人は政治的背景によることがなく、清国政府の法規、地方官憲の命令に良く遵守し平和的態度であったため、同じく平和を愛する支那官憲、商人によって好意的に迎えられ、一八三〇年代イギリス・清関係が緊張するに及んで、アメリカが漁夫の利を得たことも挙げることが出来よう(31)。

しかしやはりアメリカ商人は、イギリス・フランス・ポルトガルそしてオランダのように、中国貿易で中継地として利用できる、手近な所有地を持っていなかった。そこでこのような帝国主義国家のライバル商人との競争では、不利であった(32)。アメリカが、自国に有利な中継地を東アジアに探していたとの記述は、今のところ見当たらない。しかしアメリカのその意図は明白であり、そこでこれを警戒する英蘭両国は、中国貿易の要地であるアチェーをアメリカに落とさせないようにしたと思われる。

この視点から、日本が開国した際の欧米列強の勢力図を見ることが出来る。アヘン戦争以降、欧米列強の中国貿易は活発化した。そこで諸外国が、日本へ進出することになった。このロンドン条約から判断すれば、英蘭は、アジアにおける双方の利害を保証しているので、英蘭そして両国と政治経済的関係の深いヨーロッパの国々も、一つの利益共同体として考察できる。オランダ歴史家ファン・サスも、ケープ以東における英蘭共同による独占と、他の諸外国の政治的経済的影響を可能な限り防ぐという、両国の計画を指摘している(33)。そこでそのヨーロッパ諸国連合に対するアメリカとの勢力構図が見えてくる。つまり当時イギリスのアジア政策の中で、日本への関心はそれ程高いものではなかった。当時イギリスのアジア用件は、インド・中国であった。イギリスは、オランダが日本を首尾よく開国させれば、当然英蘭間のアジアにおける取り決めから、その諸権利を得られると考えていたと思われる。しかしオランダの対抗者であるアメリカは、そのような考えを持つことは出来なかった。そこでイギリス側では、オランダの勢力範囲は「日本まで」との認識をしていたが、アメリカ側は、日本はオランダの植民地ではなく、勢力圏と言えないとの認識をした。そこでアメリカは、日本がアジアにおいて誰にも手がつけられていない格好の中国貿易の中継地等（無論捕鯨船の問題もあった）との考慮から、強引な開国を日本に迫ったと考えられる。

ここで英蘭の貿易問題と関連させる。第二次ロンドン条約によりイギリスは、シンガポールをイギリス領にし、自国の中国貿易の拠点を確保した（第一二条）。イギリスは、オランダが中国貿易の鍵を握っていることに耐えられなかったのであり、[34]このマラッカ海峡自由航行権は、絶対に確保すべきであった。更に同条約では、オランダのモルッカなどの香料貿易は例外とされたが、一方の国を排除して、その植民地を独占することも禁じられた（第三条）。この条項は、オランダ側はイギリスの影響を排除したかったので、その点について、再三イギリス側から指摘されてきたことによる。そこで同条項は、もはや他国を排除した独占貿易は続けられないことを示している。しかしながら全ての他国に、自らの植民地を完全に開放した訳ではない。すなわち貿易においては関税をかけ、自らの植民地における優位性を維持できた。しかし高関税は独占を意味することから、他国への関税は二倍を超えてはならないともされた（第二条）。

小　括

英蘭のアジアにおける特別な関係「東方の盟主」の結果である、これらのロンドン条約条項は、アジアの植民地政策に対する両国の大きな意図を示している。[35] すなわち関税率等で自国に有利になるような措置（無論これも許容範囲があるが）は認められるが、他方を完全に排除する制度は、この当時には既に許されなかった。重複するが日本が開国した際、このような通商上の特権を、オランダはその同盟国から、当然得られたと考えられる。その点で英蘭間では、日本開国から生ずる相互の利益配分に関し、全く問題は無かった。なぜなら英蘭は、双方が譲歩し合い、アジアにおける共同の利益を擁護してきたことによる。この関係をファン・サスは、イギリス政府はアジアにおけるオランダとの関係を、第一には政治問題と考えており、政治的利益共同体の中で、健全な商業競争が展開される基盤が作られたとし、そこでイギリスは最低限の政治力により、最大限の商業的可能性を創設することが出来たように思われると説明している。ここから彼は、この結果両国民は、最恵国の立場で両者の植民地に認容され、自国貿易に対する防衛措置は、ある程度の度合いにまで制限されたと指摘している。[36] このような英蘭のアジアにおける政治同盟関係を維持する努力の中に、その利権を再分割したい「ヨーロッパの最強国とも匹敵しうる」新興国アメリカが割り込んできたことによって、この英蘭の計画は崩れるのである。

第三章　日本開国の前史――オランダの日本開国への試み

第一、二章では、アジアにおける英蘭同盟関係を考察した。更に日本問題における英蘭関係については、第八章で史料を用い具体的に検討する。本章では、幕末期におけるオランダの対日外交政策の前史について概観する。その際当時オランダで出版された幕末期のオランダ対日外交史を扱う唯一の史料集ファン・デル・シェイスの『オランダ日本開国論』を主に用いる。このファン・デル・シェイス（以下シェイスと略記）の著作を用いることには、ある意図がある。

日本開国後ヨーロッパでは、「オランダは自国の利益のために、日本を鎖国制度に留めさせようとしている」との流言が広まった。これに対し蘭領東インド官吏であったシェイスは、日本開国に関するオランダの無私の貢献を、史料的根拠に基づいて反論するため同書を編纂した。その意図からシェイスは、オランダに都合良い史料を集め、そして時に史料修正も行った(1)。このような背景によれば、同書からはオランダにとって都合の良い事柄しか出てこないはずである。しかしながら同書を、オランダ対日積極外交との視点から再考察すると、この意図的に編纂された同書からも、オランダ側の対日問題に関する真の意図を読み取ることが出来る。

本章では特に、一八五〇年代日蘭外交関係の前史として注目される事件である

一、オランダ国王ウィレム二世の即位を伝える書簡とその贈物の拒否事件

二、オランダ国王ウィレム二世の開国勧告事件

を検討する。これらの事件の中で、オランダが如何に日本問題を、その「国家的名声と実益」の点で重要な用件とみなし、その問題を巧みに処理したかを認識する。更にこの視点から、日本問題が本格化した日本開国以降のオランダ対日外交政策の可能性も理解する。

一、オランダ国王ウィレム二世の即位を伝える書簡と贈物の拒否事件

ウィレム二世（Willem Frederik George Lodewijk, 1792-1849, 在位 1840-49）が、オランダ国王として即位した。そこでオランダ政府は、在日オランダ商館長ビク（Pieter Albert Bik, 1798-1855）を通じて、国王の即位を伝える蘭領東インド総督メルクス（Pieter Merkus, 1787-1844）の書簡と記念品としての贈物を、同商館長の江戸参府の際に手渡したいと長崎奉行に申し出た。当初長崎奉行は、幕府がこれらの受領を認めると考え、この申し出を若干修正はしたが承認した。しかし受領を認めずとの老中首座水野筑前守忠邦（一七九四―一八五一）の書簡が江戸から来ることになる。そこで長崎奉行は、この通知を商館長に伝えた。(2)

これに対するオランダ側の対応は注目される。オランダでは、この日本の無礼な行為に対する報復として、日本への武力制裁と出島撤収を検討した。しかし「様々な由々しき理由により、同政府が直接、強力な手段で、被った無礼な処置に対して弁済を求めることを妨げた。本国政府の経済的危機は、日本との疑いもなく費用を要する戦争を、極めて望むべからざるものにしていた(3)」として、武力制裁を控えなければならなかった。また出島商館撤収に関しては、「出島放棄もまた奇妙な諸問題が存在していた。なぜならこれにより我々は日本において全てを失い、何も得るものがなかったからであった。この国の傷付けられた名誉は、そのような手段によっては回復されず、実際日本政府はヨーロッパの一国民との交際を必要としているので、我々は直ぐに日本でその他の国に取って代わられたであろう(4)」との

悲観的な見解により断念した。オランダはこの日本との関係継続を正当化するために、「日本政府に誤りを認識させ、改めさせることに武力で強制する手段を欠いていたので、日本政府を平和的な方法に沿って、その誤りを諭さなければならなかった」としている(5)。

オランダは日本開国の際、他の諸外国が武力によって日本を開国させ、日本との条約を獲得したことを挙げて、自らの武力によらない平和的交渉、そこから日本用件におけるオランダ独自の貢献を強調した。しかしながら同事件の際、オランダも同様の考慮を有していたことが分かる。その一方この事件は、オランダが日本問題を重要視していることをも示している。すなわち日本問題は、オランダにとってそのアジアの政治経済的視点から重要であり、そこでオランダは、この難しい国民との外交関係を維持し続けてきた。そこで同事件は、オランダにとって極めて不愉快ではあったが、それによりその関係を断つことは全ての利益を失うことになるので、賢明ではないと判断したのであった。

二、オランダ国王ウィレム二世の開国勧告事件(6)

アヘン戦争（一八四〇―四二）の結果を伝えられた日本は、対外問題について一層慎重な配慮を行わなければならないことを認識した。そこで幕府は、厳格な鎖国制度の維持から生じる危険を回避するため、薪水給与令の復活（一八四二）を発令した。これは一八二五年に発令された異国船打ち払い令(7)を緩和し、一八〇六年の薪水給与令(8)に戻した措置であった。しかしこれは決して諸外国船を受け入れる意図ではなく、日本が鎖国体制の維持を貫く証であった。幕府は、同措置を各国に伝えて欲しいと出島商館長に頼んだ。そこで商館長は、本件について蘭領東インド政庁に指示を仰いだ。

この商館長の書簡は、まず財務局局長クルースマン（J. D. Kruseman, 1794-1861）に渡された。クルースマンは、日本の困難な立場を利用して商業特権を獲得すべきと判断した。そこで彼はその具体策として、特別使節団を派遣し、このオランダの要求を認めなければ、日本との関係を絶つとの脅迫の下で行うよう蘭領東インド総督メルクスに助言した。しかしメルクスは、この意見に同意しなかった。彼は、この商業特権獲得を目的とした使節団派遣に孕む危険を考慮した。すなわちこの場合、日本がイギリスによる攻撃の際、オランダの援助と引き換えに、商業特権を認める条件を要求する可能性があった。オランダはそれを拒否できず、そのことはオランダが本国で厳格に維持している中立を保つことが出来ないことを意味した。更に日本がイギリスと衝突に到った場合、イギリスは、オランダの利害や日蘭の了解に配慮しないと思われ、そこでその際オランダが中立を維持した場合、日本におけるイギリスの地位が有利に確立される可能性が高かった。一方でメルクスは、現在の日蘭貿易における利益は微々たるものと認識していたので、起り得るイギリスの日本参入は、むしろオランダの商圏が拡大するかもしれないとも考えていた。

先の商館長らにも繰り返しなされてきた、この出島撤収との提案が、今回クルースマンによってなされたが、これをメルクスが支持しなかった理由について史料から見ると、一八二三―一八三二年間の平均対日貿易額がfl. 一二〇、〇〇〇、一八三三―一八三七年間はfl. 二五〇、〇〇〇であり、利益の点から判断したものと考えられる。(9)すなわちオランダの出島維持は、経済的理由であったことを示している。しかしシェイスは、オランダの無私の対日貢献との視点から、オランダにとって日本用件は商業的よりも政治的であったとの解釈を行っている。ここからも、本書の性格が良く現れている。このような複雑な配慮から、メルクスは政治的手段を用いて、日本に海外用件に関する注意を向けさせることを考慮し、植民相バウト（Jean Chrétien Baud, 1789-1859）に日本使節派遣を進言した。(10)

植民相バウトは、まず幕府の要請である一八四二年令の各国への伝達に関して、差し当たりこれを公表してはならないことは明白であると判断している。すなわち「なぜならこの布告は、もしかすると他国により、鎖国制度がほぼ廃止されたとの明確な発表と見なされ、日本への商業遠征を刺激するかもしれず、そしてその受入は恐らく全く日本政府の目的ではなく、その出現はまさに、オランダ政府が是非日本に免れさせたい衝突や災難への誘因になり得るかもしれなかったからである。この政府がオランダ使節団により正式に警告される前には、そして彼らが、この警告に耳を貸す気であるとの保証が得られる前には、我々側から日本沿岸への性急な商業遠征を誘引し得るような何の歩みもしてはならなかった」との理由からであった[11]。そこでバウトはこの派遣に関して、国王に進言した。

豪奢な性癖のウィレム二世は、この種の派遣を断るような人物ではなかった。そこでオランダ国王直筆の将軍宛書簡と豪華な贈物を、少将ネプヴュー（C. Nepveu, 1791-1871）を団長とする特別派遣隊により、日本へ発送する計画が立てられた。この計画から、オランダが本件で、その「国家的名声と実益」を追求したことが明らかである。すなわちオランダは、日本が風説書の情報を高く評価していることを認識していた。そこでこの問題に関しては、通例の風説書により、その情報を提供することが出来た。それでも日本側は感謝したと思われる。しかし将軍に国王書簡を届け、それを将軍に受け取らせ、そして将軍を諭す点に、この派遣の意義がある。そこで同日本派遣は、「イギリスへの静かな甘い復讐だけではなく、ヨーロッパでのオランダの自負と名誉を輝かせる」ものと評価された[12]。更に同派遣の際、ジャワの防衛施設視察と蘭領東インドの防衛力向上を目的とした計画を作成するとの、既に懸案となっていた問題をも同時に処理することが考慮された[13]。

この国王書簡に関する重要な配慮は、「この際に、オランダがある新しい利点を得ることや、現在の特権の継続を、何らかの方法で確立するとの隠れた意図もなく、そしてこれによりオランダに生じ得る結果に危惧することなく、全く私欲のない感謝の念の命じるところに従い、二世紀間オランダに示された独占的厚遇の報いとして、政府周辺で準備されている政治改革に、そして西欧国際法の理解と相容れない鎖国政策の強固さと日本沿岸に接近する（オランダ、中国船除く）全ての諸外国船を厳格に防ぐことにより晒されている危険に、日本政府の目を開かせること」であった[14]。またこの国王書簡の作成には、日本人から信頼を受ける最高の保証として、日本問題の第一人者シーボルト（Philipp Franz von Siebold, 1796-1866）に命令された。シーボルトは同任務を引き受け、更に贈物に関する提案を行った。その後蘭領東インド総督に、本件に関する指示が送られている。(15) また先の在日商館長であったニーマン（Johannes Edewin Nieman, 1796-1850）や先のコンスタンチノープル（Constantinopel）大使ファン・ナイエフェルツ（Hugo baron van Zuylen van Nijevelt, 1781-1853）とも、本件は協議された。ファン・ナイエフェルツからは、特に西欧国の大使が東洋の国において遵守している礼儀作法について助言を受けた。(16)

この国王書簡の送達は極秘であった。なぜなら「日本人が何らかの方法で、この使節団の目的と趣旨について、かなり完全な認識を得たならば、実際この件について興味津々である日本政府が、この使節の受入に関して、例えば後に他国使節が到来した際に、そのような受入に潜む日本への悪しき前例になると示すことで、かなり正当な根拠に基づいて弁解することが、起らないとは限らなかった。この大臣の計画に関係する全ては、日本人特有の注意深さと臆病が、彼らの好奇心に屈するとの、より適切な方法を人々が期待したいので、この派遣の真の目的は、それ故決して漏洩されず処理されなければならなかった」(17)。出島商館長さえも、本派遣隊の目的について、この国王書簡が手渡されるまで全く知らなかった。

その後ネプヴューが任務から降りることを希望し、彼は解任された。更に諸々の理由により、同使節派遣は中止された。この真相は、ネプヴューが蘭領東インドの軍事的視察を副次的な用件として、日本への特使を主目的としたこと、更にその件で高額な費用を要求したことによる。その後ドイツ人将校フォン・ガーゲルン（Friedrich Balduin von Gagern）が任命されたが、同派遣の遅れは許されず、またオランダから、ただ日本だけへの特使の派遣は、経済的負担が大きいと判断された。(18) ここから国王書簡は、出島商館長が提供することになった。先にウィレム二世即位を伝える蘭領東インド総督書簡と贈物の受領が拒否された前例があるので、蘭領東インドでは、また同じ様な拒否を受けるかについて十分検討され、商館長への指示が規定された。最終的に蘭領東インド政庁は、この国王書簡に関する諸問題を十分に考慮していたオランダ本国政府の意志を尊重した。そこで蘭領東インド総督メルクスは、オランダの原案に従って、出島商館長ビクに、本件に関し指示を行った。その際メルクスはビクに、「もし日本人がこの国王書簡の動機と目的について尋ねてきた場合、常に出来るだけ短く、控えめにするよう留意し、そしてこの国王書簡について自らが知っていることは、日本人には既に別段風説書（Apart Nieuws）で報告されており、そしてこの書簡のみが完全な情報を提供できること、更にこの書簡は、日本におけるオランダの貿易には全く関係しておらず、ただ日本の利害のみに関わり、そして極めて重要な利害であると私に報告されたとのみ回答すること」と、念を押して忠告した。[19] 勿論これは日本人に特有である、強い好奇心を煽る手段であった。別段風説書とは、アヘン戦争後、アジアにおける欧米列強の活動が盛んになり、その情報を日本側が強く要求したことから作成された報告書である。蘭領東インド政庁の総務局（Algemene Secretarie）局長の監督下で作成され、一八四六年以降蘭領東インド総督が署名し、従来日本に提出していた風説書とは別に提出した、主に政治外交に関する用件を扱った文書である。

国王蒸気船ブロモ号（Bromo）は、国王書簡と将軍への贈物が入っている一七箱を積んで、バタフィアに到着した。その地で積荷は、更に日本に運ばれるため戦艦パレンバン号（Palembang）に積み替えられ、一八四四年七月二一日バタフィアを出発した。植民相バウトは、荷物を積み替えて戦艦が日本へ出航する期間は僅かであると考えていた。そこで彼は、司令官コープス（H.H.F.Coops, 生没年不詳）と出島商館長ビクへの指示を、オランダで起草していた。これは蘭領東インドで若干修正を受けた。この植民相による司令官への追加指示の主な点は、今回の派遣は特別な用件であることを日本人に認識させるため、この戦艦と通常の商船との違いを明らかにさせることにあった。そこで日本政府が、これに異議を唱えた場合には、その異議が取り除かれるまで船上で待機すべきとされた。すなわち本件でオランダは、「単なる商人」ではないと示すことが重要であった。このような強い決意と巧妙な駆け引きによって、この計画は実施された。

一八四四年七月二九日商船スタット・ティール号（Stad Thiel）が、同戦艦来航前に出島に到着した。それにより商館長ビクは、これから来る国王書簡に関する最初の通知と命令書を受けとった。ビクへの通知は、これから来る戦艦の性格と目的であり、その時点からビクは、本件について長崎奉行と交渉を始めた。[20] ビクは多くの問題を処理しなければばならなかったが、長崎奉行がオランダ側の要求を大筋で認めたため、国王書簡の受領が行われることになった。

この引渡しは、物々しい警備の中で行われた。オランダ側は威厳を示すために、奉行所までの僅かな距離を、楽団を先頭に行列を組んでこれに臨んだ。これらの引渡しの後、長崎奉行は国王書簡を江戸に送るので、江戸からの返答を待たなければならないと述べた。ビクは長崎奉行の尽力に感謝を述べ、奉行もその感謝に満足の意を表した。この交渉は通例のように、奉行の役人と通詞の仲介によってではなく、通詞の仲介だけで行われた。そこでオランダ側では「この会談は慣習に基づいた、奉行所秘書官('s Gouvernements secretarissen)と通詞等を介して行われたのではなく、ただ通詞の助けだけで行われた。この区別は、将軍に宛てられた重要な問題に対し、日本人が抱いた尊敬の結果であった。奉行は自らの国王書簡の受け取り方に、これが非常に重要なものであると認識していることを示した。面倒なことを引き起こし得る日本人の慣習は、彼により除かれていた。この儀式はオランダ側から見て、全く西欧的であった」と評価した。

この国王書簡を引渡した後、司令官コープスは、彼の指示書に従い商館長宛の封筒をビクに手渡した。その中身の一通は、国王書簡写し、もう一通は商館長への秘密追加指示書であった。国王書簡の内容は、イギリスの脅威と、それに伴う日本の鎖国制度の危険が指摘され、そこでオランダが、友情から日本に忠告する趣旨であった。更に将軍が、日本に非常に重要な用件について詳しく知りたいならば、信用ある人間をオランダから送る準備があることも述べている。(21) この国王書簡も重要であるが、商館長の秘密追加指示書も注目される。この秘密追加指示書は大きく四つの指示があり、簡単に説明すると、

一、日本の政治的将来に関する全てのイニシアチブを控える。
二、もし日本が政治問題について尋ねてきた場合には、国王書簡内の地位と能力のある人間を派遣するとのオランダ側の申し出に、注意を向けさせる。

三、日本と他国の衝突時には、日本に鎖国制度の維持は不可能であることを説き、平和友好的政策を受け入れることを推奨する。

四、日本の苦境を食い物にして、オランダの商業的特権を無理強いすることはしない。なぜならゆすりとったものは永続性がない。

というものである。(22)

これらの国王書簡・商館長への秘密追加指示書から、オランダが、二〇〇年間の日本との関係から得た知識が生かされていることが分かる。すなわちこの点からも、オランダの日本問題に関する関心の高さを伺うことが出来る。

商館長ビクは国王書簡を受け取らせることには成功したが、正式な回答を得るまでには多くの困難に遭遇した。(23)そして結局その後の江戸からの回答は、良いものではなかった。オランダではこの回答を、日本とオランダ間には友好関係が存在しなかったことを示すものとの意見がある。しかしこれは日本の事情への認識不足による。すなわちこれは、実際日本の意図ではなかった。幕府はこの返答が、他の西欧諸国に伝わることを想定し、その中で鎖国政策を対外政策の基本として維持していることを明確に示す必要があった。ここからオランダへの回答は、「礼儀正しい中にもすこぶる冷淡なものにせざるをえな」かったのである。(24)

一八四五年四月六日日本商館長を退職したビクは、一八四五年九月この回答を蘭領東インドに運ぶことになった。同年本人の希望により、日本商館長からの名誉ある退職を受ける。その後は年金を受け、更に一八四七年、このパレンバン号によるオランダ国王書簡と贈物を日本に届ける用件で、商館長として彼が本件を取り扱ったことに関し、満足の意を示してもらうことを要求し、それは認められた。(25)

植民相バウトは、「オランダは、オランダ国旗の二世紀間の独占的認容による感謝から、日本に対して果たすべき勧告の義務を成し遂げた。日本政府は、陛下によってなされた措置の重要さと高潔さを痛感していることが、とりわけこの言葉、彼は同時に、未だかつてないほどの、かつ高貴なる思いやりを示した。――これを十分役立てている我が君主は、この動機を理解し、深く感動したに表れている」[26]（傍点は強調。以下同様：筆者注）とし、更に特に一八〇四年のロシア皇帝によるレザノフ派遣と比べれば、オランダが敬意をもって扱われたとして、日本が同件を十分評価している事実に満足することにした。またシーボルトも、本件で当方の目的は達成できなかったが、「オランダだけが未曾有の名誉を以って日本と貿易を行うことが再確認された」ものとし、大成功であったとバウトに述べている。[27]

これに対しオランダ人歴史家ヤコブスは、この事件が、オランダがイギリスの脅威を日本に煽ることで、日本における地位を確保し、更には展開させ、アジア問題においてイギリスに対して優位な地位に立つとの試みからなされたとの認識から、「任務は失敗。何の商業特権も得られず、オランダの名誉も上げられなかった。更にイギリスに対して優位に立つことも出来なかった。しかしオランダ政府は任務を果たし、そしてこの派遣は日本に影響を与えた」と判断した。[28]しかしこの判断は、英蘭同盟関係にほとんど考慮がなく、「対イギリス」との考えを持つ、オランダ人歴史家の典型的な例である。

例えばイギリス人歴史家ビーズリーは、オランダの勧告は、イギリスが日本に対して攻撃してくると日本人に信じさせようとしているが、当時のイギリスの文書からは、この国でイギリスが、突然何か利害を展開させようとする証拠はないと指摘している。[29]更に彼は、アヘン戦争によって日本で生じたほどの明らかな効果は、イギリス内には生じなかった。すなわち中国用件は多少周知になったが、日本問題をこの時点で取り上げることはなかったとして、[30]このオランダの勧告の根拠が薄弱なことを指摘している。すなわちビーズリーは、「マンチェスターの時代」との前提から、イギリスが力を用いる場合は、商業が乱されたときのみであり、そこで日本開国に武力が用いられるならば、本国で批判が出ると説明している。[31]すなわち中国用件と日本用件は、明らかに異なる問題であり、そこで日本貿易への開国提案には、同等の圧力はなかったとの判断である。[32]更に当時、日本に武力を用いる可能性は、増大よりもむしろ減少にあり、そこでイギリス商人と日本官吏との衝突の際、イギリス商人に非がない場合に、イギリス政府の干渉を引き

起こしたかもしれないが、その危険性は極めて薄かったと帰結している。(33)

このオランダ国王の開国勧告の評価に関して、日本での論争が生じた。この事件について研究したヤコブスは、バウトの帰結を挙げることで、オランダの失敗を述べている。また永積洋子氏は、オランダの成功とした。(34)この論争を松方氏が止揚した結論が、成功も失敗もないとの判断である。松方氏は、長期的視点による歴史判断から帰結したと思われる。しかしながら当時オランダは、戦艦を容易に日本に振り分けることは出来なかった。これは常に生じている蘭領東インドにおける戦艦不足との視点からである。また当然このような派遣には、多大な費用が要求される。そこで何も期待しない中では、このような試みは行えない。更に言えば、後の一八五三年アメリカ合衆国ペリー司令官による日本来航の際、アメリカは、オランダが自らの利益のため、日本を鎖国制度に留めようとしていると主張した。これに対してオランダは、一八四四年ウィレム二世の開国勧告により反論したかったのであるが、これは全く機能しなかった。そこで国益を伴うべき外交との立場からは、本件においてオランダは失敗したと帰結することが妥当である。

またビーズリーは、イギリスが日本問題で武力行使をする可能性は低いと指摘した一方、アヘン戦争が直接日本の鎖国問題をイギリスの政治家に取り上げさせることはなかったにせよ、その余波から、日本との通商計画が公式にあがってきたこと、更には、日ごとに日本問題を言及することが普通になってきたとも述べ、イギリスの日本問題に対する関心が高まってきたことをも指摘している。(35)

この点にビーズリー、更にはマンチェスター主義を掲げる学者の矛盾はここにある。すなわちイギリスは武力行使をするときは、商業が乱されたときであるとしている。しかしこれは、ギャラハー・ロビンソンの主張「可能ならば非公式に、必要ならば公式に」により覆されるのである。(36)すなわち日本が通商条約締結を頑なに拒否した場合には、武力行使に発展する可能性がある。このようなことをオランダは察知して、日本に勧告したとすれば、ビーズリーのオランダへの非難は根拠がない。

小括

上記の検討から、オランダが今まで経験した日本に関する知識を生かし、更に国際的環境を考慮しながら、困難な日本用件を処理してきたことを理解した。日本は当時も極めて封建的であった。オランダはそれを配慮しながら、問題を巧みに処理し、自らの利害を確保していった。これらの事件は、オランダにとって日本用件が極めて重要であったことを示すものに他ならない。現在までオランダの対日政策は、ほとんど受動的なものとして考察されがちであったが[37]、オランダにとって日本用件は、蘭領東インドの観点から、そのヨーロッパにおける「国家的名声と実益」の点で極めて重要であったのである。

第四章　日本開国以前のアメリカとオランダの対日政策

本章では、直接的に日本の開国をもたらしたアメリカ合衆国ペリー司令官日本遠征以前に、日本問題に関し如何なる議論・意見が、その当事国アメリカ、またその影響を大きく被ったオランダに存在したか。そしてその後の日本遠征は、どのように現実化されていったかとの過程を考察する。当然ではあるが、アメリカ合衆国日本遠征は、偶然の外交政策ではなく、アメリカの対アジア、更には世界政策の一環としてなされたことを認識する前提となる。(1)

一、ペリー司令官日本遠征までのアメリカの対アジア政策

アメリカのアジア進出は、国内外問題により、他の欧米諸列強から後れを取っていた。一九世紀前半、汽船のコストは高く、貨物では帆船が主であった。このような中、帆船の改良が進められた。快速船カリフォルニア・クリッパー（California clipper）により、アメリカ帆船がイギリス船を追い払うようになる。これには天才技師ドナルド・マッケイ（Donald McKay, 1810-1880）の活躍が挙げられよう。当時ニューヨーク・サンフランシスコ間（ケープホーン迂回）の帆走記録が、一四三～二六七日であった。これをマッケイ最初の作品スタッグ・ハウンド（Stag Hound）は、処女航海で一一〇日に縮める。そして彼の最大傑作フライング・クラウド（Flying Cloud）は、僅か八九日の記録を立てた。

このようにアメリカの海運が、次第に世界展開していった。(2) そして大西洋の郵船は、全てアメリカ人がオーナーとなり、造船でもアメリカが優勢となった。またレースではイギリス人オーナーに勝ったことで、その後アメリカズ・カップ（America's Cup.）が始まることになったのである。(3)

二、当時のアメリカ国内事情

一八四八年アメリカは、カリフォルニアを領有する。その直後の金の発見から、太平洋への展望が開けた。そして極東への関心を持つことになる。ここから対中国貿易発展のため、上海とサンフランシスコを結ぶ、太平洋横断汽船航路の開設計画が浮上する。そこから航路に近い日本は、国を閉ざしてはいるが蒸気船の石炭補給港との面から無視できない存在となってきた。対日貿易もさることながら、捕鯨船保護の問題も重要な課題であった。(4) カリフォルニアの領有後まもなく、一八四八年五月四日下院海軍委員キング（Thomas Butler King, 1800-1864）は、太平洋岸のアメリカ領から上海・広東に至る汽船航路の開設を勧告する報告書を提出した。(5) 当時の汽船は低圧の単気筒式で、石炭を多量に消費する。そこで寄港地に欠く遠洋航海では、炭庫に場所をとられ、貨物の余裕が少なくなる。もし中途に石炭を補給する寄港地が見つかれば、単気筒式のエンジンであっても、十分貨物の輸送に耐えられる。このような背景から、絶好の寄港地として、日本列島がマークされた。(6) 当時の欧米のアジア認識では、イギリス香港総督通訳官ギュツラフ（K.F.A. Gutslaff, 1803-1851）の建白書（一八四五）によると、「植民地ではないアジア諸国」というのは、コーチシナ、シャム、朝鮮、日本の四カ国であった。中国との伝統的な政治関係が弱いのは日本とシャムであり、従ってこの二カ国との通商開始・条約締結が、一番可能性が高いと述べられている。(7) この点からも日本は最適と考えられていたと思われる。

三、ラゴタ号問題――日本に対する関心が高まる

一八四八年アメリカ船ラゴダ号（Lagoda）が、松前に漂着した。この際日本側の対応が問題とされ、同事件はアメリカで大きく取り上げられた。それにより日本の鎖国制度について厳しい目が向けられることになった。[8] 当時捕鯨は極めて重要であり、莫大な利益をあげていた。ラゴダ号は、一八四一年から一八六〇年までに六回の航海に出て、利益率は九八％にも上った。喜望峰回りのルートは、大英帝国の南端を通らなければならない。それはナショナリズムに燃えるアメリカ人にとっては、世界政治における自国の、決定的に低い地位を痛感させられる不快な経験であった。そこで彼らは、新しい航路を求めていた。[9] ここから日本が注目され、更に太平洋横断汽船航路の開設に当たっては、蒸気船の石炭補給の上からも日本しかなかった。[10] ラゴダ号の問題は議会で取り上げられる。すなわち同事件によって、アメリカの日本遠征に至ったのである。[11] この際、オランダ人がそこで「策略をめぐらして」影響力を行使し、他の国が日本人と交渉することを妨害していると述べられた。[12] すなわちアメリカは、ヨーロッパからの孤立・独立を叫びながら、結局はそれに伍して海上国家への道へ進むことになった。[13]

このような背景と当時のアメリカの商業状況から、近いうちにアジア北東部の国々、特に日本への使節派遣が起こり得ると判断された。在ワシントン蘭全権公使テスタ男爵（Baron F.M.W. Testa, 1806-1882）は、ボルティモア（Baltimore）の重要な貿易商社が、東アジア近海の独立国と即刻外交通商関係を開くことを大統領に訴える建白書を提出した際、この仕事を達成するに相応しい人物として、特にパーマー（Aaron Haight Palmer, 1779-1863）の名が挙げられていたことをも報告した。[14] パーマーはニューヨークの実業家で、一八三〇年から四七年までアメリカ対外機関ニューヨーク事務所所長（Director of the American and Foreign Agency）を勤めた人物とされ、外国貿易における仲買人としての

仕事を続けていた。彼はアジア貿易に関心があり、一八四六年から四九年の間、幾度となくかなりの報告書を国務省のために作成していた。国務長官クレイトン (John Middleton Clayton, 1796-1856, 在 1849-1850) は、彼を「私が知る如何なる人物よりも、日本遠征準備に関する信用を受ける資格がある」と評している。(15) ここからもアメリカの日本遠征の意図が、表向きの主張であるキリスト教普及以外にあることは明らかであった。

オランダ外務省もその後、フィルモア大統領 (Millard Firmore, 1800-1874) 教書に付属したアメリカ海軍政策における太平洋の安全と東アジアの商業の保護・拡大を述べている海軍長官の報告書を植民省に送り、そこでアメリカにおいて東アジアへの関心が、見失われていないことを指摘し注意を喚起させた。(16)

当時アメリカでは、イギリスが国際郵政事業を支配していた点と、イギリス海軍に対するアメリカ海軍の脆弱性の点から、汽船航路助成金問題が再燃していた。またイギリスは、一八四〇年代初頭アメリカ東部・南部の港湾における郵便汽船拡張計画をアメリカ政府に届けていた。これは恐るべき事態だった。これに対して当時アメリカでは、世界にその航路を確立する計画が立てられ、それによると航路を運航する汽船は、海軍の監督下で建造され、非常時には軍事用に転換できるとされた。更にカリフォルニアの経済は急速に発展し、ここから中国航路の運送業を独占しようとするアメリカの野望も見られる。しかしサンフランシスコ－上海汽船航路の助成金問題が再度表面化するが、郵便汽船は安くも効率的でもなかった。(17)

四、日本開国以前のオランダの対日外交政策

オランダ国内では、アメリカ合衆国海軍ペリー司令官の日本遠征計画が周知になる以前から、既に日本貿易への多くの提言を見ることが出来る。これはこの時期、特にベルギー分離後は、先に検討したようにオランダ本国の経済的

基盤の確保のためにも、またそのヨーロッパのオランダの地位（名誉）保全のためにも、植民地、すなわちそのアジア経営が最重要用件であったことによる。更に言えば、植民地と異なり統治費用が特にかからない「国際貿易（Wereld handel）」に興味を持つのは当然であった。

ナポレオン戦争後ネーデルラント王国では、植民地問題の法的管轄は国王に属し、その専権事項であったがため、同問題は議会での議論を必要としなかった。しかし議会における自由主義者の勢力が強まり、一八四〇年政府は、議会に植民地問題について詳しく情報提供をしなければならなくなった。植民相バウトが非積極的現地政策を指揮した理由は、当時の植民地から上がる黒字を減らさないためであった。一方確かに一八五〇年以前は、経済的動機によりオランダの植民地における拡張過程を全く、またはほとんど刺激しなかった[18]。しかしながら議会における自由主義者の自由貿易拡大を目指した外地積極策の声が高まるにつれて、非積極的外地政策の変更を余儀なくされていった。そこで一八四八年法改正を迎え[19]、責任内閣制が施行されることにより、植民地問題は植民相がその責任を負うことになった。そこでその後議会において、植民地問題は広範囲に、また活発に議論がなされるようになり、議会の影響を大きく受けるようになった[20]。

五、ファン・ホエーフェル（Baron Dr. Wolter Robert van Hoëvell）

ここで当時オランダ下院の自由主義者であり、外地積極唱導者ファン・ホエーフェル（以下ホエーフェル）に注目する。彼は一八一二年デーフェンター（Deventer）に生まれ、一八七九年ハーグで没する。一八三六年蘭領東インドへ赴き、バタフィア牧師になり、同地で蘭領東インドの自由主義化を、特に東インド協会（Indisch Genootshap）発行『蘭領インド誌（*Tijdschrift voor Nederlandsch-Indië*）』を通じて積極的に行った。すなわち彼は、その編集者でもあり、また寄稿者でもあった。しかしそれにより蘭領東インド政庁との意見が対立し、罷免される。その後一八四九年、オランダ本国に帰還し下院議員となる。ホエーフェルは、現政府による外地問題の非積極性に関して、これこそがオランダ国益の損失を招いていると精力的に非難し続けた。彼はその蘭領東インドに関する知識と優れた雄弁さにより、また雑誌上での論陣により、議会外でも多大な影響力を行使し、精力的にオランダ植民地における旧体制的専制政治を崩壊させることに大きく貢献した。一八六二—七九年間は、国務会議員（Lid van de Raad van Staat）を務めた。このような背景からオランダ議会議事録、また上述雑誌において、彼の非常に率直な日本問題に関する意見を、多く見ることが出来る。

ホエーフェルはバタフィアでの生活経験から、この種の問題に関して積極的に意見を述べた。彼が議会で話しているときには、反対者を含めて、全ての議員が耳を傾けた[21]。ただ彼自身の日本問題に関する率直な意見はあるが、深い洞察と展望はほとんど伺えない。しかし概してオランダ植民地の抱える一般的な問題、特に当時のオランダ政府による植民地消極策から演繹される問題を扱っており興味深い。すなわちこのような意見の考察から、当時のオランダ対日政策に関して存在した多くの選択肢を提示できよう。

ホエーフェルは、一八五〇年在日オランダ商館長の交代の際に、多くの人が後任には良い外交官として「能力ある商人」を送るよう望んでいるとして、その必要性を訴えた。その理由として彼は、日本貿易に従事する官吏は、自費でその貿易を行い、更に年功序列により保護されてきたので、オランダ東インド会社時代から日本貿易において、彼らは私利私欲に熱中し、政府の貿易を軽視し、その一方で自らの貿易を概して最も不誠実に行ったので、高位である商館長職までも蔑視されるに到ったと説明している。また一八三六年からオランダ政府は、借料を取って個人に日本貿易を委託する手段を採った。この手段によりオランダ官吏が、日本人から多少尊敬を受けることになったが、ホエーフェルは、この手段が十分であろうかと問うた。すなわち彼は、貿易の関心である増益の点では、全く有効ではなかったと指摘した。更に一八四四年オランダ国王ウィレム二世が、国王書簡により日本へ開国勧告を行った成果について、彼は、これは純粋に政治的趣旨からではあったと認めるものの、これは経済的後退を止めることは出来ず、実際その後も、この後退は進んでいると述べている。そこでオランダ政府が、商業利益を向上させる目的で、全く十分な洞察と指導を行ってはいないと指摘した。すなわち彼は、友愛的で誠実な政策を「あっぱれに」続けることと、実際の商業利益を完全に分けなければならないことはなく、巧みに一致できるとした。更にイギリスが中国人の仲介により、日本との間接的な貿易を始めたことを挙げて、「日本人はイギリス商品を用いることで、徐々にオランダ商品がなくても良いと分かるであろう」とし、オランダの対日独占貿易が脅かされていることを政府に強く警告した[22]。

また当時オランダで、尊敬・畏敬を与えるような海軍力をもった使節を江戸に送ることが、その後の交渉を行い易くするであろうと言われていることも注目される[23]。オランダでも江戸ではなく、政治の中心から離れた長崎に使節を送っていることが、日本問題の改善に支障をきたしていると十分認識されていた。そこでとにかくオランダが、日本に対して積極的に行動しなければ、オランダは他の国にとって代わられるとも警告されていたのである。

小括

本章では、アメリカ合衆国ペリー司令官日本遠征以前の、日本問題に関するアメリカ・オランダにおける議論・意見、その展開を概観した。この中では、既に商業関係を有するオランダと、新たに関係を構築したいアメリカとの大きな差異を見ることが出来た。更には、既にアジアにおける大きな利害を持っているオランダの、またアジア進出に遅れてはいるが、既に一世界大国であるアメリカの、新たなアジア政策を視野にした日本問題との視点を指摘することで、日本開国に関する前提とする。

第五章　アメリカのアジア政策に対するオランダの対抗

　オランダ植民省文書の中で、アメリカ合衆国ペリー司令官の日本遠征に直接繋がった最初の文書が、一八五〇年一一月二二日付けの319／01蘭領東インド総督宛植民相秘密書簡である。この文書が幕末期のオランダ対アジア政策に、新たな展開を開いた。

　この文書ではまず一八四九年、当時のアメリカ国務長官クレイトンが、日本の鎖国制度を廃止させ、キリスト教を普及させるため、日本遠征を考慮しており、恐らく近いうちにアメリカ政府が、日本に代理人を送ると思われることが述べられている。その後在ワシントン蘭全権公使テスタは、当時アメリカでは、アジアの独立国と通商関係を開く考えには至っていないと報告した。しかしテイラー大統領（Zachary Taylor, 1784-1850）の逝去に伴うクレイトンの辞任後、この計画が棚上げされていたときに、これはパーマー[1]に委ねられると思われた[2]。

　当時所謂「鎖国」を続けていた日本は、近年頻繁になって来た諸外国民による日本領域への来訪を懸念していた。しかしそれ以上に英米商人の、日本を通商目的で開国させる試みを別段風説書から認識したことは、この懸念を一層増大させることになった。日本はこの原因を、一八二五年の異国船打払令（所謂「無二念打払令」）を一八四二年に撤回し、以前の薪水給与令に戻したことから生じていると考えた。そこで長崎奉行はオランダ商館長に、これは日本の現制度の緩和を意味しておらず、日本は依然として諸外国民との交際を禁止していることを欧米諸国に伝え、同時に長崎奉行にその回答を行ってはくれないかと尋ねてきた。そして長崎奉行は当時オランダ商館長ローズ[3]（Frederik

Cornelis Rose, 1808-1880）に、一八四二年に薪水給与令に戻したことを説明する文書の翻訳を提出し、この問題が解決されることを望んだ。この際商館長は蘭領東インド総督に、日本が別段風説書の情報を非常に高く評価しているので、翌年の別段風説書には、通商目的で日本を開国させる英米内で試みられた成果に関して報告し、更に別段風説書を絶えず細心の注意で作成するよう要請した。この中では、以前在日商館長だったメイラン（Germain Frelix Meijlan, 1785-1831）の報告書内にある「別段風説書は、我々が日本に認容され、友人として見なされる重大な理由である」との言葉が挙げられ、この意見を共有することは少しも困難ではないとしている。(4)

蘭領東インド総督は、この長崎奉行の要請に回答することを適切としながらも、今すぐに明確な言明を行うことは賢明ではなく必要ないと判断した。(5) 植民相は、この日本の要求は満たされるべきであり、そのため実際これらは、既に一八四七年英米仏には伝えてあったが、現在なおイギリスを除き、ロシア・スウェーデン・デンマーク・スペインにも伝えることを決め、その件につき国王に承認を求めた。(6) イギリスを除外した理由は、以前オランダが本件を各国に伝えた際、イギリス外相パーマストンが、「返答として署名者は、スヒンモルペンニンク伯（Gerrit graaf Schimmelpenninck, 1794-1863）に対し、イギリス政府の要請を声明する。すなわちオランダ政府は日本政府に、ヨーロッパの慣行によれば、どの独立国家も他国に対し、それ自体独立した通信機関であることが慣例であると説明して欲しいこと。この法則が有用で、かつ便利である多くの理由があること。この法則に従ってイギリス政府は、その種の通信のため、然るべく承認され権限を与えられた日本当局を通じて、日本政府から受けるいかなる通信に対して、適切な注意を払いたいこと。しかしイギリス政府は、その他の経路を通じて日本から来る通信に対して、いかなる公式な性格または価値も付与できません」と回答したからであった。(7)

一、多難な極東政策——オランダ本国と蘭領東インド政庁間の確執

日蘭関係が新展開を告げ、オランダ本国が日本問題を積極的に取り組もうとする中、オランダ本国と蘭領東インド政庁間で相反する意見が生じた。オランダ植民相パヒュット（Charles Ferdinand Pahud de Montanges, 1803-1873）は、オランダ本国の利害から、同件を積極的に取り組む姿勢を見せたが、当時の蘭領東インド総督ダイマール・ファン・トウィスツ（Albertus Jacobus Duymaer van Twist, 1809-1887, 以下トウィスツ）は、日本問題にほとんど興味を持たなかった。

このトウィスツの蘭領東インド総督就任には経緯があった。トルベッケは組閣の際、蘭領東インド総督として、同郷ヘルダーラント（Gelderland）のブルース（George Isaac Bruce, 1803-1850）を指名していた。しかしブルースはその後すぐに亡くなってしまった。当時新たに相応しい総督候補を見つけることは困難であった。バウトは植民地問題にも良く通じており、その有能さから当時最も適任と考えられた。しかし彼は保守派であり、彼の蘭領東インド総督への就任は、国王と大臣との解決しがたい対立が懸念された。そのような中、「ブルースの政治的双子」と見なされたトウィスツが選ばれたのであった。トウィスツはかなり敏感な性格であり、更にマスコミや議会における厳しい論争に対して、かなり傷つきやすかった。彼は穏健な保守であり、強硬な政策を採れるような人間ではなかったのである。[8]

トウィスツは、現在の日本商館長ローズが、一年で辞職を願い出て受理されたことを挙げ、現在英米が日本と接触を試みている状況下で、この後任の人選は非常に重要であり、かつ困難なことを述べた。ローズ辞職の真相は詳しくは分からない。しかし当時自由主義者により対日政策積極論が議会等で語られ、上述のホエーフェルは、理想的外交官として「能力ある商人」を日本商館長の後任にするよう望んだ。その中でのローズ商館長就任（一八五一）に対してホエーフェルは、「良い官吏が必ずしも良い商人ではない」と、彼の日本問題への手腕に既に疑問が投げかけていた。概してローズの辞職については、彼の外交・事務処理能力の欠如からとも、出島の監禁状態を彼が嫌い、辞職願を出

したとも言われている。(9)

トウィスツは、オランダが日本での地歩をある程度確立しているため、日本と他国との紛争の際、オランダが中立を維持することは不可能と判断していた。そこで「我々は攻撃者に味方し、ある意味で我々の古い友人を裏切るべきか」それとも「日本に味方することで、英米との敵対行為に到ることを余儀なくさせられるか」と自問した。そこで重大な考慮として、日本政府が他の制度を受け入れるように勧めることであり、これが不成功の場合には、我々を危険に晒すよりは、「日本を完全に諦めるほうが良い」とした。更に実際の日本貿易を考慮すれば、商業的利益はそれ程大きくはなく、単に「ある国家的名誉、または威信」のみの問題であり、更にこの日本との関係を鼻にかける理由が分からないとしている。すなわちトウィスツは、我々が日本貿易を維持するために、言うことも出来ない屈辱的扱いを日本政府から受けていることは各国も周知であり、更に我々の日本政策についても各国から疑念を抱かれ、一般的に日本貿易から、オランダだけが大きな利益を獲得し、他の全ての国を排除しようと思われていると認識していた。

このトウィスツの見解は、事実アメリカ人船長ウィリアム・クリーブラント（William Cleveland, 1777-1842）の日誌からも確認できる。その日誌の中では、「オランダ人は中国人を除いて、当地で貿易を許されている唯一の外国人であるから、彼らが嫉みを抱くいかなる外国人についても日本人に思いのままに偏見をもたせる力を持っている。しかし、アメリカ人が東インド地方に何の地歩も占めてはいないため、日本人にアメリカ人が世界でもっとも広大な国を持っていることを教えずに、アメリカの重大さを縮めようとするような政治的意図には、納得がいかない」との記述がある。(10)更にイギリスの史料からも、オランダ人が全ての通信を日本で握っていることは脅威であり、偏見を抱かせることが出来るとの記述も見られる。(11)

トウィスツは、このような点を指摘したのである。そこで彼は、この疑念は全く不当だが存在し、そこで一八四四年日本に開国勧告を行った故ウィレム二世の書簡を公表することが、この疑念を取り除くことに資するであろうと提案した。そしてこの試みが不成功に終わったとしても、「我々に帰されるものではなく、その際日本は武力で他の制度へ強制させられるに違いない。すなわち我々はこれを安心して、このために使命感をもち、そして可能であると考える他国に委ねられる」と断じた(12)。これに対しオランダ本国植民相で、「立法者よりも管理者、特に改革者よりは管理者である。勤勉で活動的な管理者だが、あらゆる管理者よりも頑強に伝統に傾注している」と評されるパヒュット(13)は、この蘭領東インド総督の書簡を考慮して、新任日本商館長が蘭領東インド総督の書簡により、他の制度に変更するよう日本に真剣な諫言を行うこと、更にアメリカ合衆国に故ウィレム二世の書簡を伝えることを国王に提案した。しかしその際、日本との関係を絶つことや、もしくは出島撤収に移行することはないと、蘭領東インド総督に伝えることにして、本国政府の日本問題への積極的な取り組みを明白にした(14)。

二、アメリカ合衆国ペリー司令官の日本遠征計画への対応

アメリカの日本遠征計画は、当初の計画よりも相当大きな規模になった。そこで先の計画の指揮官オーリック(John H. Aulick, 1798-1873)では役不足になり、有能で経験豊富なペリー司令官に委ねられることになった(15)。ペリーは、父や兄を海軍軍人とする家庭に育った。単なる軍人にとどまらず、海軍技術の専門家であり、蒸気海軍の父(The father of the steam navy)と称えられるほど、蒸気力の軍艦への応用には大きな業績を上げた人物である(16)。ペリーは、「オランダ人は、どんなに不名誉で国の品位を下げることになろうとも、目的を果たすためには何でもやるのです」と観察していた。そこで彼は、日本人が外国人に対しそれほど偏見を持っておらず、日本人が持つ諸外国人のイメージ全ては、オランダ人のお陰であると考えた(17)。ここからペリーは、オランダ人との接触を注意深く避けた。しかし日本に関する多くの情報を、オランダの業績に頼らなければならなかったのは事実である。現にオランダから海図を買っている(18)。

指揮官がペリーに代わり、更に強力な艦隊に支持されることから、アメリカが本件を、真剣に取り組むことは不思

議ではなく、日本との条約締結を極めて強く望んでおり、そこで日本が正当な理由を欠けば、場合によっては武力行使を正当化して、日本に進出することは明らかになっていった[19]。勿論アメリカは、日本との通商関係を強く望んでおり、そこで「日本を教化する義務がある」との口実により、その自己利益追求の論拠を正当化するように思われた[20]。

ペリーの遠征計画への位置づけとしては、シンガポール・香港・ボルネオを拠点とする対イギリスが挙げられる。日本人がイギリス人に反感を抱いているとの認識から、アメリカはイギリスとは違い、アメリカが日本と近い国であることを強調しようと考えた[21]。ここでアメリカでは、まだ幸運にも西太平洋には日本を含めて、まだこの「併合を推し進める政府」が手をつけていない島が多数存在し、都合よいことに、日本はカリフォルニアからの蒸気船航路上にあり、「アメリカにとって重要な拠点となるにちがいない」と考えていた[22]。

このような動きの中で、オランダ本国では、「日本政府を圧迫しないこと、そして日本との関係を絶つことや、出島回収も行わないこと」と、新任出島商館長に指示を送っている。このように日本関係を絶対に諦めない決意を示しながらも、この事態の推移の中で、間違いなくオランダの名誉・価値のためにならない仲介を申し出てはならず、日本が戦争状態になった場合、日本の味方につかないとしている。ただ事態が変化し、仲介を求められた時には、好ましい結果にするために仲介をなすこととした[23]。

三、シーボルトの意見書

オランダ本国が、アメリカの日本遠征に対して有効な手段を打てずにいた際、思いがけず支持者が登場した。それがシーボルトである。シーボルトは、積極的なアメリカの行動により、今までの日蘭関係で生じたことについて、一定の考慮をするよう強いられたこと、そして彼が決意したことは、それを覚書の中で自身の見解を説明し、それにより前述の蘭領東インド総督への指示に含まれるよりも、直接的な努力を日本政府に行うこと、そして必要あらば、アメリカが武力で強制すると思われるものを、オランダの仲介で成し遂げる提案を行った、と植民相に説明している[24]。

彼は覚書の中で、「最近の十年間、中国・日本海と北太平洋地域において、極めて重要な諸事件が生じたため、同域におけるオランダの通商を拡大し、我々の古くからの海上通行を維持するために、オランダの影響力を行使する機会が、何度も提供されている。アヘン戦争、中国北部の開港、カリフォルニアの隆盛、太平洋におけるアメリカ人の捕鯨が拡大していることは、重要な事件である。そして海上通行史や貿易史、そして新旧世界の植民地化の歴史において、考慮に値する時代が形成されている」と述べ、その中でアメリカが、現在新しい貿易の源を見つつ影響力を行使しようとしている状況を説明した。更に現在の問題を箇条書に提起し、一、何がオランダの義務か　二、オランダは日本の出来事で、単なる一海上貿易国としてのみ見なされ得るか　三、オランダのなすべきことは何か、と検討している。そこでは、オランダは日本に助言することが出来、またすべきであり、そして注意深く、貿易・政治的利害を凝視することで、国家の威信を保つことが出来るとした。更に既存の日本の貿易仕法を、より一般的な民間・自由貿易にするよう助言し、その際には他国の利害も考慮し、必要あらばイギリスにオランダと同条件の貿易を認めることを提案した。更に日本の制度への不認識から、英米人が平和的手法に基づき日本との商業関係を結ぶことが出来ないため、オランダの仲介により、英米を含む他の諸外国に商業関係と他の許可を認める条約を、日本に提示することを助言した[25]。

シーボルトは一八四七年、雑誌『蘭領東西インド諸島報知』（*Le Moniteur des Indes rientales et occidentales*）内で発表した論文で、「この際わが政府はウィルレム二世の趣旨を体し、日本開国につき一段の努力と親切とを続けねばならぬ。かくて日本がいよいよ開国した暁には、わが和蘭国も、他の列国と共に、自然その利益を受けるのである」と述べている[26]。これは日本を開国に導くことがオランダの国益に結びつくとの考えに基づく政策であり、こうした考えに立って、オランダは日本通のシーボルトを活用したのである。

植民相は、本件を閣僚会議の議題にした。[27] 閣僚会議では、オランダから特別な使節を送ることには多数の異議があった。そこで蘭領東インド総督への指示、すなわち日本政府に勧告を行う彼の長崎奉行宛の書簡を運ばせ、そしてシーボルトが起草した通商条約に関して長崎奉行と交渉させるために、新たに出島商館長を任命すること、あるいはこのためにバタフィアから特別な人物を日本へ派遣するとの指示を、若干修正することで落ち着いた。この条約交渉の際には、オランダの特権を追求すると思われる箇所は全て削除し、更に日本の危険を無私の態度で勧告し、これが不成功の場合には、オランダがその後の接触から手を引くと日本政府に伝えることにした。[28] その後蘭領東インド総督は、我々の利益を目論むような全ての個所を削除し、宗教については注意深く言及しないこと、更にオランダは常に最恵国待遇であることを植民相と確認している。[29]

ここで注目すべき点は、植民相が日本から手を引かないようにと確認させていることである。その後彼は蘭領東インド総督へ書簡を送り、国王の承認済として、日本の鎖国制度を変更する目的で、アメリカの試みを促進させること、そして出島商館長に本件を指示するよう要請した。その際故ウィレム二世の日本開国勧告に対する日本の返答も報告された。しかしアメリカへの援助は、その平和的性格が明白な場合であり、その際故ウィレム二世の外交処置内で行動するとした。一方、それ以上のことをすることや、日本の気が進まない場合、アメリカの示威行為に参加する積もりはないとし、これに関し商館長は、特に配慮するよう指示された。[30]

四、アメリカの日本遠征に関する援助の要請

アメリカ政府は在ハーグ米代理公使（Chargé d'affaires）フォルソム（George Folsom, 1802-1869）を通じて、出島商館長がアメリカ政府の目的を促進し、日本の鎖国制度を廃止させる目的で協力して欲しいこと、更に日本の地図をオ

ランダに要請してきた。その後オランダ側から地図はないとの回答を受けた際、この「全く友好的性格」である日本遠征が成功すれば、東洋商圏における全ての国家のために、大きな利点を生むことは、あまねく受け入れられると強調した。(31) 基本的に植民相は、アメリカによるオランダへの援助要請に対し、問題ないとしていたが、オランダの仲介（tussenkomst）は、「調停（arbitrage）」の意味を持たず、(32) そして故ウィレム二世の国王書簡との関係で、日本政府が鎖国制度の緩和を拒否した場合、迎えざるを得ない結果を真摯に示すことで、アメリカに貢献するとした。一方で、当時アメリカにあるオランダへの誤解についても憂慮した。(33) この憂慮とは、アメリカの新聞内で、オランダ人が江戸参府の際に被る不面目に関する表現が「非常に不快」に書かれていること、更にアメリカ大統領テイラーによる、バタフィアにアメリカ領事が存在しているかのような表現への「不適当」とのオランダ外相ファン・ソンスベーク（Herman van Sonsbeeck, 1796-1865）の発言から理解される。(34)

蘭領東インド総督は、このような本国の方針に一定の同意はしながらも、オランダの威信を示す目的で、二隻の艦船を日本へ派遣するとの本国の指示には反対した。その理由は蘭領東インド艦隊が、東インド海域での自国領保護や海賊行為に、常に十分対処できておらず、そのような中、二隻の船を他に出すことは出来ないとしたからであった。また新たに、ある人物を日本へ派遣するとの提案に関しては、まず軍人の派遣は、アメリカに敵意の証として見なされる恐れがあり、すなわち我々が日本に西欧の戦術を伝え、最善の防御を教えているとの疑念を持たれると懸念した。しかしその一方で、現在文官の高官を探すことも困難であり、またそのような人間を失うことで、その間その職務を、他の人が満たせないとした。そこで新出島商館長に同権限を委ねることにし、同職にドンケル・クルチウス（Jan Hendrik Donker Curtius, 1813-1879）を任命した。この決定に関する更なる理由としては、日本人が、特に一八四四年のオランダ国王開国勧告事件で明らかなように、既存の仕法以外からのオランダとの接触を知らないし、また認めないので、商館長の仲介が良いと判断されたこともあった。(35)

この文書には、蘭領東インド政庁が作成した商館長への秘密指示書が添えられており、細かい交渉上の指示がなされている。重要な点は、オランダにとって問題があり、また出島商館にとって品位を落とす条件が込められている取り決めには、決して同意をしないこと（第六項）、また不可避の必要性やオランダの名誉がそのようなことを絶対的に要求する以外には、一時的でさえも日本を離れてはならないこと（第九項）であろう。[36] 更に前述したが、予期せずもこのようなオランダの無私の行為が拒否された場合には、オランダはその後の日本との接触から手を引くことを伝えることに決めた。[37]

そこで蘭領東インド総督は日蘭の既存の関係から、既に行った無私の高貴な原則、すなわち故ウィレム二世の日本開国勧告の精神に基づいて、長崎奉行に書簡を送った。そこでは、アメリカが日本へ通商関係を結びに来るとのうわさがヨーロッパで広まっていること、そしてアメリカは「ヨーロッパの最強国」と比較でき、事無く終らすことは出来ないこと、そして日本がどれほど大きくとも、近年の世界史の趨勢には抵抗できないであろうし、この問題が武力で決せられるならば、その前に長い流血の戦いが先行することになる。その際残念ながらオランダ国王は、オランダ人が日本を一時的に見放すことがあり得ると見ている等が記されている。[38]

五、強力な武力を背景にしたアメリカの日本遠征計画とそれに対するオランダの対応

このような推移の中オランダ本国は、駐アメリカ蘭公使テスタにより、ペリー遠征隊に関する情報を収集・分析し、オランダの新たな極東政策に反映させていった。テスタは、アメリカ議会開会時の大統領教書に付属した海軍長官の報告書から、ペリー艦隊が平和的性格を前面に出してはいるが、衝突の可能性を含んで十分に武装されていること、そして目的を達成できなければ「家に帰らない」と決意していると思われ、この遠征隊が強化されたことは、任務不履行を防ぐ対策であると報告している。

同アメリカ艦隊の軍事力の強力さと武力行使の可能性については、この艦隊に同行することになっていたアメリカ人作家・詩人でありジャーナリストでもあったテーラー（Bayard Taylor, 1825-1878）によるシーボルトへの書簡からも明らかである。「ただ、もし最終的に武力が必要であれば、遠征隊は強烈な印象を与えるに足るほど強力です。遠征隊は、八隻の蒸気艦とフリゲート艦から成り、大砲二百三十門を装備しております。このような尋常でない武力が日本人に与える影響については、恐らく貴台のほうが私よりよりよく推測できると思います。その問題の解決は、少なくとも興味深いものになるでありましょう。私はその場にいてこれを観察できることを楽しみにしております」[39]。またアメリカが作成した江戸湾の地図では、観音崎の先端をルビコン岬と命名している[40]。ここからも相当の覚悟が伺われる。しかしながらこのペリーの意気込みの一方で、当時マーシャル（Humphrey Marshall, 1812-1872）は、「中国で今享受している利益に相当するものを日本に求めるのは無理である」とペリーに書簡で述べている。ペリーにとって、これ以上の侮辱はなかったと思われる。すなわち日本は二の次であると示したのである[41]。また琉球に寄ることは、同遠征の主要な目的の一つであった。それは日本周辺を航海する船の避難港と物資供給地を見つけるように指示されていたためであり、そこから那覇とロイド港を獲得した[42]。

テスタは、更にアメリカが海軍力拡張を目論んでおり、このことは、他の海上国の海軍力増強に対する政治的配慮から生じていると判断し、特にアメリカ海軍長官が、太平洋を今後十年間、数多くの重要事件の舞台と指摘したことを注目すべきと報告している。またロシアの同地域への進出も顧慮しながら、更に彼は、現在アメリカで艤装されている四つの遠征隊を挙げ、本国政府の注意を喚起した。箇条書にすると、一、ベーリング海峡と北太平洋地域の東シナ海の探索と開発への遠征　二、アフリカ大陸の一部開拓に繋がる遠征　三、近年外国貿易に開かれたプロタ川(Plota)とパラナ川(Parana)を航行・調査する遠征　四、グリーンランド北海岸探索を意図した遠征である[43]。これは当時の科学技術の発達による世界貿易の現実化により、未開発地域、特にアジア、アフリカ、南米地域が将来有効な商業の新しい源として、既に他の海上国家が進出している状況から生じたものであろう。ここでは同問題は扱わないが、当時の世界情勢を示す例として簡単に触れた。更にオランダは、リンゴルト（Cadwalader Ringgold, 1802-1867）指揮下のアメリカ小艦隊が、アメリカ商船により頻繁に訪れられているインド洋、中国―カリフォルニア間航路における中国・日本海、太平洋北部、ベーリング海近辺の水路学的調査を行う計画に関しても、興味をもって考察している。[44]このようなアメリカのアジア政策、特にペリー遠征に関しては、オランダの新聞紙上でもその動向が頻繁に取り上げられており、その関心の高さが伺われる。[45]

六、オランダ本国と蘭領東インド政庁間の意見相違

オランダ本国は、このアメリカの日本遠征に対して積極的に対処しようと試みた。しかし蘭領東インド政庁では、この問題に対する本国の方針に否定的な考えを持っていた。蘭領東インド総督トウィスツは、植民相パヒュットの先の書簡[46]に異議を唱えた。まず彼は、このアメリカ遠征隊への援助を約束したので遵守するが、「どのように」行うのか問うた。更に蘭領東インド評議会の助言により彼は、明確な指示を携えた国王船を日本に派遣する植民相の計画について、これは総督への明確な命令か、あるいは委任なのかと問い、更にこの委任を実行すべきかと問うた。つまり現状で戦艦の派遣は、日本の疑念を起こすかもしれず、もし商館長が日本との条約交渉を始めていたならば、その交渉に害を与えると釘をさした。[47]

すなわち蘭領東インド総督はペリー司令官への書簡の中で、公式には知らされていなかったので、出島商館長にアメリカへの援助の指示が出来なかったこと、更に商館長が日本政府との交渉開始に成功していたとしても、アメリカは常に平和友好的ではないので、米蘭の了解により、この交渉に不利な影響を及ぼすことは明らかであろうと述べている。[48]また彼は、オランダがアメリカと共謀しているのではないかとの疑いが日本側から起ることにも懸念してい

た。それは事実ペリーが日本で交渉した際、「アメリカはオランダと共謀し、われわれを裏切ろうとしている」ことは間違いないと日本人から考えられていた[49]。すなわち古くから存在する日本人のオランダへの疑念は消えておらず、オランダの「自らの貿易のためが目的[50]」との考え方は、当時も強く残っていた。そこでトゥィスツのこのような配慮は、間違いではなかった。

これに対し植民相は、ペリー司令官が万一バタフィアに寄った際、渡してもらいたい書簡を蘭領東インド総督に送った。これはオランダが日本と条約締結の際、確保したかった規定や諸点を伝えるものであった。つまりオランダ政府が意図的に、アメリカ政府にこの諸点の通知を控えていると思わせないためである。更に植民相は、蘭領東インド総督は当該の通知に関し、オランダ政府により委任され、そして今後日本政府への外交上の処置は、故ウィレム二世により行われた方策の継続になるようにと、同総督に指示した[51]。

七、ペリー司令官日本来航後のオランダの対日外交政策

このような推移の中オランダ本国は、蘭領東インド総督に日本商館長への更なる指示を通知した。それはとにかく条約締結を目から逸することなく、更に今後も、オランダが除外されるような特権や譲歩を、日本から他国に与えさせないよう出来る限り配慮するためであった。また日本商館長は、日本が現状で鎖国制度を修正することは日本自身の利害でもあり、そしてそのためにオランダが無私に助言を与えてきたことを納得させるよう全力を尽くすこと、更にオランダが、日本で特権を求め享受し続けているとの諸外国人の誤解を取り除くようにも努力すべきことが指示された。

また日本の海軍創設の計画から生じたオランダへの戦艦取得の要請については、差し当たり何も行わないが、日本

との良好な関係を断ち切りたくはないので、非武装の小型蒸気船を派遣する計画を立てた[52]。この理由は、当時ヨーロッパで生じたクリミア戦争(一八五三―一八五六)が関係していた。オランダは中立国としての立場があったので、日本にロシアを含む列強が参入し、戦争状態に陥った場合を配慮しなければならなかった。特に蘭領東インド総督は、当時日本商館長による米露の日本参入の試みに関連する報告書を受け取った際、蘭領東インド評議会の助言を受け、「同評議会が適切に助言しているように、オランダ上級政府が、本件の指導を留保した」とし、そこで彼は、オランダ上級政府による必要とみなされる命令を要請するに留めると述べ、この問題を完全にオランダ政府に委ねた[53]。このような行動は理解できなくもないが、外地における実行機関として、本国が信頼を置く蘭領東インド政庁のこのような態度は、オランダ本国政府を大いに苦慮させたのである。

第六章　ペリー司令官日本来航とオランダにとって望ましい状況

一、「砲艦外交」によるペリー司令官日本来航の影響

西欧文明の力に屈服し、一八五四年日本は正式に開国した。これは自らの弱小性と科学技術の後進性を痛感させられた結果である。すなわち日本開国は、まさにフィルモアの「Gunboat-Policy（Diplomacy）」の結果であった。[1]

当時の西欧文明の最先端である蒸気戦艦を率いてのペリー来航は、日本人に大きな印象を与えた。ペリー来航当時、「およそ三千石積みの舟四隻、帆柱三本たてるも帆を使わず、前後左右、自在にあいなり……あたかも飛ぶ鳥のごとく、たちまち見失い候」と報告されている。千石船は、トン数にして百トン級である。すなわち見張りがこれを目測で、「三千石積みの舟」と伝えたのは、よほど度を失っていたと思われる。実際には、千石船の三倍どころか、約二十倍はあったのである。[2]

開国後、日本は、今後の諸問題を解決するにあたり、日本を開国させた直接の国であるアメリカではなく、旧知のオランダを選んだ。それは「ペリーの江戸湾闖入は、〝ぶしつけの極み〟」[3]であり、ここから「大和民族は本来排外的民族ではない」[4]が「外人の日本における態度が、日本国民をして血を沸かしめ」たことによる。[5]ペリーは浦賀を測量させた。その際浦賀奉行は、「かかる調査を許すことは日本の法律に違反する」と抗議した。これに対しアメリカ側は、「日本の法律がかかる測量を禁じているとはいえ、アメリカの法律はそれを命じている。我々は、奉行が日本の法

律に従う義務があるのと同じだけ、アメリカの法律に従う義務がある」と回答した。しかし浦賀湾内は、実際日本の領海である。ここから「ペリーは、鎖国体制下の不平等な国際関係を排除するのに、きわめて勇敢であった。けれどこのことは、必ずしも日本に文明諸国家間の関係を適用させようとしたのではなく、逆に今度は、日本に対して不平等な国際関係を強いようとする意図を、かの回答の論理は含んでいるといっても差し支えないであろう」と石井孝氏は述べている。(6)

すなわちペリー遠征の意図は、「欧米資本主義列強による世界市場の一環に編入することを意味する。そのような望ましい結果をもたらすためには、武力行使も正当とされ」、そこで「結果は疑いもなく手段を正当にするであろう。……シナ帝国および日本帝国を、同等の国際的義務・権利関係に力でもちこむことにおいてであろう」(7)。これが現実であった。更につづめて言えば、アメリカの日本開国の正当化は、「アングロサクソンの優越」を見せ付けることであった。(8)またペリーのメモによれば、「オランダ並みに譲歩する位ならむしろ条約など無い方が良い」と記されている。すなわちオランダとは異なる新たな条約を獲得すること、これこそが「ペリーの考えた最低限の主張であった」(9)。このようなアメリカ人の強硬な態度こそが、日本人をアメリカ嫌いにさせた。そこで穏当なオランダに、その活路を見出していったと言える。(10)

ちなみにこのようなペリーの砲艦外交が、日本開国に重要な役割を果たしたことは良く指摘される。しかしこれは彼自身の発案であったのであろうか。すなわちペリーが強力な艦隊により、長崎ではなく江戸に来航したことこそが、彼独自の重要な政策であり、また成功した秘訣として一般に思われている。しかし実際このような考え方はオランダにも早くから存在していた。

オランダでは当時ホエーフェルが、パナマ地峡の開通の結果、大西洋と太平洋が繋がることによって、西欧と日本も繋がる機会が来たとのフォン・フンボルト(Alexander Von Humboldt, 1769-1859)の話を挙げ、日本問題が最重要案件として取り上げられるべきと訴えている。(11)ここからペリー遠征は、ヨーロッパではそれほど驚かれる事件ではなかったように考えられる。ただこの際ホエーフェルは、ペリーが強力な艦隊で日本に向かった際、国際法も知らない国民に自己利益のために条約を強制することは出来ないと述べ、更に武力による解決は上手く行かないであろうと、ペリーの日本開国の成功を疑っていた。しかしアメリカ合衆国による日本への武力誇示による成果を評価したのか、一八五三年の議会で、彼は盛んに日本への武力威圧を政府に促した。このようなことが、ホエーフェルの日本問題に対する一貫しない、また洞察力のない見解と思われるところである。当時ホエーフェルは、「この問題は、オランダが日本商館撤収との措置により日本を脅していないと政府を批判した。その回答にオランダ外相は、私にとって一層不可解であります。……そうです、政府はその地で部分的でさえもそれを始めておりません」と彼を揶揄した。(12)

二、幕府のアメリカへの対応

このような中、幕府の対応は余りにお粗末というしかなかった。当時幕府は強硬なアメリカの要求に対して、明確な開国指針を有せず、アメリカの要求を満たすことなく、また断ることも無い「ぶらかし策」に従ったことを、石井孝氏は幕府の無定見としている。石井は、このような「ぶらかし策」の骨頂として、徳川斉昭の「あぶもとらずはちもとらず策」を挙げ、「珍策」と述べている。それは斉昭が一、小笠原島を貯炭所として貸与するのを中止し、その代償として、薪の名義で、長崎において今年より三年間、石炭を供与する　二、安政四年より三年間、汽船で試験的に出貿易を行わせ、汽船に石炭を要するのを口実として、石炭給与を中止する　との条件を出し、そしてこの二カ条のうち一つを承認するように交渉し、どちらも承認しなければ、全て拒絶する他なく、それでは「あぶもとらずはちもとらず」になるので、石炭支給か出貿易か、二カ条のうちを承認するよう説諭するというものであった。石井は更にこのような「子供だまし」が通用するはずがないと批判している。(13)

更にこのような斉昭の態度は、後にハリスが条約交渉しているときにも表れている。すなわち幕府が同件につき朝廷に上奏するが、これは「朝廷を重んじてのことではなく、斉昭一派の反対を抑えること」にあった。『昨夢紀事』によれば、斉昭は、「備中(堀田正睦)と伊賀(老中、松平忠固)には腹を切らせ、ハリスは首を刎ねてしかるべし」と怒鳴ったという[14]。更に中浜ジョン万次郎が通訳を一度下ろされたが、これは水戸斉昭の阿部への書簡による[15]。このような態度は、当時彼だけではなかった。藤田東湖は阿部に手紙を書き、幕府は「軽率な」交渉を容認しないとアメリカ側に伝えるために、林と井戸に切腹を命じよと告げていた[16]。

しかしながら斉昭は、「ペリー艦隊が江戸の奥深くはいりこみ、鼻先にその威容を見せつけられると、さすがの彼も無謀な尊攘論を死守する自信はなかった。東湖は夜中ひそかに小舟を駆って黒船の周囲をこぎまわり、親しくその威力を調べたというし、御三家として幕府その他の伝達する情報に事欠かないはずでもあった。斉昭が東湖を伴って米国へ使したいと幕府へ願い出たのは親しく米国の実情を接したい気持ちもあったかもしれないが、許されないまま、大地震による東湖の圧死となってお流れとなった。その後の斉昭は意地もあり虚栄心もあって攘夷の看板をはずさずに終わったが、越前の春嶽へ送った手紙には、老人の自分はこのままで通すが、貴君は若くもあり、大いに新しい情勢に順応して働け」といい、開国の必然を認めている[17]。

しかし「ペリー予告をオランダから受けながら、一年を空費した、幕府当局者の無策・無方針がさかのぼって問われなければならない」と評価されて当然であろう[18]。更に言えば、一八四六年七月ビッドル(James Biddle, 1783-1848)の浦賀来航の際、九十二門の大砲を持つ巨大軍艦コロンバス号に、阿部は大きな衝撃を受けていたにもかかわらずである[19]。阿部はまとめ人としての資質があったが、有効な手段は講ぜられなかった。ここからほとんど「ぶらかし策」しか講ずることが出来ない幕府の無能さを露呈する結果となった[20]。それにより佐久間象山が浦賀水道沿岸の砲台を見て、「大砲の配置が全く無意味であり、防備として当てになるものがひとつもない。これを見て、私は天を仰ぎ、深く溜め息をついた。私は胸をかきむしり、長い間すすり泣いた」のである[21]。このような中の一八五三年一一月一日から四日間、長崎奉行大沢秉哲と水野忠徳は、大通詞の西吉兵衛と小通詞の森山栄之助を伴って、ペリーの再来に関する助言を、当時出島オランダ商館長ドンケル・クルチウスから受けた[22]。このような事実から、「同時期におけるオランダという国の存在、その国との親交、商館長の長崎常駐の意味が、きわめて大きいことが分かる」と加藤祐三氏は分析している[23]。

三、新しい状況下におけるオランダの対日「国家的名声と実益」政策

ペリーの日本来航は、単に日本の鎖国制度を解体させただけではなく、日本に欧米文明を誇示し、西欧文明の先進性をも示した。ペリーは日本に蒸気機関車の模型・望遠鏡・電信機等を（勿論乗船しているその蒸気船も最新の技術であるが）もたらした。このような行為を行うことで、武力誇示を用いた日本開国に関しアメリカ合衆国に向けられる非難を、〝非文明国〟日本への西欧文明の導入との大義により和らげたのであった。更にペリーは遠征の際、日本への贈物を熱心に集めた。これは「時代の潮流に飲まれつつあることを分からせる」ためであり、また「アメリカ製品の消費が激増」することを意図したことによる[24]。

このようなアメリカの試みに対してオランダ国内では、日本が西欧文明を導入する場合、オランダがその主導を取り、そこで日本をオランダに依拠させるよう考慮した。更にオランダが日本に技術伝授をする際には、オランダ語を使用した。それにより一層日本を、オランダの影響下に置こうとした。このような手段によりオランダは、長期的で、より親密な日本との関係確立を目指した[25]。

日本は海軍創設を熱望し、オランダに蒸気船所有の要望を伝えた。また後に蒸気船用の修理工場、更に将来このような船を自国で造るために、造船所の建設をもオランダに要請する。このような「日本のオランダへの傾倒、そしてその要請」は、オランダの「アジア政策への活力」そして本国の産業発展にとって、大きな期待を抱かせた。

一八五三年秋の時点で、幕府は、オランダにコルベット蒸気船一隻、コルベット帆船五・六隻、蒸気船二隻、カロネード砲一門、雷管式のライフル三千丁を注文している。そして大船建造禁止令が廃止された。ここから軍備増強派の勢力が優位に立つように見えた。[26]

このような流れからオランダ植民相パヒュットは、毎年慣例のバタフィア―日本間の商業定期船一隻の他に、更にもう一隻、望ましくは戦艦を、蘭領東インドから日本に派遣させることを国王に訴えた。これは日本問題において何か重要な用件が発生した際、直ぐに蘭領東インドがその情報を得られる目的と、また日本における商館長の活動を促進させる点にあった。当時は概して、このような軍艦の外地派遣は、当地における自国民の保護が主たる目的であったが、日本では〝商館長の権威づけ〟として重要と見なされた。商館長は、他の商館員と異なり別格に扱われたが、当時日本で卑しまれた商人の長には変らず、その尊敬は薄かった。そこで軍艦を派遣し、商館長がその軍艦を指示することを見せ、彼がオランダ本国で重要な人物であることを示すことにより、その後の日本当局との交渉を有利に進めることを目論んだのであった。オランダ側では、日本で軍人がとりわけ尊敬されることを十分理解していたのである。[27]

植民相は蘭領東インド総督トゥィスツに、一八五四年六月の日本への定期船に、適当な蒸気船を伴わせるよう指示した。しかし蘭領東インド総督は、現在蘭領東インド艦隊からは一隻も軍艦は出せないとし、このような船は他所に注文できると回答した。オランダ政府は、日本の要求を出来る限り早急に満たすことが重要で、遅延は良い印象を与えず、それにより今後同種の用件が、別の国に求め易くなると懸念していた。そこで植民相は、蘭領東インド総督の意見に同意できなかった。とりわけ船の注文を植民相に委ねた蘭領東インド総督の記述に関し、「そのような権限も蘭領東インド総督に与えられていないと思っているとは、およそ考えられない」と不快感を露にしている。[28]

当時オランダ本国では、日本人の古い思考方法が変化し、日蘭関係が著しく改善されたこと、またオランダが示威なく、長崎での特権（オランダ人の個人的自由等）を得たことに大変満足していた。また日本が西欧科学技術に接することで、自らの後進性を痛感し、そこで一層ヨーロッパ文明の進歩に精通する必要を十分理解していること、そしてその際その必要を、専らオランダに求めていることを高く評価していた。ここから日本の発展に力強く、躊躇せず援助し、その問題に対処すべきであるとし、日本のオランダへの接近を促進させることが重要とした。古くから西欧技術、特に医学について、出島商館医が直接日本人に教授し、オランダ人への敬意を高めていた(29)。このような事実はオランダで周知であり、そこで日本開国後も、技術教授の手段により日本との緊密化を図った。

当時日本は海軍知識を獲得する要求が高く、この件は遅滞なく実施することにした。すなわちこのオランダの仲介により、一方でオランダの日本における政治的地位と出島官吏の地位を向上させること、そして彼らの監視・隔離状態を廃止させること、他方で日本でのオランダ商業の望ましい拡大を可能にすることになろうと考えられた。また商館長が故ウィレム一世の肖像画などにより、日本人要人とオラニエ家（オランダ王家、Oranje-Nassau）について長話が出来たとの報告を受け、更に国王の肖像画も送ることが相応しいとした(30)。しかし本件の実行については、イギリスが蒸気ボート、アメリカが蒸気機関車を将軍に贈ろうとしている中、オランダが西欧文明機器ではなく、国王の肖像画を日本に送ったことについて、「この重要用件における国王の個人的関心の見事な証明であるが、しかしこれは政府の行為ではない」と国会で批判された(31)。

植民省は外務省に、日本政府と条約交渉を開始する報告と、日本人は商業に関わるものを余り尊敬しないので、日本商館長の地位を変更するよう要請した(32)。本来このような条約締結の権限は、外務省に属するものであるが、蘭領東インド政庁は、現地の君主らと条約などを締結する資格が認められており、その権限を適用しようとしたと思われる。オランダ本国では、商館長に日本貿易拡大の試みになすべきこととして、日本関係で、自己の利益のみを追求しないとの原則を指示したが、日本政府自身から望まれ、提供された場合には、それにより有利な商業契約を思い留まる必要はないとしていた。

日本用件は、オランダ議会でも取り上げられた。一八五四年オランダ下院で、ファン・ライクフォルソル（Abram

van Rijckevorsel, 1790-1864）は、アジアの島嶼部におけるオランダの文化的影響にとって日本問題は最重要用件であるとし、オランダが日本でその文化的影響を保持し続けることは必要ではないかと政府に質問した。それに対し政府側として植民相は、日本問題を疎かにはしないと回答した後、更に「我々側からなされたことを評価している証を何度も行っている日本政府は、現在躊躇せず、一層気前のよい諸政策を受け入れることによって、日本政府が他国に与えた全てのものを、オランダに認めるであろう」と答弁した。この議論の中では、オランダの植民地問題との関連で、日本問題を総合的に評価している点で興味深い。

一八五五年オランダ政府は国王演説の政府回答で、対日政策に関する発言を行った。オランダ政府は日本との条約締結等にオランダがなした貢献を述べ、更に「それにより我々は、数世紀以来我々とこの国の間にある友好関係を一層確立した。そしてそれにより我々は、無私の証明を他の海上諸国民に示しただけでなく、将軍に対しても良好な関係と友好の証を示した。これは現在良い結果として賞賛され、この大陸の平和を維持することになった。そして恐らく、――我々はますます期待しているが――ここから工業、貿易、海運において、良い成果を得られるであろう」と発言した。これに対しファン・ライクフォルソルは、このことは正当であると認めるものの、この政府回答は自身の見解では、幾分利己的、一方的であり、オランダが力強く行った日本問題における他の諸国民の一般的関係改善が述べられていないことを指摘している(33)。これはオランダが日本問題で特権的な地位を享受することにより、他の国々との関係を損なうことを配慮した発言である。

四、オランダ植民省の対日積極政策の展開

オランダ本国にとって、今後の日本貿易を有利に展開させるためにも、日本の海軍創設の渇望を利用し、そこで蒸

気戦艦の日本派遣は急務と判断した。このようなオランダ本国の積極的な日本問題、特に商業利害確保の試みは、近い将来アメリカの日本との通商条約締結に対処する目的であった。ペリー遠征の成果は、当時アメリカ大統領教書内に見ることが出来る。これは「日本帝国との関係確立に関し、今から二年前に派遣された遠征隊は、委任された将校により首尾よく達成した。条約は締結され、それにより稠密な地域の諸港が開港された。本条約を完全に実効させるには、なお批准交換と、それに伴う商業規定が掲載されなければならない」[34]との発言であるが、これは即電信によりその概要がオランダに報告され、その後直ぐに全文が受け取られた。この事実はオランダ人が、このようなアメリカの動向に極めて興味を持っていることを示している。そこでこの上述の記事は、アメリカが日本を開国し和親条約を締結したが、更に商業規定を有する通商条約へのアメリカの意図を指摘したものである。アメリカは日本遠征を始める際、公には日本との商業関係確立の目的を明確に示さなかった。しかし当時そのアメリカの意図は、おおよそ見当がつけられていた。そしてこの教書により、その意図が明白になったといえる。オランダは日本貿易において、独占状況を有していた。そこでオランダ国民は、オランダ政府がこのアメリカの日本貿易進出に対抗することを当然期待していたであろう。もちろん当時オランダ政府は、日本との商業規定を含む条約締結に努力していた。

蘭領東インド総督は、戦艦派遣に依然拒否を貫き通していたが、植民相は日本からの受信文書が、日本人の蒸気機関と蒸気船への衰えない関心を証明しているとして、その重要性を訴えた。植民相は長崎での海軍伝習[35]により生じた好意的状況が、容易にもう一度生じるとは判断していなかったが、この好意的状況は現在もなお存在していると考えていた。更にまた海軍省が、蘭領東インド政庁の戦艦派遣の異議に対し、出来る限り対処すると植民相に述べたことも、植民相に自信をつけさせた。またファビウスも植民相への書簡で、目下日本はオランダに極めて友好的であり、貿易のためではなく、出島官吏の地位向上のためにも、蒸気船派遣の重要性を訴えていた[36]。

植民相は日本でオランダの威風を示し、日本人にオランダ人に対する尊敬の念を起こさせること、更に日本の需要を満たすことで信用を得て、オランダが日本にとって、「我々の最も当然の同盟者（Onze natuurlijkste bondgenoot）」と映ることを最重要と考えたと言えよう。現に日本人は、オランダ人を「日本人の最上の友」と述べている。(37)そこでオランダ側の具体的な方策として、開港地下田に国旗を掲げること、将軍に贈物をすること、更にそのために日本人に尊敬の高いファビウスを再派遣することを考慮し、日本との緊密な関係を築こうとした。植民相が「この国での我々の将来は、危険に晒されている。もし日本政府が他国に向くようなことになれば、我々は日本との政治経済的関係において、現在提供されている二度とない向上の機会を失うであろう」と述べているのは、このようなことを十分物語っている。(38)この植民相報告書はシェイス著『オランダ日本開国論』の中でも引用されているが、同植民相の発言「この国での……失うであろう」部分は、出版の際削除された。その理由はオランダの無私の貢献を低めるものであったからと考えられる。(39)

このような推移の中、出島商館長の立場は、諸外国と日本間との仲介活動により、商業的よりも政治的な性格になっていた。そこで商館長にとって、自身の裁量の範囲を判断することが困難となった。植民相は、そのような行動が〝斡旋〟の意味合いで行われるのであれば、問題がないと観察していた。更に植民相は、日本では商業に関係すること全てが低い用件と見なされると考えれば、商館長の肩書を止めさせることに異議はないとしていた。そしてその際には「領事や全権領事」等への肩書に変更すると考えたが、しかしこれに対しては一八五二年日蘭条約草案の説明で、領事を外国商人の長と説明し、領事職に商業の考えを結びつけてしまった事実があった。そこでオランダ弁務官（Nederlandsche Kommissaris）との肩書が発案された。とにかく今までの商館長の肩書は、目下重要な用件である日本の中では、低すぎるものになってしまった。(40)結局この肩書は「オランダ弁務官」(41)となり、外見ではっきりと佐官（Hoofdofficier）以上と思わせる服装を伴わせるとした。植民相は日本では軍人が高位にあるので、そのような服装を良しとしたのであった。また「オランダ弁務官」は、「海軍大佐（Kapitein ter Zee）」と同等の階級であり、その階級に応じた官服を伴わせるとしているが、それは日本にいるときのみとの限定を付けた。(42)その後外務省から正式に、ドンケル・クルチウスが日本での政治的問題を処理するため、特命全権の性格が与えられた。(43)また対日貿易を積極的に進展させるためにも、蘭領東インド政庁の管轄下にはあるが、出島商館の現組織の修正、また拡大を必要と見なした。

　また植民相はこの報告書内で、今までの対日関係を分析し、今後の政策を展開している。この主な内容は、「シーボルト起草の一八五二年条約草案では、日本の全般的な利害で、通商を目的とした日本開国を意図した。そこでオランダは諸外国のためにも私欲なく活動したが、それは我々自身にも関心がなかったからである。それはつまり、我々を事細かに制限した出島定住地とその商業利益が、オランダにとって既存の状態の維持を、ほとんど望ましくなかったからであった。しかしその後現在、別の状況が生じ、米英が条約により日本で開港地を得ることになった。そして日英協約を除けばアメリカは、オランダの特権、つまり最恵国待遇まで獲得した。それにより日本は考え方を改め、西欧的発展を利益と見なし、その目的実現のためにオランダを選択している。そこでオランダはこの日本の選択に応え、日本での我々の商業・政治的優位を確立することが重要である。更に商館長の報告から、かなりの商業拡大の余地が見出される」。すなわち「目下我々は日本で非常に本質的な利害があり、これを私欲がないとの理想的表明より犠牲にしてはならない」とし、更に現在アメリカが、日本を通商のために開国する見通しがあり、そこで「現状で、彼らが我々と競争しようとしているこの瞬間さえも早めることは、我々の利害に反するであろう。我々は我々にこの競争に対して準備させるため、この開かれた展望と残された時間を、熱意をもって利用しなければならない。しかしながら差し当たり我々側からは、他国に日本との通商を共有させるために、何も行うべきでない」と纏められる(44)。

　この報告書の終わりに、要点を整理している。それは一、長崎港における旧来のオランダ貿易の確立　二、下田・箱館の状況と同じく、長崎来訪を許可された諸外国民への自由　三、英米が獲得した、そして彼らと他の諸外国により獲得された全ての特権を、更にオランダに保証すること　四、他国が同じ目的で条約締結を望むならば、上述の第三項に該当する特権を得ることを、その国にも認める予備声明を日本政府が行う　とのことである。

　この報告書を作成する際の指針として「国王になすべき提案の基本方針として役立つために、予備的な決定が求められる日本問題に関する諸点（Punten betreffende de Japansche Zaak, waarop voorafgaande beslissing wordt vereischt, om te dienen als grondslag voor de aan den Koning te doene voorstellen）」と題した覚書が作成されており、それはこの報告書を含む文書の中で見ることが出来る。その中では、現在の日本問題に関して広範囲に、また簡潔に検討されている。そこではまず、一、一八五五年にもう一度蒸気船を派遣しなければならないか　二、日本への蒸気戦艦の配送　三、締結すべき条約に関する交渉者に権限を与えること、そしてその階級　との三点が箇条書に検討され、その後更に二六項目の問題が検討されている。後者の中で興味深い点は、まず密輸は、今まで以上に現在、オランダ人が得なければならない信用を当然損ねるので、これに対し強力な罰則を施行すること、そして看板貿易の廃止に関する問題では、商館長は可能な限り、その貿易を自由貿易にすることが良いとしているが、不可能な場合、オランダ官吏が看板貿易を引き受けること、また長崎貿易を拡大すること、そして配送される船の対価商品を受け取るために、オランダ船が制限なく発送できるとの日本側の譲歩を得られたことから、とにかく差し当たり数年間、日本との長期的で活発な通行の道が開かれたとして、この瞬間に最大の注意を払うべき等である。(45) 更にあらゆる望みが規定されたように思われている日米・日英条約のような条約の締結は、日本政府により要求された船の配送よりも得るものはないとも考察し、そこで蘭領東インドとオランダ本国が、この問題にあらゆる努力を振り向けなければならないとしている。またこのために、信用貸で少なくとも一五〇万フルデンが充てられるとしたが、結果的には二倍稼ぐことになるとも予想している。また工業の諸分野に関する様々な道具、そしてその模型を収集し、これを小額の利益で日本政府に譲れるとの商館長の要請を満たすこと、ファビウスを再派遣すること、化学・機械学が最も歓迎されていることから、機械に通じている人物を派遣したいこと、日本人は配送される船を銅で支払いたいとしているが、本方貿易での銅の値段は、商館長が〝捨て値〟と呼ぶほど価値が低いので、その価値を高くすること、低地ドイツ語を日本で育てるため、日本での教育をオランダ語で行うこと等も述べられている。

一八五五年三月オランダ政府は、日本政府から二隻の船の注文を受けた。そこで海軍省と連絡をとり、日本政府の負担により、オランダの民間造船所でスクリューコルベット艦を作ること、そしてその模型は将軍への贈物とすることを提案した。ここで問題は、このコルベット艦建造中に、日本が戦争に巻き込まれる可能性であった。その際には戦艦の発送はせず、必要ならばオランダ海軍で使用することにした。そして配送の時期は、とにかくまず一隻を一八五七年に、そしてもう一隻も場合によっては、決して一八五八年以降にはならないとの言質を付けて、日本側の蒸気船所有の強い要望に十分配慮した。更にその際、日本は海事関係の専門家を必要としているので、そのような用件を日本が「他国に頼まない」よう、「我々が」これらの人物を提供することは、重要な利害であるとした。日本は、当時の西欧先進技術の象徴である蒸気機関の原理の習得を、特に熱望していた。それを知るオランダは、その原理を分かりやすく理解させるために、コルベット艦の模型を大き目に作り、またオランダ語を日本に広める目論見から、その際完全な低地ドイツ語の説明書をつけることが相応しいとした。日本が待望の蒸気船を得るまで、その高まった欲求を押さえるため、とにかく模型は一八五六年中にバタフィアから発送することを約束し、そして本件に関し、遅滞なく海軍省と協議に入り、最終案への必要な提案を早期に国王に行うこと、そして時期を守り日本を失望させないことが重要であるとした。同時に日本政府が、艦船やその必需品に関する価格表とその説明を要請してきたので、海軍相に対し、ファビウスが日本再派遣のため今月末蘭領東インドに発つことになっているので、その前にこれらを得たいとして、早急に回答して欲しいと要請している。(46)

その後植民相は蘭領東インド総督の報告から、新開港地下田・箱館で始まると思われる貿易に関して、日本から更に軍需品の要請がありそうだとの日本商館長の仮定を受けて、「この問題が差し当たり仮定として話されており、そこでこれに関し更なる情報を待つことに問題はないとすることは、私には特別喜ばしい」と回答し、現在日本からの多大な注文を蘭領東インドでは満たせない状況を理解しながらも、それに対処するよう蘭領東インド総督に注意を喚起させている。(47)

植民相は蘭領東インド政庁の報告から、科学器具やその模型、またオランダ語の学術書のコレクションを出島に届けることが、西欧の優越を日本人に明らかにすることに資するとして重要視した。(48)これは日本での注文を増やすことだけではなく、それにより出島商館員、ひいてはオランダへの尊敬が生まれることを期待したと思われる。しかしこれに関する問題は、現在未だ看板貿易借人の借権が残っており、政府がそれらの諸器具を発送することは、看板貿易借人の権利を侵害することであった。一八五六年まで現看板貿易借人ドゥ・ヴォルフ（Adrianus Johannes Jacobus de Wolff, 生没年不詳）[49]が借権を有しており、契約によれば政府は銅・樟脳・着物・科学史関係のものと藩主の返礼品以外は、日本の商品を注文または受領できなかった。そこで蘭領東インド政庁は、この看板貿易は直接政府の管轄下にすべきであり、契約失効の一八五六年まで待てないため、借人を買収すべきと植民相に提案している。[50]当時看板貿易の権利はバタフィアで競売され、この権利を購入した個人である看板貿易借人が、この貿易を独占的に行っていた。同文書では看板貿易借人はドゥ・ヴォルフとなっているが、この契約は一八五四年二月二八日八番蘭領東インド総督傍注処置により、既にランゲ（Johannes Robertus Lange, 1813-1863）に譲渡されていた。そこで後に起こる同借権の買収の際には、ランゲから回収した。[51]

植民相はオランダの利害から、オランダの日本との政治経済関係を確立・向上させるため、現在の長崎貿易とその拡大への、日本側の依頼を活用することを不可避と考えていた。商館長の看板貿易廃止の提案を、蘭領東インド総督と蘭領東インド評議会が同意していることもあり、そこでオランダ政府が直接、妨げられることなく貿易を実施することは明らかに必須条件であり、その貿易の一部を賃貸して、第三者の権利にすることには一致できないとした。つまり政府が一個人の権利のために、その目的や活動を妨げられてはならないとしたのであった。現状でオランダ政府は必然的に取引人を選び、商品の輸出入を自由にすべきであり、それが貿易の拡大に繋がり得るとした。[52]

この件について蘭領東インド総督は、商館長が提案した看板貿易廃止では一致したが、その後は政府を犠牲にして、日本貿易を限りなく自由貿易にする提案をした。ただし日本との通商条約が結ばれていない限りでは、これを不適切と見なし、その場合には政府官吏が全ての貿易（本方貿易と看板貿易）を行うこととしている。[53]更に蘭領東インド総督は蘭領東インド評議会の助言を付し、「以前における出島の状態は、若干名のオランダ人官吏の国外追放以上には評価されていなかった。彼らは隔離状態から生じる物質的特権で、僅かに償われた。数年来この状況が変わり、以前に存在した日本人のオランダ人に対する疑念や不信は、打ち解けた態度や信用に変わった。この優れた成果は商館長ドンケル・クルチウスの御蔭であり、また商館医ファン・デン・ブルック[54]（Jan Karel van den Broek, 1814-1865）や海軍中佐ファビウスも、非常にそれに貢献した。日本政府がオランダと蘭領東インド政庁に好意を示すように、またそれを促進するように試みたドンケル・クルチウスと、優れた業務を行ったファビウスとファン・デン・ブルックに、蘭領東インド総督が特別な満足を示されることを御願いしたい。彼らの行為により、既に部分的にも好ましい結果が現れており、そして結果的にオランダが困難や犠牲を伴うも、鎖国制度に揺るぎなく頑強に服従することにより、成果を上げるべき展望が開かれている」と纏められる。更にまた「日本貿易で、今までよりも高い収益を上げなければならず、そこで看板借人制度を廃止することは不可避であるとし、聡明な高級官僚（ドンケル・クルチウス）の意見と完全に一致する」と書かれている。[55]ファビウスへの日本人の信頼は、彼が将軍から日本刀を授与されたことにも現れていよう。[56]しかしながら蘭領東インド総督はスンビン・ヘデー両号（Soembing, Gedeh）の日本派遣にも、現在の蘭領東インド艦隊の蒸気船数を考慮して、「どれほど日本問題にとって重要であろうとも、蘭領東インドの利害には不運だ」として、その派遣を拒絶した。[57]そこで植民相は、オランダ本国からアムステルダム号（Amsterdam）以外にも、なお三隻の蒸気船を蘭領東インドに送ること、そして更にオランダ本国で熱心に努力しているオランダ海軍の拡大により、今まで以上に、よりよく蘭領東インドの業務を満たしうるであろうと蘭領東インド総督に述べ、この件を促進させようと努力した。[58]

五、スンビン号献上の経緯とその影響

一八五五年四月、既に日本は英米から蒸気船献上の申し入れを受けていた。その際日本政府は、本件についてはオ

ランダとだけ話したいとして、この申し出を丁重に断った。オランダはこれを大いに評価し、そこでスンビン号献上を発案した。つまりこの件についても遅れを取らず、他国に先駆けようとすることは、オランダにとって極めて重大な利害であり、もし日本の希望に力強く、また物惜しみせず対処しなければ、容易に日本は他国に話を持ちかけることになるとし、日本におけるオランダの経済政治的将来は、この状況下で紛れもなく危険に晒されていると判断したからであった(59)。

しかしこれには当時の蘭領東インド艦隊の状況が関係した。このスンビン号献上に対する批判は、オランダ議会でも数多く噴出した。その際政府は以下のような説明をして、この批判に答えた。すなわち「当時蘭領東インドの蒸気船数は、以前通例では一〇隻であったが、現在スンビン号を除いても一二隻ある。そして現在の蘭領東インド艦隻の多くは修理や補給が必要であり、そこで一時的に任務から外れることが起こり、その際蘭領東インドでの業務が一時的に多少不都合になろう。しかしそれはスンビン号献上によるものではない。更に蘭領東インド艦隊の業務は一層悪い状況になっていることから、新しく船は建造しなければならない」。

すなわちここでの政府の考慮は、古い船を修理するよりは日本に献上するほうが良く、更にその船は日本での海軍伝習に使用され、当地で大変馴染みがあり、また極めて必要とされているので、一挙両得になるとの算段であった。しかし政府は、蘭領東インドはスンビン号を失うが、すぐにアムステルダム号がその業務を埋めるためオランダから出航すること、そしてスンビン号は海軍省と植民省間で償却し、海軍省はより良い、またはより新しい新型蒸気船を手に入れると確約している。またオランダ政府は、今までの日本との関係で、贈物交換とのアジアの慣習に触れ、贈物をすれば必ず見返りが来ることを匂わせている。これらのことからスンビン号献上は、ただオランダの気前よさからではなく、他国からの日本への蒸気船献上の申し出や、また蘭領東インド艦隊の問題、オランダの今迄の日本政策から得た経験と知識から実施されたのである(60)。更に言えば、スンビン号は外輪船で当時既に旧式と見なされていた。

このスンビン号献上の際、スンビン号の着色信号灯はイギリス製で、製造元の名前が大文字で刻まれているので、へデー号のオランダ製信号灯と交換させるよう配慮をした[61]。そして一八五五年一〇月五日、スンビン号献上が壮麗に行われた。その際司令官ファビウスは、船の旗を掲揚する習慣を日本人に教えた。ファビウスは現地司令官を表す、白地の日の出を選んだ。これが日本の国旗の成立になったとオランダで説明される[62]。しかしペリー艦隊が帰帆して約三ヵ月後の一八五四年九月、老中は今後の大型船の建造の際には新しく「白地に日の丸の幟」を使うように指示を出している[63]。

オランダは、西欧文明の有益な機械を日本に献上して、日本への西欧文明の導入に成功した。しかしそれにはまた別の目論見があった。すなわち日本はスンビン号を献上されたが、それを維持するために蒸気船の必需品をオランダに注文することになった。まさにこれがオランダの狙いであった。そこで更に日本は多くの必需品をオランダに頼ることになった。またスンビン号献上には当然貿易の利潤があった。ファビウスは、「以前のような法外な値を吹っかける必要はなくなった。小銃だけで十万二千フルデンの利潤があがる。そのうえ、六百万個の雷管を納め、二万四百五十フルデンの利潤を得る」と記述している[64]。

この時期はオランダ政府内で、日本問題に関する自信が表れている時期である。しかしオランダ議会等では、その自信と方針に既に疑問を投げかける意見も見られる。例えばトルベッケは、政府の「日本政府が、他国に諸特権を与える際、オランダとの古い関係を見失わないことを期待している」との発言について、更に詳しい説明を政府に要請し、そこでオランダ政府が対日政策を楽観視しないよう批判しているのが注目される[65]。ペリー司令官が艦隊示威により〝日本の壁〟に最初の突破口を開いた後、オランダ政府は、オランダの勧告や助言がこの向上の成立に寄与したと述べた。これに対しトルベッケは、「ある他国の影響が我々よりも果てしなく大きかった事実」と指摘して、オランダ政府に対して厳しい認識を示した[66]。

第七章　日蘭条約締結への努力とその成功

一、オランダ独自の対日政策

日本との条約締結の任務を帯びていたファビウス中佐は、彼の先の日本航海に関する報告書を作成した。日本との条約が望まれた理由であるが、オランダは、日本では他国と比べ特権的待遇を享受していたが、それは日本の好意に基づくものであり、明確な条約条項に依拠しておらず、その状態は不安定であった。そこでオランダにとって、特に長崎におけるオランダ人の待遇改善を明確に規定することは、今後のオランダによる長崎貿易に重要と思われたのである。ファビウスは、首尾よく日蘭暫定協約（一八五五年一一月九日調印）を締結した報告をなし、植民相は本件につき喜んで国王に報告している(1)。そこで植民相パヒュットは、蘭領東インド総督トウィスツにこの情報を伝えた(2)。更にファビウスは、自身の任務を振り返った日本問題に関する膨大な報告書をも提出した(3)。この詳細で膨大なファビウスの日本報告書により、植民省で今後の新たな対日貿易の指針が熟慮された。これは外務省との国王への共同報告書として纏められた。この報告書は、オランダ本国植民省で日本問題を処理していた植民省歴史図書部門G部（Historisch bureau en bibliotheek, 所謂〝日本部局（Japansche afdeeling）〟と呼ばれていた）のクラッベ（H.T. Krabbe, 1814-1884）が作成した「一八五六年二月に届いた日本文書要約の覚書」と「一八五六年三月に受領した日本文書要約の続覚書」と共に一ファイルを形成し、一連の日本問題の展開が概観できる文書となっている(4)。

国王への共同報告書の中で植民相と外相は、まず現在の日本問題は植民地だけではなく、ヨーロッパの政治的利害に関わると位置づけ、そこで日本におけるオランダの政治商業的地位の向上を考慮して、日本の改革・前進の途上で、その渇望に力強く対処するとした。しかしながら我々側から、自由貿易のために日本を開国させるあらゆる直接的な試みを、差し当たり中断することは、全く理に適っているように思われると判断した。つまりその間に、オランダは自らの利害の中で、既存の日本貿易を拡大し、また将来に起こる他国との競争に準備することにしたのであった。その後オランダ弁務官ドンケル・クルチウスやファビウスの日本における活動の成果や、条約交渉の経緯等が述べられている。

そこではオランダ弁務官が、条約交渉が困難なため、暫定的協約を提案・締結し、そこで長崎におけるオランダの旧特権確保、出島でのオランダ人の隔離制度廃止、彼らの個人的自由、他国の獲得した諸特権をオランダに均霑することは達せられたとした。更に出島水門の鍵がオランダ弁務官に渡されたことにより、貿易上オランダ人への面倒な手続きがなくなり、出島がいわばオランダの保税倉庫（Entrepôt）になったと述べている。

更にオランダが日本問題で、単なる物質的（蒸気船等）・知的（専門家等）な意味での貢献以上に、日本の発展に影響を与える強力な手段として、日本でのオランダの文化的影響（Zedelijken invloed）をも重要視した。つまりオランダが日本の欧化政策の中で、物質的な援助を強力に推し進めることと並んで、日本をオランダ文化の影響下に置くことが、総じてアジア全体のオランダの影響力に大きく資する重要な用件と考慮したのである。これはまた英米等が行うと思われる、物量に物を言わせた日本への援助政策に対抗する手段としても有効に機能すると考えられた。この〝文化的影響〟との考えであるが、当時オランダ下院議員ファン・ライクフォルソルが、この〝文化的影響〟の重要性を議会で訴えていた(5)。

オランダの文化的政策の具体策として、オランダ語書籍の輸入が挙げられる。当時日本はオランダからの書籍を多数注文した。これは日本におけるオランダ語普及のみならず、オランダ産業にとって有利な取引が盛んになると期待された。[6] 更にこの政策は、オランダ人による長崎海軍伝習における、オランダ教育の成果に繋がった。すなわち日本人士官が海軍演習で立派に指揮をし、更によく聞きとれるオランダ語で説明するのをファビウス司令官は聞いた。それに彼は満足の意を日本人に表し、その事実を自身の日誌に記している。[7] しかし同時に当時英語の影響力が強くなっていた。ファビウスの日誌によると、彼がその後箱館に投錨した際、日本人が彼に英文の港湾規定を差し出した。その際「私（ファビウス）はオランダ通詞仲間制度が存在する日本で、日本当局が非公式の英訳文書の受納を要求していることを指摘し、それを受け取ることを拒み、蘭訳文を請求しました」と説明している。これを彼は、「そこで私がそうしなければ、オランダの勢力維持は難しく、二世紀有余に亘って築き上げてきたオランダの影響力が急速に放棄されてしまうと考えたからです」と述べている。原文書内でこの箇所は、削除の印である斜線が引かれている。[8]

蘭領東インド総督は、日本に派遣される官吏の性格を、出来る限り配慮すべきとした。ファビウスは密貿易を「いいたくはないが、これは貿易ではないし、日本での我々の地位を著しく貶めている」と報告しているが、オランダ人官吏の密輸等の不正は、日本に滞在しているオランダ人全体に著しく悪影響を及ぼす恐れからであった。[9] またオランダ弁務官は、長崎に来訪する商船の増加に伴う同地の治安維持のため、新たに軍艦が長崎に派遣されるよう要請した。この種の件は常に蘭領東インド総督の反対に遭ったが、本報告書内では、今年新たに戦艦一隻を日本に派遣する提案へのあらゆる異議は断念されるとされた。日本の蒸気船購入に対する支払い手段に関連し、商館が金額に制限なく、リンネル製品を看板貿易の公開競売に輸入できるとの商館長が得た認可により、ヨーロッパのリンネル製品に関する日本政府の貿易独占を廃止させることも、日本との将来の通商関係で、我々にとって紛れもなく極めて重要と指摘されている。既に一八五六年多くの商品が販売され、少なくとも二〇、〇〇〇枚の送り状が出来たと報告されており、オランダ製品の重要な商品捌け口の創設が期待できた。[10] 更にオランダ弁務官は、「日本との関係は、商業関係をも含め全く最高であるが、しかし我々は特に現在他国に先行するために、何も疎かにすべきではない」とも報告している。

今後の日本貿易への期待が高まる中、新たな支払手段の問題も指摘された。そこでオランダ弁務官は、日本からの支払手段獲得の一試みとして、長崎―中国航路を確立し、豊富に埋蔵していると思われる日本の石炭を中国の開港地に運ぶ計画を日本当局と協議した。ドンケル・クルチウスは、日本が本計画に踏み出せない場合、オランダが小型蒸気船を購入し、長崎に送って欲しいと要請している。植民相はこの計画を魅力あるものとしながらも、日本からの輸出品の点で、この貿易が未だ実験状態にある中、そのような船の発送には踏み出せないとし、これは実際全く推論上で語られているとした。またこの長崎―中国間航路は、オランダが中国商品を定期的に日本に届けるとの新しい貿易として注目される一方、更に重要となった日本関係文書を、当地に滞らせることなく速やかにヨーロッパに届ける目的もあった。同航路確立により本国では、この種の情報をいち早く収集できることを期待した(11)。

また新たな支払い手段創出の件で注目されることは、蘭領東インドからの鉱山技師の日本派遣である。当時蒸気船の時代に入り、石炭の需要は非常に高まっていた。そこで日本貿易を首尾よく行うためにも、石炭の確保は死活問題であった。これはまた当時日本貿易で抱える乏しい輸出品の問題にも関連していた。すなわちそれを補う目的と、また日本に新しい産業を創出させる目的としても、日本での石炭採掘は、今後の商業の鍵であった。蘭領東インド総督は、現在蘭領東インドで鉱山技師を一人も欠かせられないと報告していたが、これは日本のためだけではなく、間接的に我々のためとし、「蘭領東インド政庁が、若干必要性の少ない鉱山関係業務について、一時的に軽減することを、第一署名者は揺らぐことなく確信している」と植民相に言わしめたのであった(12)。

ファビウスは、日本からの一〇〇、〇〇〇丁の銃の要請や、更に日本政府が注文した二隻の船の支払に、既にヘデー号で二、〇〇〇両の小判をバタフィアに送ったことを報告した。更に彼は、このようなことは日蘭政治関係内で最も大きな利害であり、そしてこれはオランダ貿易と工業の利害でなされるもので、単に日本のみの利害ではなく、更に肥前公(鍋島直正、一八一四―七一)も造船所等の建築要請をなしており、本件はオランダの商工業に、非常に好意的な結果をもたらすとして、オランダ本国の利害を訴えた。そしてオランダ政府の新しい貿易への懸念に配慮して、まず翌年小規模に、ファビウスが提示した様々な商品を、バタフィアの商人が日本に配送する試みを提案し、その一方この試みが不利益であるとは露とも思っておらず、直ぐに一層拡大された長崎貿易に展開すると植民相に述べている。そこで更にファビウスは、この貿易を、最初は試験的に実施しても、直ぐに利益が拡大しようと述べ、特に植民地産物のコーヒーが、日本で売れることを報告している。しかし彼はオランダ本国の意図とは異なり、政府が日本貿易を独占するのではなく、自由貿易にするとの意見であった⒀。

二、一八五五年日蘭暫定協約・一八五六年日蘭和親条約締結から一八五七日蘭追加条約へ

日蘭和親条約に繋がる暫定的協約が締結されたとの報告は、オランダ貿易会社（Nederlandsche Handel-Maatschappij, 略称ＮＨＭ⒁）のバタフィア支社を、オランダにとって大きな特権であると喜ばせた。それは既存の日蘭貿易の堅守に基づいており、オランダの日本での制限貿易を規定していた。このためにドンケル・クルチウスは、アメリカによる日本への圧力の中、江戸に国際状況の展開を詳しく伝え、そしてオランダの利益のために日本の恐怖を利用することに最大の努力をした。そこでイギリスの日本遠征計画について警告し、不愉快な事件を回避するためにも、オランダと通商条約を締結するように推し進めていった⒂。日本側でも諸外国との貿易の認容は不可避と考えていたが、依然旧勢力の反動は強かった。このような中穏当なオランダと交渉することは、当時日本にとって最善の策と思われた。その結果、この日蘭追加条約（一八五七）が締結された。この条約は自由貿易を認めたと言えるものではなかったが、以前と比べれば大きくその貿易状況は開放された。そこでドンケル・クルチウスは、同条約に大変満足していた⒃。

オランダでは、この追加条約を日本の将軍に献上したスンビン号の返礼と見なしていた。しかしオランダ下院において、特に自由主義者達は、これを余りに小さい返礼であるとして、この制限貿易の成果に大きな失望を表明した。その際政府側は、日本は少しずつ特権を与えていくので、将来に期待が持てるとの苦しい釈明をしている⒄。こ

の失望の中心は、本条約で普通自由貿易が認められていなかったからである。この結果から当然、その交渉にあたった在日オランダ弁務官ドンケル・クルチウスに対する批判が生じてきた。[18] 一八五二―五四年蘭領東インド評議員（Lid van den Raad van Indië）であった（後の）植民相マイヤー（Pieter Mijer, 1812-1881）は、オランダ弁務官を「個人的に、有能で注意深く、如才ない人間として知っている」と弁護した。[19] これに対してホエーフェルは、その評価に疑問を投げかけた。[20] その後にはなるが、一八五八年条約締結後ホエーフェルは、「最後にジャワ高等法務院判事（Lid van het Hooggeregtshof）であったドンケル・クルチウス氏に、特別な商才があるとは考えられなかった」と嘆くことになる。[21]

オランダは既得権としての特権を得ることを目論んだが、この種の利点を規定できなかった。これに対して議会等で多くの批判が起こった。[22] しかしオランダ政府は、とにかく今まで結べなかった日本との条約を締結したこと、そしてこれは普通自由貿易を認めてはいないが、通商規定をもつ最初の実利的な条約であること、またオランダに特権が与えられているとの良い点のみを強調した。この特権とは、長崎貿易で出島がオランダの保税倉庫として認められたと考えられたことである。これによりオランダは、日本で売却する商品、また同地でオランダ人が消費するものを無税で輸入できた。また一八五六年条約締結後オランダは、自由貿易規定を含む条約締結を日本に迫った。しかし日本側は自由貿易認容に極めて難色を示したため、ドンケル・クルチウスはオランダ商館が他国との貿易を仲介する仲継貿易の形を提案し、一時長崎奉行はこれを免許した。このことはオランダが日本貿易を一挙に握ることを意味し、密かにオランダ本国を大きく喜ばせた。そこでオランダ政府は、これはスンビン号献上の成果として、更なる発展に望みを託したのである。しかしながらホエーフェルは、このスンビン号の成果を、ファン・デル・リンデン（Gijsbertus Martinus van der Linden, 1812-1888）議員の言葉「この点で解決された成果は、誰とも協議することなく長崎湾を自由に船で周遊でき、健康のために釣りが出来、目付なく出島から長崎に行けること」を挙げ批判した。[23]

オランダ議会内では厳しい意見が飛び交ったが、実際当時の史料によれば、この当初の制限貿易の形態はオランダの日本貿易独占を意味し、政府は大満足であったのである。ＮＨＭのバタフィア支社は、ＮＨＭ設立の趣旨に応じ、

「オランダ貿易と海運のため、新しい泉を追う」として、蘭領東インドの生産物とヨーロッパの工業製品を積載したオランダ船を長崎に発送し、そして日本商館の監督下で、我々の指示を受けた人物に売却を委ねる許可を、蘭領東インド総督に求めた。ＮＨＭは、同遠征隊で巨大な利益を獲得しようとは決して目論んでおらず、むしろ最初は損失が出ようが、それにひるまないことにより、日本での輸出入商品を認識することが出来ようと期待感を表している。(24)

三、日本での利害確保への努力

この新しい貿易への試みに関し、蘭領東インド政庁の植民地産物及び民間貯蔵局長（Direkteur van Produkten en Civiele Magazijn）は、要約すると「この国の利害で賢明であり、日本人が制限貿易に固執する限り、現状では要求された品物に対して適当な輸出品が得られる場合にのみ、オランダ政府の費用でなら貿易を続けることが可能であろう。すなわち日本の藩主の要求を満たすことで、利益が得られるかは非常に不確定である。それは日本の藩主等が安値で、必要品を得ようとするからである。そこで銅や金、またはこちらで望まれた品物で要求品が支払われれば異存はない。しかし品物は看板貿易で、日本人からのみ購入でき、それは通例先の看板貿易借人に売却されていた。その価格は大部分当地では問題であった。先の看板貿易借人は、比較的小額の送り状の発送により、三〇〇～四〇〇％の利益を上げており損害はなかった。しかし政府は、妥当な金額に対する巨額の商品の発送、またその距離的な問題により、大きな損失に向かわざるを得ないであろう」と述べ、本件に否定的見解をなした。更に彼は「日本が西欧の優越性を認識し、そしてオランダに様々な品物を要求し、もしこれらの要求を全て応えられるならば、すぐに看板貿易基金が何百フルデンにも上るであろう。そこで政府の費用による同貿易の拡大は不得策であり、オランダの利害を考慮し、ＮＨＭのような見識があり力のある貿易団体が、その知識・経験・資金をそれに費やすことが望ましい。そこでＮＨＭがこの貿易を自ら実施することは、蘭領東インド政庁としては問題がない。しかし看板貿易を蘭領東インド政庁の負担で拡大して行うことには、同政庁にとって余り望ましくない。そして日本当局に、民間貿易から最も安価な方法で、彼らの必需品が満たされると保障することを、オランダ弁務官に報告されることについては判断を委ねます」との趣旨の内容を蘭領東インド総督に伝えた[25]。蘭領東インド評議会も植民地産物及び民間貯蔵局長の見解を受け、ＮＨＭの試みを支援すること、更にＮＨＭが日本貿易の現状を正確に知らないため、内密に必要な情報を与えることにした[26]。以上の見解を受け蘭領東インド総督は、まず日本政府が認めないものを蘭領東インド政庁が認める資格はないとしたが、日本政府の異議がなければ、オランダ商館長に伝えるとし、更に同政庁は本件への協力・仲介に問題はなく、ＮＨＭが出島商館の仲介、または仲介なく、自己責任で商品を出島商館に発送することを妨がないと決議した[27]。当時蘭領東インド総督は、看板貿易のような独占状態は、日本で更なる港を民間貿易や諸外国の貿易に開港する目的で、現状では〝手段として〟必要であるとの見解を示していた[28]。しかし現状では認めるにしても、近い将来には自由競争に基づいた自由貿易に移行する展望を持っていた。

当時オランダ本国では、日本が鎖国制度を維持する中で、日本の注文を満たす積りはないと述べながらも、現在は諦めず、我々の商業のために日本の必要品を満たすとの、非常に相矛盾する発言が頻繁に現れる。すなわちこの試みにより、日本が対外貿易を評価し自ら変革することに、間接的に貢献するとの理想を掲げながら、実際は自国の貿易収益を最大にする努力であった。蘭領東インド総督、蘭領東インド評議会、更にはドンケル・クルチウス、ファビウスも、出来るだけ早く、日本における民間人の自由競争に基づく自由貿易を薦めたが、そのようなことを植民相パヒュットは、現在日本の利害とも、オランダの商業的政治的目的とも一致しないとした。つまり現在は日本貿易の移行期であり、そこで民間商人の利害むき出しの貿易の状態に、直ぐに日本を置くことは勧められないとした。また日本におけるオランダだけの特権に対する諸外国の嫉妬から、衝突になることを恐れ、そこで日本への直接的な試みを辞めるが、しかしオランダ自身の利害を疎かにすることなく、完全に自国の商業政策を展開し、日本のために、その工業や鉱山採掘等に寄与するよう指示した。すなわち本国は日本問題を徐々に、段階的に進めることを求め、更にこのような段階的な進展ならば、「全く日本人にも出来る」と正当化した。[29]更に最新の指示書として蘭領東インド総督と確認したことは、もし我々が漠然としたものに従わねばならないときには「我々は鎖国制度に日本を据えさせる」ことであった。そこで我々の日本貿易が未だ試用期間である場合、日本に様々な品物を大規模に発送することは不得策として控えることにした。しかし日本の要求に役立つ努力をすることで、間接的に日本人に対して外国貿易に注目させる貢献を行うとした。[30]

上記の発言が極めて重要であるのは、後にオランダはヨーロッパで広まった「オランダは自国の利益のために、日本を鎖国制度に留めさせようとしている」との流言に対し、強力に異議を唱えた。そこでオランダの貢献を、史料的根拠を挙げて反論するため、蘭領東インド官吏ファン・デル・シェイスは、『オランダ日本開国論』を執筆し、そしてＫＩＴＬＶが、その著作の出版を支持し、政府の同意を受け、更に国王への献辞を付けて出版した。しかしそれは流言ではなく、本国当局においては真実であったのである。

第八章　アジアにおける英蘭同盟関係——オランダ対日外交政策の協力者としてのイギリス

一、アジアにおけるイギリス

一九世紀中葉イギリスの東南アジアにおける必要性は限定されており、他の地域と関連していた。それはインド、中国貿易、マラッカ海峡の統治、オーストラリアとニュージーランドの保有にあった。(1)

日本開国以前イギリスは、現在の東京に属する島嶼部、小笠原を領有する意図をもった。(2)一八三四年イギリスが貿易の効率化を図るため、それまで対清貿易を独占してきたイギリス東インド会社の独占権を廃止し、各商社の自由な競争に任せることにした。その際イギリス側は外交代表ともいうべき貿易監督官ネーピア（William John Napier, 1789-1834）を派遣した。広東に到着したネーピアは、着任通知状を両広総督（広東省・広西省の総督）に直接渡そうとした。しかし清国は相手にしなかった。イギリス側では、イギリス高官が清国高官と対等のテーブルにつくことを当然の権利と考え、これまでの慣習を打破しようとした。しかし清国は、清国貿易商人を通じての請願形式の書面しか認めず、このイギリスの強引な方法により、一切の交易を停止し、イギリス商館への食料や水の供給を停止し、清国兵が商館を包囲した。外洋に待機していた二隻のイギリス軍艦は、虎門の砲台と放火を交えながら救出に向かったが、清国側の抵抗は激しかった。そこでネーピアは屈服した。(3)

イギリス側は、今後同様の事件を想定して、イギリス人が安全に退去できる場所、更に軍艦による威圧のため、艦隊が集結できる根拠地の必要性を痛感した。その際中国・日本・台湾に近い、小笠原が注目された。アヘン戦争後、その必要がなくなったが、同戦争の結果、中国の閉鎖的だった貿易形態は一変し、イギリスの貿易活動は本格的になっていった。イギリスの極東における次の展開目標は日本と見られていたが、アヘン戦争の後遺症の残る英清関係は依然不安定で、極東の海軍力を対日交渉に振り向ける余裕はなかった。また当時イギリスは、貿易における日本の潜在能力を余り高く評価しておらず、日本を、さほど魅力のある市場とは見ていなかったとの意見もある。[4] 更にこの意見を裏付ける証拠として、既に一八四五年五月六日香港総督ジョン・デイビス（John Davis, 1787-1854）は、日本への使節派遣をアバディーン（Earl of Aberdeen, George Hamilton Gordon, 1784-1860）に推薦していた。しかしイギリス使節の日本派遣は、ずっと後になった。この事実からも、当時イギリスがそれ程日本問題に関心がなかったことが伺われる。[5] デイビスの失敗、更にアメリカ（ビッドル）が完全に失敗したことから、日本問題をイギリスは困難な用件と見なしていた。そこで日本よりもコーチシナのほうが可能性が高いと考えた。そこで米仏使節に見合うような武力が使えないことから、日本遠征を延期したのである。更に日本使節に武力を傾けるまでには至っておらず、イギリスにとっては中国が大事であった。[6] ビッドルの失敗によってイギリス外務省は、適切な海軍に支援されなければ、日本では何も出来ないと考えた。[7] 更にボウリング（John Bowring, 1792-1872）も最初に日本に行きたかったが、「見張るほどの軍事力」がなければ、それを賢明ではないと考えた。彼の計画は、クリミア戦争により不可能であった。「そこでまずシャムに行くことにした」との見解が挙げられる。[8]

また当時のイギリスの日本に対する態度は、後のイギリス公使オールコック（Rutherford Alcock, 1809-1897）の言葉からも想像できる。オールコックは「われわれの条約の公然たる唯一の目的は、高価な武力に訴えることなしに通商を拡張し、自由に発展させることだ」と述べ、「衝突や中断の危険なしに、新しい市場を獲得することが、マンチェスターの夢であり、広くわが製造業界の希望である」と宣言し、そのうえで「強圧的な手段に訴える意思があり、そうすることもできるということ」を知らせることこそ「公然たる強制的行動に訴えることを避けうる」「もっとも大きい」手段であると主張する。自由貿易の強制のために「可能ならば非公式に、必要ならば公式に」（ギャラハー＝ロビンソン）帝国的支配を拡大して自由貿易的世界秩序を実現するという「自由貿易帝国主義」の理念と戦略が教科書のようにはっきりと説明されている。[9]

更にイギリスでは、上述のように、「日本市場軽視（中国重視）論」が根強く存在した。実際オールコックは「インドの一億三千万のアジア人、中国の三億、日本のわずか三千万」と述べ、「対日貿易などはなくてもよい」とまで言い切っている。「彼ら［日本］が供給している茶や絹などは、どこからでも手に入れることができる。……他方、われわれの工業製品を［日本に］売ってえる利益は、おそらく貿易を保護するための小艦隊の経費にも満たない」と説明する。しかしオールコックにとって日本は「［大英］帝国という連鎖の一環」であり「その東洋の前哨地」であって、日本における「威信」の失墜は「帝国全体の力と保全に悪影響をおよぼす」から対日政策の軽重は「日本だけのことを考えて決定しうる問題ではない。」このように述べて彼は、とりわけ帝政ロシア――「貿易はせぬが、領土を獲得することを望んでいる」この「侵略的な海軍国」――の南下政策に対抗する前哨基地という意味で「日本との関係を維持」すべきことを力説する。「われわれは、世界をめぐる大英帝国の連鎖を完成するに当たって、いまひとつだけ欠けている環である日本海域［日本と朝鮮］での併合とか征服とかいう問題に対して、差し迫った重大な関心をよせざるをえないのである。……他のヨーロッパ諸国が後退すれば、遠からず日本がロシア帝国の一部になることはほぼ確実である」[10]との考察は、当時のイギリス対日政策を良く表していると言える。

このような背景から日本開国以前、イギリスは盟友でもあり、欧米諸国で唯一日本との関係を有しているオランダが日本を開国させれば、その後大きな苦労を伴わず、日本との関係を持つことが出来ると考えていたと思われる。またイギリスが日本を開国させる場合が生ずれば、友好国オランダの援助を当然のごとく期待していた。[11] その証明としては、一八五六年日蘭条約締結に関しイギリス側は、これらの重要な文書の通知に関して、オランダ政府に最大の感謝と、同政府の日本への助言が、日本政府に日本とそして諸外国の利害により、一致するように導いたとし、オランダ外務省に、その満足を表明している。[12] 一方ビーズリーは、「イギリスの行動はアメリカの困難を軽減し、そこでアメリカが日本を開国させれば、イギリスにとって通商関係の確立が容易となった。そのような結果が、好ましく望まれていたであろう」とも指摘している。[13] またボウリング派遣については、彼はアメリカの情報を収集することが命じられたが、交渉権は与えられなかった。このことは、マームズベリー外相（James Howard Harris Malmesbury, 1807-1889）が、ペリーと競合する意図を持たなかったからである。すなわちマームズベリーは、「わが政府は、日本貿易の解放を嬉しく観察しよう。しかしこれはアメリカ政府に委ねるほうがよろしい。それが上手く行けば、わが政府は、その成功を利用できる」と判断していた。[14] 例えばイギリスでは、このアメリカ合衆国日本遠征の報を聞いた際、「日本へのアメリカ遠征は、当然重大な関心事である。その正確な目的は、はっきり述べられていないようである。しかしアメリカ政府が支払う軍事費用に相応する当該の利益なく、その海岸を立ち去ることはないでしょう」程度の考慮であった。[15]

そしてとうとうペリーの日本開国成功を聞き、当時イギリス外務省外務次官で日本問題を処理していたハモンド（Edmund Hammond 1802-1890, Addington's successor as Permanent Undersecretary）は直ぐに、ボウリング日本派遣に関する通知を海軍本部に起草し、「日本近海における米露艦隊の規模により、〝ある程度の華やかさ〟が望ましいため、スターリング（James Stirling, 1791-1865）が、未だ実行していないならば、出来る限りの海軍力を準備するよう命令される」ことが伝えられた。[16] イギリス外務省は、日本でのアメリカの行動を、「すべきモデルとしてではなく、容易に成果を獲得できるガイドライン」と認識していた。そこで「ビッドルの失敗は、デイビスの計画を遅らせたが、ペリーの成功が、ボウリングの計画に採用された」のである。[17]「すなわち〝Gunboat Diplomacy〟は、日本に必要であった。そこで台湾暴動とクリミア戦争により、理論的にこの延期は一八五五年春まで続いた」のである。[18]

ここから日本開国後イギリスは、同用件に取り組みはしたが、余り積極的ではなかった。例を挙げると、オールコックは正式な全権ではなく、若干異なる〝Minister Plenipotentiary〟との肩書きであったこと、更にイギリス公使館は極めて小さく、しかしその長は非常に重荷を背負うことになったのである。この中で日本語に関わる問題では、一八六〇年代特に大きな問題で、オランダ人の仲介以上に良い訳者がいなかった。そこで多くの誤解が生ずる状況であった。[19] ここから「英語での通信の問題が常に存在し、当初はクルチウスのお陰でかろうじて交渉できたほど」であった。[20] またオールコックの使命の中心は、「イギリス貿易の発展であることは、疑いのない事実である」[21] とされ、日本におけるイギリスの政治権力の確立は、それ程重要視されていなかった。

このような状況の中オールコックは、多くの困難に遭遇することになった。日本の治安の悪さにより、彼は再三幕府に苦情を述べた。しかし有効な手立てもなく、そこで彼は激怒し、一八五九年一二月一四日武力で脅したが、これをラッセル（1st Earl Russell, 1792-1878）から「時間と根気が、貴方が不平を言っている多くの問題を取り除いてくれるでしょう」とお叱りを受けることとなった。[22] 当時オールコックは襲撃を受けるが、難を逃れる。その際日本人役人が、お守りのしるしとして、一籠の鴨と砂糖つぼを受け取るようお願いした。しかし彼は、この平和的要求を拒絶し、「鴨や砂糖ではなく、正義と補償」を要求した。オールコックのいらだちは収まることがなかった。それは限られた援助やコミュニケーションが、彼を常に悩ましたからである。[23]

このような中、「概して英仏間には海外競争関係があり、それは一八一五年以降、決して消えることがなかった。奴隷貿易のような、様々な問題の中で、時折燃え上がった。……同じようなところでは、商業的や植民地競争、極東問題があるにせよ、英蘭はヨーロッパにおいて、お互い友人であり続けた」との意見がある。[24] このような背景を考慮すると、イギリスにとって同盟国オランダからの日本問題に関する援助・協調は全く不可欠であり、それは望まれていたのである。

二、アジアにおける英蘭関係は〝経済的競争・政治的協調〟関係――対アメリカ

イギリスはアジア用件の利点をオランダに提供することで、オランダから日本での利益を享受しようとした。なぜ

ならイギリスは、日本人のイギリスに対する悪感情を、経験上知っていたからである。例えば一八〇八年のフェートン号事件は、日本におけるイギリス人に対する嫌悪を増大させた。そのことは後の一八一三年、ラッフルズによる日本派遣事件で身に染みて体験していた[25]。この中でイギリスは、アジアにおけるロシアの南下にも配慮しなければならなかった。オランダ人歴史家ファン・サスは、ケープ植民地以東における英蘭共同による独占と他の諸外国の政治経済的影響を可能な限り防ぐ両国の計画にも注目し、ヨーロッパにおける英蘭の特別な関係「最も当然の同盟者」以上に、アジアにおける更に緊密な関係「東方の盟主」としての重要性をも指摘している[26]。すなわち日本問題においても、この英蘭の「東方の盟主」としての繋がりは、それだけ一層現実的であった。

オランダも、このようなイギリスの態度を、友好国として好ましく思っていたであろう。すなわち盟友として共通の関心であるアジア用件に対処し、その利害を分けもつことは互いに好都合であり、互いを尊重することにもなった。しかしながらカニングは、「余りにもこの関係を見せつけることは、他の諸国からの挑戦、介入を受けるかもしれない」とも考えた。また「英蘭関係は、一層困難が伴った。そこで既存の共同形態で両国は、他からの挑戦を別々に対応したかったかもしれない」との意見もある[27]。しかしペリーはシンガポールで、「イギリスが強力な海軍力で支配していることを改めて痛感した[28]」と記している。そこでオランダにとって、このようなイギリスとの同盟関係は、「ヨーロッパの最強国に匹敵する」アメリカのアジア進出の際、まさに必須であった。この中で「英米関係は友好的だったが、外交主導権については互いに激しい競争意識を燃やし、どちらも、相手が中国の混乱を利用して反乱軍か清朝政府のどちらかと新たな関係を結ばないよう用心していた[29]」とされている。

すなわちオランダとしては自らが日本での最恵国であり、そこで日本においては、オランダが有する以上の特権を他国が持つことは望まなかった。イギリスはその点を渋々ではあるが、当初受け入れていた。イギリスは日本との条約締結の際、オランダに仲介を求め、最初の日英条約の中ではオランダの優位を認めた[30]。当時対日交渉に当たっていたイギリス海軍少将スターリングはその点を、「長崎におけるオランダ人と中国人の既得権は、わが条約において、我々が要求しない唯一の特権である」として、進んで受け入れた訳ではなかったが、当時はそれに甘んじたのであった。[31]このスターリングの穏当な態度は、「スターリング外交は、中国沿岸のイギリス人の熱狂に沿うものではなかった」。そこでチャイナメール（The China Mail）は「日本との〝尊い条約〟に夢中になり、スターリングは中国のイギリス船とその国民の保護という一層重要な義務を怠った」と、彼の条約締結の成果を非難した。しかしイギリス外相クラレンドン（George William Frederick Villiers Clarendon, 1800-1870）は、スターリングの行動を問題視しなかった。[32]

イギリスは日本問題でオランダの援助を期待したが、オランダの行動を批判的に観察していた。例えば当時中国全権ボウリングは、一八五五年日蘭仮条約について、おおよそ以下のように述べている。「蒸気船へデー号のファビウス司令官は、先日の月曜日、日本からこちらに来た。直ぐに最も望ましい形の条約が、日本政府と締結されたと報告され、その条約は、全世界に公開された。これは未だ出版されていない。日本との貿易についても触れられていない。内々の友人のお陰で、これを読むことが出来た。しかしこんな馬鹿馬鹿しい、情けないものは生涯見たことがない。要は、出島のオランダ住人は長崎に日本人の護衛なく自由に行き来でき、出島がオランダの所有となる。また今までオランダ人が享受していた優遇が、正式に彼らに認められた。これらはオランダだけの特権で、他のヨーロッパ国民には与えられていない。そして唯一、条約の変更の可能性を示唆するものがあり、それは出島商館長が、日本政府との折衝する権限が与えられている。オランダ人側では、今後の如何なる日本側からの譲歩はオランダ人に与えられるとしている‼　これがこの有名な条約の実態で、全くお恥ずかしいものだ。オランダで共通の失望感がなければ、私は完全に思い違いをしていることになる。貿易は出島でなされ、全ての商品はひどい値段で、日本人は法外な値段で購入している。その結果オランダ政府は、ぼろ儲けをしている」[33]。

ここからクラレンドンからアバークロンビーへの書簡では、商業上の利害の問題を考えて、日本政府との今後の交渉における問題を取り除くため、オランダ政府が看板借人の権利を買い戻したことも報告している。[34]更にファビウス船長が、日本政府が使用する科学機器や書籍の取引により、同政府からかなりの額を受け取ったことを聞いたとしている。これにファビウス船長が、科学機器や書籍を届け、そして日本に蒸気航海についての理論と実践を伝授するために日本に向かっていることをも付け加え報告されている。[35]

またその後クラレンドンはアバークロンビーに、「オランダ条約草案条約第六項に添付された説明で言われたようなこと、すなわち自国民のために、いかなる特権をも明確に規定しなかったこと、更にオランダが、この条約第六項により、同条約を基にして日本との条約を結ぶ諸外国との条約の中で、最恵国となることは真実である」とし、「しかしオランダ政府の全条約草案は、日本貿易におけるオランダ側の支配的影響の維持と、そして他の列強との今後の関係を鑑み、日本政府の後見的機関になることを目論んで起草されたことを、閣下は見逃さないでしょう[36]」と分析している。ここからイギリス側が、オランダの特権追求に関し、かなり敏感になっていることが伺われる。

そこでオランダとの交渉の中で、このようなやりとりがあった。「最近私（アバークロンビー）は、在イギリス蘭公使ヘーファース（D.Th. Gevers van Endegeest, 1793-1877）との会話の中で、オランダ政府が日本帝国との追加条約により、商業関係を適時拡大する意図があることについて話す機会をもった。同時に私はイギリス政府が、オランダが日本帝国と交渉を開始する時は何時でも、そのような目的の中で、オランダ当局が、その任務の目的を実行する中で、即座にイギリス代表を援助して欲しいと述べた」。これにヘーファースは「オランダ政府は、そのような条約交渉の際、オランダ商業への独占的利害や特権を獲得する強い意図はないとし、オランダ人は喜んで日本貿易が全世界に開かれることを望んでいると声明した」となっており、これによりアバークロンビーは「私がオランダ政府の通知やその意図を知ったことは嬉しく、そして貴政府が日本帝国政府と通商条約の交渉を開始した際には、私が彼に、その声明を思い起こさせますと伝え、この話題を終了させました」とクラレンドンに報告している。[37] また別の文書では、「現在私（アバークロンビー）は、オランダ外務省代表と私自身の間でなされた全要点を、閣下にお伝え致します。私はこれを、オランダ国王とその大臣双方が、日本貿易で独占的特権を獲得することはなく、同政府が日本への自由貿易の原則認容・実行に影響力を行使する決定をなしたことを、公式に表明した結果と考えております」とある。ここではイギリス代表が、オランダ国王と日本問題を話題にしているが、オランダ国王自身が日本用件に通じていることを更に示すものとして、非常に興味を引く。[38]

しかし時にイギリス側は、オランダに不平を言わなければならなかった。ボウリングの報告では、「貿易を長崎に限定すること、そして藩主ら（the nobles）を商品交換の唯一の道具（経路）にすることが、提案された条約のオランダの目的であることを、閣下はお気づきになられるでしょう。私は、そのような条項が我々を満足させることはなく、またアメリカ人に受け入れられるとは絶対に思いません。この実際の効果は、私の判断では、他国を日本貿易への正当な参加から排除するもので、専らオランダ人とオランダ政府に限定されるとのことです」と読める。そこで「イギリス政府は、本件につきオランダ代理人の行為に満足していないと、オランダ政府にそれとなく伝えることを支持しなければならない」とイギリス外相はその代表に書簡を送ることになった。[39]しかしながらイギリス側では、オランダを強力に抗議できなかった。「そこで私（クラレンドン）は、この状況下で、貴下が指示を実行する必要はないとの意見であるが、イギリス政府は、日本との商業関係を拡大したいこと、そしてこの両政府間にある等しい友好的感情が、相互にその代表により明確にされることを信じているとオランダ外務省に非公式に伝えてもらいたい」と、表現を緩やかにせざるを得なかった。[40]

すなわちイギリスにとっても、主要な関係はオランダとだけでなければならなかった。そこでイギリスの態度は、控え目（outhouding）になされた。オランダの要求を破棄せず、積極的な介入を控えた。すなわちオランダに挑戦するのではなく、お互いの利益保持に役立つような関係を維持することが望ましかったのである。[41]

また後の一八六四年、アチェーを巡り、イギリスはオランダと交渉した。その際にもイギリスの判断は、オランダが全スマトラを取ろうとも、とにかく商業が出来れば、それで良いとの判断であった。[42]ここからイギリスにとって、この地域がそれ程重要ではないと判断されていたのかといえば、そうではなかった。北スマトラはイギリスにとって重要であった。そこは商業的に繁栄しているペナンの大黒柱で、マラッカ海峡の戦略地点であった。

この地域でのオランダの伸張ではあるが、自由主義的であり、他のより危険な国が増大するかもしれないとの考慮から、オランダの同島所有を認めることになった。またこの地域は、一八二四年ロンドン条約では、オランダの勢力圏として見なされてもいた[43]。そこで一八六八年にもイギリス植民省は、「アチェーは、フランスやアメリカよりは、オランダの手に渡すほうがよい[44]」と判断した。この時代でも、英蘭のアジアにおける協調関係を見ることが出来る。

すなわち、イギリスとオランダの関係は特別であった。これは一八四〇年代、同地におけるオランダの征服との脅威があった。しかしオランダの影響、または領土所有の拡大は認められた。更にオランダは、島嶼部での影響力を強めようとした。そこで一八二四年ロンドン条約は崩壊した。オランダは島嶼部における全ての大国を締め出すことで、その帝国を拡大する一方で、「イギリス自身は他の大国よりもオランダを好んだ[45]」とも表されている。

一九世紀オランダにとって、必要不可欠な関係は、東南アジアの主要な帝国とにあり、それがイギリスであった[46]。現在までアジアにおける英蘭関係は、対立関係のみが強調されてきた感がある。それはその地域に強い利害を有する、両国の当然の結果であろう。これをイギリス人研究者ターリングは、「対立はあったが、英蘭関係は続いた。これは〝東方の盟主〟の関係であった。ある意味オランダは、イギリスの対象に合う形の共同者であった。しかし下位に属するものは、常に我慢することが難しく、上位のものは、制限することが容易である[47]」と述べている。この発言は英蘭共同・競争関係だけではなく、この関係が対等ではなかったことも指摘している。

アジアにおける英蘭関係の示す例として、日本に派遣されることになったファビウス司令官による報告も挙げられよう。一八五五年彼は、燃料補給のため香港に寄港した。その際当地のイギリス人が、東方におけるオランダ事業に関わる全てに高い関心を有していることが理解された。この際ファビウスは、第三者には知られていないと思われた彼の任務、すなわち日本へのスンビン号献上に関して、当地のイギリス香港総督ボウリングが、ファビウスに話し出したことを大きな驚きをもって報告している[48]。

ボンハム（George Bonham, 1803-1863）の後任であるボウリングは、シャム、ベトナム、日本との交渉する指示を受ける。ボウリングは最初に日本に行きたかったが、「見張るほどの軍事力」がなければ実行は賢明でないと考えていた。この彼の考えは、「もし江戸に行くのであれば、別の、そしてより良い条件を得たい。しかしそれには、かなりの艦隊が伴わなければならない」に見ることが出来る。[49]

更にボウリングは、『オランダ国営新聞』(*Staatscourant*)に掲載された一八五五年二月一二日二三番植民相による国王への報告書に関する記事を、オランダの政策とその活動地域を全く正しいと認めながら、最大の満足と興味をもって読んだとも述べた。そこで彼は先年スターリングが日本と締結した条約を、イギリス貿易のために修正・拡大する目的で、そして主に彼がシャムで締結した条約と同じような契約になるように、数週間以内に長崎に向かう積りであるとファビウスに述べた。ファビウスは「現在イギリス艦隊のいる場所は、当地では分からないか、あるいは入念に秘密にされているようであった。ある者は日本海域といい、ある者はカムチャッカへの遠征中であると……」として、イギリス側のオランダに対する警戒心を匂わせている。[50]

当時のオランダのアジアにおける影響力を示すものとして、例えばオールコックは、長崎でオランダ商館長邸宅を見た際に、「負けん気の強い大バタフィア共和国の代表者たちの生涯のようなものの幻影が、わたしの頭のなかをとおりすぎた」[51]と述べている。更にイタリア使節も、蘭領東インドがヨーロッパ文明にとって極めて重要な中心地域であることを指摘している。[52]一八五八年日米修好通商条約以前まで、オランダは強大な盟友イギリスをも押さえて、日本問題における自身の優位性を保持すべく対日交渉を行っていた。

しかし上記の報告から、英蘭の対立関係を引き出すことは正しくない。そしてそれはある意味、イギリスも了承していた。すなわちこのようなことは英蘭の同盟関係に基づいて行われており、またこの種の問題は〝商業上〟に関わる問題であり、決して両国の政治問題になることはない。現在まで英蘭関係における〝商業上〟の問題・対立を、そのまま全体的に英蘭対立関係として考察してきた嫌いがある。この点は是正すべきである。商業上の対立は単に〝競争〟であり、これは現在も世界企業を有する国々が、現実に行っていることと変わらない。すなわちこのような商業上の競争関係と並んで、当然このアジア問題においても、ヨーロッパにおける英蘭両国の「最も当然の同盟者」の関係が存在するのである。

更に例を挙げれば、在日商館長ドンケル・クルチウスは、当時出島に来航していたイギリス海軍提督セイモア(Michael Seymour, 1802-1887)と、様々な日本用件に関する会談を数度行った。ドンケル・クルチウスは「その際私は、オランダの日本政策について、全く隠し立てをしなかった。特に私は彼に、まさに日本が段階的な方法だけを望み、恐らくそれ以外には不可能であると同国が示しているように、もしある国が、突然にそして完全に要求するのではなく、段階的に日本との関係を広げる場合には、日本開国に全く一滴の血も流す必要がないとの私の意見を詳しく述べた。この提督も直ぐに、様々な国の多くの、そして同時に大規模な商業計画は失望と損失に到るであろうと私が彼に述べた所見に同意した」と英蘭政治関係の良好さを報告している。

その後日本への軍需品調達の話になった。その際セイモアは「オランダが自国の産業により、日本に対する同種の全ての必需品を満たすことが困難である場合、当地のオランダ商館が費用を立て替えることにより、戦艦そして蒸気機関等々の注文が「イギリスに」なされることは、疑いなくイギリス産業にとって最も喜ばしいものであろう」と述べた。これは当時普通自由貿易が日本では認められていなかったので、オランダを説得してその貿易に参与しようとしたものである。そこで更に彼は、実際既に中国に蒸気機関三機を納入したこと、更に蒸気キャノンボート六隻を売る見込みや、それに付随した専門家派遣等に関する話も行っている。これも良好な英蘭関係と述べることが出来よう。しかし一方でドンケル・クルチウスは、このようなイギリス産業の日本進出に対して当然危機感を抱いたようである。更に彼はこのような諸列強の日本進出の中、オランダ政府の強力な援助を期待するため、この話題の後、現在長崎に滞在するオランダ人の間で、オランダの獲得した成果に否定的な見解が強いことを指摘し、「私の地位は今後、状況の進展につれて、かなり困難になって行くであろう。そして私は、今回この船の出発と同時に、今後のために閣下の強力な援助を要請しなければならないと見越している」と、長崎からオランダ船が出発することにより、著しく低下する彼の社会的立場を説明している。[53]

日本問題を現地で指導するオランダ代表として、そして当時対日積極政策を行っていたドンケル・クルチウスが、このような危機感を持つことは無理もない。また上述のファビウスも同様である。しかし早合点してはいけないことは、この種の問題は全く政治対立ではない。更にオランダが日本で有する特別な地位〝区別される友人〟を失った際、この立場をイギリスに委ねることが可能であったとも考えられる。すなわちオランダが日本の要求を満たせないことが確実になった場合、オランダとしては、イギリス以外の国がそれを行うことは好ましくなかった。またもし日本に強引に割り込んできた新興国アメリカがそのような役割を果たすことになれば、その後の日本問題が、オランダにとって極めて困難になることは容易に想像がついたであろう。

このような問題では更に、当時在ロンドン蘭大使ベンチンク（Arnold Adolf baron Bentinck van Nijenhuis, 1798-1868）とクラレンドンによる日本問題に関する会談が例として挙げられる。その会談でクラレンドンはベンチンクに対して、「最も心のこもった表現で、オランダの政策の無私について発言した。しかしもし武力示威に支持されなければ、日本に対するオランダの卓越した助言はオランダのために、また誰のためにも何もならないであろうとも付け加えた。彼は数隻の戦艦を目の当たりにさせることが、日本政府に友好的助言をするよりも印象を与えるであろうと述べた」[54]。更にこの際イギリス側から、適切な時期に、日本に対して説得力のある処置を行う考えをオランダ側は認識した。このことは当時日本政府が取り組んでいた開国の進展が遅れていたため、イギリス側はこの遅れに痺れを切らしていたことによった。オランダ植民省は中国での諸事件（アロー号事件と思われる）をも考慮して、とりあえず蘭領東インド総督には、当時海軍知識の教授に長崎に駐留していたオランダ海軍分遣隊（一八五五―五九）に対し、上級政府との意見交換なく日本の要請に従って更なる士官派遣を行わないように指示した。[55]このことは偶然にも起こりうるイギリス・日本間の衝突の際に、「我々の最も当然の同盟者」であるイギリスとの関係を損なうことを、オランダが懸念した措置であった。

またファビウス司令官は、彼の中国任務の報告内で、「オランダ政府による日本での全般的な共通利害を促進している誠実な方法は、十分認識されている。そこでこれに応じてイギリスは、中国におけるオランダの利害を出来る限り促進することを義務と見なしている」との、当時広東イギリス総領事エルギン(James Bruce Elgin, 1811-1863)の発言を挙げている。[56] また当時セイムアが、ファビウスに予期せぬ海図の贈り物をしてその好意を示したこと、ファビウスが、香港上級官庁のパーティで「最高の敬意をもってもてなされた」こと、更に「イギリス当局は世界のこの部分で、オランダ人に喜んでお役に立ちたい」との発言を見ることもでき、英蘭関係の良好さが理解される。[57]

また次の史料からも、その関係は裏付けられる。「舞踏会の中でオランダ国王は、極めて真摯に、また幾分詳細に、日本問題に関して、私(アバークロンビー)に話をした。その際国王が個人的になしたとして、私の政府に、それを急いで報告して欲しいと付け加えた。その後国王は、日蘭関係の現状に関する様々な詳細に立ち入った」。その後オランダ国王は、「オランダ政府は、もし日本政府がヨーロッパ諸国と、より親密な商業関係を真摯に望むならば、自由貿易の原則を理論的に受け入れるだけではなく、それを実際に行うように促す。なぜならオランダ政府は、いかなる自身の独占的特権をも追い求めておらず、ただ全諸国民のために日本貿易を自由にしたいからである」と述べた。「これらの意見について私は、イギリス政府は陛下の率直なお話を、大いに感謝するでしょうし、同政府は日英商業関係を拡大したく、その際この問題を促進させる友好的な援助について貴政府を信頼しておりますと回答した」とある。[58]

また英蘭の日本問題における良好な意思疎通を示す史料としては、次の文書がある。「外務省一七番急信内の貴下の指示により、数日前私は、ヘーファース閣下と会談するため、彼を訪ねた。その急信とは、私が先に貴下に謹んで行った報告への回答で、その用件は、オランダ国王が個人的に、日本関係で陛下が意図している政策に関する問題について、私に述べた会話に関するものである。そこで私は、貴下に最高の満足を確約する必要がありません。なぜならこのオランダ外務代表は、日本との商業関係に関して、このオランダ政府の意図している見解や問題について、イギリス政府が表明した完全な同意を知っていたからであります[59]」。

以上のような事実からも、英蘭の協調関係を理解することが出来よう。すなわちオランダは、ヨーロッパ内の勢力均衡を十分配慮しなければならなかった。また当然アジア問題も、ヨーロッパの政治状況と緊密に連動していた。その一方で、オランダのヨーロッパにおける影響力とアジアにおける影響力は、幾分異なった感を呈していた。これは当時オランダがヨーロッパにおいては中立政策を堅持していたが、アジアにおいては、特にその植民省が、アジア用件に積極的に取組んでいたことによる。しかしながらオランダはアジアにおいても、特に紛争の際に生じる他の欧米列強との関係を十分顧慮しなければならなかった。そこで当時植民省はヨーロッパの紛糾の際、オランダは厳格な中立政策を取り続けているので、蘭領東インドでもこの方針から逸脱しないようにと蘭領東インド総督に要請している。(60)同総督も、本件については十分配慮するとの回答を行った。一方同総督は、ヨーロッパの政治状況が更に紛糾する場合には、当地の艦隊強化が不可避であるとも観察していた。(61)

このようにヨーロッパにのみ限定されない、アジアにおける英蘭協調関係—それは更に「東方の盟主」としての特別な意味を有していた—を、視野に入れながら当時の日本問題を検討する必要がある。

第九章　日本問題における不一致

一、植民相パヒュットと蘭領東インド総督ダイマール・ファン・トウィスツの対立

一八五五年日蘭和親条約が結ばれる見通しになった際、同条約にはオランダの長崎における特権が明記されていた。これは旧知であるオランダが、日本の〝親戚〟として優遇された結果であり[1]、長崎におけるオランダ・中国の特権が公認されたと思われた。すなわちこれは、他の諸外国よりもオランダに好意を与えるとの日本側の言質を、長崎奉行が実行した結果と見なしたのである。ドンケル・クルチウスの努力により日英条約では、オランダの既得権を認めることが明記されていたが、日露・日米条約では、オランダの特権に付いて触れられることはなかった[2]。当時幕府内では貿易は止む無しとの認識であった。そこでオランダ人には「御忠節」として外国貿易方法を調査させ、また外国応接の任に当たらしめるべきであるとの意見が現れた。そこでオランダとの連携を図り、堀田正篤を外国事務取扱に任命した[3]。

オランダ本国には嬉しい知らせであったが、これに対し蘭領東インド総督トウィスツは、英米仏が、日本の開国を遅れさせるような口実に対して、必要な場合武力を用いることは明白であり、それにより我々の立場は極めて危険になると強く抗議した。また各列強は、日本問題の件でオランダに嫉妬しており、また誤解している。そこで同仮協約・最終的条約により、この嫉妬・誤解は更に増大しようと述べた。彼は条約・協約により、オランダだけの権利を

獲得していく本国の指示に修正を求めた。彼は日本でのオランダの一定の影響力を仄めかし、またこれが実際よりも大きく見られていて問題になっていると指摘する一方、他国にもオランダと同権が与えられる条約等を結ばないことを提言した。つまり彼の考えでは、条約で権利を明確にせずとも、現在日本が持つオランダへの信用から、このような権利が、オランダに認められることを良しとしていたのである。(4)

すなわちトゥィスツは諸外国との関係で、日本の平和状態が維持されるか否かを危惧し、何かの際には間違いなく、オランダが困難な状態に陥ると懸念していた。そこで日本と諸外国との戦争の際、オランダと蘭領東インドを危険に晒すよりも、とにかく一時的に日本を諦めることを選択するとした。(5) 次に現在オランダ弁務官が、オランダにとって最高の利益を得るように努力していると述べながらも、しかしオランダの「主目的」がかなり後退していないかと問うた。つまり彼によれば、この「主目的」とは、オランダと同様の権利で、日本の諸港を他国に解放すること、そして民間貿易を可能にすること、と改めて強調した。そこでオランダだけの有利な条約や通商機構を得ることは不可能とした。更に日本で既得権以上の特権を得るべきではなく、それは日本の将来や日本と我々自身の通商関係さえも、長期的な基本方針を確立できるとは見なせないとして、本国の、オランダだけの利益を追求する目論見を牽制した。すなわち彼は、全ての国に同権が認められるべきだとした。そこでこの書簡の結びには、「私はこの見解が、閣下の〝より賢明な〟判断に服しますよう、謹んで御願い申し上げます」と植民相に記している。(6)

植民相は、このような蘭領東インド総督の日本問題への消極的な姿勢に対し、日本でのオランダの利害を促進するため、ファビウスの三度目の日本遠征を認めた。またオランダが、他国よりも若干多い特権を日本で認められたが、日本を他国のために更に譲歩させる試みも諦める必要はないとし、日本との良好な将来を期待した。(7) しかしながらその後植民相は、蘭領東インド総督の先の見解に関して、本状でこの諸点を述べることは余計であろうとしながらも、もし日本問題で危険と思われた際、一時的に日本を諦めること、そしてオランダの「主目的」、つまりオランダが日本の鎖国制度を廃止させ、諸外国の民間貿易に日本の諸港を開放する試みに関して目を逸しないとして、同総督の意見を共有した。そしてこの逸脱は、本国の指示と対立することと確認した。[8]

しかしながらその後トゥイスツは、「私は日本問題に関して、本国政府と日本商館長間の単なる仲介者」と言い切った。それに対する返答としてパヒュットは、彼への書簡の中で、「上級政府の発せられた諸命令を実行する限りでは、そのようなことは理由なくはないように思われる」としながらも、しかしそれは「日蘭間の政治的関係が、既存の諸規則の中で修正を必要としない、すなわち適切で、合理的に物事が処理されている場合である」とし、更に「蘭領東インド政庁は多くの観点で、日本問題の知識を持ち得るし持つべきである。それは本国政府の周りに同じ程度には存在しないものであり、しかしながらそれは諸問題の指導に、即座に影響する。つまり蘭領東インド総督の職命は、単なる仲介者では全くなく、日本問題への指示を確定させるため、文書報告だけではなく、とりわけ有効で動機づけられた観察と助言により、本国政府に情報を完全に提供することである」と指摘して、蘭領東インド政庁の立場を確認させている。[9] また植民相は日本問題に関する処理の遅れについても苦情を述べた。これに対し同総督は、日本との通信の現状と、本国に適切な考察と助言をするためには「丸一年」かかることもあると、そのような異議を否認した。これに対し植民相は、「丸一年」かかるようなら望まれる情報提供は放棄すると記している。[10]

その後植民相は、日本貿易の様々な問題において蘭領東インド総督に、「中道」を進むことが望ましく思われると述べ、本国の指針と対立する蘭領東インド政庁の態度に自制を求めた。[11] しかし時期を同じくして蘭領東インド総督は、先の三月八日植民相から意見を諌められた半公文書書簡に対し、「日本問題に関する閣下の見解は、かなり私のものと異なっている。私は本件に立ち戻ることを、無意味と見なしている」として、対立を先鋭化させた。[12] この直後、トゥイスツは辞職することになった。彼は植民地経営でも本国植民省と対立していたが、この真相をここでは扱えない。しかしこの時期オランダ本国で、植民相パヒュットの提案により、蘭領東インドの本国に対する立場が確認されている。そこで本件に関する蘭領東インド評議会の意見・処置等に対する政治的基本姿勢が定められ、これは国王決裁に付された。[13] すなわちこのような日本問題における本国との大きな相違も、彼の辞職に大きく関係しているとも言えよう。そして驚くことに本国植民相パヒュットが、トウィスツの後任として新蘭領東インド総督に就任している。彼は蘭領東インド総督として受領した国王の決議文書に対し、「私は日本問題で貴下に一致している」と新植民相マイヤーに明言し、そこで日本の要求に対して制限なく援助を与えることを述べた。(14) マイヤーは一八五二―一八五四年間蘭領東インド評議員として、日本問題に参与した経験を持っていた。(15) このオランダ本国と蘭領東インド政庁との意見を一致させ、円滑にアジア・日本問題を対応しようとしたことは、オランダ本国にとって日本問題が最重要用件になっていたことを如実に示すものと言える。

当時蘭領東インドの兵器工場を、段階的に本国の工場から独立させることが考慮に上がった。しかし植民相は、日本からの武器注文の件に関連して、オランダのような小さな国では、様々な種類の国立工場が力を合わせることにより、その存立が可能になると述べた陸軍相の見解を強く支持し、このような考えを完全に否定している。(16)

二、植民省内の対立――植民相と〝日本部局長〟クラッベ

日本での海運・通商問題に関するシーボルトの提案があり、そこで植民相は外相と国王への共同報告書を作成することを決め、その件を所謂日本部局のクラッベに依頼した。彼は報告書を作成する一方、このシーボルトの提案と植民相・外相の共同報告書に強く異議を唱える覚書を提出した。(17)

シーボルトは過去の日本での経験から、「抜け目なく、ずる賢い日本の政治家は、一八五四年以来海上諸国家と締結した条約条項が、結局は北太平洋の通商の進展や新旧世界の文明化された海上通商諸国民の期待をも満たさないことを、十分理解している」として、日本への圧迫手段適用を進言した。しかしクラッベは、このシーボルトの提案に強力に反対した。すなわち最近のファビウスやドンケル・クルチウスの報告を、多少それは興奮と誇張があるとしなが

らも、彼らの意見を否定すべきではなく、また現在の日本はシーボルトの時代と異なり、またシーボルトが「我々の分厚い文書に眼も通さない」ことで、最近の状況を認識していないことも指摘した。そして以前の誇張された立場と比べ全く小さいものと見なされるが、現在日本でのオランダの立場は、今までの日本の要望に対処し、行き過ぎの圧迫手段を注意深く避け、継続して助言を与え、思慮深い互恵的な進展をなしてきたこと、すなわち一度決めた目的を、日本の性格に沿う手法で、系統立てて保持してきた御陰であるとした。そこでシーボルトの主張する圧迫手段適用が、ただ日本にとって、自身の要望を満たせないや否やの二者択一を提供するならば、おそらく同手段は理性的であるとした。しかしクラッベは、現在日本が様々な大海上諸国家と関係を持っており、他国にその要望の実現を求めることを懸念した。つまり日本でのオランダの地位を、直ぐにでも占めたいこれらの海上国家は、現在様々な旧来の制約が取り外され、オランダが自身の利害でこれを判断し得るならば、かなり拡大されると思われるオランダのこの制限貿易に甘んずるであろうと判断したのである。また更に、今後日本は否応なく自由貿易に移行すると予想されるが、日本でのオランダの政府貿易に民間人を入れるとのシーボルトの提案にも同意できないとした。つまりオランダにとって好意的状況がなければ、鎖国制度に日本を留めることを固守したかった。しかし軍需品発送が、オランダの名誉を損なっていることを危惧し、そこで他国に善意の証明を示すため、日本からの新たな軍需品要求を満たすことを、各国との共通利害の配慮から実施しないことにした。この措置により、日本との関係を断つ必要性を回避することにした。

三、対日修正政策——緩やかな圧迫手段を用いて

一時は前進したと思われた日本の開国が停滞する中、オランダ本国では、上述の日本からの軍需品要求を満たすこ

とで生じる国際的非難を危惧した。しかし現在日本が、オランダに欧化政策の必要から求めている〝実益〟を見捨てるわけにはいかなかった。そこで日本により早い開国を要求する手段の見直しを行うとして、オランダ政府内で対日修正政策が検討された。そこで決議されたことは、日本から要望があった長崎海軍分遣隊は残すが、更なる軍需品の要求には応じないことにした。そこで同規定により、長崎分遣隊の将校・人員拡大は、差し当たり控えることにした。そしてこの文書は上級政府の新しい見解を含むものとして蘭領東インド政庁に報告され、これを十分注意し、状況に適応する指示が行われるべきとされた(18)。

この修正された対日政策は、日本での自国の利益を慎重に獲得するために規定された。すなわち今までの努力を無にせず、日本関係で生じ得る衝突を出来る限り回避し、その中でオランダの商業的利益を追求することにしたのである。

四、日蘭貿易の刷新と当時のオランダ対日関係の状況

一八五六年一月の日蘭和親条約は、前年結ばれた暫定的条約を基本的に踏襲したものであったが、その際日本側に、オランダが獲得した日本側の譲歩や権利を縮小させる傾向が認められた。またその後、商館長が提案した商業規定を含む追加条約に対しても、日本側からほとんど良い反応が得られなかった。このような状況の中で植民相は、植民相・外相による国王への共同報告書を作成した。それは蘭領東インド総督にも発送され、対日政策が指示された。この共同報告書での要点は、一、一八五六年一月三〇日の日本との条約を批准すること　二、日本への圧迫手段の適用を決めること　三、ドンケル・クルチウスの条約交渉に関して若干の所見を行うこと　四、日本の開港地で、普通そして完全に自由な民間貿易の獲得に向けて、全力で業務を続けること　であった(19)。

その報告書内で注目されることは、二と四の関係であろう。つまりオランダ政府は、今まで日本貿易をオランダ政府が行うことで、その利益を政府で独占しようとしていたが、箱館・下田で民間貿易の端緒が開かれたため、日本貿易を民間人に委ねると決めたことである。すなわち今後日本政府は、もしオランダが軍需品の配送を拒否した場合でも、箱館・下田で、他の外国商人から必需品を獲得する見通しが得られたのである。しかしながら現在、未だ出島商館の存在は、オランダに大きな利点をもたらしており、上述の両港で即座に貿易が拡大することはないとの判断から、日本の武器要求に関し、差し当たり緩やかな圧迫手段を一時的に適用することは、オランダ政府のために〝そのようなものとして (als zoodanig)〟問題がないとした[20]。

圧迫手段とは具体的に、日本が改革・自由貿易の道に進まない限り、差し当たり日本からの軍需品の注文を拒否すること、更に出島のオランダ海軍分遣隊の活動に、日本が要求した砲兵・工兵隊を加えることを拒否することであった。そしてその適用への前提は、三点から構成されていた。第一に、日本側の既得権を制限する傾向と時に意味のない旧慣習・思考方法への固守、第二に、追加条約に関する日本の態度、第三には、大海上諸国家に対する日本と我々の利害と関連した中国における状況　に基づくとしている。しかしながら、日本の知的工業的発展に寄与することから、スンビン号を良好に維持すること、オランダ海軍を出島に残すことは指示され、また約束した船の配送は満たすとした。またオランダは、この圧迫手段を即座に手放せることが出来、この固執により我々の商業利害を犠牲にすることは見逃せないとも判断しており、この手段適用の失敗により、全てを失うことを極度に警戒している。またオランダの対日貿易を改善する中で、まず看板貿易を民間商人が実施することへの移行は、長崎警備担当の肥前公も問題がないとしており、更に肥前公が、当時停泊していたオランダ船の一隻を船長から買おうとしたことを考えると、大きな問題にはならないであろうと判断している。本方貿易の民間商人への譲渡は、克服しがたい問題が生じるであろうとしたが、僅かな安定商品を政府が扱っているだけなので、必要な場合同件は例外として、政府が留保しても良いとした。しかし日本の要求は軍需品が多く、そのようなものを国家が中心となって配送することは当時好まれないので、軍需品配送を控えるとした。すなわち如何なる場合においても、今後軍需品は本方貿易商品とは見なさないことにした。そこで翌年の日本からの注文を受けるため、二つの異なる民間商社をオランダで探すことを考えた。また未だ鉱山への訪問許可が得られておらず、更に日本側からの支弁が確約されていないが、鉱山技師フーヘニン（Fredrich Ulrich Jacobus Huguenin, 1827-1870）を残すことを認めた。オランダ政府は、本件を日本への圧迫手段として活用すべきであったとして、この点で日本からの譲歩を獲得しなかったドンケル・クルチウスの行動を非難している。しかし日本からの輸出品を獲得する試み、また視野にある日本－中国間航路との関係で、石炭の採掘が不可欠であったことから、この行動をしぶしぶ容認したと思われる。このようにオランダは注意深く日本問題を処理し、現在もまた将来を も、オランダにとって利益が最大になる努力を続けたのである。[21]

この時期植民省が、蘭領東インド総督に日本用件に関する問題を指摘しているが、このことからも日本問題が一層重要な問題になって来たことが伺える。それは所謂日本部局クラッベが日本用件で指摘した二点の失望であった。それはまず望まれていた蘭領東インドからの情報提供がなかったため、今回日本問題に関し必要な指示が送れないこと、また蘭領東インド総督と蘭領東インド評議会の情報提供が常に欠けており、完全に受け取れていないことであった。そこで蘭領東インド総督に、まず蘭領東インドでの日本問題の処理は間違いなく緊急事項であることに注意を促し、また同問題の処理が既に終ったときに本国政府に来る助言は〝ほとんど役に立たない〟と指摘した。また本国では日本問題の処理には二つの省、すなわち植民省と外務省との連絡が不可欠で、その事務的な問題からも時間がかかるので、早急な情報入手の必要があるとの本国の状況も報告している。[22] この時期の蘭領東インド総督は、対日積極外交を進めていた先の植民相パヒュットであるため、オランダ政府の要求を満たすよう努力していたはずである。そこでこの件からも、日本問題がオランダにとって非常に重要であったことが理解される。

五、オランダ国民の対日政策における批判

日本開国後オランダ政府は、積極的な対日外交政策を行った。しかしながらその政策は、一般国民の期待に十分沿うものではなかった。概してオランダ国民は、オランダ政府の外交手法に疑念を抱いていた。そこで新聞紙上では、オランダ政府の対外政策への消極性が非難されることになった。その理由は、基本的にオランダは武力に訴えることはせず、そこで戦争が生じた場合、厳格な中立を保持した。このような姿勢は、オランダが自主的で積極的な対外政策を採らない外見を与えた。

しかしオランダ対外関係の主な機関は、植民省と外務省の二つあることが指摘されるべきである。そして概して植民省は積極的であり、外務省は非積極的であった。オランダ外務省は、オランダ貿易促進のため現地に代表を置く、またその代表の地位を上げるような形式的措置は行ってはいた。[23] しかし一般的に、そのオランダ政府代表の活動は積極的とは観察されず、貿易に携わる人々は、そこから生じる利益損失について、オランダ政府を非難した。このような非難は、当然日本用件にも起こった。以下の当該記事をあげる。

政府は日本との条約について、オランダ下院委員会の報告に回答した。この回答の中で、この所見へのある不満足が散見される。しかし我々はこれを正しくないと思っている。なぜなら同意された条項に関する委員会の懸念は、根拠がない訳ではないからである。本条約の最も重要な点は、貿易への利害であるが、これは極めて異論の多いものである。政府自ら期待に沿わなかった一八五六年一月三〇日条約を承認したので、我々は主に一八五七年一〇月一六日の追加条約について話す。政府がそこで述べて欲しいことは、特に日本貿易で、輸入品に対し、一般市場を適切に実現させるだけの満足のいく輸出品が得られるかどうかである。金銀銅の輸出は許

されていないので、実際商人は、本条約と追加条約により、完全に日本政府の好意に委ねられた。諸港開港と貿易の自由化に強いられた日本政府が、無理強いされた譲歩にもかかわらず、排他制度を固持したいとするならば、日本政府は我々の条約の言葉に従って、如何なる外国商人にも交換貿易を不可能にするために、彼らの商品の高値を維持するように、会所とその商人らに示唆すればよかった。そこで外国商人は売却できるであろうが、購入は出来ない。そして輸出が出来ない理由で、外国商人はお金を支払いで受け取れないので、この売却は外国商人に障害となる。なぜなら外国商人は、ただ法外な価格でのみ輸出品を受け取ることが出来るからである。そこで輸入でどれほど十分利益を上げたとしても、結局外国商人は、かなりの損出を被るであろう。ただ日本政府側の完全な善意と誠実な意思があるときにのみ、本条約は成果を得ることが出来た。そして諸港開港は、ただ長い抵抗と必要性から生じたことから、この件は不確かであったので、実際以上の外見を与えることが日本当局の意図であろうとの推測は、それほど全く根拠がないわけではなかった。

回答覚書の最も重要な点は、そこに報告されている後書である。それは在日オランダ弁務官が、江戸で自ら幕府と新通商条約の準備に成功したことである。その中では更に新たな諸港開港と、その他の自由が認められている。それは第一に、輸出入関税の規則と減率、金銀硬貨の輸出禁止の廃止、会所仲介の義務の廃止等々である。これにより、一八五六年条約と一八五七年追加条約に対して根拠のあった問題の多くが取り除かれた。

他国民、とりわけ北アメリカとイギリスとの条約が既に結ばれたが、それでも我々が知るところでは、それと同じ方法で、我々の弁務官が通商条約の準備に成功したことを現在我々が聞くことは、驚きを呼び起こすに違いない。

以前に他国民は、我々の仲介によってのみ日本政府と交渉できた。我々はこの状況がなくなり、この帝国が全ての国民に解放されたことを悲しむことはない。逆にこれを我々は長く望んでいたし、そしてこれに関してオランダ政府の努力の成果は、わが歴史の素晴らしい一ページとなっている。しかし他国民が既に長く獲得しているものが、我々に準備されていることを現在喜んでいるとき、我々の影響は、突然かなり低下したように思われる。人々はこの逆を望んでいた。すなわち日本では、我々がいわば土着民であること、我々はこの国とその慣習を知っていること、我々の言語がそこで実践されている唯一の外国語であること、我々はそこで長く存在している施設と官吏を有していることである。すなわち日本政府が新しい好意を他国民に認める積りであるとき、我々がこれを聞き、そしてこれに関しての条約を締結する第一の国民であること、我々はこれを安心して考慮に入れたかった。これに対して実際我々は、一番最後の国民である。

これはどこに責任があるか？

エルギン卿は中国から日本へ渡り、そして三週間以内で我々に現在展望のみが与えられている諸特権に基づいた条約を結んでいる。

そこに少し驚くことがある。

我々はこれを知らないが、日本人に対する我々の立場が変更された際、必要な注意と配慮がなされたのであろうか。

以前我々は、そこでは単なる商人として受け入れられていた。我々の弁務官は、日本人の眼からは、商人の長であった。突然我々の立場が変化した。一八五六年条約により、我々の政府は商人としての立場から離れ、そして日本政府に対して至上の政府としての役割を果たしている。当時当地の我々の代表者も、代わらなければならなかったのであろうか。部屋を厳格に仕切る習慣のある日本人が、今日まで商人の長として行動している同じ人物が、明日にその至上の代表者職を引き受けられると考えることが出来ようか。一八五六年の基本的条約や追加条約の中でも、我々は幕府に代表者を受け入れさせられなかったが、これは恐らくそこに原因があるのではないか。一方これは直ぐにイギリス人には、エルギン卿の主張で認められた。他国民は既に締結している一方で、我々は準備している原因は、その中に求められるのであろうか？

我々は正当に、我々の日本貿易独占権を放棄した。しかしとにかく出来る限り長く、日本政府が我々の影響を保つよう、そして全ての国民と条約を締結すると日本政府が予備声明をした際、他国民と交渉するものや、そして恐らく、当初は助言者として意見を求められたと思われる公使や外交官を江戸幕府に受け入れさせる直接の努力を怠ったのではないか。これは我々の利害や、我々の威厳さえも、なお日本政府に対して促進したであろう。

我々はこれに関して判断したくないし、確かに誰も咎めたくはない。しかし他国民が、米・英の条約のような実際適切な通商条約締結で、我々に先行したことは如何に可能であったかを説明する価値があるとすることに、我々は同意を受けるに違いない。(24)

と述べられている。

オランダにとっての日本問題は、その「国家的名声と実益」の点で重要であった。そこでオランダの新聞紙上では、それを損なう他国の新聞記事に対して、強力に反論している記事が見られた。これはおおよそ以下のように纏められる。

北中国新聞(*North China Herald*)は、エルギン卿が日本と締結した条約で馬鹿騒ぎをしている。そこではイギリスに、我々よりも多くの特権が認められているようである。もしこれが本当ならば、我々はまさにそれを喜ぶであろう。なぜなら一八五六年一月三〇日条約第四項と一八五七年一〇月一六日条約第三九項によれば、他国に与えられた全ての権利は、すぐにオランダにも均霑されるからである。すなわち後の諸外国交渉者が、我々の交渉者よりも喜ばしくなったならば、我々が彼らを羨む理由はない。なぜなら彼らの努力は、我々の特権になるからである。

北中国新聞は、恐らく我々の条約にあるこの諸条項を見過ごしたのであろう。さもなくば同紙は、そのように明らかな満足をして、我々よりもイギリスに認められたより多い好意について述べなかった。その嫌みは、全くそれに留まらない。しかしなお同紙は、イギリス人をそれほど長く、それほど注意深く日本から締め出していたオランダ人について話すことで、更に悪意をぶちまけているに違いない。これは他の諸国民が、現在この国と条約を結ぶことが出来るとき、これは専ら彼らにその道を開き、そして一八四四年以来絶えず頑強にその努力を行い、とうとうこの世界貿易に大きな国を開く目的を叶えたオランダのお蔭であることが、まるで周知ではないかのようである。今年オランダが、このために二二〇、〇〇〇フルデンを下らない犠牲を払ってきたことを考えると、このひどい恩知らずはそれだけ一層大きいのである。以前は専ら政府の利益のために、オランダが行っていたような日本との貿易から、毎年一五〇、〇〇〇フルデンの利益が得られていた。この貿易により、当時国が負担しており、それは約七〇、〇〇〇フルデンと算出される出島商館の費用も支払われていた。そこでその総額は、二二〇、〇〇〇フルデンになる。

イギリスにも日本貿易の道を開くために、オランダはこの犠牲を払ったし、そして同国がこの犠牲の実を摘んでいる現在、イギリスの新聞は我々に嘲笑と中傷を浴びせている。イギリス出版業界が商業的嫉妬により掻き立てられている場合に、この嘲笑と中傷から、イギリス出版業界の信頼というものが分かる。人々はそれらが、ある日道徳と仁義に関して高らかに熱弁を振るうのを聞けば、他日その貿易が素晴らしい度合いに到達している国の出版業界、すなわち代弁者達が、つましいオランダにその勤勉な工業の成果をどのように妬んでいるかを見るとき、いわゆる世論の諸手段は、実に余りにも惨めな姿を晒す。そこで公然とのことが最も評価される国においても、偽善は常に明らかにされるものではないとの結論に到らなければならない。

北中国新聞は、エルギン卿の条約の主な条項では、輸出関税は五％、輸入関税は二〇％に定められたこと、同条約に商品表が付け加えられたが、それについては輸入税は単に五％であり、その中にはイギリスにとって、それほど重要な木綿・毛織物製品がある。更に五年後に、この関税が見直されることが決められていたようだ。

同条項が我々の条約条項よりも利点があるかは、この全条約を読まなければ決めることが出来ない。日本貿易の関連で主要な点は、我々の条約に記載されているよりも多くの輸出品が示されているかどうかを知るべきことである。すなわち、もし金銀銅が輸出できない国において、輸出品として受け取るために、一般市場に大量に供給できる満足する商品がなければ、輸入に役立たないからである。これはまさに適切に、この日本条約に関するオランダ下院の報告の中で示された。それについてなお、わが政府の説明が待たれている。

この報告でなされた他の重要な問題は、一度輸入された商品が売却されない場合、再び輸出できるかどうかである。それが出来なければ、商人は一度輸入した商品を、どんな値段であっても処分しなければならない。そのようにあるならば、実際日本の開国は、誠実に取引する商人を陥れる罠になるであろう。

これは商人にとって最も重要な問題であり、これについて政府が適切で、かつ貿易を活気づける情報を提供することが望まれる。

北中国新聞の傲慢に関しては、エルギン卿が締結した全条約を読む前には、我々は判断すべきではないと繰り返す。しかし如何なる場合でも、イギリス人に認められたどの権利も、なお我々に均霑される。すなわち我々により日本に紹介された諸外国人が、我々を傷つけることを、我々は悩まなくてよい。(25)

第十章　幕末期のオランダ対日外交政策における蘭領東インドの役割

本章では、主にインドネシア国立文書館[1]（Arsip Nasional Republik Indonesia, 略称ＡＮＲＩ　旧バタフィア地方文書館[Landsarchief Batavia]）の日本関係史料を中心に、本書のテーマである幕末期のオランダ対日外交政策における、蘭領東インドの役割につき考察する。[2]ここでは主に、蘭領東インド政庁で日本問題を扱っていた総務局（Algemene Secretarie van de Nederlands-Indische Regering）の関係文書の中で、オランダ対日外交関係史の重大事件である対日圧迫手段適用を扱っている蘭領東インド総督決議文書を中心に検討する。[3]

本章では、まずほとんど周知ではない一九世紀中葉の蘭領東インドにおける日本問題の状況とその処理過程を説明し、現地調査に基づき、現在のインドネシア国立文書館における最新の史料状況をも報告する。ここで、同現地実行機関が、当時目まぐるしく変化する日本問題を、どのように考察していたのか。またどのような地域的な議論がなされたのか、また実際、現在まで不明であったが、誰が処理していたのかをも明らかにする。これにより既述の、オランダ本国と蘭領東インド間に生じた日本問題の捉え方に関する温度差（対立）を理解し、当時の日本問題における蘭領東インドの役割、そこからアジアにおけるオランダの地位を浮き彫りにすることを意図している。

一、蘭領東インド総務局と総務局文書の状況

蘭領東インド政庁で、日本用件を処理していたのは総務局である。この局は総督官房とも呼べるが、植民地行政機構との性格、またその規模から、総務局と訳出する。[4] インドネシア国立文書館における総務局文書の状況であるが、残念ながら同文書は未だ分類されておらず、同文書館倉庫に入っている。[5] そこで請求は、極めて困難である。同文書のインデックスは、マイクロフィルム化されている。しかしながら全体的に蘭領東インドにおける原文書の保存状況が悪かったと思われ、同マイクロフィルムの文字の判読は困難、時に不可能である。この経緯は、「一八世紀前半から文書の保存が悪く傷んだり散逸したりしていることが指摘されていた。一八世紀後半にはもはやバタフィア城内には年々増え続けるこの書類の置き場がなくなった。当時の政庁は秘密保持を大原則としていたので、文書を城外へ出すことは考えられず、むしろ余分なものを廃棄する方法を採り、複本の焼却が行われたという。さらに、VOCの解散後、一八一〇年代頃文書が城内から運び出され、様々な悪条件の場所に収納されたため、破損や紛失などの大きなダメージを受けたとされる。」との状況から推測される。[6]

ただ同インデックスから容易に判断できることは、特に日本開国後、日本関係文書の量が著しく増大し、それは主に、日本からの西欧科学機器に関する要求である。同種の文書との比較から、これらの文書内で日本の政治的用件を扱っている文書が、「日本用件（Japansche aangelegenheden）」と題される文書と認識される。同文書は、他の文書の量から比べると、それ程多くはない。このような状況から当時蘭領東インドでは、それまで制限され一定の利益しか期待できなかった日本貿易が、日本からの夥しい商品の要求により、著しく活性化したことだけに満足していたと考えられる。しかしそれは余りに多く、時にその要求が満たせない不安に駆られるほどであった。[7] 蘭領東インドでは、日本の要求に対処することで精一杯であった。そこでオランダ本国植民省が推進する対日積極外交について、勿論他の

欧米諸列強への考慮もあったが、オランダが何か特別なことを行う必要がないと考えていたと思われる。

二、圧迫手段適用に関する蘭領東インドでの処理

日本の開国の進展が進まない中で、オランダが採用した外交措置が、日本への圧迫手段適用である。この問題について、蘭領東インドではどのように処理をしたのかを検討する。同文書は、一八五七年八月二〇日秘密総督決議からなり、比較的厚く、様々な付属資料を含んでいる(8)。総務局インデックス(9)で同文書は、以下のように記述され、この程度理解される。

一、世界貿易への日本の開国が失望となった場合、オランダが従う方策に関する一八五七年一月三一日65E号書簡の

二、日本問題に関しオランダが取るべき手段、そして日本用件の適切な指導と計画された諸手段の適正な執行を定める所見や異議、または提案に関する国王に提出された二つの報告書を提供している一八五七年五月一四日244X号書簡の

三、日本との条約を実行する条項を提供している一八五七年五月二二日258/9号文書の植民省急信（Ministeriele depeches）受領に署名。

上述の国王への報告書の写しは、その処理と勅令実行に要求された提案をなすとの記述をし、蘭領東インド評議会と在日オランダ弁務官に発送された。

この蘭領東インド決議文書では、一八五六年四月八日文書については回答したと書かれている。そこでその後生じた状況の変化から、一八五六年一二月蘭領東インド総務局から蘭領東インド評議会へ、改めて照会したと思われる。蘭領東インド評議会は、一八五七年一月一六日付文書により、本件に関する「考慮と助言」(Consideratiën en Advies)を総務局に送っている。その中では、以下のように述べられている。

蘭領東インド評議会の誤解がなければ、蘭領東インド総督から求められた「考慮と助言」は、我々と日本間の現在の政治的関係と、先年一月に同国と締結された条約に関する同評議会の観察と思われる。しかしこの問題の解決には、現在手元にある文書からでは、同評議会は十分な説明を受けていないと思われる。すなわちこのためには、重要な文書が欠けている。それは

a　一八五六年四月八日196番O号植民省急信［一八五六年五月二九日KI号秘密蘭領東インド決議文書］で送られた日本との条約締結に関する全ての文書

b　一八五五年締結された日本との仮協定

c　最新の日本派遣に関するファビウス中佐の報告書である。

ここから同評議会は、このファビウス中佐の報告書写しと上述の文書が届くまで、差し当たり当該文書に関する助言を控える。

その後一八五六年AG: 423a秘密文書に関して、一八五七年三月二五日734番蘭領東インド政庁書記官書簡が蘭領東インド評議会に送られている。このAG: 423aは覚書(メモ)であり、この内容は、「この度付属資料を送付するので、ここから先に生じた諸問題を解決し得るか」との照会である。この短い記述によって、具体的な事実を正確には判断できない。しかしテキストでは「一八五四・一八五五年の延期と出島人員改組提案」と読める。恐らく延期とは、この

圧迫手段適応の延期と思われる。ただ明らかなことは、この一八五七年時点でも、一八五四年の問題が未解決となっていることである。

これを受け、蘭領東インド評議会助言の文書が続く。これは一八五七年五月一日付蘭領東インド総督宛となっている。この中では同評議会が、以下のような「考慮と助言」を送っている。

日本から国王蒸気船メドゥーサと一八五六年同地に渡航したオランダ商船が帰還した。そこで両船から日本用件に関する文書が、蘭領インド評議会に送付された。しかし蘭領東インド評議会は、一八五六年一二月一八日Z3号第一等書記官秘密書簡内で了解済みであるが、一八五五年二月一四日260番官房書簡で意図された以上のことはないと観察している。しかしこの判断に同評議会が、当該文書を考慮して、蘭領東インド総督に「考慮と助言」を行うことが良いと思われ、そこでお伝えする。

一八五五年一二月一四日369a番委員会に基づく一八五六年一月一五日20番蘭領東インド評議会助言を考慮し、一八五六年二月六日32番U1号官房書簡で扱われているが、当該用件に関する同評議会の任務は極めて簡単に実行された。この結果、一八五七年一月三一日65／C番秘密植民省急信と、同文書に複写で添付された一八五七年一月一九日33番国王への報告書から、日本問題に関しオランダが従うべき政治的ガイドラインに関する洞察の違いが、蘭領東インド文書では一層際立っているが、明らかであった。それは一八五六年四月八日196／O番秘密植民省急信でも同様で、このため諸見解への総意が取られた。

一八五七年一月二七日Z号秘密官房回答書による、現在国王が承認した政治原則内よりも、一八五六年一月三〇日条約が、二年以内に双方の君主による批准を条件に、双方の全権により署名される方が好ましかった。しかしこの評議会の意見は、この理由で同批准を控えることにはならない。

保留すべきではない同批准は、本件で命令を忠実に実行しているわが全権ドンケル・クルチウスの影響力に、何ら大きな影響を及ぼすことはないと思われる。更に現在、ドンケル・クルチウスが同時期に制定した追加条項について、既に一八五六年八月二三日、彼は日本政府と交渉を開始している。またこの批准により、日本政府が大きな関心を向けることで、追加条約への更なる交渉が望ましい結果になると期待されるならば、これは一層異議のないものと思われる。そこでこの限りにおいて、なお一層必然的に推し進められるべきである。

蘭領東インド評議会は、上述の観察に留まる。この中には同評議会が、問題の用件について助言するには遅いものもある。しかしこれは要求される全ての回顧録と文書が閲覧できない結果でもあり、その中には現在も、ファビウス艦長の報告書が欠けている。同報告書については、この目録と覚書Aで述べられた一八五六年一〇月二〇日96番在日オランダ弁務官書簡で指摘されている。この遅れから、本件における蘭領東インド政庁への、そして蘭領東インド評議会の更なる観察が母国に届けられる前に、一八五六年一二月九日183a番 F4a 号蘭領東インド官房書簡で提出された文書が、必ず植民相に届けられるべきである。

以上をもって蘭領東インド評議会は、上述の観察の報告に留め、そして同評議会に要求された助言は終了したとお考え下さい。

その後一八五七年八月一八日付で、蘭領東インド評議会から蘭領東インド総督に、約一センチ程のファイルが送られている。この中で、その後の蘭領東インド評議会の「考慮と助言」が送られている。これは同年五月一日になされた同評議会の助言に基づいている。これを受け、総務局内で問題点が総括されている。これは五月二八日付で、以下のような内容である。

これらの文書は、処理のため私の手元にあります。

簡潔に述べますと、蘭領東インド評議会助言内では三点、a、b、cとして、説明が求められております。

a、これはその通りです。その意味は、先年になされた以上のことは行わない。

b、これに関しては、一八五六年一二月二日Z号のこちら側の官房書簡に、上級政府の回答がなされるように思われる。発送された覚書Iaを参照されたい。

c、これについてはファビウス氏の報告書がある。覚書IbとⅡを参照されたい。

同文書と蘭領東インド評議会助言について複写を取り、これらをもう一度照会のため、海軍局に報告することが最善と思われます。

［cの隣に大きな括弧の書き込みがあり。以下のc：筆者注］

c　同評議会はちなみに、上級政府に加担するような処理済み規定（提案）を出来ないであろう。（その後判読不能：筆者注）

このa、b、cの項目は、上述の一八五七年一月一六日蘭領東インド評議会からの総務局への回答書内で、欠けている文書として挙げられたものと一致する。ここから総務局では、この返答に四か月以上も要していることになる。また良く判読できず、残念であるが、cの横につけられた書き込みは、蘭領東インド総督を安心させるものと思われる。更にこの文書には、小さな覚書が付いていた。この種の書類は、問題を直接取り扱うよう指示された官吏によるものである。多少判読しづらいところがあったが、この内容は、おおよそ以下である。

照会された一八五六年423a秘密委員会決議への一八五七年一月一六日37番蘭領東インド評議会書簡は、私が処理しました。明確に述べられることは、同評議会の先の文書で、特別に指示されている五七年90番秘密議事録ファビウス艦長報告書を、私が添付したことです。その証拠に文書脇に署名がなされ、現在もこの史料室にある当該の423a番委員会決議は、C局で処理され、五七年三月二五日736番蘭領東インド政庁書記官書簡に引き継がれます。

同時にこの部局に送られてきた他の日本関係文書があり、これについては覚書が作成されました。ファビウス氏報告書五七年９０番秘密議事録は、Ｃ局か蘭領東インド評議会にあると思われます。

（同史料室では、これ以上の説明は出来ません）

一八五七年五月二七日ハイティング

この問題を照会され、回答をなした人物は誰か。幸いそのきれいなサインから、文字が判読されたので、『一八五七年蘭領東インド官吏名簿』(10)の総務局スタッフを調べると、第二等書記官（Tweede Kommiezen）の中に、この名前（D[irk]. Heijting, 1831-1919）(11)があった。ここから当時総務局で、この問題を担当したのは、ハイティングと判断される。そして恐らくこの総務局の処理から、蘭領東インド評議会１０番と１５番とする、一八五七年六月四日３１３番と一八五七年六月二五日３７２番委員会から、一八五七年八月一一日付秘密文書が作成された。内容は以下である。

現在一八五六年一二月の日本用件に関するこちら側から上級政府に提出した文書を取り扱っている一八五七年五月一四日244r番と一八五七年五月二二日258Y番植民省急信を拝受しました。そこで一八五七年六月四日３１３番秘密文書と一八五七年六月二五日３７２番秘密文書に関する委員会により、同時にこれらの処理を、蘭領東インド評議会が特別に行います。

一八五七年四月一九日３番と四月二六日１９２番秘密文書の外務・植民両大臣の国王への報告書について認識した後、蘭領東インド評議会は本委員会の最初の文書（一八五七年六月四日３１３番秘密：筆者注）を考慮すると、一八五七年三月三一日と四月一日１９４番と１２９番秘密文書の委員会で、７番、８番と１０番で、一八五七年五月一日になされた助言を参照すべきように思われます。

同委員会における次の文書（一八五七年七月二五日372番秘密：筆者注）と上級政府の命令遂行に関しては、同評議会は以下のような判断、すなわちまず以下に限定すべきであります。それは既出の両大臣による国王への報告書の内容を在日オランダ弁務官に伝え、その際一八五七年五月一二日K6号と一八五七年五月一二日L6号（秘密）官房回答書で、国王陛下は既にこれらの報告書の趣旨に同意され、そこで同処理を喜んで委任されたと報告する。同弁務官に指示することは、その処理を実施し、当該の国王の命令を実行するために、出来る限り必要な提案を行うこと、そして上級政府の考慮を最善に促進すると思われる考慮と説明を蘭領東インド政庁に行うことである。

以上検討してきたような蘭領東インド政庁内における、様々な地域的議論と、最終的には、この蘭領東インド評議会の「考慮と助言」から、一八五七年八月二〇日蘭領東インド総督決議が作成された。内容は以下である。[12]

一八五七年八月二〇日バイテンゾルフ
秘密文書Ya号　植民相の諸書簡を読んで、

a、一八五七年一月三一日65番E号秘密文書について。これは一八五六年三月三一日F1号秘密決議を扱う一八五六年四月八日196番O号秘密指示書の結果、一八五七年一月一九日付33番により外務省との共同で提出された国王への報告書複写を提出し、そして世界貿易への日本の開国が失望となった場合、どのような手段をオランダは取らなければならないかを問うている。更に一八五七年一月二七日Z号秘密官房回答書により、国王は本件に同意し、その結果要求された権限を与えたとの報告をも含んでいる。

言うまでもなく、本件に関し植民相が明白に述べていることは、同報告書で提案されている日本に関する政治的指針は、実際諸目的、とりわけ十分な同文書の結論のようなものでは全くなく、各々固く繋がれてきた決議の意味で捉えられなければならず、むしろある実験のようなものである。すなわちまた圧迫手段の適用を、何時、今か、その後に移行するか。この適用の際、日本政府へ多くの配慮を行うべきであり、この実行には、常に今後の状況に依存する。

b、一八五七年五月一四日244番X号秘密文書について。これは一八五七年四月一九日・五月七日3/33番と一八五七年四月二〇日・五月七日192番秘密文書である外相との国王への二つの共同報告書を提供している。これら報告書は、日本の状況によりオランダが採る本用件の諸手段や、若干の所見や異議、また日本用件の適切な指導と立案された諸手段の適切な実行を保障する観察や提案を行っている。

更に同書簡は、一八五七年五月一二日K6号とL6号官房回答書から、更に国王がこれらの両報告書の趣旨に同意され、本件を委任したとの報告をも含む。

そしてこの大臣が、必要な実行を蘭領東インド政庁に行う要請をしている。

c、一八五七年五月二二日358番Y号秘密文書について。[13] これは一八五六年一月三〇日オランダ国王と日本皇帝との双方の全権間により長崎で締結・署名された日本との条約について、一八五七年五月二〇日に署名され制定された実効文書（条約：筆者注）を提出している。そして在日オランダ弁務官に、この批准された条約を交換し、また提出された書式に従い、同種の日本政府の文書やこの交換に関する口頭調書を作成することを要請している。

条項b、cで述べられた書簡、すなわち一八五六年一二月日本用件に関し上級政府に提出された文書の処置を含んでいる。

一八五七年七月七日１７３２番蘭領東インド政庁第一等書記官書簡に注意せよ。[14] これには、後になされる指示と上述の諸報告書や条項ｂ内で記されているものに関する在日オランダ弁務官への仮報告を含んでいる。

更に一八五七年七月二八日一八二一番付同様の書簡に注意されたい。[15] それには既に条項ｃの上級政府の要請が扱われている。—同時に以下の文書が提供されている。

一、同条項ｂで述べられている一八五七年四月一九日／五月七日３／３３番植民・外務両大臣による国王への報告書が掲載されている一八五七年六月五日１３１番『オランダ国営新聞』。

二、条項ｂで述べた大臣報告書１９２番に関する一八五七年四月三日ライデンのホフマン教授（Johan Joseph Hoffmann, 1805-1878, ライデン大学初代日本学教授）の書簡。

蘭領東インド評議会による一八五七年五月一日7番、８番、１０番と一八五七年八月一一日１０、１５番助言。

以下が了承、理解される：

先行する大臣書簡と付録の受領により、覚書を作成する。そして条項ａ、ｂで述べられた国王への諸報告書、そして条項ｃで述べられた日本との条約に関する実効文書の複写を、以下に発送する。

一、蘭領東インド評議会へ。情報提供のため。

二、在日オランダ弁務官へ。この処理と国王の当該諸命令を実行し、更に出来る限り要求される提案を行い、上級政府の洞察が最も促進されるように。蘭領東インド評議会に複写。

オランダ弁務官には抜粋と、既に発送した一八五七年四月一九日報告書を除く複写[16]

小括

幕末期オランダ対日外交政策史上、重大な用件の検討であったが、結果は曖昧なものとなった。しかし文章は、今後を期待させる。それは上述したが、当時蘭領東インド総督が、対日消極政策者であるトウィスツから、対日積極政策者で、先の本国植民相パヒュットに代わったことによる。すなわちここで挙げられている本国における日本関係の重要文書は、彼（パヒュット）の手によるものも含んでおり、先の植民相の考えを、（本人である）彼が「明白に」と記述することは理解でき、またおかしくも聞こえる。更にパヒュットは、蘭領東インド総督として受領した国王の決議文書に対し、「私は日本問題で貴下に一致している。」と新植民相マイヤーに明言し、そこで日本の要求に対して制限なく援助を与えることを述べている。またこのパヒュットの蘭領東インド総督就任後、同総務局・評議員の改組がなされている。すなわちパヒュットは、現状から最大限積極的に同問題を捉え、取り組んだ。この総督秘密決議は本国に送られた。しかしこの文書では、圧迫手段適応を状況次第としており、ここから本国が何か新しい措置を考えた様子はない。

第十一章　オランダ政府の失望と新展開——一八五八年日米修好通商条約

一、アメリカの日本問題における優位を確立するためのハリスの努力

ハリスは江戸で条約交渉を続けていた。その理由は、ハリスはオランダとロシアが既に通商規定を含んだ条約を締結したことを知ってはいたが、彼はこれらの条約については「いっぺんの価値なきものと一蹴し、そんな胡麻化しの不自由貿易で甘んずる位なら、わざわざ江戸へ来る必要はなかったのだ」として、江戸と大坂を含む八つの港市の開放と、完全な自由貿易とを要求して、条約交渉を続けていたことによる。当時オランダ代表ドンケル・クルチウスも江戸で更なる条約交渉を続けていた[1]。しかしそれは上手く行かなかった。一八五八年七月三一日エルギンが、上海から長崎へやってきた。この時期にハリスは、英仏軍が来るとの脅しによって、条約締結を促進させていた。しかしながら条約交渉は思うように進まず、ドンケル・クルチウスもハリスも目的を達せず、一度居住地に帰った。その時アメリカ軍艦ポーハッタンが天津条約の報をもたらしにやって来た。ハリスはこの機会を捉え、下田から再び江戸に引き返し、調印にこぎつけた[2]。

ハリスの態度は、日本人から「気魄の偉大さ」と評されていた。また井上清直（信濃守、一八〇九—一八六七）は「アメリカ人はオランダ人とは非常に違う国民だ」とも述べている[3]。すなわち彼の交渉能力は、日本人にある特別な印象を与えていたと思われる。すなわち「ハリスは幕府の役人を、その威厳のある態度と適切な説明によって説得を

続けた。例えば日本の将来に関し、ハリスは、『イギリスを見られるがよい。貿易がなければ、あの小さな国に住む人々は餓死するであろう。……イギリスをして世界最強の国たらしめているのは何か。貿易である。……もし日本の国がその資源を活用するに際して、交易の道を開くならば、ついには……アジアにおけるイギリスにならないという理由はない』」と具体的に説得した。ここから「岩瀬（岩瀬忠震、一八一八―一八六一）は大名を説得するにあたって、早速、ハリスの言葉を利用したものと思う。」すなわち彼の説得の言葉は、幕府の役人に強い印象を与えていた(4)」とされ、「その論理的な説明に加えて、ハリスは『一隻の軍艦の護衛もつけていない合衆国』とまず『もっとも有利かつ名誉ある条件で』条約を締結しておけば、『他の諸国が大艦隊をひきい』『いっそう大きな、あるいは過大な要求』をつきつけてきたときに、この前例を示して拒否できることを幕府に強調した」のである(5)。このような脅し等を巧みに利用し、条約締結を成就させたと思われる。

このイギリスの脅威について、他の史料から説明する。ハリスは日本到着後、アジアにいる、または訪れる同郷人・各国要人と積極的に交信した。その交際の中に、あのボウリングも含まれる。『タウンゼント・ハリス個人文書(6)』には、彼らの書簡交換が幾つか見られる。この中では常にボウリングは、下田という辺鄙な場所に駐在する交渉上の不利益、（強力な艦隊による）畏敬の念が交渉を容易にさせること、そして中国・東南アジアでの状況が許せば日本に行くと、ハリスに述べている(7)。しかしそれは、ハリスに手紙を書く以上述べるような常套句のように聞こえる。例えばボウリングは、「結局我々の基本業務は、日本人を征服、植民地化、または追放することではなく、単に彼らの余剰生産物を得て、それを我々の過剰所有物から支払うことのみを示すことなのである(8)」と述べる。また他の書簡では、イギリスにとって日本は、一層重要な中国問題の次であるが、いつか機会をとらえて大艦隊をもって日本に行きたい等とした後に、「日本の平和と繁栄、恒久的利害に関し、十分な要求を満たすべき」とする(9)。すなわちイギリスの日本への関心は、ただ通商や通交の問題であり、戦争を起こすようなことは全く匂わせてもいない。更にその後の書簡では、南方の用事が片付くまで北方（日本の意味：筆者）には行けないとも述べている(10)。

このような中、未だ時期は早いにせよ、ハリスの友人で当時香港アメリカ商人ドリンカー(Sandwith Drinker, 生没不詳)は、一八五七年四月四日の書簡内で、「ボウリングは、全く不人気で、馬鹿者です。わが戦艦(香港に駐留するとの意味と思われる：筆者)の一隻でさえも、貴方の土地(日本)に行く噂など聞いたことがありません」と書き送っている。(11)

これらの書簡を受けながらハリスは、アメリカ国務省の報告書内で、要約すると「昨年ボウリングは私に、かつてないほどの大艦隊を率いて日本に行くと述べました。彼は江戸への認容、そしてそこでの交渉、すなわち江戸の外交使節館の要求、更にイギリス人とイギリス商業に、日本の全地域の開放を要求するとし、更に彼は要求すべき、また獲得したいあらゆる言葉を、出来る限り平和的に、しかしすべきことは高圧的に述べていました。今夏の手紙の中では、中国における戦争のみが、彼の日本行を遅らせているだけで、それが終われば即座に実行するでしょうし、またフランスもイギリスの措置に参加し、そこで彼らの艦隊は、東方ではかつてないほどの最強なものになるでしょう」と記し、イギリスの脅威を最大件に煽っている。(12)ただこれは、ハリスが自らの業務の重要性を強調することと関係していよう。

その後も一八五八年六月七日付ハリスへのボウリング書簡では、ボウリングは現在中国問題が不透明なことを述べ、更にそこで「誰が日本における次の重要な行動を行うであろうか。これは貴下の栄誉になろう。それは貴下の経験は、(江戸から遠く離れた、また旧習が強く残る：筆者注)長崎以外で最も長いからである」と、当面自らが日本問題へ関われないことを述べている。(13)またその後の書簡でも、彼が日本行を諦めてはいないとしながらも、「日本人との大貿易は期待していないが、通交は多くの変化をもたらし、多くの良いものを供給し、工業を発展させ、文明を広げることになるでしょう」と述べているのは、完全に彼の日本問題の関心の低さを吐露しているものと言えよう。(14)このような状況にもかかわらず、ハリスは日本人に対してイギリスの脅威を持ち出すことで、条約締結を正当化したのである。(15)

そこでイギリス人ディキンズが、「アメリカのハリスの脅し(虚言)により、日本は条約を結んでしまった」(16)とし、更に「日本が長い鎖国から脱して開国するのに伴って生じた多くの紛争は、ハリスの無分別で利己的な政策が原因であったといっても過言ではない[17]」と評したのは的を得ている。なぜなら日本ではそのような条約を受け入れるには未だ早すぎたからである。この条約後、「現にこの際、日本では、一八五八年六月二四日、水戸斉昭夫子、一橋慶喜、尾張藩主慶恕、越前松平春嶽の五侯がいわゆる押しかけ登城の事件が起こった。当の本人井伊は『恐れ入り奉る』の一点張り。というお粗末振り」であったからである[18]。

しかしながらこの時期、ハリスに比べ、ドンケル・クルチウスが不適切な交渉を続けていたのであろうか。それはそう簡単に言えない。すなわちドンケル・クルチウスは、「日本人の性癖を理解しており、これにあわせて交渉方法を続けていた。そこで彼は長崎と江戸でも影響力がある[19]」と述べられており、更に彼は、ハリスが日本側との条約交渉が上手く行っていないことを察して、江戸出府をしたのであった。このドンケル・クルチウスの態度は、「オランダの〝御忠節〟の伝統にたって、対日〝友好政策〟でハリスと競合し、通商条約を先取りしようとする姿勢がうかがわれる[20]」とも評されている。すなわち当時ドンケル・クルチウスの交渉方法は、ハリスに大きな重圧をかけていたのである。そこでハリスは、上述したような意表をつく行動に出たのであった。

二、オランダ植民相の失望

オランダ本国は既存の日蘭関係を十分に生かし、日本問題におけるオランダの「国家的名声と実益」を獲得してきた。しかしこの状況が一転するのが、一八五八年日米修好通商条約の報に接した時であった。これによりオランダの対日独占貿易が崩壊し、またオランダが日本にとって〝区別される友人〟ではないことが明らかになった。

今迄日本は、欧米列強の中で一番オランダを信用し、オランダに多少の特権を与えていた。そこでオランダは、今後も特権が与えられるような言質を日本側から得ていた。日本側は「血縁にはより多くの好意を与える」としており、そこでオランダと中国は、これまで日本と長期の関係を有しているので、〝血縁〟として見なされ、日英条約の際イギリス側に、オランダの日本における優越を認めさせていた。[21] そこでオランダでは「オランダは他の諸国と区別される」という日本側の発言を、大変評価していたようである。[22] オランダはそれを当てにして、我慢強く日本側の立場に合わせた対日交渉を続けていた。しかしその期待は、アメリカの強圧的交渉に挫かれるのである。

ハリスはイギリスが日本との戦争を意図している等、イギリスの侵略の切迫を強調した。そしてそれに対し彼は、日本がヨーロッパ諸国との紛争に到った際、アメリカが調停する意思があると友好的外交政策を強調した。しかしその後の進展が余り芳しくないことを不満に思ったハリスは、「私に対する日本人の態度は、全権が艦隊を背景にして、日本人に対して議論の代わりに砲弾を見舞うことなしには、彼らとの間に交渉を行えないことを示すものだ」と威嚇した。それを聞いた井上清直は「気の毒にも信濃守は、わなわなと身体をふるせて傾聴していた」と言われた。[23] このようなハリスの脅しにより、オランダが続けていた友好的条約交渉は無駄となった。オランダ植民相は、この日米修好通商条約の通知に慨嘆した。

この際の植民相による対応は、オランダの特権と目されていた出島の保税倉庫が保障されていなかったため、この点が明らかになるまでは、批准交換を延期する提案がなされた。しかしとにかく遅れを取らず、条約を締結することにしている。以前は国王の名において、植民相と外相が協約・条約に署名してきたが、今回はアメリカの例に従い、条約締結に国王の署名を要請した。[24] そこで植民相は外相に、日本との条約締結に関する諸命令を要請した。ここで条約の書式に問題があったが、植民相は、日本のような海外との関係が浅い国との交渉の中で、書式が常に正確であることは考慮に入れられないとして、関係公文書を最も早期に準備するために、外務省からの必要な諸命令を要請したのであった。[25] また植民相は、条約締結におけるドンケル・クルチウスの署名に関し、国王の権限が与えられるよう外相に要請し、その同意を受けて批准公文書を国王に提出することになった。[26] この日蘭条約草案では、オランダの利益を狙ったところがみられる。それは書籍・薬種・蒸気機関が無税、商船・コーヒー・砂糖が五％税となったところであり、このような点に、日蘭条約の特色がある。[27]

この際シーボルトが一八五七年日蘭追加条約の批准書を運ぶためと、また更にＮＨＭ代理人として日本でのオランダ商業促進のために、当地へ派遣されることが検討された。これはオランダ本国の日本政策への指導を強化する目的であったと思われる。しかしこのシーボルト日本派遣の提案に対しては、再び植民省内で大きな抵抗に遭遇した。それはまず、今まで日本貿易を民間商人に委ねるよう努力していたが、シーボルトのＮＨＭ代理人として担う民間商人としての性格は、日本人の目からは、オランダ政府の公的業務の性格と区別がつかないように思われた。更には、ドンケル・クルチウスによる日本問題の処置が本国から承認されておらず、彼が日本貿易で必要と思われる情報を政府に伝えることが出来ないような感を与え、ドンケル・クルチウスの日本問題における指導力と日本当局における彼の権威を大きく侵害する恐れがあった。[28]しかし植民相は蘭領東インド総督に、最近ドンケル・クルチウスから受け取った文書からは、日本での古来の関係により獲得された立場をオランダに保障するとの、彼の以前の行動には常に認識されたと同じ活動と、そして同じく活気に満ちた配慮が、もはや全く存在しないような印象を受けたと彼に伝えるよう要請し、ドンケル・クルチウスを痛烈に批判した。[29]

今迄〝日本開国を遅らせて〟までも、自国の利害を慎重に確保しつつ日本問題を進めようと努力し、一方で今までオランダは、日本において他国の利害に方向性を示す努力を続けてきたが、「現在いわば他国により、特に北アメリカ合衆国について行くだけであり、そして他国に認められる同様の特権を得ることを、喜ぶ状態になっている」と嘆いた。植民相は、「私が日本でオランダが他国以上の特権を認められることを望むべきであったとは、ここでは言いたくない」とし、それは今迄のオランダによる無私の政策に矛盾するため、オランダが、他国以上の特権を保障させることはしなかったが、若干の例外が出島の保税倉庫であり、これは「現在我々に開かれた、植民地産物への広大な市場を確立するチャンス」と望みをかけることになった。しかし植民相は、「実を言えば、小国の環境と立場がこれを許す限り、日本では他国よりも先行し続け、ただ他国の旗に従うだけでないことを見たかった」とその心境を吐露している。

植民相は、ドンケル・クルチウスではなくアメリカ総領事が日本と新たな条約の交渉を行ったことについて、ドンケル・クルチウスを咎めてはならないとした。更に彼は、ドンケル・クルチウスが新条約締結を明確には委任されてはいないにせよ、オランダの最恵国待遇の立場を保障させるために、新条約締結に移行すべきであると思ったと述べていることに対して承認するとして、ドンケル・クルチウスのそれまでの行動に一定の評価を与えている。しかしその後植民相は、オランダの最恵国の立場は、既に先の条約で確約させているので、同件について新しい条約は必要なかったと指摘し、そこで先の条約により制定された立場は、「かなり修正や向上が出来、そして長期に亙る確固とした立場にするために、新条約を締結すべき」と述べることが、「一層望ましい」と批判した。

また植民相は、ドンケル・クルチウスがアメリカ総領事に盲従する態度を批判する一例として、日蘭条約上で表記された通貨の単位が、全てドルになっていたことを挙げた。当時既に日本・中国海域で一般的に知られた流通通貨がドルであることは認めながらも、植民相は「アメリカ人交渉者に〝奴隷のごとく〟従う必要はなく、くだらないことを示せば、支払い・賠償規定に到るまで、アメリカ通貨の規定を受け入れている」と指摘し、そこで「せめてオランダ通貨で表記された条項をドルの価値に合わせること」とし、それにより「最近オランダは、日本での政治経済的観点で、他国に遅れを取った」とドンケル・クルチウスが述べていた懸念を、「根拠がない」と咎めた。

ここでとりわけ注目されることは、同条約条項によりドルの影響が、アジアで一層その地歩を固めることになった事実である。更にこの点は、最恵国待遇条項に関わる問題ではなく、その盲点とも言えるものであった。つまりもしオランダが日本との通貨規定で、オランダ通貨により規定することで他国を先んじていたならば、その利点とそれに伴う影響力は極めて意義深いものであったと考えられる。確かにこの実際上の影響を推定することは困難ではあるが、とにかく当時オランダのアジアにおける「国家的名声と実益」を考慮すれば、多大な貢献をなしたと思われる。

更に植民相は、日米条約に見られる「西欧諸国にある日本の利害をアメリカ合衆国が支援し、日本はアメリカにその必要品を注文する」との条項を、日蘭条約上に掲載することに関して「余り必要もなく、妙なことである」としたドンケル・クルチウスと日本人交渉者の意見を「見過ごさない」と指摘している。つまりアメリカ人はこれを、オランダの特権以上に彼らの特権を促進するために十分利用し、そこでオランダは政治的影響、そして貿易・工業の点で、今後日本でアメリカに遅れを取らないためには、二倍の活動が必要になるとの恐れは抑えられないと考えたからである。

また植民相は、ドンケル・クルチウスの最近の交渉における報告と、はっきりとそこで述べられたわけではないが、植民相自身がドンケル・クルチウスの書簡から気付いたことを隠さずに言わせてもらうとして、「日本との実質的条約を最初に締結したアメリカが、なおもまるで日本と本質的な通商条約を成し遂げた最初の国であるかのように思わせること」が、アメリカ人交渉者の「計画」であったと考えられると述べた。またこの計画は、一八五七年一〇月一六日の日蘭追加条約の重要な功績、すなわちオランダが最初に通商協約を締結した栄誉を無効にするものと思われるとした。そこで植民相は、日蘭追加条約が新条約に代えられることで、オランダの道徳的影響が消え、直ぐにオランダが、通商協約を結んだ最初の国であることを忘れさせてしまうと嘆いた。そこでドンケル・クルチウスが日本人に、一八五八年条約を一八五六・一八五七年協約の補足・修正としたことに対し、それは一八五六年協約を未だ効力を有すると見なす態度と矛盾すると咎め、先の一八五六・一八五七年両協約条項は、今なお有効であるとの態度を取った。更に植民相は、ドンケル・クルチウス自身気が付いていないが、恐らく彼の、より一層不動の態度とより一層の聡明な洞察力により、逃れられたと思われるアメリカ合衆国の影響を受けていたと思わざるを得ないとまで考えている。

その後植民相は、オランダの日本問題における優位性保持に繋がった諸点を挙げた。まず植民相はドンケル・クルチウスの、新条約により出島の特別な状況は必然的に失効するとの見解を挙げ、これは全く本国の見解ではなく、またこの状況の維持が条約に抵触するとは、新条約中に見出せないと指摘した。つまりオランダの唯一の特権、すなわち〝保税倉庫としての出島〟を確保するだけではなく、更にそれを拡張し、自由で無制限なオランダの所有にすることを最重要視すると述べた。そこで植民相は、一八五六年条約で認められた保税倉庫としての出島を維持するよう指示し、そこから生じる利益を期待した。更にキリスト教国として、オランダの日本における「踏絵」廃止に関する件を挙げ、これは日本側から条約に記載したくないと強く要請されていたが、繰り返し強くなされた要求の後、踏絵廃止を獲得した「オランダの名誉」のため、これをはっきりと条約で確認させることは重要と考えていたとしている。また新条約で付記された税則第七則で、手工業品や羊毛・綿が、同則内第二類で規定された五％関税に該当する商品として挙げられておらず、そこで日本におけるオランダ織物製品の売り上げにおいて、大きな損害に繋がる第四類（二〇％の関税）中に分類されることを見過ごせない問題として、イギリスのエルギン卿が、日本でイギリス手工業品を五％関税に該当する商品にさせたことを挙げ、植民相は、「あれこれの点で、他国に認められた全ての好意も我々への利益にするような我々の条約条項を、力強く実施するとの配慮を、日本弁務官に指示するために」蘭領東インド総督に報告する積りであったと悔やんだ。

植民相は、この新条約とその交渉におけるドンケル・クルチウスの態度を考察した結論は、全く好ましいものになり得なかったとし、更に私見として、オランダは日本で道義的なものと商業的なものを失ったと嘆いた。道義的なものとは、かつてはオランダが日本で他国に方向性を示す、他国より先行した立場であったこと、そして日本で「最も尊敬されている国家」であり、それは時に厄介な問題に導く誘引を与えたが、政治的視点から、日本のための各国の仲介者として、重要な「区別される友人」であった。しかし現在は、いわば「強国について行っているだけ」で、その役割は他国に移ってしまったと嘆いた。商業的なものは、特に米・小麦が輸出できない条項、売却される銅が、まず最初に神奈川で競売される条項、そしてドンケル・クルチウスの意見が正しいとすれば、特にかつて出島で獲得された保税倉庫の立場の維持が、新条約の諸条項と対立することが、オランダにとって問題と思われた。

最後に一八五八年条約による貿易の新展開から、今後の日本貿易を発展させるために、蘭領東インド総督が主導を取ることを期待した。そこで植民相は、日本でのオランダ商人が困難な他国との競争に入る中で、我々は思慮と日本人の必要について他国よりも多い知識により、十分な成果で立ち向かうことが出来ようと望みをかけた。そこで日本貿易における政府のあらゆる直接的干渉は、出来るだけ早期に終了すべきとの立場がどれだけ完全に支持されるとしても、とりわけ急速に展開している蘭領東インドのアチェー北東部における植民地産物の、将来見込まれる巨大な利益を考慮して、日本と同地域間に、早期に緊密な商業関係を繋げることが、オランダにとって重要な利益と考えた。すなわち距離的に近い日本で、蘭領東インドの植民地産物商圏を築こうとしたのである。そこでその観点から、保税倉庫としての出島の維持に拘るとしたのであった。

ドンケル・クルチウスは、このようにオランダ本国の信頼を失った。その直後植民相は、彼から直接私信を受け取った。それによれば、彼がまもなく蘭領東インド総督に解任を要請するか、または既にしたことが伺われた。彼の適切な後任を探すことは、以前ドンケル・クルチウスが日本派遣された際にも見られたが、相当困難な問題であったと思われる。植民相は以前、ドンケル・クルチウスが不在の際、長崎海軍分遣隊司令官カッテンダイケ（Willem Johan Cornelis ridder Huijssen van Kattendijke, 1816-1866）がその職務を一時的に代行する指示をしたこと、しかしながら当時は、彼の決定的な交代について述べたわけではなく、同件は保留になっていたことを振り返った。しかし未だ歯切れは悪いにせよ、この時点では「もし蘭領東インド総督がドンケル・クルチウスの日本からの召還要求を受け取っていなくとも、その間に彼に代わる適切な後任に関して少し御考慮して頂きたい」との書簡を、蘭領東インド総督に送ることになった(30)。

実際ドンケル・クルチウスの日本での在任期間は、一八六〇年二月二八日までである。彼の対日政策は、日本人にとって穏当であった。そこでハリスとの条約交渉が難航するなか、幕府内には彼の調停者的行動に期待をかけるものもいたのである(31)。しかしながら、この結果により、彼は本国の厳しい評価を受けなければならなかった。

三、オランダ国民の失望

新聞紙上でも在日オランダ代表ドンケル・クルチウスの姿勢は非難された。概してオランダ本国植民省は対日積極外交を行っていたが、その政策は国民の目から十分とは思われなかったからであろう。在日オランダ代表は、現地で大国英米仏代表との協調を重視し、自主的なオランダ対日外交政策を余り実施しなかった。このようなドンケル・クルチウスの態度は植民相の怒りを買うことになったが、当然オランダ国民からも非難を受けた。次の『新ロッテルダム新聞』の記事を紹介する。(32)

ここではまず日本開港後の僅かな期間で、日本人はオランダ語ではなく、既に英語に精通し、話し言葉だけではなく文書においても英語が用いられており、そこで旧公用語オランダ語は、もう消えてしまったと述べられている。ここから、これは在日オランダ弁務官が、その職務上、常に時勢に遅れないようにしていた証明として通用しようかと問われている。更に在日オランダ商人の主張では、彼が去る七月四日の条約不履行への抗議をした際、彼はこの日よりも前に、既に長いこと、このことを推測していたと回答したことは本当であろうかとし、そこでこれが真実ならば、彼は七月四日以前に、威嚇により交渉の促進が期待されるオランダ戦艦バリ(Bali)号を、なぜ帰還させたのであろうかと、在日オランダ弁務官の態度を厳しく批判している。その後一八五九年七月一五日付在神奈川オランダ商人からの報告を紹介し、具体的に在日オランダ弁務官を批判している。

ここでは出島のドンケル・クルチウスが、日本が七月四日に条約を履行するとは思っていなかったが、彼は「強く条約履行させることを武力によってではなく」とし、当時出島に駐留していたバリ号を出発させたと述べられている。そしてイギリス総領事オールコックとアメリカ弁理公使ハリスが、戦艦で神奈川に向かうと聞いたので、この商人も神奈川に行くことにした。彼は神奈川のオランダ公使の任命について何も聞いていなかったので、同件についてドンケル・クルチウスに質問した。その際ドンケル・クルチウスは、「オールコック氏もオランダ人の利害を、彼の保護下でとるでしょう」と回答したが、それをこの商人は簡略であり、「かなりいっそう注目される」と所見を述べている。なぜならこの商人が神奈川に到着した際、彼の出発前にドンケル・クルチウスがポルスブルック(Dirk de Graeff van Polsbroek, 1833-1916)を、神奈川副領事に任命していたことを知ったからである。つまり何故ドンケル・クルチウスは、同任命を出島で黙っていたのであろうか。すなわち新神奈川副領事ポルスブルックがオランダ国旗の保護を配慮することになっている一方で、何故オランダ人は他国民に委ねられなければならないのかとし、これは恐らくオランダ人を神奈川に行かせないようにしたいドンケル・クルチウスの意図ではないかと推測し、しかしそのような手法は、オランダ工業の利害に一致するのか、ドンケル・クルチウスは、我々オランダのリネン製品をイギリスのメーカーにより駆逐させたいのか、彼は日本人に数世紀来馴染みがあり、他の国民よりも尊敬されている国旗を忘れさせたいのかと問い、在日オランダ弁務官の行動に不信感を表明し、強く非難した。

この商人が神奈川に到着した際、約束の期日での条約実効が出島で疑われていたことは明らかであったことを、神奈川の代わりに横浜が外国人居留地になっていた事実をあげ、ドンケル・クルチウスは早くからこのようになると気づいていたに違いなかったと裏付けている。また日本政府は、仮に神奈川の領事館設置を認めたが、長崎奉行は、日本政府はこれを一八六二年前には許さないであろうとドンケル・クルチウスに述べていたことを挙げ、そこで「当然この日本人の友人はこの発言に満足し、これに甘んじる」と皮肉が述べられている。

ここでオランダ商人が、イギリス総領事オールコックによる江戸での働きを大いに期待しているとしている。それは彼の活動的な態度が、日本人を正しい方向に戻すことは疑いないとの理由からである。そこで残念なこととして、江戸でオランダは、この努力に参加していないことを挙げ、「我々は他国民の後に獲得する権利が保障されていることを、他国民に感謝すべきであるだけではなく、それについて、ああ嘆かわしい!オランダは、これらの諸国にその保護までもが委ねられている」と慨嘆している。

このような中、神奈川のオランダ仮副領事ポルスブルックが、神奈川奉行に対して断固足る態度をとっているが、残念ながら彼は江戸に信用がなく、その声をそこでは聞かせられていないとしながらも、しかし彼は、オランダ商人の利害を、出島のドンケル・クルチウスよりも積極的に配慮していることを述べ、彼の今後の活動に期待感を表明している。更に仮副領事が神奈川にいることにより、出島オランダ弁務官が特別な機会のみに部分的に与えられる特権、すなわち新しく貿易が期待されている神奈川における奉行との直接交渉が出来る特権を享受していることを挙げ、「代表者には、勇敢な態度がどれほど望ましいかとの証明を再び見る」として、人的関係がどれほど重要な役割を果たすかとの地域的な問題をあげ、代表者の性格の重要性を指摘している。

また仮副領事は、常に謁見の際に正装しており、少なくとも常に日本人が敬意を示すサーベルを帯剣していることを述べる一方で、「オランダ弁務官が、普段着以下の、頭にはムニエル帽(meunier)を被って、ロシア船上の謁見から帰ってくるのを見た！」と嘆いている。これは国の代表者、特に今まで日本人から単なる商人として見られていたオランダ人にとって、オランダ人への信用・名声を高める努力は重要な用件であり、これは国策にもなっていた。その目的を、ドンケル・クルチウスが全く疎かにしていることが指摘されている。また更に「英米領事は、戦艦で神奈川に行った。彼らの旗は、しかるべく豪華に掲げられていた。オランダ領事は、日本人が驚くことには、バタフィア商人から借りた商船で、旅行者のように到着した。掲揚の際、オランダ船アトラント(Atlante)、プリンセス・シャルロット号(Prinses Charlotte)、スヒラー号(Schiller)が、必要な祝砲を行えた偶然に感謝しなければならなかった。このようにして、我々オランダの影響が失われていったに違いなかった。出島の新紙幣が、以前のようにウン・テイル(een Thail)と書かれる代わりに、今後英語でワン・テイル(one Thail)と書かれることは、驚くにあたらない」として、ドンケル・クルチウスの代表者としての資質に大きく失望している。

また当時神奈川・横浜の商業状況は不透明であり、大阪の商人が長崎で商品を購入できることにも疑問を抱いている。それは商品が内海を通じて運ばれるにせよ、彼らの小さな船を南日本の危険な海域に晒させられないからとしている。しかし大阪が開港されていない限りでは、現状では長崎が貿易に最善とし、未だ長崎における貿易の重要性を述べていることは考慮に値する。

また同種のオランダ代表への非難はドンケル・クルチウスだけではなく、後任のドゥ・ヴィッツ(Jan Karel de Wit, 1819-1884)にも向けられた。一八六〇年六月二八日「植民地」[33]に掲載された記事を紹介する。ここでは日本において新総領事ドゥ・ヴィッツがドンケル・クルチウスと交代することが述べられている。この際ドゥ・ヴィッツが他国の公使と異なり、江戸に近い神奈川でなく、長崎に定住することは驚かれるとしている。つまり長崎は、鎖国時代の諸外国人(オランダ人と中国人)の追放と監禁の場所に他ならず、この状況が変わり、現在オランダ貿易が長崎に縛られる理由は消えたので、この旧套を捨て、政治経済的視点から新総領事の定住場所は、新開港地が最適と思われると指摘している。すなわちオランダが日本で短期間に、イギリス、とりわけアメリカに完全に圧倒されたことは、英米総領事が、その活動と適切な政治行動を伴って、大抵良い居住地を選択していることに帰されようと指摘している。そこで在日オランダ弁務官は、諸外国にこの国が開国した直後に、神奈川に定住すべきであったとし、そしてその運動の指導者にならなければならなかったことが、日本における一般的な見解になっていると述べている。

更にある重要な商社の長が、日本との貿易関係拡大と利点を得るために、実態調査に出たことを紹介し、そこでその否めない結論として、オランダ人が日本で、非常に急速かつ重大に疎遠にされてしまったことを挙げ、オランダ政府の対日政策を批判している。またこの際ドンケル・クルチウスが、本調査報告書の不当性を抗議してきた事実を挙げ、どちら側にもそれなりの理由があろうと理解を示すも、とにかくオランダにとって最も不愉快なことは、最初の日本使節団が、オランダではなくアメリカに行った事実とし、ここから日本からの書簡の中で概して思われることとして、退任する弁務官は、より一層適切な態度により、この事件に対処でき、そして最初の日本使節団がオランダに派遣されることを日本政府から獲得できたとした。そこで新総領事の原則についてほとんど知らないにせよ、公人の交代が起こったことは、とにかく在日オランダ人にとって喜ばしいとして、ほとんど同意できないオランダ政府の対日外交政策の中で、唯一同意できる結果と伝えている。

これはドンケル・クルチウス個人への批判だけではなく、政府の政策への批判でもある。この当時オランダ植民省は、長崎－上海間を繋ぎ、それを将来蘭領東インドと繋げる新しい商業圏確立の構想を立てていた。そこで他の欧米各国代表が、江戸や、江戸に近い開港地神奈川・横浜にその居を置いた一方で、オランダ代表は長崎に居続けた。このオランダ政府の政策を知らない人々は、オランダ政府の態度を、オランダ対日非積極的外交の象徴とみなした。一般のレベルでは、このオランダ政府の対応を非難できるが、当時の外交政策の視点からは、簡単に誤りとは言えない。(34) しかし外務省の非積極性は明らかであり、その対外姿勢は当時の国民から受け入れられていなかったようである。そこで植民省の政策にも、同様の外見を帯びやすかったと考えられる。ただ概してオランダ政府の対応は、自国民の意見を反映してはいなかったようである。それを示すオランダ外交の特集記事を紹介する。

ここでは「その軍事力がヨーロッパの他の国々に、ほとんど畏敬を抱かせない小国は、その強力な国家よりも、その権利や利害の保護のために、一層熱心で注意深い外交を必要とする。そしてその外交により、ヨーロッパの諸問題に余り関わらないように出来、またその必要がほとんどなくなるに応じて、一層厳しく自国の安寧を監督しなければならない。そのような外交は、特に我々のような商業国に多いに貢献し、その物質的安寧を強く促進できる。しかしながら現在まで、我々はそれを喜べなかった。我々はわが外交の熱意に気が付かない。そして我々のために、ある重要な利害を強く促進すべき機会が提供されているときに、常にその外交は無視されている」と問題提起し、その後具体例としてドイツ関税同盟の際に生じた事件が語られている。そこでは「以前ドイツ関税同盟でドイツ議会が起こした混乱の際、この同盟に加盟しているリンブルク（Limburg）が手放される機会があった。これに我々側から何の努力も行わなかった。もし様々なドイツ諸国家がもつ諸要求を巧みに利用できたならば、恐らくライン川の関税の廃止を得ることが出来た。オランダ下院は絶えず同件に注意を払っていたにも関わらず、この機会を逃した。先日ケルンで固定橋を建設する取り決めがオランダ下院に提出されたとき、オランダ下院は同件について政府に注意を施した。当時外相は、この取り決めを行う際、ドイツ関税の廃止または軽減が不可能であったのは、プロイセンではなく、主にヘッセン（Hessen）とナッソウ（Nassau）が反対をしていたからと回答した。しかしヘッセンから、これを得る機会があったが、再びこれを使わなかった」と、更に同じような機会を逃したオランダ外務省の外交手法を非難している。この非難はヨーロッパに止まらず、そこで以下のように展開している。

「二番目の例が、日本である。日本は我々の努力により、他のヨーロッパの国々に開国された。以前我々は、将軍との親交を有していた唯一の外国であった。日本政府に何か問いたい全ての他国家は、我々の仲介によりそれをしなければならなかった。しかしこの国が開国するや否や、他国民の外交が我々のそれを追いやった。米英は、我々を脇に追いやった。彼らは最初に日本外交団が派遣されるような取決めも出来ている。そこで日本で、まるでわが家にいるようにいた我々は、もはや話にも出なくなっている。我々の影響は完全に失われた。このように外事予算費用は、極めてほとんど成果をあげない」と述べられている。(35)

一方このような外務省の対外政策への批判に対して、政府側に立った弁論記事も見ることがある。投稿者はハーグの弁護士クヴァルルス・ファン・ウッフォールト（J.K.W. Quarles van Ufford, 1818-1902）であり、彼は一八五〇―五五年間事務官補（Adjunct-commies）として内務省（Binnenlandse Zaken）に勤めていた。そこで公式ではないが、政府の見解を代弁していると考えて良いであろう。彼は問題提起として、「『エコノミスト新聞（*Bijblad van de Economist*）』の最新号で、私はこの問い〝誰が最初に日本との通商条約を締結したか〟に回答したい」とし、更に「今日刊行された『蘭領インド誌』八月号で、ホエーフェルが、三、四枚でこの記事を書いており、私はそれに答えずにはおれない」として論を進めている。

この問題についてクヴァルルスは、これはオランダにその栄誉を帰すべきとしている。そしてホエーフェルが、全く根拠のない咎めを政府に行ったと指摘した。その根拠として彼は、彼が通商条約と考える一八五七年一〇月一六日日蘭追加条約の後、政府がその貿易を出来る限り早く民間商人に委ねる努力を行ったこと、更に在日オランダ弁務官は、同通商条約条項を他国民にも及ぶよう心得ていたことを挙げている。クヴァルルスは、「ホエーフェルが、私の批判を〝極めて馬鹿馬鹿しい〟と述べ、そして日本使節団が最初にオランダではなく、アメリカに行ったことを考慮すれば、オランダ政治の近視眼に関する彼の意見は、全く正しいと考えている」として、そこでホエーフェルのご立派な論法は、大失敗であると簡単に主張できると述べ、「日本使節団がアメリカに行ったことは、全く〝合衆国大統領への敬意の表明〟や、オランダ以上のアメリカへの〝尊敬〟でも全くなかった」とする。[36]すなわちホエーフェルは、この日本使節がオランダではなく最初にアメリカに行ったことを、オランダではもう日本との特別な関係はなくなった結果として、この事態を政府の政策の責任とした。しかしこれに対してクヴァルルスは、大筋で以下のように反論している。

一八五八年日米条約は、ワシントンでの批准交換をアメリカ全権が主張した。その一方ドンケル・クルチウスや他国代表は、同種の条約を得て、日本での批准交換に甘んじた。このアメリカの狙いは、アメリカが日本でのオランダの地位を占めたかったからであり、そのためこの使節団に、アメリカの力と偉大さを示す機会を与えたかったのである。これは明らかなアメリカの努力と言える。そこで私がペリーの失礼な言葉と大砲が、日本における我々の説得の努力よりも、日本との最初の友好条約締結に大いに寄与したことを完全に認めるならば、道義上と物質的な意味で、日本における激しい競争に我々が備えることを私は勧告した。簡単に認められることは、ペリーの来航がなく、そして我々が勧告の方法のみに従い続けてきたならば、我々はペリーの派遣以前にはこの場合であったよりも、すなわち一八四四年以来絶えず日本の鎖国状態を止めさせる努力と、そして最初の本質的通商条約締結の栄誉をオランダから奪うことはないが、恐らくそれ以上には進展しなかったであろう。

なぜドンケル・クルチウスは、オランダで条約が批准交換されるとしなかったか。私は可能であったと言える。なぜなら彼はアメリカ総領事と異なり、武力に支持されることなく、同条件の条約を手に入れたからである。彼は苦労なく、オランダで批准交換するように出来た。しかし彼は、彼の職において、唯一聡明な交渉者がなしたように、それをしなかったのである。すなわち小国オランダに日本使節団が到着すれば、彼らは恐らく訪問すると思われる他のヨーロッパ諸国とオランダを比較するであろう。そこでは決して日本人の考えに、我々の力や外観を大きくすることはない。それは利点よりもむしろ欠点となる。中国海域に常に強力な艦隊を持ち、またはサンフランシスコから容易に船を送れるアメリカは、日本使節団のために容易に蒸気船を用意できる。これに対してオランダは、単に時に短期間、日本で国旗を示すために蘭領東インド艦隊から船を切り離すことしか出来ない。しかし日本使節団の往来に、オランダから蒸気船を派遣する必要がなくとも、政府と議会は、このために、実際誇示以外の何物でもないことに、長期間蘭領東インドの僅かな戦艦の一隻を使用することを承認したであろうか。同使節の相当な費用は、更にかなりの従者を伴った使節の滞在費、この金額はどうするのか、なぜならアメリカの例を倣えば、我々は当然全ての費用を負担することになろう。

すなわちドンケル・クルチウス、間接的には政府が、日本使節の当地への派遣に拘泥しなかったことは、非難よりも賞賛に値する。そして日本政府が、条約条項の実施に出来る限り手間取っていたことは周知であるので、このアメリカへの日本使節団派遣が、オランダ以上の、合衆国への〝敬意の表明〟〝尊敬〟ではないことは全く明らかである。このホエーフェルの理屈は、ほとんど価値がない。(37)

クヴァルルスは政府関係者として、反政府的なホエーフェルの意見に反駁したいのは理解できる。しかしこの論法は決して政府を代表しているものではない。オランダに日本使節団を呼べば、オランダの小国性が認識されるので利点がないとするのは、完全に誤りである。なぜなら後に日本使節団がヨーロッパに派遣された際、日本使節団の予定にはなかったが、オランダ政府が説得して、オランダ訪問を実現させた。そしてそれにより日本人の青年達が、オランダで西欧文明の進歩を学習するために派遣されたのである。実際ホエーフェルも日本問題に深い洞察がなかったが、このクヴァルルスもなく、互いに近視眼的な論争をしていたことが分かる。[38]

同種の政府擁護の記事として、以下も見られたので、大要を紹介する。このような記事は、外地商人の意見を鵜呑みにせず、批判的精神で状況を判断しようとする、理想的なマスコミの態度を表していると言える。この記事では、在日オランダ人が植民相に向けた書簡を紹介している。そこでは神奈川における余り好ましくない状況が書かれているが、それに対して「これらの諸氏は、物事の始まりに必ず伴う困難をほとんど忘れている。むしろ彼らが立ち去って欲しいと思われている外国で、彼らはジャワやオランダのように、直ぐに物事が良く穏やかになることを望んでいる。彼らの――聡明で、賞賛に値する――意図のように、多くの利益を得るためには、多少の困難、労苦、不愉快に耐えなければならない。さもなくば誰でも競争相手になってしまうであろう。[39]

更には同種の記事としては、以下が注目された。

この新聞で報告された今月二〇日個別報告の摘要内で、神奈川の在日オランダ副領事がオランダ貿易の利害擁護の中で、日本当局に対して弱すぎることで咎められた。この咎めは何の証明もないが、同新聞の先にあった、また様々な諸新聞の報告から十分論駁できる。どの新聞もこの副領事を、現在その欠乏により告発されているが、熱意を示すことに関して、大きく褒め称えている。他の場所で余り運がなかった多くの人々が、神奈川のような場所に向かっている。彼らはその地で、将来の金山を期待しているが、しばしば失望する。時にこの原因は、残念ながら自らに帰される。それにより、より幸運な同国人に対して、嫉妬が掻き起こされるのである。[40]

以上の新聞記事から、オランダ政府とオランダ民間人との対日観の相違を理解した。それはヨーロッパから遠く離れた、そしてその文化を大きく異にするアジア諸国との関係確立の困難さを示しているとも言えよう。

第十二章　オランダ対日外交政策の巻き返し――対アメリカ蘭英仏〝協商〟関係を軸にして

一、アジア外交への新展開

一八五八年条約によりオランダは、日本の〝区別される友人〟ではないことが明らかになった。しかしオランダは日本問題を諦めなかった。その後オランダは、日本における自国の権益確保のため、新たな対日政策を展開する。その理由として、一八五八年条約以前のオランダにとって、日本問題はその〝国家的名声〟の点で極めて重要であったが、当然商業上の利害も、大きく期待されていたからである。当時この商業上の利益を一層期待させる誘因があった。それはスエズ運河建設である。当時のオランダの史料で、同建設が、蘭英仏で分割されることにより、エジプトにおけるオランダ工業がますます評価され始めていると述べられているものがある。しかし単にそれだけではなく、この完成により、ヨーロッパ―アジア間の距離は大きく短縮されることが期待された。[1]スエズ運河は一八六九年に開通することになるが、このような計画が当時のアジア用件の中で考慮に入れられ、近い将来における商業利益拡大への構想に、十分な動機を与えていたことは想像に難くない。

このような世界貿易の趨勢から当時植民相は、日本の政治状況が停滞する中でも、商業上の利害を考慮し、日本への商品配送とそれに対する日本からの輸出品を探すよう蘭領東インド総督に指示している。[2]またオランダにとって、この日本貿易に関する商業上の利益拡大を実際に裏付ける証拠があった。当時オランダは、既に日本から多くの様々な注文を受けていた。従来日本貿易では、年間一、二隻の船しか用いられなかった。しかしこの時期には、日本への四隻目の商船が必要との報告がなされている。(3)そこで日本貿易が望ましく拡大し、近い将来日本が一層貿易を拡大した場合、巨大な利益が得られるとの予想が現実的に立てられていた。実際当時オランダは、明らかに日本貿易で高い利益を上げていた。例えば蘭領東インド政庁の一八五七、五八年支出入の報告によると、一八五七年蘭領東インドでの貿易(Koophandel)における総収入五、六九九、一〇九フルデン中、日本からは七六二、三九九フルデン。一八五八年では総収入五、一八六、四〇七フルデン中、日本からは七五五、八二三フルデンとなっている。(4)オランダにとって、まさにこれが〝実益〟であった。

そこでオランダは日本問題を諦めなかった。それを示す象徴的事件として、オランダ本国が植民省内の対立がありながらも、日本問題の〝第一人者〟シーボルトをオランダ商業促進のため、NHMのアドバイザーとして、一八五九年日本へ派遣したことが指摘できる。これはオランダ政府が、その貿易の巻き返しに望みを賭けた試みであった。(5)

また当時オランダは、今までの自国の対日貢献を訴え、日本におけるその存在と意義を世界に示そうと試みた。この件は上述の『オランダ日本開国論』の出版に関し、政府関係者が大きな関心を持っていたことからも理解される。(6)一八五八年条約以降オランダ政府は、今までオランダが日本に対して武力を用いず、むしろそれを示しもせず、ただ説得の方法を採ってきたこと、更に自らのためではなく、他の諸国のためにも行動してきたとの、日本開国への私欲のないオランダの貢献を強調するようになる。(7)無論このような政府の発言に対し議会の自由主義者達は、これまでの政府政策に対して失望の弁論を繰り返した。一方このように日本との古来の繋がりが当てに出来なくなったことにより、これまでの古い日本政策を改めて、新しい政策に転換すべきとの意見も現れた。(8)

一八五〇年代には、イギリスはアロー号戦争・クリミア戦争・セポイの乱に、フランスもアロー号戦争・クリミア戦争・インドシナ出兵に携わっていた。オランダはクリミア戦争で、中立を維持していた。しかし一八六〇年以降英仏が、本格的に日本問題に参加することになったため、(9)オランダの日本問題で占める位置は、一層小さく思われた。またオランダ人歴史家カイテンブラウワーは、当時の政治的・経済的衝動はオランダの自制政策を変えるにはかなり弱かったとも述べている。しかしオランダは、特に統治の困難を必要としない貿易活動に、またオランダ本来の海上通商国家としての貿易活動に大きな興味を持たない理由はない[10]。特にオランダにとって日本は、既知の友好関係を有している土地であり、更に中国貿易との関連、また蘭領東インドの植民地産物の新市場として大きく期待された。また蒸気船の時代が本格化し、石炭供給地としても日本は重要と見なされた。更に日本は金銀銅の鉱物を豊富に持ち合わしていると思われ、これはオランダに大きな利益をもたらすものと考えられた。例えばオランダ議員ストルト（Harm Stolte, 1797-1859）は、議会で「日本が第二のカリフォルニア、ニュージランドになると思うことは行き過ぎであろうか」として、政府にその貿易の重要性を訴えた[11]。すなわちオランダは、「ヨーロッパの最強国に匹敵する」大国アメリカ合衆国ペリー司令官日本来航に象徴されるような他の欧米諸列強の日本参入によっても、日本問題を決して簡単に諦めなかったのである。これは現在のオランダの世界における経済的活躍を考えれば、容易に想像がつくことであろう。当時在日イギリス公使オールコックは、オランダが「開国にさいしては、しきりにその実現を推進させる一大勢力としての役割を演じたがった」とも評している[12]。

二、オランダ国内における、当時の日本問題の意義

当時日本問題は、オランダ政府にとって重要な用件であった。しかしこれは政府レベルだけではなく、民間レベルにおいても、等しく重要な問題であったと思われる。なぜなら当時のオランダの新聞紙上で、日本問題との関連から、オランダの対外関係を扱う論説が多々見られるからである。そこでその一部をここで紹介し、当時のオランダにおける日本問題の重要性を認識する。

諸外国民が、最も貪欲な独占主義者のイメージを想起せず、オランダを考えられない時期があった。一八四八年以前、他国民を犠牲に富裕になろうとするオランダ人の欲望を数え上げられていることに驚くことなく、外国の新聞・雑誌を手に取ることは出来なかった。世論は、このように我々には向かい風であった。そして当地の人々が勤勉な産業と頑強な労働により集積した資本は、よそでは他国民に行った略奪と見なされていた。このことが我々の商業利害を著しく損ねていたとは、容易に理解され得る。通過貿易や他の貿易の点で、我々と競っている国々は、あらゆる方法で我々に対するこの意見を利用しようとしていた。

一八四八年以前の諸内閣は世論を過小視しており、ヨーロッパ内で世論を我々にとって有利にする試みをしなかった。そこで以前我々は、誤った判断をする誘引を与えていた。海まで（jusqu'á la mer）に関する些細な事柄、移住者への措置やその他のことが、我々に対する反感を多くの人に抱かせた。しかし既に一八四八年以前にも、我々への見解が反対になり得る様々な自由主義的修正が我々の貿易法に導入されたことを、正当性に基づいて認めることが要求される。しかしながら、これを周知にさせる労は取られなかった。そこでドイツや他の諸国内では、我々はまるで貿易国のヒルと見なされ続けている。

一八四八年以降これは変化した。世論は、軽々しく無視できない強力な教義として見なされるようになった。勇んで自由主義の道に踏み出したことにより、なおこれが周知になるように配慮し、そこで今までの中傷が終った。日本との条約は、商業活動をするヨーロッパの目の中で、まさに我々の地位を向上し得る。長年我々は、貿易に重要な国の隔離政策を止めさせるために、我々自身のためだけではなく、世界の全国民のために働いてきた。我々は、露英北米の試みを強力に支援した。そしてもし最終的に世界が、この大市場が開かれることを見るならば、オランダこそが感謝に足る。既にウィレム二世下で、貿易への開国を日本政府に強く主張していた。それ以来我々側は、この目的が達成されるまで止めなかった。

これはそこから実を摘むべき世界貿易により、ますます承認されなければならない。そして日本国にヨーロッパ文明が一度浸透すれば、オランダの啓蒙的行為がますます高く評価されよう。

我々は、ここである程度我々自身に賛美歌を歌っていることが分かるが、余りにも長く、我々は諸外国の我々の敵対者に話させていた。人々が長く我々を苦しめて来た後に、我々への誤解を覆す証明を持ち出すことを、我々に許さないことに、我々は気付いていない。

ラインの自由を認めたのは、我々が最初であった。航海法については、イギリスの例に従った国々の中では、我々は最初の方であった。関税、単に非常に僅かな国において、それは我々と同じく非常に低率である。現在日本を開国させたことは、我々の利点だけではなく、世界貿易のためである。

この全てが、ヨーロッパの大部分の国における保護制度に対して、我々が穏やかに持ち出したい自由主義の証明ではないのかどうか、我々に述べてみて下さい。[13]

またイギリス新聞紙上では、オランダ植民地における他国への貿易障壁が非難されたが、それに対しての反論記事がある。そこではイギリスとオランダの植民地政策が比較され、オランダが穏当に植民地統治を行っていること、そしてその植民地における貿易方法は、イギリスと全く同じであり、その非難は当たらないと強調した後に、「イギリスが中国を自らのためではなく全世界のために開いたと、イギリスの新聞が自慢することを、どんな場合にでも聞く。しかしながら我々は日本を、より温和な方法で、我々のためにではなく、あらゆる国民の貿易に開国させた」としている。

更に同種のオランダの対日用件へのアピールを示す記事としては、長崎海軍伝習所でオランダ司令官であったカッテンダイケの日誌が出版されたことを紹介した「投稿書」が注目される。[14] この中では、現在全ての文明国から注目されている日本を扱った本としての重要性が強調されている。そして「もし本書が、オランダ人に望まれるように、しかしそのようなことがその他のことに影響して欲しくはないが、なお今日も誠実な日本人の周りで、最も古い書簡を有している（我々が優先権を有している：著者）との真実の印が押されていることを簡明に我々に保障するならば、近年アメリカの自慢とより大きな諸国による偏狭な軽視によりなされた我々の国家的意識の傷に、軟膏を塗ることになる。我々はカッテンダイケ氏に、彼がその任務を極めて有効に費やす気持ちがあったし、その労苦を惜しみなく取ったことに感謝し、彼が日本国家とその国民生活について獲得した知識を、適時に一般の有用に振り向けることを期待して締め括る」と述べ、オランダが更に日本問題で諸大国と競争し、望むらくはオランダが過去の地位を奪い返すことを期待した。

このように日本問題からオランダの対外政策への中傷に反論するところに、当時のオランダの日本問題に関する関心の高さとその誇りを見ることが出来ると言えよう。

三、オランダ本国の積極的な対応

上述のように一八五八年条約以降も日本問題は、オランダにとって重要な用件であった。そこでオランダは、同問題を積極的に対応した。

当時ドンケル・クルチウスからの報告で、琉球とアメリカ合衆国が条約を締結し、当地の港におけるアメリカ船入港が伝わった際の、オランダ政府の反応も注目される。その際蘭領東インド政庁は、近年同海域で諸外国船が絶え間なく出没しており、このような中オランダが示威を発動し、その存在感を示すことは、オランダの日本における政治・商業的、そして海運に関する利害促進のために重要であると観察した。琉球は薩摩公の臣下に属しており、そこで早急に、薩摩公と本件につき契約を結ぶことが望まれた。そこで日本における同種の利害拡大に遅れは取れないとの蘭領東インド評議会の助言も受け、蘭領東インドから戦艦アジュノ（Ardjoeno）を日本海域に送ることを計画した。(15)

植民相はこの計画を強力に支持し、更に同船で一八五八年八月一八日の条約を批准することが望ましいと蘭領東インド総督に伝えた。このような蘭領東インドからの軍艦派遣については、先には極めて消極的であった。当時は対日積極派パヒュットが蘭領東インド総督であるにせよ、当時のオランダの日本問題に関する関心の高さを、この措置からも伺い知ることが出来よう。

また一八五八年条約により、相応しい外交官を送る必要が考慮された際、蘭領東インド評議会は、当該人物は、オランダ国王あるいは、ドンケル・クルチウスのように、国王の命令書により任命される必要があるとした。その場合には日本問題を、植民省と蘭領東インド政庁が処理する既存の立場を修正する必要がなかったからである。そこでドンケル・クルチウスが、総領事と外交官を兼ねて任命されることを望んだが、ドンケル・クルチウスは日本領事になる意思はなく、一八五九年末でオランダに帰国したいと述べていた。そこで現在ドンケル・クルチウスの代行資格人でもある、カッテンダイケを任命しようと考えた(16)。しかしカッテンダイケも一八五八年当時で、二年以上は日本に留まらないことを伝えていた(17)。当時蘭領東インド総督は、蘭領東インド評議会の助言により、日本での英露米や他の西欧諸国の例に従い、外交関係の保持に遅れを取ってはならないが、差し当たり他国もこれに移行していない限りでは、特別な人間を任命する必要はないと植民相に助言した(18)。植民相はこの提案に同意したが、貿易の急速な展開が予想される神奈川は特別とした。その際江戸・大坂も視野に含まれ、我々の貿易に極めて重要になり得るとしている。更にここでも蘭領東インド総督に、長崎の人員改組を委任している(19)。

四、蘭英仏の「Entente」——対アメリカ

一八五八年日米修好通商条約によって、オランダはその対日政策を大きく転換せざるを得なくなった。それまでオラ

ンダは、既存の日蘭関係を十分に利用して日本での影響力を保持・拡大し、それによりアジア全体における自国の権益を拡大する試みを行っていた。しかし本条約は、日本がもはやオランダを第一に考えることはないことを明らかにした。そこでオランダは日本問題に関心を持つ一西欧列強として、その用件に取り組まなければならなくなった。一八五八年の日米修好通商条約に則り締結された日蘭修好通商条約には、オランダ人の日本語日本術芸《ママ》学習についての条項が付けられていた。同条項を石井氏は、「特異な規定」と述べている。しかしながらこの規定には、オランダの、他の諸列強とは異なる、日本への影響力を保持・拡大する意思が込められていたことが、これまでの検討により明らかになる。[20]

当時強国英仏普米の中で、オランダは如何に日本問題を処理し得たであろうか。特にオランダが日本に有していた古来の関係を一切考慮しない、アジアのよそ者強大なアメリカ合衆国に対して如何に対処し得たであろうか。そこで一八五八年条約以降オランダはヨーロッパの一員として、その協力者をヨーロッパ諸国に求めた。それはまず「最も当然の同盟者」イギリスであり、そして当時アジア用件の中でそれ程強大に振舞うことはなかったが、その関心を有するフランスであった。一八五八年条約以降、オランダ独自の対日積極政策は難しいものとなった。しかしオランダは、その商業政治的考慮に最大の注意を払いながら対日政策を進めていった。その具体的な政策が日本問題における蘭英仏の協調提携関係、すなわち〝蘭英仏協商〟である。これは新興国であり、「ヨーロッパの最強国に匹敵する」アメリカに対するオランダの発案したヨーロッパ連合ともいえよう。

一八五八年日米修好通商条約により、日本は諸外国に対して完全に開国したように思われた。しかしながらその後、国内における攘夷運動が高まっていった。幕府はこれが沈静化するまで、一八五八年条約実施の延期要請を欧米諸国に行った。日本政府はこの延期を諸外国に認めさせることにより、ただ外国の要求に従っているだけではないと開国反対派に示し、その攘夷運動を沈静化させようと試みたのであった。また兵庫・大坂の開港延期は、特に距離的に近い朝廷への配慮でもあった。[21]

これに関して植民省は、蘭領東インド総督の書簡（一八六一年一〇月二九日付Ｎ９７４／１）を外相に届け、本件への見解を示した。その中で植民相は、蘭領東インドの報告から以下のような概略を説明している。まず蘭領東インド総督が、日本の大君による諸港開港延期を要請する書簡を受け取った。これに対し彼は、日本の要求に従った江戸条約（日米修好通商条約）の修正は賢明ではないと判断した。更に同総督へ「考慮と助言」を行う蘭領東インド評議会も、約束された諸都市開放期限の後には、条約で挙げられた諸港にオランダ戦艦が入港できるとの留保を付けること、そして日本人の諸外国人に対する嫌悪を抑えること、条約締結国との諸問題の予防に日本政府の注意を喚起させることを条件として、日本政府の提案に回答すると考慮していた。すなわち蘭領東インドでは日本の要請に対して、多少強い姿勢で臨むことを本国政府に助言した。しかしながらオランダ本国植民相ラウドン（James Loudon, 1824-1900）は、同提案に手放しには同意できないと判断した。

同相の見解としては、現在日本政府は実際良い方向を歩んでおり、そこで日本政府を困難に陥らせる回答は出来ないとした。更にオランダの回答は必然的にある程度、英仏の決定に拠るとした。すなわち〝オランダだけ〟による決定が他の諸大国によって承認されない場合、それはオランダに不利な結果となるからであった。植民相は「〔日本総領事である〕ドゥ・ヴィッツと英仏代表との緊密な関係により、自然と、特により一層英仏両国に注意が向けられる」として、英仏との関係の重要性を指摘した。

しかしながら日本の開国延期に対しイギリス政府は、七年間の延期を認め、更に対馬と朝鮮の対岸に位置する日本の海岸とにおける貿易を要求した。それに関して植民相は、我々側による同決定への賛同は、差し当たり余り賢明ではないとの見解を示した。すなわち同相は、完全に英仏の決定に依存するわけではないことも示している。その理由としては、七年の延期は極めて長く、また日本国民の西欧人嫌いの激しい対立に日本政府を刺激することは、余り適切ではないとの理由からであった。しかし先に在日イギリス・アメリカ代表が提起した一年は短く、また同じ問題が繰り返されることにもなりうるので、これは避けるべきとしている。すなわち二、三年程度の延期が、まさに中道であろうと述べている。そこでどんな場合でもこのイギリスの譲歩を、我々側から別に代えなければならないとした。

更にオランダ自国の利害として、「すなわち、どんな場合でもオランダは、出島の自由保税倉庫としての認可と、そして開港地の諸外国人との商業取引における全ての日本当局の干渉を廃止することにより、一層都合よく行動できるであろう」と考察している。このような状況から植民相は、条約締結諸国が日本政策への相互的了解があれば好都合であろうと考えた。そこで現在日本問題が不透明な中、オランダ政府の最終決定に関してはフランス政府の動向を認識したいと外相に要請している。(22)

この文書から、オランダが日本問題で自身の決断・行動を容易には取れず、常に苦しい選択に迫られていることが理解される。しかしながら当然、オランダ自らの利害があった。そこで各国と調整しながら、オランダの要求を最大限に、諸大国の要求に反映させる努力を行っていることが認識される。これがオランダの新しい政策であり、これをただ大国に従っているのみの政策と理解してはならない。すなわち問題の矢面に立たず、またその政策における大きな失敗を避けた、極めて現実的な政策と言える。しかしここに見られる外務省の対日外交の態度は、注目をひく。

外相は上述の書簡に対して、おおよそ以下のように植民相へ返答した。外相は特に最近の報告から、日本政府のオランダに対する気持ちはその親切な行為から特徴付けられると考えている。そこで更に彼は、現在様々な諸列強との日本貿易におけるあからさまな競争の中、日本に影響を保持・確立するオランダにとっての唯一のチャンスは、オランダが極めて友好的な態度を取ること、そして日本国のオランダ代表とその国民が絶え間なく知慧を巡らせ、注意深い行動を取ることであると述べている。しかし外相は、もしそのようなことが予期せずも上手く行かなかった場合には、彼の考えとして、力では日本における我々の優越を確保することは不十分であるので、他の政府が日本問題に取ると思われる方策にただ賛成するとの意見を述べた。すなわち主としてヨーロッパにおける中立政策に苦心している外相は、自身には余り関心のない日本問題での失敗から、オランダ本国がヨーロッパにおいて厄介な立場に陥ることを避けたかったのである。(23)

このような状況を考慮して植民相は、蘭英仏の〝協商〟との考えを提示した。すなわちオランダの利害を安全かつ確実に保障するため、諸大国、特にヨーロッパで深い関係をもつ英仏との協力関係を構築することで、自らの地位の保全、更には権益を追求することにした。また本件に関するアメリカへの対応に関しては、「一方では概して我々に対するアメリカの態度、そしてより特別には英仏蘭官吏に対する在日アメリカ代表の態度により、一層特別にアメリカ代表をこの問題に係わらせる誘因はほとんど無く、そして他方では直ちに、または我々の提案がロンドンとパリで受け入れられたときに、少なくともこちら側の外交処置を知らせることは、アメリカ側からの敏感、その結果による一層断固とした反対を防ぐことに恐らく役立つであろう」として、アメリカの除外を外務省に伝えた。(24)

その後植民相は閣僚会議の協議に基づき、一八六二年三月五日付植民・外務両大臣による国王への共同報告書を修正した。閣僚会議では、当該報告書の趣旨は同意された。しかし日本政府と締結した条約を実施する点で日本政府に対する指針としては、第一に、同協商の利害からロンドン・パリで取られる処置が行われる際、条約で獲得した我々の権利を堅持したいこと、第二には、アメリカ合衆国には当該計画への参加についての報告をせず、ただ〝協商〟の実現で生ずる事に関して報告することが決定された。(25) ここに古来の日蘭関係を尊重しないよそ者の新興国、しかしながら「ヨーロッパの最強国に匹敵する」アメリカに対するオランダの対抗意識が見て取れる。オランダはこの日本問題において、ある種のヨーロッパ連合を構想したのであろう。同計画の中に日本問題におけるオランダの名誉と利権、すなわち「国家的名声と実益」を復活させようとするオランダの外交政策が見て取れる。その後植民・外務両大臣は、国王への共同報告書を提出した。(26) その内容は、上述の一八六二年一月一六日開示一〇番とほぼ一致する。

五、シーボルト追放問題――協商関係における障害

ここで一つの問題に触れておきたい。本報告書内にも述べられている、シーボルト江戸追放の問題である。シーボ

ルトの追放も、蘭英仏の協商関係から考察し得る。シーボルトは当時NHMの代理人として、日本へ派遣されていた。彼は一八二五年のシーボルト事件により、日本で国外追放になっていた。しかし一八五八年条約締結により、その禁が解かれた。そこで植民省は、この条約で失われた日本におけるオランダの特権的地位を取り戻す計画を立て、植民相が国王への書簡の中で、「そのように特異な日本の法、倫理、慣習の研究をシーボルトがなしたように行った人物を、ヨーロッパに見出せないことは誰にでも受け入れられる」と評した日本問題の〝ヨーロッパの第一人者〟[27]シーボルトを、同国へ派遣したのであった。シーボルトは、自らの日本問題に関する知識に大きなプライドを持っていた。そこで彼は日本に行くが、その際日本総領事も併せて拝命したいと考えていた[28]。実際当時も、彼は多くの日本人から尊敬を受けていた。ここからシーボルトは、独自の日本政策を積極的に展開した。

ここで日本におけるシーボルトの活動を、いくつか紹介する。当時江戸はヒュースケン（Henry Conrad Joannes Heusken, 1832-1861）殺害もあり危険であったが、そのような状況も気にせず、当地で日本の学者たちに西欧技術・文明の成果を熱心に教えた[29]。更にこの件で注目されることは、諸外国代表が、一連の外国人襲撃事件に対する日本政府の非積極的と思われる対応を非難した。これに対してシーボルトは、日本の外事代表と協議し、その際「諸外国代表への襲撃に関して、犯人捜索だけではなく、同犯罪の原因と動機を追究する必然性を指摘した」としている。更にこの外事代表が日本の外事代表は、可能な限り実行すると約束したが、そうしたとは思えなかったと述べている。この日本の外事代表が述べることには、「多くの諸藩からなり、そこでは藩主が無制限に自国領を統治している日本のような国内では、若干のものは自国領を隔離し、彼らの領土内で正当な調査を許さない。巡礼者、托鉢修道士、聖職者の仮面をした犯人が隠れ家を見出せる多くの寺院や修道院がある国内では、犯人の捜索は難しく、ほとんど不可能である。父親殺しのような凶悪犯でも発見できないことが既に頻繁に起こっている。しかしながら現状では、既に悪党の数人を捕まえたが、殺害行為の原因と動機に関して、更なる追及と解明が望まれている」として、幕府がその日本の政治体制から苦労していることを指摘している。

そして「最初の条約が締結されてから(一八五四年三月三一日)、重大な配慮が政府を圧迫している。強力な攘夷論者が政治の場から降りた、または良い考えに至った、または世界の流れに抗することは不可能だと確信した、更に幕府が条約履行、外国人保護、その利害促進、貿易促進に最善の努力をしているにも関わらず、これに対して克服しがたい障害は、世論である。古来の諸外国人に対する先入観が、現在新たに国民党の党首らにより、また様々なうわさにより、狂信者により強化され高みに上ったことは否定できない。そこから現在の日本の政治状況と最近の悲しい流血事件は、当然の結果として生じたに違いなかった。

上述の宣誓供述書から、この国民により理解されている、また教え込まれた意見ははっきりと追及されるべきである。しかしながらあらゆる使用可能な手段を伴い、この意見と対立する政府の確固たる意思を確信する場合、どれほど力強く政府が二〇〇年以上も自国の平和を保てたかを考えるとき、それはしかも力ではなく、法と国民の精神により、その点でこの国民に深く根付いた法と立法者への敬意に基づいていると考えるとき、一方で国民の思考方法を力で一度に変えることは不可能であると考慮する場合、私の意見では、ここにいる外交官の考え方を変えること、彼らの疑いを取り除くこと、彼らの要求を切り詰めること、幕府に対する彼らの不満を和らげなければならない。なぜならその正当さが証明されているが、幕府は、発生した全ての行き過ぎた行為に責任がないだけではなく、その配慮の中で、将来の同様の事件を防ぐあらゆる手段を取っており、それに従って日本の現状を良い解決に至らせるために、諸外国人に新しい信用を抱かせる努力を行っているからである」と指摘した[30]。

このようにシーボルトは、一連の外国人襲撃事件の原因とそれに対する幕府の対応、その状態を、日本の政治制度と歴史文化的観点から解説した。これは極めて日本にとっては有難い意見であるが、当時この言葉を理解し従った諸外国民がいたとは思えない。すなわち如何なる状況であっても、起きてはならないことがあり、またその事件に対して概して納得の行く対応を現政権が取れない場合、そのような体制は崩壊していると言えよう。そこでシーボルトの態度は、日本には極めて好意的ではあったが、他の諸外国国家の政策と余り一致するものではなかった。

更にシーボルトは、当時の在日オランダ総領事ドゥ・ヴィッについて、「穏健な人物ではあるが、日本のことを良く知らないので、蘭領東インド総督から助言をしてくれと頼まれることがある」と奉行に述べたこともあった。[31]こうしたこともありドゥ・ヴィッは、シーボルトよりも軽視されるに到った。[32]そこでドゥ・ヴィッはシーボルトの存在により、どれほど自身が迷惑を被っているかを政府に報告するにまで至った。日本ではシーボルトに同情的な意見があり、ドゥ・ヴィッがシーボルトの名声を妬んで追放したとの説もある。[33]しかし本件は、オランダの他国との共同作業の原則、特に蘭英仏の〝協商〟関係からの結果と見ることが出来る。つまりオランダ本国では、英仏との協商との考えがあったが、それに対しシーボルトは英仏を嫌っており、ロシア贔屓であった。[34]更にこのシーボルト召還の経緯では、「これは蘭領東インド陸軍参謀部付大佐でオランダ植民省顧問の肩書きをもつ人物が親露的であるということの他に、シーボルトをこれ以上日本に滞在させれば長崎一港を自由港とする案はオランダからも支持してもらえるという誤解を生むことになり、オランダの国益に反するばかりでなく、二重外交になる危険性もあるので、それを回避するためにも決断を下すときがきたとオランダ政府が判断したためと考えられる」[35]とする意見もある。

皮肉なことに当のロシアは、余りオランダ、またシーボルトの意見を信用していなかった。日本開国後ロシアはプチャーチン（Yevfimy Vasilyevich Putyatin, 1803-1883）を日本に派遣したが、その訓令では、オランダ人に対しては表面的に礼儀を守り友好的態度をとるが、余り信用してはならず、また日本政府との交渉に際して、オランダ人に仲介を頼んではならないと指示している。これは五〇年前のレザノフ来日事件から、オランダ側の態度を未だ疑っていたと考えられる。[36]そのためプチャーチンが長崎に来航し、日本と交渉する際、長崎奉行側がオランダ人の利用を申し出た。しかしプチャーチンは、やんわりと拒否した。[37]またシーボルトの提案では、長崎を日本の唯一の貿易港として維持しようとした。しかしプチャーチンは、ロシア外務次官セニャーヴィン（Senyavin, 生没年不詳）に宛てた一八五三年二月一六日付の書簡で、次のように報告している。「一般的にいって私はシーボルトの助言に従いえない。対日貿易のためにロシアが長崎港を選択することは有利ではありません。オランダ人と競合する他に、長崎の日本人は外国人と交渉する際に侮辱的圧迫を加えることになれており、それを止めさせることは非常に困難だからです」と述べている。[38]すなわちオランダで、如何にこの協商関係が重要視されていたかが、日本問題の第一人者シーボルトを日本から帰還させた事件により一層認識されるのである。ちなみにシーボルトはヨーロッパ帰還後、フランスのナポレオン三世に自らを売り込んだが、一八六六年一〇月ミュンヘンで客死した。[39]

その後オランダ外務省は、条約締結諸国による駐江戸各代表への指示について、出来る限り相互に了解を取り合いたいとのオランダ政府の希望をイギリスに伝えた。イギリスはこれに完全に同意し、オランダに情報提供を行うことになった。更にその際ベンチンクは、オランダが概して本件におけるイギリス内閣の考え方に一致できると伝えることが良かろうとの提案も行った。[40]

六、ヒュースケン殺害に関するオランダの見解

ヒュースケン殺害事件についても、オランダの新聞紙上で、長い記事を見つけることが出来た。この記事はオランダの名誉とオランダの日本における特別な地位を奪ったアメリカに対する揶揄が含まれており、大変興味を引くことからここで抄訳して紹介する。

「ヒュースケンは穏やかな性格で、江戸の外国人公使館の誇りであった。彼はアムステルダムで生まれ、オランダ語通詞として、一八五五年ハリスと日本へ行った。彼は日本語が堪能で、日本人のように話し理解した。そこで会議の際、ヒュースケンが理解したか尋ねられなかった。これは日本人外交官にとって特別障害であった。更に彼は英仏の通詞として、また最近はプロイセンにも仕えた。ヒュースケンは、多くの今まで馴染みのない日本の統治と外交の問題を発見するために、全ての起源をも追及した。この全ては、猜疑心が強く不実な日本人にはかなり堪えることにな

り、日本人は彼を殺した。彼は自身のゆるぎない信用と熱意の犠牲になった」と述べられ、その後の日本政府による対応を非難している。

諸外国代表は幕府に抗議の意志を示す目的で、江戸を去って横浜に移った。その際ハリスは江戸を去らなかった。このハリスの態度について、おおよそ以下のように述べられている。

「不可思議なのはハリスの態度である。彼はその国民が殺されたのに、一人江戸に留まった。ヒュースケンの死後、ハリスは彼を再びオランダ人にしたかった。彼はアムステルダムで生まれ、アメリカ国籍を取得しなかった。しかしオランダ法では、国王の承認がなければ、どのオランダ人も外国の軍事業務、諸外国政府に奉仕してはならない。そこで彼はオランダ人としての市民権を喪失している。そこでそうすることで、簡単に物事から逃れたいとするハリスの好意は役に立たない。結局この地方のアメリカの政策は非常に特別で、このために言語学者は、ある新しい言葉を発見しなければならない」[41]。これにはオランダ人ヒュースケンが、アメリカの日本業務で極めて大きな貢献をしたことについて、オランダ人として複雑な評価があったと思われる。

このヒュースケン殺害の際、オランダの江戸代理公使ポルスブルックは、英仏との協商関係を忠実に履行し、英仏代表と同様に江戸を退去した。このような態度は日本側から「蘭はボルスブルック。此人は印度殖民地に奉職し、曩にドンクル・キュスシュスに従って書記官となりて、長崎に来り、夫より公使に栄転したる人なれば、日本の事情には粗々通じたれども、日本政府が重を英米仏魯に置て、稍々荷蘭を軽んずるの状ありと推知したるが故に、英仏に聯合して、示威政略を執るを常とせり」と評された[42]。

このヒュースケン殺害の際、他の各国が江戸を退去し幕府を糾弾した。しかしハリスが江戸に残ったのは、「そのように人心がなったのも、自分が二百年来の鎖国を一変させたからで、それを勧めた合衆国は、あくまで日本政府を助けて、開国の目的を達成させなければならない」と考え、幕府を窮地に追いやらないようにしたことによる。またこの危険な時期にもハリスは、「毎日のように公使館である麻布の善福寺から城濠端まで馬を駆けさせて、運動するのを止めなかったという。そのたびに警護の騎馬隊（別手組）が、あわてて後を追ったとは、その当時の別手組の一員であった江原素六の述懐であった」（『江原素六伝』[43]）。

そこで日本では「ハリスが独り江戸に残ったので、『ハルリスの信用人望が愈愈其重を加へ、此以後は外交の難事は、都てハルリスの忠告を待迄に及びたりき』[44]」と評価された。そこで帰国の際ハリスは、将軍から日本刀を贈られることになった。後にハリスは、それを「祖国アメリカを南北戦争の荒廃から救った」とし、グラント将軍（Ulysses S. Grant, 1822-1885）に贈呈した[45]。更に幕府は、「ヒュースケンの老母に、洋銀一万枚を贈与した」と言われている[46]。

七、協商の意義

当時ヨーロッパの日本との条約締結諸国は、日本からの遣欧使節団を待ち受けていた[47]。本件についてイギリス外相ラッセルは、今回の日本使節と新たな交渉を行うことは不可能であろうとの駐江戸イギリス公使オールコックの書簡を受けていた。そこでラッセルは、今回イギリスは日本使節と交渉する意図はなく、ただ儀式としておもてなしをすることが良いと考えている旨をベンチンクに伝えた。またラッセルは、駐江戸オランダ代表が英仏代表と共同すると知ることはわが政府にとって大変嬉しいことであろうと述べている[48]。そこで更にオランダは、フランスにもこの協商に関する意向を伝えた[49]。

この〝協商〟はオランダの発案である。そこで大国英仏がこのオランダの計画にどれほどの重要性を置いていたかを、オランダの文書からだけでは判断できない。まず上記の文書から、イギリス側がこの〝協商〟を、極めて重要視しているような感は受けない。しかし当時の日本の状況から、各国が共同して情報を交換し、日本政府が受諾できる線を画定すること、それにより共同歩調をとって対日問題に当たり日本の譲歩を引き出し易くすることは、極めて現実的であり有効な手段であった。このような環境を考慮に入れれば、英仏にとってもこの協商関係は重要であったと推測される。

とにかくオランダにとってこのような〝協商〟は、日本問題における自国の利害を極めて現実的に確保できる最高の手段であった。オランダには独自の外交政策が失敗した場合、日本でのその影響を完全に失う恐れがあり、それは絶対に避けなければならなかった。当時オランダは、日本が未だオランダに対してもつ好意的な雰囲気を最大限に活用し、そして以前の影響力の復権、更にはその拡大を目指していた。しかしながらオランダは、欧米列強の政治問題としての日本問題には関わらないように配慮した。すなわちオランダは日本問題を、出来る限り〝商業上〟の観点で、具体的には蘭領東インドの植民地産物への新市場として、そして当時活性化されてきた中国、更に朝鮮・ロシアを含むアジア全体の貿易問題の中で捉え、その範囲内で最低限に必要な政治問題に関わった。

第十三章　既得権確保への努力

一、出島自由保税倉庫

オランダは英仏との〝協商〟を重視し、自らの貿易利益拡大の実現に終始した。そこで困難になりうる政治問題を、可能な限り避けた。このようなオランダの対日外交政策を示す例に、出島自由保税倉庫獲得への試みを挙げることが出来る。出島は周知のように、古来の日本におけるオランダ人の拠点である。オランダは出島を賃貸契約で使用していたが、日本の鎖国期には、出島は全くオランダ人ためだけの島であった。しかし日本開国以降この出島の機能は、後の日本との協約・条約に基づき変更された。

この経緯を簡単に説明する。これはオランダが古来の日蘭関係を確認し、更にその諸権利を保障するため、日本との条約締結を望んだことから始まる。しかし当時日本側では、条約締結には常に難色を示していた。そこでまず条約に先立ち一八五五年日蘭仮協定が結ばれ、その後ようやく一八五六年日蘭条約が締結された。同協約・条約条項からオランダは、出島が日本におけるオランダの保税倉庫の機能を有すると認識した。その後一八五六年条約の一部となすために一八五七年日蘭追加条約が締結された。この条約は長崎の貿易形態を拡大した形ではあるが、貿易額・船の来航数にもはや制限がなく、また他の諸外国の貿易参入を認める普通貿易規定を含んでいた。そこでこのオランダの出島における権利は、その日本貿易にとって大きな利点、そして古来の関係に基づくオランダだけが有する特権と思われた。すなわちオランダはこの権利を現実化させ、その〝国家的名声〟の向上、そして日本貿易、更には他のアジア貿易をも有利かつ円滑に展開させ、アジアにおけるその商業利益拡大〝実益〟の獲得を目指したのであった。
しかしながら当時、この日蘭追加条約における出島自由保税倉庫規定に関する齟齬が、日蘭双方に生じていた。オランダ政府は普通自由貿易を規定した一八五八年条約以降も、このオランダの旧特権を現実化する努力を続けた。

二、既得権確保への一動機――オランダ国民による政府の対外政策への批判

このようなオランダの対日問題に関する巻き返しの努力には、オランダ世論も考慮されていると思われる。当時オランダ政府の日本用件の処理に関して、オランダ国民は深く失望し、オランダが過去の地位を取り戻すことを諦めてしまっていたと考えた。それを表す「日本における無私の政策」と題した新聞記事の大要を紹介しよう。

我々は蘭領インド誌で：日本での〝**無私の政策**〟（太字は強調：著者）を読む。数年前蘭領インド誌の編集者が、日本に対して別の政策を取るように助言したときに、尊大な言葉でこの助言は拒否された。オランダは日本国民の文明化の先頭に位置していなければならなかった。そこでオランダは、自らのためには何も追求しない、いわゆる〝無私の政策〟の手本を示さなければならなかった。それにより我々の影響は、それだけ一層大きくなると言われた。そこで虚しく対比された言葉は、「人のことよりまず自分（**Charité bien ordonné commence par soi-même**）」であった。何の欲望も何の独占もなく、全くただ公正な返礼のみであった。我々は、亡きウィレム二世の日本になした高貴な見本に従うべきである。しかし同時に我々の通商利害が全く後退しないように、そして我々の影響が完全になくならないように、他国との同権を得る配慮をすべきである。虚しくこの教義は我々により広

められた。かつてこの〝無私の政策〟の道にいたし、今もそこに留まり続けている。

実際日本における我々の立場は、鎖国制度廃止から利点を得ることに、特に適していた。二世紀間、全ヨーロッパ諸国の中で唯一オランダが、日本で受け入れられていた。オランダ語が唯一のヨーロッパ言語であり、オランダ商品と我々の国旗が、日本市場とその諸港に受け入れられる唯一のものであった。しかし英米が日本に進入する措置を講じるや否や、日本政府の考えも変わり、そこで文明国を受け入れるべきと理解するようになった。

当時我々が、どれほど素晴らしい地位を得ることが出来たであろうか！　しかし日本に対する我々の政策は、長い間植民地用件に関して最高責任者であった人達の弾力性に富まない惨めな証明を再び示している。オランダは日本でより良い立場で受け入れられた最初の国の中にいたが、我々は条約を得た最後の国となった。もはや一商人と扱われないように配慮する代わりに、日本人は我々に関して明らかに政策を変えなかった。我々の立場から利点を引き出す代わりに、日本は我々の富を費やした。優遇された立場を占める代わりに、我々の貿易は絶えず保護がかけていることに嘆いている。

日々新しい証明がもたらされている。我々は過去の歴史を繰り返したくはない。この代表にまず仮条約が提出されたが、そこでは他国に認められた諸特権に遠くも及ばなかったことを、我々はただ思い出したい。その後かなりたってから、他国と同条件の条約となった。それに対してその間、日本は我々からとてつもない大きな贈り物を受けとった。更にオランダに夥しい要求と注文がなされた。日本人は西欧文明に接触すればそれだけますます、我々への要求は高まった。オランダは他国よりも多く与えたが、得たものは少なかった。当時オランダ議会や全国民に、このスローガン〝海軍は凋落した〟が最も痛ましい印象をなしていたときに、我々の戦艦スンビン号はただであげられてしまい、他の贈物の費用を伴い、蘭領東インド予算を苦しめた。日本人は、ある人が言うには、数百万の負債を我々になしたとしている。すなわちわが将校や技術者、軍事関係の人々が、日本人に技術を教えるために日本に送られた。看板貿易は看板借人の数トンの金塊のために売却された。そして我々は何を得たのか。日本はオランダにではなく、外国に使節を送った。我々の国への負債は支払われなかった。これはわが貿易に、ますます不平を生じさせることになった。これは明らかに、オランダ政府の対日政策の結果である。

我々は、日本に関して同新聞に記事を書いた蘭領インド誌編集者ファン・ウッフォールトに厳しい目を向けた。彼はオランダの比類なき政策をやかましく伝道し、この賛美歌を歌わなかった人たちを見下した。しかしそのように喜びの声をあげた人たちにとって悲しむべきことは、その結果が、常に高邁な歌と自己陶酔による、耳を引き裂くようなどんちゃん騒ぎになったことである。日本は絶えずオランダを商人として、そして先にそれに耐えていた国民として扱い続けた。日米条約の批准交換に、日本使節はアメリカに出発した。この使節は、ついでにジャワに数日間訪問した。日本人はアメリカ人将校を同伴し、彼らの一瞬たりとも目を離さない護衛の保護下で、オランダの領域に来た。英語はますますオランダ語を駆逐している。そこで何故アメリカ人は、我々に当然属する場所をも占めなかったのであろうか。

日本人が何かを必要とした際、これはオランダ政府の代表、すなわち〝商人の長〟オランダ弁務官に注文する。我々は何が起こっているのを見るのか。日本人の文明の先頭に留まり続ける努力を、我々は長く続けてきた。日本政府はオランダで船、蒸気機関、書籍、多くの様々なものを購入した。この費用は蘭領東インド予算が負担した。既に数年前同予算が審議された際、議員の一人が植民相に、我々は日本政府に巨額を要求したことは事実であろうか、また支払いを得ることがそれほど難しいのかと質問した。植民相はその事実を否定できず、そして彼は費用の支払いを主張したと回答した。この予算に関する報告の中で、今年再び同じ点が問題となった。この回答は如何なるものであったか？「署名者は残念な報告しなければならない。日本政府による負債の清算に関して、良くない通知を受け取った。……そこでバタフィアが損失を被った。（以下省略：筆者）」

ここからオランダ政府が日本政府に送った品物の代わりに、我々は商品としてコップや皿等を受け取っていることが分かる。日本人は我々を、余り気に留めなくてもよい商人、仲買業者とみなし、そのようなものとして扱っている。以前のような利点があれば、商人として扱われてもよい。「金を思えば仕事も耐えられる」であろうが、しかし我々の国の価値と名誉は、金銭的利点以上であることは常に真実だ。しかし残念だ！この貿易においても我々は犠牲者だ。以前は樟脳や銅が送られていたが、現在は……。我々はこれをリンデン氏に繰りかえすが、蘭領東インド総督は在日オランダ弁務官に言わなければならない「あーもうカップもお皿も送るな！」。

この結論を読めば、冷やかしが起こるかもしれないが、これは重要な問題である。日本人が我々をそのように扱うのは、我々が配慮してきた政策の残念な結果なのである。しかしその間日本の負債は、継続して支払われていない。蘭領東インドの収入は、かなりの額が減少した。そしてジャワでは支出すべき用件が数多くある。この一方で人々は日本政府から庭に招かれて、そこで我々の〝無私の政策〟の賢明さを吹聴させるのである。

我々は何度も述べてきたが、責任は植民地統治のやる気なさと無能力にある。北米と英仏人は、艦隊をインドに送った。オランダはその海軍の再建に巨万の富を支出したが、ただ一隻のみが、我々を代表するというよりはむしろ日本の業務のためにフローニンゲン号（Groningen）が、そこに姿を見せた。在日オランダ弁務官ドンケル・クルチウス氏は、以前はオランダ人の〝商人の長〟だった。日本の政治が別の方向に向かった際、我々側から同氏を交代させることが主張された。オランダは他の方法で代表されなければならなかった。そこで何が起こったか？　人々はその称号を変えたが、その人物を長く、非常に低い地位に留めていた。これが厳しい成果となった。日本と全てのアジア諸国の中では、外見は極めて大きく注目される。そこでオランダ人は、常に彼らの目からは商人、仲買人である。なぜなら形が変わっていないからである。

ようやく別の肩書きを持つ二人が日本に送られた。我々は最近なされたこの任命について若干の所見を報告した。我々は日本で政治代表者を望み、かつ同時に、商業の利害で商業通の一人をも望んだ。これは起こらなかった。その間この結果により、同用件がどれほど最重要の必要性であったかを再認識することになった。わが政府は日本独占貿易を、民間に開放する目的で借人を買収した。この貿易は、自らを慰めていた犠牲を相殺すべきであった。そこで我々は何を見たか。既にかなり前に、政府への請願がなされた。そこでは重要な商人達、またその日本代理人が、植民相に一層の保護を要請した。実際彼らの立場は羨むものではない。若干の欧米人投資の強欲は、日本で怒りを買うことになった。購入の乏しい関係は、既に危険なものとなっている。日本政府は自国の諸港開港に気が進まず、貨幣流通における妥協を一部撤回しようとした。とにかく日本政府は、その関係と貿易をひどく妨害した。既にヨーロッパ人が殺害された。日本人は保護を口実に、他のヨーロッパ人を厳しい管理と隔離の状態に置いている。またオランダ人船長二人が殺害された。そのような環境の中で我々の日本貿易は、わが政府の強力な支持と保護を必要としている。それ程援助が必要とされているかを、今日この新聞により公表された同貿易に関する第二番目の議会演説が明らかにしている。

どのように我々はこの問題を観察するか。国家予算一一章の用件は議員に激しく非難されたが、この現在の植民地政策の中で、我々はオランダに好意的な成果を何処にも見ることが出来ない。日本の点で、我々の猜疑が正しいことは明らかだ。そこで人々は横柄な口調で我々を咎めてほしい。それは我々が真実を述べることを抑えられないからである。そして我々は、この真実の痛ましさを認識している。しかし我々は、今まで政権を担っていた人物により、日本における我々の利害は、適切に促進されなかったと繰り返すことを止めるべきではない。この結果の中で、我々が予測していたものを確信しなければならないことは残念である。わが日本貿易は、素晴らしい将来に向かって進むことが出来た。しかし恐らくもう手遅れになり、当分何もできない。恐らく日本での我々の立場は、目下駄目になった。オランダの商工業は、一般交通への同国の開国に多くの期待を抱いていた。ある企業家は、最近積荷した二隻を直接そこへ送った。しかしわが政府が、直ぐに真剣に力強く行動に出ないならば、また実際日本の開国が完全に終了する前には、この貿易は活気のないものとなろう。この現在の状態が人々を怖気づけさせる。すなわち政府役人の間違いのために、国庫が苦しんでいる。代表者の態度が、我々の植民地利害に良い夜明けを迎えさせるならば、そしてこれが全く遅くなければ、恐らくなお人々は、日本に関して

も何か出来るであろう。日本のわが国民による援助の懇願が、聞き届けられないことがあってはならない。(1)

三、出島保税倉庫に関する財界の諸意見

一八五八年条約以降オランダは、日本との古来の関係から、オランダ独自の特権を追求することは極めて困難になった。しかしこのような状況下でも、オランダは、出島自由保税倉庫とのオランダだけの商業特権に拘泥した。この理由を以下検討する。

植民相は本件に関し、利害関係者である商工業界にその意見を求めた。まずアムステルダム商工会議所会頭による植民相への返答を、要約して掲載する。

閣下もお気づきのように、ここでは当然第一に、日本での商品を保税倉庫に保管することが考慮される。もし日本政府が全ての開港地に、その負担により商品を自由に輸出入できる保税倉庫の建設を請け負うならば、我々の貿易はそれを最も高く評価する。そのような措置は、概してこの貿易をかなり便利にし、そして日本政府から全く守られていない規定、すなわちどの商人もその商品を、いわば民間保税倉庫に入れられるとの規定を無用にする大きな利点をもたらすでしょう。そのような保税倉庫に関する規定の欠如が、今までの諸条約に考えられる大きな欠陥でありました。もし日本国に、そのような保税倉庫の設置を要請するならば、わが政府は自国のためだけではなく、他のヨーロッパ諸国のためにも行動することになりましょう。この一般的規定が閣下に支持されることを、我々はまず第一に願っております。しかしこれにより我々は同時に、出島が明確に保税倉庫として扱われる規定を付け加えたい。

我々はこれに関して、閣下の意見を共有しております。我々は今までのところ、日本との長い通交の結果、他のヨーロッパ諸国以上に我々に与えられた立場がもつ区別を拭い去る理由を感じておりません。そして我々は、この現実に示された（好意的）状況を用いないならば、我々は自らの貿易のために、ほとんど活動しないことになると考えております。しかるに我々は、専らオランダとオランダ植民地からの商品だけが、この特権を享受するとの規定を、一つも作る気はありません。そのような制限は、我々の時代の流れに沿いません。そうではなく我々が望んでいるのはただ、出島が保税倉庫になることだけであります。その結果、同地に全ての商品が自由に輸出入できます。しかしその一方で同時に、長崎との自由通交が妨害されない必要な配慮がなされるべきです。これが日本で商品を保税倉庫に入れることに関する、我々の簡潔な意見であります。しかしこの二つの措置に、適切な方法が見出せない場合には、商品の再輸出の際、支払われた関税の返還が、少なくとも規定されることを常に願っております。

我々が閣下により、更に進めて頂きたいその他の点に関しましては、大坂の開港であります。江戸のオランダ人認容は、神奈川の通交開始以降、我々にとって重要なこととは思われません。それ故一層、大坂への自由通交を重要視しております。内海沿いに位置する同都市の有利な位置、その地に富裕な商人が居住していること、運河がこの都市と途轍もなく人口の多い都を繋げている環境、これらのことから大坂の開市は、普通貿易に極めて重要な要因となっております。商業政策は、双方にとって利益の大きい交通を生じさせる道であります。(2)

またロッテルダム商工会議所会頭も、商取引を簡便にする点から保税倉庫の重要性を指摘した。しかしその際、保税倉庫の権利をオランダのみに要求することは、他の諸国民の妬みを極めて掻き立てるため、不可能かつ賢明ではないとした。更に他国との協調により、それだけ一層当該措置の成功が期待されるとも助言している。そして彼も、江戸よりも大坂の重要性を挙げた。また彼は、日本海域に戦艦を一隻以上駐在させなければ、日本におけるオランダの影響を僅かにも維持することは非常に困難であろうと指摘した。更に中国海域でもオランダ海運が増大していることから、その海賊対策またオランダの地位向上のためにも、同海域のオランダ海軍力増強を植民相に訴えた(3)。このような意見の背景には、中国において英米仏、更には余り商業上当地での利害が大きくないと思われるプロイセンやハンザ諸都市が有するのと同じ待遇が、オランダに認められていないことが原因と考えられる(4)。

これらの商工会議所の要望を受けた植民省は、この問題をＮＨＭに照会した。ＮＨＭはまず照会された問題に回答を行い、その後大きな報告書を提出している。ＮＨＭも、まず一八五六年条約で規定された、専らオランダに与えられた自由保税倉庫に関して意見を求められた。その回答として、「他のヨーロッパ諸国に日本の港が開放されたことは、大部分オランダ政府が行った努力に感謝すべきであること、そして他の諸国に認められた諸特権をオランダも享受することは、オランダ政府の日本と締結した協約の綱領に属すること、これらを考慮する場合、我々は自国のために、先の条約には掲載されたが適用されなかった条項のような独占的な特権を獲得することは、目下賢明でないと思われる」と述べている。そこでＮＨＭは、植民相の次の質問である、開港地における日本国による保税倉庫設置の考えを高く評価するとした。すなわちこの考えは、オランダのためだけではなく、日本との全条約締結国にとっても非常に有効であると思われるからであった。ここでもまた、日本貿易は中国に近いことで、極めて重要との所見もつけている(5)。

その後のＮＨＭ報告書は、近くオランダにも訪問する日本使節団との交渉に役立つために作成された。ＮＨＭは、日蘭貿易のために、この日本使節団の来訪を利用できる見込みがあることは、少なからず歓迎であると述べている。そしてその交渉の際には、条約上の諸特権で一時的に失われているものに対して補償を行うとの方策だけが認められようと判断している。ＮＨＭは、新開港地と指定されている新潟の開港延期に関して、そのことにより多大な損失を被るとは思っていないとしている。更に江戸での外国人受け入れ延期に関しても、現在同地の外国人への嫌悪が存在する状況と、今後も神奈川から大規模に展開される見通しから、余り考慮においていない。しかし兵庫と大坂は絹・

茶・油等を産出する最も豊穣な地区に位置し、また海運にも良好な場所であるため、貿易に開放された結果、あらゆる点で大きな期待を抱けるとの判断をしている。更に大坂は一〇〇万人都市である都にも運河で繋がっており、一段と優れた商業都市、そしてこの国における資本の最大の中心地として見なすことが出来るとして大きな関心を示している。それ故この二港に、どの程度の延期が要求されているのかが重大な考慮に値すると述べている。

この種の表現は、他の文書からも見ることが出来る。横浜の商人も、兵庫・大坂が日本の中心に位置し、海側からの進入も容易であり、更にそこに富裕な商人が居住していることから、この稠密な日本国におけるヨーロッパ貿易の商業中心地として期待されるとして、これらの諸港開港は、オランダ商人にとって極めて重要と指摘している。更に当時、既に重要となった日本でのオランダ貿易において、費用を要する国内輸送がオランダ商工業製品を実際に手に触れさせることへの障害となっており、大坂からはこれを少ない費用で日本全土に広げられるため、この諸港開港は、とりわけ利点があるとしている。またこの二年半、オランダから直接一二隻、ジャワから二隻が、大部分オランダ工業製品を十分に積んで来航したこと、そこで当地における輸入貿易はオランダにとって重要であり、一方で我々の船舶は同海域で頻繁に、そして有効に使用されていると報告した。そして彼らは、諸港開港の拒否を、偶発的事件を誇張することにより、うわべだけは我々の安全への懸念に基づかせる日本政府が用いる威嚇の構造を知らない訳ではないとして、兵庫・大坂に危険はないと、開港を推し進めることを提案した(6)。

またイギリスの日本への譲歩として提案した対馬や朝鮮に近い海岸の開放に関してNHMは、オランダ貿易にとってこの開港が、どれほどの重要性を有するかは判断できないとした。しかしNHMは、この場所の地理的位置から判断して、イギリスの商業利害よりも政治利害により、この交換の考えが生じたと考えることはおかしくないとして、本件はイギリスの政治問題との認識を示した。この判断は、当時のイギリスの史料からも裏付けられる。当時イギリスは、ロシアの牽制とアジアにおけるイギリスの政治商業的見地から、対馬そして朝鮮のChosan港(朝鮮?:著者)を開くことに注目していた(7)。

更に保税倉庫の問題に関してＮＨＭは、植民相が提起した民間保税倉庫よりも、日本政府による国営保税倉庫の設立を推し進めるほうが良いと考えている。また新開港地の延期を承認する場合、既存の開港地において、貿易の障害を出来る限り取り除く要求を行うことが妥当とした。そこでそのようなものとして、横浜（神奈川）において、十分で適切な荷揚げ場所が不足していることに注意を向けると指摘している。

その後関税に関する言及に及んでいる。ＮＨＭは輸入税に関して、リンネル製品を含む若干の商品は五％を超えていないので、極めて適切と認めなければならないとしている。更に条約で挙げられた若干関税率の低い商品と三五％関税である酒類を除けば、他の全商品は二〇％に服するとしている。ＮＨＭはオランダの輸出品として、ガラス・陶器・医療品・動物の角・石鹸、更に蘭領東インド島嶼部から産出されるあらゆる生産物を考慮に挙げている。そして植民地産物から期待される貿易の拡大により、若干の商品に対して関税率を下げる試みを行うことは、不適切ではなかろうとしている。またオランダ政府が、既にここ数年来ヨーロッパ諸国に対して、寛大な関税率の手本を示してきただけではなく、更に可能な限り蘭領東インドでもそれが適用されるように心がけてきたので、政府がこの趣旨で努力することは格別相応しいことは間違いないとも述べている。

またＮＨＭは、日本貿易に関連する問題として、「すなわち現在オランダは、長崎での商業独占権廃止により、数世紀間享受してきた特権が失われた。そして日本の諸港開港により、他の諸国との競争が生じている。その一方で、大規模な売り上げと力の誇示との関係から、オランダが早速露英仏米よりも見劣りすることになったことは確かに驚くに及ばない。更になお我々の願望と期待に反するが、もし他諸国の要求が、軍事力の誇示で推し進められる必然性が生ずる場合、常にオランダは、彼らよりも極めて下位に位置することになる」との所見をつけた。これはＮＨＭも、アジア商圏においてオランダ海軍力が示威されることで生じる国家的名声と、それに伴う通商上の利益に関する重要性を良く認識しており、その必要性を指摘したものである。

報告書の終わりにＮＨＭは、今後オランダが日本問題の中で進んでいく独自の新しい方向性を示している。これは今後武力で獲得できるものよりも、国際関係から良い根拠をもたらす学問分野の中で、オランダが幸運にも他国より若干影響力を有しているとの認識に基づくものであった。すなわち日本人は、ヨーロッパ文明の精通に関して専ら我々に感謝していること、具体的には、我々によって形成された海軍や造船術、また医学・工学の分野であると述べている。そして現在、必然的に諸外国との通交が増大するに従って、先に我々の仲介によってのみ得られていた学術的知識の資材が流れ込むであろうが、しかし若干価値のある優先事項以外に、オランダ語が日本における唯一の外国語である特権を、我々はなお有しているとの認識を示している。そしてこれは、いわば日本の知識人の中では固有なものとなっており、そこで数年間は若干優位を保ち得るであろうと予測した。ここからNHMは、この影響を不朽なものとし、造船・戦術・鉱山学等の他の諸分野においても、出来る限り日本の教育者にそれを留めることが、間違いなく素晴らしい任務であるとしている。「そこで昨年日本政府は、我々の代理人の仲介により、オランダから造船長と技術者を得るために我々に話を持ちかけ、我々は喜んでこの要求を適切に満たしたが、これは本当に満足であった。我々はこの注文からとにかく、オランダがまだ日本のプリスマ〔Prisma〕ヨーロッパ諸国の一国として選択肢に入っていること：著者注）を完全に失っていないと気づくことが出来るように思われる。現在日蘭関係の変更された規定により、公式な手段から、この影響を持ちこたえさせる、また拡大させる機会が失われたかもしれないが、我々は間接的に同趣旨に役立つ諸手段を考えられ得ると思う」と述べ、オランダ独自の対日外交政策への可能性を提示した。

またNHMは、在日オランダ人官吏が他諸国の代表に見劣りしないことも強調した。そして特に仏英米の代表よりも、下位ではならないとしている。これはつまり、この理由により、オランダ代表が各国代表との共同作業において支障をきたすことを懸念したものであった。またオランダ人にとって、それ程快適さを提供し、そこである偏愛をも全く説明できる出島の支社は、オランダ代表が、本拠地の変更に悩む必要をなくしているとして、出島の重要性も指摘している。そこでただ単に、この点における変更は、辺鄙な場所に置かれるのではなく、そして外交活動の中心地から報告を時々受ける代表が、今後出島、神奈川そして他の領事または副領事に命令を発することが出来るとの限りで行われるとした。そこで我々も高く評価している出島住人の安全と利害は、我々が述べた意見による当地の変更によって全く危険に冒されることはないであろうとの意見を提出した(8)。

これらの商工会議所・NHMによる日本貿易に関する要望から判断されることは、確かにオランダは過去の特権を失い、その影響力は弱まったにせよ、未だ日本にはオランダだけが持つ特殊な影響力が存在すると考えており、そこで今後もそれを維持、更には拡大して商業利害に繋げたいとの意図が見られる。これらの商業団体の判断は、日本問題で国際的名声を獲得し、更に大きな利益を追求したいとする植民省の姿勢とは異なり、極めて商業的見地から現実を踏まえて、着実に利益を獲得する姿勢であった。そこで一八五七年追加条約のオランダの成果を現実化し、日本における商業上の〝実益〟と並んで〝国家的名声〟を獲得したかったと思われる植民相は、これらの報告に失望したと考えられる。更には当時在日オランダ総領事ドゥ・ヴィッツも、保税倉庫の問題を隠すことなく、直接日本における全ての港のために、この特権を獲得しようとするほうがより良く、そのほうが出島に限定するよりも、成功のチャンスがあろうと報告していた(9)。

四、オランダの本拠地は依然長崎で――長崎－中国航路

植民省は、長崎におけるオランダの優位な影響力・その既得権を確保し、長崎をオランダのアジア貿易の拠点にする考えであった。その証明は、当時の在日オランダ総領事ドゥ・ヴィッツの報告からも明らかである。ドゥ・ヴィッツは、長崎貿易が最後の月に、特に上海中国市場用の石炭・木炭・木材・魚・海産物のような商品により、非常に活気があったことを報告している。すなわち日本貿易は中国貿易とも深く連関しており、そこで既に以前提起された長崎－上海航路、すなわち中国の物産を日本へ、そして日本の商品を中国にとのラインを確立しようとしていた。また更

にこれに蘭領東インド・朝鮮・ロシアを繋ぐことで、巨大なオランダ東アジア貿易圏確立との構想も垣間見ることが出来る。

しかしオランダが長崎を本拠地として留まり続けたことについて日本では、「日本を取り巻く国際政治に余り関心のもてない蘭領東インド政庁、多少臆病な上に余計な負担を蒙りたがらない総領事によって、オランダは開港後も二〇〇年来の長崎に本拠を置き続けていたのである」との意見がある。[10] またオランダ側でも、ドゥ・ヴィッツが日本を好きではなく、そして他の諸外国人のように襲撃されることを極度に嫌っていたので、長崎に留まり続けたとの意見もある。[11] 長い目で見れば、確かにその後、横浜の急激な発展により、長崎の重要性は失われた。[12] しかしこれは、当時のオランダ人の予想を、はるかに超えていたのであろう。すなわちオランダが長崎を本拠地とし続けた理由は、当時のオランダ対アジア政策の一環であったと判断すべきである。

オランダの長崎を本拠地にして日本問題を展開する政策に、根拠がなかったわけではない。当時日本を訪れたバード (Isabella Lucy Bird, 1831-1904) は、長崎の地理的重要性を指摘している。しかし「一八七〇年代までに、長崎は商業の上では地歩を失っていった。長崎の住人は、これは長崎の日本人役人の失敗であると確信していた」とも述べている。[13] 更にオランダの政策の妥当性を裏付けるものとして、当時スイス領事リンダウ (Rudolf Lindau, 1829-1910) の発言がある。彼は、「日本沿岸に訪れようと計画するヨーロッパ人が、その旅行に最も適った条件の中で準備を整えることの出来るのは、上海という大商業中心地の隣にある長崎である」と述べている。[14] また当時来日した植物学者・プラントハンター商人ロバート・フォーチュン (Robert Fortune, 1812-1880) は、「長崎の港は世界中で最も美しい港の一つで」[15]、「シナとオランダ以外の国々に港を開いて以来、貿易はいちじるしく伸長した」[16] と述べており、更に彼は、当時の横浜と神奈川を評価する中で、神奈川は沿岸の水深が浅く、港としては不適当とし、これらの場所は、日本の国道の宿駅の一つで利点があるとしている。[17] すなわち当時どの新開港地も、その将来に関して、大きな不安定要素を抱えていた。そこで結果的には長崎は衰退することになるが、このような当時の実際の状況も考慮し、本件は検討されるべきである。

長崎貿易を中国貿易に繋げる計画の当時の状況は、ドゥ・ヴィッツ報告内で、「本件は当初日本側からの要請、具体的には日本人官吏からなる、ある委員会を上海に派遣する計画から生じた。その件で、まずオランダ船が雇われた。その派遣が実行に移る前に、仮に石炭・木炭を積載した同船が上海へ発送された。しかしその後この委員会の派遣に関する明確な通知が江戸から届かなかったので、この船の賃貸は解約されてしまった。しかしながら目下、このために新たな考慮がなされたと思われる。すなわち既に日本政府の費用で、本目的に向けられたイギリス船一隻が長崎で購入された(18)」と認識される。すなわち長崎―中国ラインの設立計画は、このように余り芳しく進んでいないようであった。しかしその一方で、オランダの当時の日本貿易は極めて好調であった。オランダの日本貿易の総額は、欧米列強中イギリスに次いで第二位を占めていた(19)。その後ドゥ・ヴィッツは、日本がオランダに三五〇馬力の戦艦とその付属品一式を注文したことを報告し、「日蘭の良好な関係の証明を、閣下に報告できることは大変喜ばしいことです」と述べている(20)。またこの文章の後にドゥ・ヴィッツは、「その一方でこの良好な関係を維持したいとの願望は、私が同時に受けた通知、それは日本政府がまもなく若干名の若者を、オランダで一定期間造船学を学ばせる目的で派遣するとの計画からも、更に明らかである」と報告している。

このような報告は、勿論オランダ本国にとって、大変喜ばしいものであったと考えられる。更にその後もドゥ・ヴィッツは、日本から様々な植物の注文を受けることになった。その際彼は、もしオランダ政府がこの要請を満たすならば良好な関係の促進に役立つと、閣下は恐らく判断されるでしょうと述べ、その要請を受けるよう蘭領東インド総督に恭しく要請している(21)。こうしてみるとオランダが、日本に残るオランダへの特別な心情を、未だ利用できるのではないかとも考えられよう。当然オランダ植民省は、その考えであったと思われる。しかし既にオランダでは、このような植民省の考え方をもはや非現実的と見なしていたようである。そこで植民省は独自の見解を推し進めることを控え、多数意見である商工会議所・外務省の意見に従った。

五、植民相の総括

植民省は、アムステルダム・ロッテルダム両商工会議所、更にＮＨＭとの協議により、「条約の適切な実効のため、またはより一般的に日本国との良好な関係促進のため、日本に要求する、または要求を認識させることに関する諸点」と題する詳細な報告書を纏めた。閣議決定により日本関係の指導は、今後外務省から行われることになっていたので、その報告書は関係官庁である外務省に送られた[22]。

本報告書は、上述の両商工会議所、ＮＨＭとの協議、更に先の植民・外務両大臣による一八六二年三月二〇日付共同報告書[23]を方針の基点にしているため、これらの文書の内容とほぼ一致する。そこでは日本政府による江戸・大坂・兵庫の開港延期要求に関する同政府への方針の中で、英仏との〝協商〟を重視する考えが挙げられている。先の文書にも示されていたが、まずオランダとしては、日本側の要求に見合った譲歩の獲得を試みること、そしてそのオランダの決定はある程度、他国の決定に依存することを確認した。しかしイギリス側が日本に認めた延期期間は長すぎるとして、我々の側からイギリス側の意向に賛同することは差し当たり賢明ではないとも判断している[24]。このような点からオランダが、自国と日本のために都合の良くない決定には従わない点も確認でき、そこでオランダがただ大国に追従する姿勢ではないことが認識される。

またこの文書内では、イギリスが兵庫・大坂の延期を認める代わりに、対馬や朝鮮に近い海岸の開放を求めるかもしれないとの用件に関して、現在ロシアが対馬での定住を放棄した状況があるので、その後の考慮により、イギリスはもはや対馬に拘らないであろうと判断している[25]。

更に本報告書内では、オランダにとって重要な問題である、オランダの自由保税倉庫としての出島保有に関する言及が注目される。ここでの根拠としては、すなわち出島は一八五五年一一月一八日仮協定一八条と一八五六年一月三〇日条約一七条により、既にそのような保税倉庫の性格を有していること、すなわち「商品の検査はただ、今までの慣習のように、出島から日本に運ばれる時、または日本から出島に運ばれた時に行われる。出島に船から運ばれるとき、また出島から船に運ばれるときではない」との条項を、ここで挙げている。更に当時の弁務官（ドンケル・クルチウス）が、保税倉庫としての出島の地位を高く評価すると述べたにもかかわらず、しかしそのような条項は一八五八年八月一八日条約には掲載されなかったこと、また一八五八年江戸条約が出島の特別な地位を廃止させたと同弁務官側から主張されたことにより、それだけ一層オランダ政府周辺では、ある驚きと不満が起こったとの経緯が述べられている。そして政府は、この主張に甘んじないとし、そこでなお先年末蘭領東インド総督に、一八五六年条約一七条が未だ効力があると見なされるのか、または日本政府との更なる合意により、民間保税倉庫の原則がはっきりと承認され整備されるのか、どちらかを押さえるよう指示したと説明している。(26) そこでこちらから本件について求めるならば、この一七条を要求できる根拠は十分にあると判断している。しかしオランダ側では事実上、先の出島に保証されていた立場は廃止されたように扱われているとも述べている。これはＮＨＭ等の意見から、この特権維持に拘泥することは余り好ましくないとの判断を受けていたことに依るものと思われる。

この出島保税倉庫の経緯に関する日本側の考えは、ドゥ・ヴィッツの報告から、次のように認識できる。ドゥ・ヴィッツが本件について長崎奉行と交渉した際、彼はまずこの一七条の考慮においては、一八五八年条約が発効した際、長崎奉行が出島の民間保税倉庫を認め、そこでこの原則も新条約内で維持されると認める態度を示したこと、これにより出島の門の撤廃のような一時的な環境の理由で、また更に単なる一時的手段が取られたことだけを、長崎奉行に思い起こさせた。しかしこの問題に関する日本当局の回答は、「出島の自由保税倉庫の原則は、新条約内に認める意図はなく、それが新条約に合致しないと確信していた。民間保税倉庫の認可は、出島のオランダ人だけではなく長崎の他の諸外国人を考慮し、単に全般的に商業を簡便にする措置であった。そこでこれは一時的な代用手段や、先の出島における立場の結果とは全く見なされない。新条約の全諸条項に、同問題への一般的規則が規定された。これはこのオランダへの措置と相容れるものではなく、そこで同措置は全く急速に日本政府により否認・撤回された。出島表門と水門により閉ざされた先の出島は、一隻の船と見なされており、それが密輸への予防策を提供していたが、新条約第二条によりこの閉鎖が解かれたことから、先の立場を維持する考えは自然と廃止すべきであった。またもし日本政府が新条約に出島の先の地位を継続させようとしたならば、商業規定に特例をつけたと思われる。最後に日本政府は、この一八五六年条約全てを、ただ素晴らしい条約前文により、記念文書として保持したかった。しかしながらその後の条約で、全てが十分規定されたと考えており、もし以前の条約からオランダへの特権として何かを維持したかったならば、そのようなものは、なお特別な方法により、そこに掲載したと思われる」とのことであった。このような回答を受けたにせよドゥ・ヴィッツは、主要な問題では失敗したが、良しと言えることは、概して保税倉庫の考えを日本政府に認識させたことと観察している。そこでもしオランダ政府が日本政府に、出島の特別な地位を認めさせることを断念し、全ての開港地に保税倉庫を設立することを要求するならば、出島での特権の損失を嘆く理由はなかろうと報告した[27]。

このような意見から植民相も、「既存の出島の状態に戻ることは、すなわち何か新しい、つまり専らオランダの利害から要求するような体裁を帯びることになる」と注意することにした。更に彼は、出島保税倉庫の考えをアムステルダム・ロッテルダム両商工会議所やＮＨＭの助言と一致せず、「彼らの助言では、むしろより一般的な意味で、日本の開港地に保税倉庫を設立することを評価するとの、協議の中で引き合いに出されていた考えを良しとしている。この考えを実現させることは、とりわけこれが可能な限り、この点で文明諸国に受け入れられる諸規則に一致して行われるならば、貿易を通して高い評価がなされるであろう」と商工業界の助言に理解を示した。そこでオランダは日本政府へ、直ちにあるいは原則で定められた英仏との協商に一致して、この両国と協議した後に、日本での国営保税倉庫設立を条約二条の実施延期に対する譲歩の条件とするならば、日本に対してかなり以前から従ってきた、そして概して商業利害を促進してきた私欲なき政策の精神内にあると、確実に見なされるに違いないとした。また同報告書の結びには、一般的な利益のために、差し当たり取り除ける条件や、また専らオランダの利害を個別に処理する条件を、出来れば規定してはならないと述べている。[28]

その後これらの立場が国策として認可されるために、外務省は「日本と締結された条約により定められたこと」と題した報告書を、オランダ内閣に提出した。この報告書は一八六二年六月一一日二一番報告書と内容は同一である。[29]この報告書内では、各国との協調を確認している。しかしオランダが、日蘭両国に好ましくない決定に従う必要はないとする、オランダの不羈の立場も再確認している。ここで注目される記述は、「オランダへの日本の偏愛（こちらになされた注文や、造船術を学ぶために若者をこちらに送るとの考えからはっきりしている）から多かれ少なかれ、当方の協調性を示すことが推奨される。条約第九条（最恵国待遇条項）が常に効力を有する一方で、この協調性は他国との比較の中で我々を損ねることはないであろう」との判断から、更に「その際人々が、現在イギリスによりなされた譲歩と、偶然にも損なわれる我々の権利を維持するために我々が使用できる小さな力を考慮に入れるならば、この先の条約で獲得した権利を強力に堅持することは、良策への要求に一致しない」と結論づけたことである。この条約の不履行に対する諸提案は、一八六二年七月二五日閣僚への文書の中で見ることが出来る。その文書内には付属資料として、オランダの要求とイギリスの要求とが比較されている表が付けられており、具体的にその相違を認識できる。[30]

しかし本件は、急展開を余儀なくされた。それは日本の全開港地における保税倉庫の原則を受け入れるとの措置により、出島自由保税倉庫の容認に関する用件は中止になるであろうと外相が植民省に伝えたからである。その際同外相は、一八六三年一月一日の考慮（第十四章参照：著者）により出島の土地とその建物の賃貸料を、もはやオランダ政府からではなく実際に使用している民間商人から日本政府に支払うことが望ましいこと、更に出島でオランダが所有する建物は、江戸領事館設立により不必要になるとの最終決定がなされようとも報告した。[31]その後外相は、出島の門が取り払われ、そして長崎の外国人に公開された地区に出島が開かれて以来、また出島行きとなったオランダ船が、他の外国船と同様長崎で通関手続きをし、当地で関税を支払うようになって以来、この出島保税倉庫に関する条項は失効したと見なすと判断した。そこで出島自由保税倉庫の維持を日本使節との交渉の際に推し進めず、日本の全開港地における保税倉庫設立の原則を受け入れるとした。最後に「日本使節がその全開港地に保税倉庫を設立するとの、特にイギリスに行った約束で、日本政府が既に現在出島で実施し始めていることを、ドゥ・ヴィッツが本件の交渉で獲得できるならば、これにより彼は貿易に多大な貢献をするであろう」と述べた。[32] これを受けて植民相は、この内容を日本領事に認識させることにした。[33]

第十四章　オランダ対日積極外交の終焉——日本用件移管問題

一、一八六三年一月一日の考慮

植民省による出島保税倉庫獲得の試みを一掃した一八六三年一月一日の考慮とは、如何なるものであったか。これが植民省管轄の日本用件の外務省移管である。これによりオランダ対日外交政策は決定的な転換を迎えた。本書の最後に、この問題を検討する。

この日本用件外務省移管問題は、以前にも提起されていた。その当時は、蘭領東インドで東アジア用件が処理されることは迅速かつ有益であるとされ、その上級政府である植民省が担当し続けた(1)。しかし日本との一八五八年条約の締結以降、条約手続・交渉は正式な外交手続きに則って行うことが要求され、この問題が再検討されることになった。また当時日本遣欧使節団(一八六二—六三)が来訪し条約延期交渉が行われていたが、同交渉は実際外務省が行っていた(2)。

二、遣欧日本使節団への対応に関する国内批判

一八六二年、日本使節団がヨーロッパを訪問した。この際のオランダ外務省による対応は、オランダ国内で極めて

疑問視された。実際日本使節団は、オランダを訪問する予定はなかった。しかしオランダは日本との関係を重視し、同使節団を説得し経費を自費で支弁することで、彼らをオランダに訪問させた。その際日本側は、条約で約束した諸港開港の延期をオランダに申し入れ、本件につき交渉した。オランダ政府の日本使節団への対応は一定評価されたが、その交渉方法は疑問視され、議会でも大きな批判を浴びた。

本書では、当時のオランダ国民の視点を理解するため、『新ロッテルダム新聞』の記事を紹介している。そこで本章でもこの新聞を用いて、オランダ国民の視点を理解するため、オランダ議会議論はどのように国民に伝えられていたかについて言及する。議事録の討論は、大抵翌日の新聞内で見ることが出来る。そこでこの翌日の新聞内議事録を使用して、緊迫感ある検討を以下行いたいが、以下当該箇所をオランダ議事録から紹介し、一連の討論を検討する。その理由は、新聞版（出版元は H. Nijgh te Rotterdam となっている）は、その後『オランダ国営新聞』の付録（*Bijblad van de Nederlandsche Staatscourant*）として出版される議事録（*Handelingen der Staten-Generaal 1e&2e kamer*）とほぼ同じこともあるが、大分要約されることもある。やはり議論を深めるためにも、ここでは詳細で、完全な討論を検討できるオランダ議事録を用いる。ただこれらの討論が新聞紙上ではどの程度伝えられたのかを注で示す。

ファン・ラインデン（W. baron van Lynden, 1806-1866）は、おおよそ以下のように質問した。

　この夏日本使節団が当地に訪問し、オランダは出来る限りのおもてなしをした。同使節は、オランダとの条約修正に関し協議する任務を負っていた。日本使節は当地にかなりの時間滞在し、その後他所へ同じ目的で出発した。ここで政府から知りたいことは、これが同使節の目的であったのかどうか、そしてそれが正しければ、この目的は達せられたのかである。

すなわちオランダは確かに出来る限り、心のこもったおもてなしをした。日蘭国旗と更に、日本使節三人の紋章の旗まで調べて飾っている。日本のお茶を出したり日本語でお出迎えしたりと、一同は感嘆と感謝で大満足であったとされている。しかしながらその成果には、このように疑問視された(3)。

これに対して外相ファン・デル・マエセン（P. van der Maesen de Sombreff, 1827-1902）は、日本政府の目的が条約修正と認め、その後、

条約で生ずる大きな変化により、日本国民の感情を害さないようしたいとする要請を、オランダ政府は了承した。これは他の条約締結国のヨーロッパ各国も承認したし、するであろう。しかし日本国民の国家的意識を尊重する意図ではない要請、すなわち日本貿易を取り消す、または同貿易の取り消しを、日本政府に全て委ねることは、オランダでもイギリスでも認めなかった。条約で認められた諸港開港の延期は認められた。イギリスはその期間を五年としたが、オランダは現状が不透明なため、明確な期限を定めなかった。

と大筋で回答した(4)。

当時オランダ政府は、対日政策で英仏との〝蘭英仏三国協商〟を結成し、このヨーロッパの二大国との協調を重視していた。すなわちその日本政策で、他国との不調和による利益喪失を回避し、また日本問題における宿敵アメリカに対抗する意図であった。しかしイギリスは諸港開港の延期を五年間としたが、オランダはこれに同意できなかった。同件はオランダが、大国の決定にのみ従っていた訳ではない証拠でもある。しかし実際この〝三国協商〟の運営は、困難であったことをも示している。

その後ボレール（W. Borreel van Hogelanden, 1800-1883）が、おおよそ以下のように述べ、日本問題に関して政府を非難した。

外務省に対する第二の苦情としては、日本使節団に関する政府の態度である。政府は、日本使節団の目的を認識していた。そこで日本使節団の提案を直ちに飲むものではないと、予め了承していた。しかし同使節は、オランダの熱烈歓迎を受け、オランダ人が使節の受け入れを名誉と思っていると勘違いしたに違いなかった。その間当地や他の場所における饗宴の後、同使節は当地来訪は失敗であったと知り、目的を達せずわが国を去っていった。現在この使節は、オランダで受けた特別なおもてなしと当地で支払われた多大な費用に感謝する代わりに、失望、不機嫌、立腹してオランダを去った。(5)

更にスヒンモルペンニンク（Willem Anne Schimmelpenninck van der Oije, 1800-1872）は、以下のように発言している。

日本。私は何も分からないことを認めなければならない。そしてどれほどの印象があったか、この賢明な使節が当地から何を得たのか、貴下の誰も分からないと思う。我々が自主的な態度が取れなかったことに、私は決して腹を立てない。オランダが、英仏と同列に見られるべきではないが、先の日本の同盟国と考慮するならば、すなわち我々こそが出島で、より長く他の全ヨーロッパ人を締め出し、日本との関係を保っていた唯一のヨーロッパ人であった。すなわち我々は、日本を全ヨーロッパとの関係に至らせた先駆者であり、独自の態度をとる使命があった。私はこれに腹を立てない。そして外相が我々に回答したこと、とりわけ同使節は満足していたことを私が信じなければならない場合、一層これに腹を立てない。つまり私がよく分からない詳細が報告されないならば、実際の要求が何であったか、私には分からないからである。(6)

これは政府の日本問題の不透明さに苦言を呈したものであるが、一方ではもう日本問題には、それほど興味はないことを表しているものともいえる。これに対して外相は、おおよそ次のように説明している。

アジア使節が、当地で迎えられると同じく、日本使節団がこちらで迎えられた。遵守された儀式、示されたもてなしは、オランダ代理人が、常に同様の儀礼で迎えられる国の使節になされる以上ではない。日本との我々の関係から、日本使節団が要求した全てを認めるべきであったとは、誰も主張できないであろう。日本使節の要求は、そのまま全てを認めるならば、条約を反故するものであった。そこでフランスは要求の回答をせず、彼らをイギリスに送った。イギリスも日本用件に委任された特別な人物が、遠隔のアジアから到着しなければ状況は同じである。当地で我々は、同使節の要求の一つが、諸港開港延期と認識していた。別の問題は全く知らなかったし、更に他国の見解を認識せずには、決定できない類のものであった。そこで後に決定がなされた。それにより日蘭の良好な関係が、困難になることは全くなかった。それは彼らが言葉や文書で、この政府に行った満足の表明に示されている(7)。

政府代表である外相の発言は、政府答弁としては、常に全く完璧である。しかし当然このような常套句に対しては、更に批判された。ホッドフロイ (M.H. Godefroi, 1813-1882) の質問を抄訳する。

私は日本使節団への政府の態度を、指摘しなければならない。同使節に何が起こったか。その来訪は予め周知であった。この来訪の目的は、良策により、とにかく知っていなければならなかった。同使節は当地に到着前に、英仏を訪問している。そこでなされた提案の成果を、知らないことはないと思われる。同使節は当地に来て、かなり長期間滞在したが、何が起こったのか。日本使節団に何もさせず去らせてしまった。これが実際そうであったとは、当初不確定であった。それ故議会の提案で情報が問われ、大臣は、日本使節団が当地滞在中に、こちら側からの回答はなされなかったと回答した。これにより政府が、同使節に何もさせず出発させたことが確証された。これは相当無思慮な態度である。むしろこの態度は優柔不断で決断力がなく、不安定な印象を与えた。当時わが国を去った日本使節団も、この印象を受けたらしい。なぜなら同使節がオランダ国民から受けたもてなしに非常に喜んでいたが、政府の態度には不満足であったからである。そこでそれだけ一層この印象は悲しまれる。なぜならこれが、とにかく以前は、我々の国に尊敬を持ち、そこでは確かに我々は名誉を有していた国民との関係で起こってしまったからである。すなわちこの名誉は、同使節団への力強い態度により育み、強化すべきであった。

そこで政府が回答なく、使節を出発させたのは何故か。日本の諸提案がなされる他政府からの情報を、政府は予め得たいとしていたが、二つの大国、英仏に訪問した。熱意と、外相により、そして外国でのわが外交官により、それを知ることが出来たはずだ。諸提案への英仏の回答は、すなわち知っていた。それを知ることができたし、知らなければならなかった。なぜなら、さもなくばわが外交は、役に立っているのか。そこで使節団に回答せず出発させたことに関して大臣がなした動機に、十分な理由は何も見出せない。しかしこの態度は、他国の決定を待っているとするならば、なお一層不可思議である。それではこの結果は、何であったのか。政府は他国が行ったと同じようには、まさに行動しなかった。対日政治関係内では、他国のガイドラインに従うことは十分良く理解される。我々のように、日本と政治商業的関係を有している他国と協調することは、良策の命じるところである。しかし良策をまさに追及しないのであるならば、自らの道を進むことだ。大国イギリスが諸港開港延期を期限付きで認めたのに、我々は期限をつけることなく我々の権利を放棄した。外相はこの方法を、最も敬意をもって述べるにせよ、十分とは思われない理由により正当化しようとしている。

好意的な状況の際、条約から生ずる同文書への正当な要求を適用させる機会を、政府は断ち切りたくなかったとしている。言うまでもなく、他国が日本に認めた延期が続く限りでは、他国が要求できないものを我々が獲得すると考えることは幻である。また十分正当性を有する場合、我々は日本に対して圧迫手段を使用するか、また出来るか。私はそうは思わない。政府が他国のガイドラインから逸脱することは、間違いだと考える。このガイドラインに沿うことが、賢明な政治行為であろう。我々の外事用件における良策の証は、この問題のあらゆる行動の中に、全く見られないことは残念である。(8)

この意見はある意味、的を射ている。すなわちオランダは〝蘭英仏三国協商〟を結成し、英仏の情報を出来る限り早く収集し、そこでオランダ側の意図を彼らに伝え、オランダの意見を彼らの政策に反映させ、問題の矢面に立つことなく、権利を獲得していく方法を採っていたからである。その点で言えば、英仏の情報を適切に収集していないことは不手際である。ただ政府原文書から解説を加えれば、この際オランダは、特にこの問題で主導権を取る積もりはなく、ただイギリスの五年間との延期期限は長すぎるので、その半分くらいが中庸であろうと判断していたので、オランダは新開港地延期に期限をつけなかったのである。

このようなオランダ外交の失策というよりは、そのやる気のなさが相当批判されているが、政府擁護の意見も見られる。これはハイデンライク（C.J.A. Heydenrijck, 1832-1911）の質問である。

東方の諸氏の要求に対して、彼らに回答する前に、他の政府の意見を待ってはならなかった。それは国家の威厳に反した。そこに責任を見出し、そして一息に、諸港開港に明確な期限を認めて、他国の意見に応じなければならなかった！　と付け加えた。全く独自の行動が、我々には不可能なのか。これはより国家的なのか？しかし議長、他国との共同は不可能なのか？諸港開港の期限をつけないことが、然るべき時に、他国と行動できる保障にはならないのか？しかし我々の日本における名声とは何だ？我々は同諸氏に回答を待ってもらった。更に言われるように、そこで彼らは、我々がまず他国の行動を見たいことに気づいた。しかし我々が自身で、独自の決定を採ったとしても、何も害はないであろう。(9)

この種の意見は、注目に値する。すなわちある問題で、外交的に失敗した場合、その責任について政府を追及するのではなく、その問題を些細な問題として片付ける手法である。このような手法が、オランダの対日外交にも当てはめられた。そしてそのようなことが〝オランダにとってアジアの重要用件はインドネシアであり、日本問題などは全く興味がなかった〟との一般論となり、今日までも通念となっていると思われる。しかしこれは誤りである。日本使節団オランダ訪問に関する一連の政府批判に対して、外相はこの経緯を説明した。以下彼の発言を抄訳する。

最後に日本人について話す。アムステルダムからの議員は、同使節の受け入れを、日本使節がオランダで考えられたものではなかったと、悪意のある調子で私に述べた。彼の論法は、曖昧であった。同議員によれば、日本使節はハーグに来る前、英仏に行った。そこでこの質問者によれば、わが外交は、この両国が同使節に認めたものを知らなければならないし、我々は、他国が既に我々より先に行ったことをしなければならなかった。この論法は、事実をほとんど認識していないことによる。何故なら日本使節がフランスを去ったときには、彼らがオランダの国境を越えロシアに出発したときと同じく、その回答を受け取っていなかった。日本使節は、サンクト・ペテルスブルクからの帰還の際に、ようやくフランス政府が認めたいものを認識した。――主張されているように――イギリスは認めた。そしてこのことは、ここでは完全に周知であった。質問者は別の部分で、他国との協調を取るべきであったと述べたが、同時にオランダが不羈の立場をとるべきであったとも要求した。これこそがオランダが行ったことではないのか。我々はまず他国がなしたものを知りたかった。これを知れば直ぐに決定できた。最も利害に一致するので、そこでオランダは不羈の立場をとった。五年間ではなく、我々は期限を設けなかった。我々は常に、他国以上の何かの権利で日本を強制しなかった。何故ならこれは最恵国待遇条項に一致しないからである。しかし我々は在日代理人により、諸外国への日本の開国が促進される全てのことをするように、日本政府に主張する機会を常に持つようにしていた。日本におけるヨーロッパ文明国の先駆者たるは、常にオランダの役割であり、この役目を我々は果たそうと努力しているのである。

五年間日本政府を、他国の同意に委ねさせる代わりに、我々は同権利を留保した。その時質問者の意図で、すなわち諸港の閉鎖に基づき、他のヨーロッパ諸国と協調した。そして我々は他の期限を設け、不羈であり続けた。(10)

この外相の発言も理解できないことはないが、明らかに政府答弁らしく、オランダ外交の明らかな消極的な態度を払拭できない。そこでホッドフロイから次の質問がなされた。

日本使節団に対する態度について、現在もう一言述べたい。大臣はナイメーヘンからの議員（ハイデンライク）と同じく、私を自己矛盾させるように仕向けた。彼によれば、わが国の諸提案に対する回答が、諸外国の決定に依存してはならないとの趣旨で、私が同使節に対してしっかりとした、自主的な態度が必要であったと述べた。一方でナイメーヘンからの発言者が述べたように、我々がまさに他国と協調すべき問題であったと、私が一息に付け加えたらしい。

同使節に何もさせず出発させたことに、私は確固たる態度の欠如を見る。彼らの提案を知っており、そしてとにかく本件に関するイギリスの決定も知っていたわが政府は、同使節の当地逗留期間に回答を与えることが完全に出来た。この状況で回答がなされていないことが、優柔不断の印象を、同使節に与えたに違いなかった。

大臣自身が演説内で述べた、日本に対する先のわが国の関係をも考慮するとき、私はこれを残念に思う。確固たる態度が要求することは、当地に訪問した使節に、どんな意味でも、彼らの諸提案に回答することであった。彼らの出発後まで、これらの諸提案に不回答であることは、私はこれを固持するが、良策の証ではない。何故なら他政府の行動を待ち、政府は自身の道を採らなかったので、それだけ一層良くないのである。現在大臣は、それをどう結論付けたか。つまり彼の回答は、すなわち期限を認めないことは、如何なる状況でも、我々が同権利を有効にしていたいがために、日本に対し武器を保持している意図であった。しかしこの大臣は、昨日私が主張したこと、我々はこの武器を使用できるのか、または使用したいのかには反証しなかった。すなわち、どれ程の期限を認めないにせよ、期限をつけた諸国に従うように（à la remorque）、我々が自らを位置づけたことである。なぜなら同延期が続く限りでは、我々が単独に、そして他国との共同がない条約の完全な履行には、何も出来ないし、何もしたくないからである。つまり本件では、この交渉や、これに続く決定でも同じく、どの観点からも、確固とした思慮分別に富む態度が欠けている。この大臣が本件の処置を第五条に関する審議に付託した後には、この外交組織について、現在私は話すべきではない。(11)

これは確かに痛いところをついている。オランダ外務省は、二、三年の期限をつけたかったが、この期限の後も、日本が条約を履行する保証はなかった。そこで同じことが繰り返されることを避けるためにも、当時はっきりと述べることが出来なかった。しかしながら日本使節団が、このようなオランダの態度を曖昧で、優柔不断とみなす恐れがあるならば、すなわち日本政府が、オランダは大国に従う、いわばヨーロッパ強国の従属国と判断しないためにも、オランダとしての要求をはっきり述べることは、独立国として必要な措置であったと言える。

イギリス側では、この日本使節団のオランダ訪問での出来事を、次のように認識していた。

オランダ政府は、日本の諸提案に回答しなかった。同使節はハーグでの回答を受ける必要を考慮し、翌日ベルリンとサンクト・ペテルスブルクに発つことを決めた。つまり同使節は、これらの宮廷への訪問後には、例え満足する形ではないにしても、オランダ政府の回答の準備が出来ようと期待し、ハーグに戻るとしたのである。(12)

ここからも、日本側からのオランダによる回答が望まれていることが理解される。そこでこの際オランダが、明確な回答を日本側になす必要があったと理解され、本件におけるオランダ外務省の対応が良策の証とは言えないと結論づけることが出来る。

更に報告者委員会の中間報告第九節（Voorloopige Verslagen der Commissien van Rapporteurs）の中で、上述の討論が纏められている。ここでの結論としては、もし新たに我々側から何か要求を行うのであれば、その要求を実行させる圧迫手段に欠けるので、余り良くない状況も起こり得るとの判断であった。そこでイギリスのような強力な海上国家が五年の期限を定めたので、オランダも同じ譲歩が適切にも出来たと思われるとしている。[13] 後の報告者委員会中間報告回答覚書第九節（Memorien van Beantwoording van het Voorloopig Verslag der Commissie van Rapporteurs）の中では、日本使節団のオランダ訪問に関する経緯とその概略が述べられている。ここでは上述の政府の意見を踏襲している。更に今年度、日本用件の予算は外務省につかず、日本使節の受け入れと滞在に関わる費用は、植民省の予算につくことが述べられている。[14] これは翌年（一八六二年）から中国・日本用件が外務省に移管されることが決まっていたので、それまでは植民省の管轄内で解決したものと思われる。しかし植民省としては、日本問題に関して直接交渉も出来ず、更にオランダに対する利権を期待していたが、当時その成果は直ぐには現れなかったので、この支出は面白くなかったと思われる。

三、植民省から外務省への日本用件移管の経緯

このような外務省の消極的対日政策への姿勢から通商利害を重視する商人からの批判、更には政府内での日本問題における失望の中、この外務省への日本用件管轄移管が行われたのである。当時「中国・日本領事館が外務省下に入

る有効性により、先日政府は問題を解決した。しかし当地の我々の領事が継続して、蘭領東インド総督の命令に留まることは望ましく、かつ規制された業務にとって必要と思われるので、領事から来る植民省への政治的報告が外務省に報告されると規定される以上には、既存の状況になんら変更はない」とし[15]、その後も「差し当たり、そして日本問題が、より落ち着いた状況になるまで、政府は日本領事の立場を変更する必要性を感ぜず、蘭領東インド総督の指導下に置くことが、規制された業務にとって、むしろ望ましいと考えている」[16]と外務省は述べ、当地における領事職になんら変更がないことを強調していた。

しかしその後、オランダに良くないイメージが伴っていた先の日蘭関係を清算するためにも、「わが政府と日本政府との関係は、オランダにより管理すること、そしてオランダ政府直接の影響下に置くことが、必要と思われる。しかし他の理由でも、これは極めて望ましいのである。直接オランダ政府に、代表としての行動の責任を負う場合にのみ、オランダ代表の影響と意義が得られる。また若干の議員は、その他の地域以上に、日本では、とにかく差し当たり、オランダ代表が外交的性格を担わなければならないとの意見を報告している」[17]と変遷した。更に

日本政府の友好に関して、過去と比べ、現在時期を損なったとの証明があるとは思わない。オランダは日本に繰り返し鎖国制度をやめるように、そしてあらゆる文明国と関係を持つように助言を与えてきた。日本が徐々に従ったこの助言とともに、我々はオランダへの優越との考え方に別れを告げなければならなかった。他国と日本との関係の比較から、日蘭関係の重要性は、オランダ企業人と商人が、その地で彼らの製品捌け口を探し、かつ有利な貿易を行う機会を使う術を知っている度合いにかかっている。自己利害を促進する場合にのみ、日本に古い友好関係への思い出を生き生きと残せるというような、先の関係箇所の節にある所見の正当性は同意されない。

その他について、他の条約締結国代表に対してオランダ総領事が軽視されているとは決して思っていないが、江戸に代表を駐在させる指示により、そのようなきっかけを取り除きたいと、政府は常に考慮していた。英仏米

外交代表に相当する、より高い地位は彼には認められない。同計画が実現する際には、政府に対するオランダ代表の関係に変更が生じる。この結果オランダで日本関係の管理はなされ、オランダ代表は直接オランダ政府の裁量になるであろう。…今後日本・中国政治的関係の指導は、外務省に委ねられる。(18)

このような変遷を経て、外務省への日本用件の移管が進んでいった。

四、日本用件移管に関する具体的内容

上述の日本用件外務省移管問題の変遷から判断されることは、日本用件への関心の低下である。特に蘭英仏三国協商の成立後、日本用件は、その条約締結諸国との外交協調が極めて重要になっていた。更に植民省による独自の積極的対日政策の余地は、ほとんどないと判断せざるを得ない状況が現出していた。当時この問題を再び取り上げた文書が、一八六二年六月一六日開示五二番外相宛植民相書簡である。同文書には鉛筆書きで「日本・中国用件の本省への移行」と書かれ、更に鉛筆書で「取り扱うべき(te behandelen)」と書かれている。日本用件の外務省移管に関する重要な問題として、オランダ代表が江戸に滞在できるかどうか、また他の日本との条約締結国代表に応じた、より高い地位が与えられるべきではないのかとの問題が検討されていた。そこで植民省は、この点に関して「江戸に居住する他の条約締結諸国の諸代表と同じ立場では、同地にオランダ代表を置かないことに関して扱った覚書」を作成したと説明している。その後植民相は外相に、日本・中国用件の外務省移管について、植民地の観点から、その希望をお知らせしないことは出来ないと述べ、項目別にその要点を説明した。以下植民相の意見の要約を、原史料の項目に従い掲載する。

a　蘭領東インドと、日本・中国の一般的な関係

オランダと日本・中国間の関係は如何にあり、如何にあることが望ましいか。日本と中国における蘭領東インドの利害に関し、その適切な促進を最善にするためには、特に中国との十分な関係を持つべきである。そこで両国のオランダ代表が、適切に重要な諸問題をただ認識するだけではなく、彼らは日本・中国における蘭領東インドに関わる出来事を、蘭領東インド政府に報告するとの蘭領東インドのための職掌に置かれることは疑いないことである。

b　国旗示威のため、そしてわが国民の保護、または条約交渉の際に起こりうる［こちら側の］抗議を推進するため、または若干の強制を与えるために、中国または日本に駐在すべき海軍力

これまで日本・中国業務に必要とされた戦艦は、蘭領東インドで蘭領東インド総督指揮下の艦隊から借用されている。それに関し一部の費用は、蘭領東インド予算から支払われている。それは同規定が、日本・中国問題の指導を、蘭領東インド総督に委任している状況による。そこで如何に本件が、今後規定され得るかとの問題が生じる。つまり特にそこに付かない支出で、蘭領東インド予算に負担をかけず、蘭領東インド所属の海軍力を扱う蘭領東インド総督の権限を縮小せず、そして蘭領東インド艦隊司令官と蘭領東インド総督の職能を損ねないこと。

この問題に関して、貴下と海軍相間の協議が、恐らく適時に行われよう。

c　職員の雇用契約

日本総領事館勤務の職員は、どの観点からも、付帯する全ての権利と義務を有する蘭領東インド官吏に留まる限りでは、蘭領東インドの業務下にあると見なされる。この意味で、当地配属の官吏は、また在中国オランダ領事も、蘭領東インドの業務下にあると見なされる。オランダ政府が負担する諸費用は、蘭領東インド予算から支出している。

貴下は本年の予算額を、同封された本予算抜粋から認識できよう。蘭領東インド総督には、当該職員の点でも、日本・中国問題移行の結果に関し、適時報告される。つまり特に日本の職員が、他業務で、彼の裁量に入ると見なされる場合、今後オランダ政府が負担する諸費用が、蘭領東インド予算につく場合である。

d　日本・中国関係の交換された文書

日本・中国用件の処理の際、以前本件で論じたことを、外務省に伝える必要があろう。これについて多くは、既に閣下の省に報告した。この問題は、閣下が当該用件の指導を引継ぐ場合、植民省文書内の日本・中国関係文書を、外務省の裁量下に置くことについて、更に諸規則が必要か、また植民省の用件で発せられた文書の作成で、今まで大部分当該業務に従事していた植民省事務官長が、外務省に移動することは望ましいか、との問題が生じるであろう。(19)

このように植民省は、日本・中国用件外務省移管に関わる諸問題を、外務省に伝えた。ここで注意すべきことは、植民省が当該用件全てを、外務省にそのまま委ねる意図ではないことである。この背景には、植民省の管轄下にあり、実際に日本・中国用件を担当している蘭領東インドが、近年のアジアにおける新しい状況から、これらの用件を蘭領東インド自身の利害ではなく、オランダ本国の利害として処理することになっていた環境が存在した。すなわち蘭領東インドが日本・中国用件を扱うことは、本国政府において二度手間になっていた。そこでその処理を一元化し、重要になってきたアジア問題を、本国で迅速かつ円滑に処理し、更に今まで蘭領東インドが引き受けていた当該用件に要する諸費用を外務省に負担させることが、植民省の狙いであったと思われる。つまり日本・中国用件の直接指導は外務省に移管させるにせよ、植民省は、今後も当該用件の指導を共有し続け、費用は当該官庁である外務省に負担させる積りであったと思われる。当然そのようなことは、外務省にとって好ましくなかったと思われる。そこで本件は、植民省の意図に沿わない方向に進んでいくことになる。

本件に関し外務省は、国王決裁の草案と植民・外務両大臣による国王への共同報告書の作成を引き受けて欲しいと植民省に要請した。[20] 植民相は、本件の主導が外相によって行われることを認めるとして、この共同報告書を国王に提出することにした。植民相は、国王が本報告書の原則を承認した後に、本件に関し外務省と協議に入るとした。[21]

この植民・外務両大臣による国王への共同報告書内では、近年の諸事件により、西欧諸国との日本・中国関係が極めて増大し、更になおもかなり拡大できると予想され、そこで日本・中国との良好な関係を、オランダに保証することが有用と述べられている。そしてオランダ貿易は、最近日本・中国への商業遠征を開始しており、そこで同地域におけるオランダ工業製品売却の試行推進を逃してはならないとしている。この結果日本・中国との関係は、貿易の点から、特に蘭領東インドの利害との性格を失い、オランダの利害との性格に変わったと説明されている。そこで日本・中国関係の指導は、必然的に適切にも、蘭領東インド総督に委ねるのではなく、オランダ政府となると述べられている。蘭領東インド総督には、一八五八年六月一七日四七番国王陛下内閣決定により、明確に日本・中国用件の指導を委任されているが、この両国における問題の利害で、その問題処理方法に関しては、絶えず上級政府の意見を照会してきた経緯も述べられている。そこで更に日本・中国のような国との条約締結は、王権と陛下の全権大使の任命を要するとして、本件における国王の認可を要請した。

外務省が既に用意・作成した国王の認可では、上述の理由から、この日本・中国用件の指導が外務省に移管され、同省が職員の任命・昇給・罷免に関する権限も引継ぐとしている。[22] その後外務省は、現在の在中国・日本オランダ職員は、今後オランダ政府直属となり、そこで必然的に蘭領東インド官吏の資格は失効し、年俸規定等々に伴って職員が新たに任命されるとした。更に長崎総領事館を、江戸に移すことを協議する等が述べられている。[23] この共同報告書は国王に提出され、[24] その後国王決裁がなされた。それにより日本・中国用件が、植民省から外務省に引継がれることが正式に決定した。[25]

当該用件の諸問題説明を外務省から要請された植民省は、再度諸問題を項目別に説明した。以下原史料の項目に従い、植民省の考えの要旨を掲載する。

a　日本と中国それぞれの総領事と領事

これには直接外務省から指導が行われ、その立場は、もはや植民地問題ではなくオランダ本国の問題のためにある。つまり今後、東アジア諸国のオランダ代表は、オランダの全般的な利害に奉仕する。その際植民省は、日本・中国用件を縮小するよりは、拡大すべきと考えている。しかし日本総領事館事務局長（Kanselier）と通訳は統合する等の経費削減が提案される。

b　認められる収入

中国の生活様式は高額であり、そこで中国代表の予算縮小は出来ないであろう。日本総領事は蘭領東インド予算から外れ、同代表は江戸に移る。他の条約締結国の諸代表と同程度の高位就任について、それに関する覚書が提出された。本件で人員削減等の経費削減は出来ようが、江戸では長崎よりも生活等に費用を要すので、我々の代表が英仏等の代表と同程度の立場にいるためには、支出減は問題となろう。

c　総領事館を江戸に移す諸費用

長崎から江戸への航海は、余り費用を要さないであろうが、日本駐留の戦艦を使用する場合は、費用を要する。

d　江戸領事館の借料

本件に関しては、先にドゥ・ヴィッツからの月間報告があったが、植民省はそれ以上に新しい報告を受けていない。

植民省はこのように当該諸問題を説明し、更に現在は、既決の一八六三年予算に従い行動するのみとした。そこで引継ぐべきものとして、蘭英日辞書の出版費用六五〇〇フルデンを挙げている。その後本件は、外務省予算で行われるとした。更に蘭領東インド日本語通訳官ホフマンの給与と、彼が行っている日本語通訳養成の諸費用については、なお新しい規定を作成するとしている。(26)

この植民省による報告後、外務省は本件で、更に若干協議する問題があるとして、植民省に書簡を送った。その中では、まず移管の期日が一八六三年一月一日であり、そして蘭領東インド業務からオランダ政府業務下に移る在日職員に特別な恩給は認めず、更に植民省主導で開始・継続している蘭英日辞書の費用は、それがとりわけ蘭領東インドの利害であるため植民省負担のままとの内容であった。そして最後に、植民省との協議後、ホフマンの職は廃止されるが、蘭領東インド予算で継続される中国語通訳養成は同人に委ねられるとしている。(27)

植民相は外務省の要請を受け、出来れば一八六三年一月一日から、出島とその建物の借料を、もはやオランダ政府ではなく使用している民間人が、日本政府に支払うこと、また同時に出島のオランダ政府建物は、領事館が出島から江戸に移ることで、もはや不必要になろうとのことを、日本総領事に報告するために蘭領東インド総督に伝えたことを外務省に報告している。更に蘭領東インド総督には、日本の全開港地における保税倉庫の原則が受入れられたので、今後出島の借料をオランダ政府は支払わず、更にオランダだけの権利から、この小さな島の保税倉庫に関しては述べられないとの本国の意向を伝えた。(28)

五、外務省の日本問題への無関心

このように日本・中国用件外務省移管に関して、受入れ先である外務省の意向が強く反映されることとなった。植民省は、自らの職員に不利益にならないよう配慮した。しかし外務省は特別な配慮なく、現在通用している諸規定に基づく法的手続きにより、本件を処理する態度を取った。このような外務省の態度から、同省が日本用件を特別な用件として評価しているとは全く感じられない。このような態度を極めて明確に示した出来事として、次の事例が挙げられる。すなわちその後外相が、今まで日本と締結した諸条約を『オランダ官報（*Staatblad*）』に掲載するに当たって、一八五六年と一八五八年条約については植民相の仲介によって掲載が指示されること、更に一八五七年追加条約は、後の条約により失効が声明されており、掲載の必要なしと植民相に伝えたことである。[29]

これに対して植民相は、「『オランダ官報』への掲載に、国王への必要な提案を私だけで行うとの考えに、私は次の所見をせざるを得ない」と、この外相の発言に強く異議を唱えた。すなわち植民相は、確かに日本問題は植民省管轄であったが、日本との条約締結の際には、関係官庁である外務省との協議を行い、その署名も受けてきた経緯を説明した。そして「この貴下の提案を実施する場合、私が間違っていないならば、その種の問題における通例からの逸脱になろう」と述べた。更に「条約を『オランダ官報』に掲載する場合、その必要な国王の決裁は、例えその条約が他の大臣と共に署名されたにしても、常に外相によってのみ提起されてきた」と前置きし、そこで外務省が本件に関し、「提案は出来ずとも協力は出来よう」と問うた。その後植民相は「閣下はこれに対してなお、この諸条約内の領事司法権と思われる別の異議を引用した。ついでに私は、この異議が領事司法権との、既にそれ程長期にわたり係争中の規則を、早期に決定することに寄与して欲しいと敢えて述べさせて頂く一方で、以前の行政下で日本と締結された諸条約を、『オランダ官報』に掲載する協力を控えることについて、どのような理由があるのか、私は明確に理解できないと述べることが許されよう」として、この外相の態度を痛烈に批判した。

更に外相が一八五七年追加条約を『オランダ官報』に載せる必要がないと述べたことについて植民相は、本条約は一八五六年条約に統合される一部として、一八五八年条約が発効するまで実効していた経緯を説明した。更に本条約は出島保税倉庫の規定が含まれ、これはオランダが誇りをもって日本から獲得した普通貿易に繋げる前進であり、そして日本との最初の本質的な通商条約と示せるものとして、その重要性を強く主張した。また日本と通商目的を持つ諸外国人が、一八五八年条約発効以前にも、この一八五七年追加条約諸規定を享受した事実を挙げ、その正当性を主張した。そこで最後に、予期せずも閣下の協力が得られない場合には、「問題の点は、閣議に服させることが適切と思われる」として、本件に関し一歩も譲らない姿勢をとった[30]。

植民省が、ある意味では諦めてこの日本用件を外務省に移管させることになったことは否めない。しかしその際植民省が、先に行った困難な日本用件における功績を示したいとすることは、もっともなことと思われる。しかし外務省は、そのような配慮を全く持ち合わせていなかったと思われる。ここに植民相の嘆きを見て取ることが出来る。

このような流れから、その他のアジア用件も一気に外務省に移管されることになった。すなわち日本・中国用件が外務省に移管されたことから、同様の理由より今後シャム用件も外務省に移管させることが望ましいとされ、本件における国王決裁が要請された。そこでまた植民・外務両大臣による国王への共同報告書が作成されている[31]。その後本件は、一二月四日国王決裁により正式に認可された[32]。これらの用件に関する外務省移管の説明としては、常に「オランダ本国の利害のため[33]」とされている。しかし結果的にアジア用件に特別の関心を持たない外務省に移管されることによって、植民省が行っていたオランダ独自の積極的な対アジア政策は完全に姿を消したと言うことが出来よう。

このような外務省の消極的な外交姿勢、更にその体質は、当時オランダ国民からも疑問視されていた。オランダ人歴史家タムセも、外務省役人の不十分な資質と、とりわけ経済的利害促進への配慮のなさを指摘している[34]。このような問題を取り扱った「我々の外交官試験[35]」と題された新聞記事がある。これは外務省の外交官採用方法とその体質を批判したものである。それによると外交官採用試験は非公開で、実際能力ある人が採用されているとは思えず、また博士号の取得により試験が免除されるが、この称号は、外交官の資格の保証にはならないと指摘される。すなわち単に学術的な博士である貴族の師弟が、普通の弁護士に求められる知識さえもほとんど持たず、更なるチェックも受けず、我々の外交団で行動している現実があり、そこで試験官は、候補者が名門家出身でも、不十分な場合には受入れてはならないと訴えている。しかしそこで、試験が非公開であれば、影響力を持つ名門家族が多くの手段を使ってくるので、試験官は弱い立場となる。この結果オランダでは、ますます不適格な外交官を得ることになっており、そこで外交は、他の職には就けられないわが貴族子息の避難所になっていると嘆いている。そして最後に、有能で勤勉で鋭い外交官を必要としているオランダは、外交利害がますます疎かになるのを見るとして、一、試験の公開　二、外交員の厳しい試験を提案し、更に公使館秘書への移行の際には、より一層厳しい試験を課すことを訴えている。また同種の問題を扱うものとして、当時の別の新聞記事「投稿書――オランダ外務省の活動証明」がある。[36] ここでは外務省の指示が常に遅く、各オランダ公使館は、政府からの指示がなく、しかも驚くことに、民間商人から、そのような情報を得るようなことが起きており、この同じことが繰り返されていると非難されている。

六、オランダにおける日本問題への関心低下と日蘭の特別な関係の終焉

日本貿易は活性化したにせよ、未だ日本の状況は不安定であった。幕府は国内外問題をほとんど掌握できていなかった。外国人殺傷事件も頻繁に起きていた。そのような中オランダ海軍力の示威は、当地のオランダ商人保護と、それに並んでアジアにおけるオランダの国威を高めることにもなり、当地の商人から強く望まれていた。そこで戦艦が日本に派遣されたが、これは政府が、この種の要求を満たしたものと思われる。ここから一八六四年オランダ議会において外相は、このような日本における状況の推移を報告した。しかしそれに対するファン・ラインデンの質問がある。「日本に関する報告の末尾に、政府はなお二隻、シタドル・ファン・アントウェルペン(Citadel van Antwerpen)とジャンビ(Djambi)が、日本での我々の主張に力を添えるために到着し、〝その一方で、蘭領東インドの海軍力との関係により海軍省は、時に予期せず圧迫手段を用いなければならないので、我々の日本における軍事力をかなり強力

にする措置を取った〟とある。現在私が政府から伺いたいことは、どの程度強力にするのか、そしてそこで明確な意図は何か、また我々が日本問題で、英仏の政策に同調するのか、または数世紀間の日本における立場に我々は留まるべきかである。我々と日本との関係は、英仏のと同じではない」[37]。

これに対する外相の発言を以下抄訳する。

この政府とヨーロッパの他の政府も、異論の余地なく取り組んでいる問題は、日本の情勢である。概して日本と我々との関係は、一八五八年条約により制定された。我々の先の関係、英米との条約締結の前に長く存在した我々の古い友好により、友情の様々な証拠と我々の工業への選択から明らかであるが、議論の余地なく日本政府は、我々に対して思いやりを抱いている。オランダ政府は、我々の利害が、良好な関係の維持を要求していると観察している。

概して条約の権利の維持で日本政府と交渉する場合、専らオランダの立場から、しかし日本に対して全ヨーロッパ人に同じ利害が適用される立場から行動することを、アーネムからの議員が必要と判断している。しかしそれは、その状況にない。この政策はオランダにとって新しいものではない。すなわち我々は日欧間の良好な関係を育むために、既にウィレム二世が従ったガイドラインに忠実に留まり続ける。オランダの名誉を促進する諸措置が他国により採られる場合、共同して行動する。このために必要な軍事力強化に関しては、私は海軍、軍事、植民に関する章を参照されたいことを指摘し、当該諸大臣から、それに関して、私よりも詳しい情報が得られよう[38]。

このやり取りから、日本問題に関し、オランダでは自主的、または特別な措置を取ることが望まれていないことが理解される。すなわちこの日本問題外務省移管が起こったことによって、その後は外務省による、特にヨーロッパ諸国との協調を重視した外交手法に転換することになった。この事件がオランダの日本用件に対する関心を消した。

結論

一八六〇年代、日蘭間の古くからの交流に基づく特別な関係は遺物となった。この日本用件の外務省移管は、オランダの積極的、かつ自主的な対日政策の終焉として捉えることが出来る。しかし当時オランダが、独自の積極的な対日政策を行うことは極めて困難であったと同時に、その必要がないものとも思われた。すなわちその後も日本は、オランダに蒸気船を注文し、更にその際造船学等を習得する目的で日本人青年をオランダに派遣した。そして日本は、他の欧米諸列強に行ったと同じように、オランダにも所謂〝お雇い外国人〟を要請した[1]。

これは当時日本政府からオランダ政府に、所謂お雇い外国人と、更に西欧文明の成果を学習するために日本人青年をオランダに派遣したいとの申し入れがなされていたことによる。この要請は、オランダ政府を大いに喜ばせた。これはまた当時は大きく非難をされたが、自費で日本使節団をオランダに訪問させた成果でもある。その際日本人はオランダの主要都市を訪問し、その地の様々な工場に足を運び、その技術に感心していた。しかしこれは結果論で、オランダ外務省がその意図を持って行動した成果とは思えない。

このような状況から日蘭両国の古くからの絆は、オランダが積極的に何かを行わなくとも存在し続けるように思われた。しかしながらその関係は、時が経つにつれ薄められていった。このような日本問題に関する意外な出来事、また不透明性から、次のような記事が生まれたと思われる。以下抄訳する。

ジャワ新聞の「概観」で次のように言われている。日本の政治用件は依然全く危険であり、外国人排斥運動も同じく激しい勢いである。しかし現在我々は、ほとんど目立たない事件や、または全く重要な事実も起こっていないので、植民地自体に関し、ある種政治的無意味の中で生きている。最近の打撃から、その結果全ての活気がなくなった貿易は、依然全く良くなっていない。……

しかし質問は、これは植民地の入口に価値があろうか。母国に名誉と結局利益をもたらす状況なのであろうか。我々は——医者が名づけるように——期待されている治療法を追い求め、そして興味を持って、あらゆる役に立たない、そしてオランダで、蘭領東インドにとって、有害な格闘の成果を観察し、様々な感情で、数々の新植民相の登場とその早期の辞任を見てきたにも関わらず、すなわちこの絶え間ない交替やオランダにとって黄金の琴線の響き、いわゆる黒字により、蘭領東インドの福利と繁栄が脇に置かれることに、この際我々が気が付くのであれば、我々は同国の若干名の不安分子に、もし彼らが以下のことを述べる場合、完全ではないが、心の中で、同意せざるを得ない。「みろ、植民地がこの母国の嵐により、砂漠の葦のように、あちこちに振り回されている」。

蘭領東インドの利害を考慮すると、現在までその中心はジャワであったが、我々が疎かに出来ないことは、スマトラの利害である。この島は、ジャワより大きく、より豊饒である。……[2]

日本問題の不透明、それに基づく日本貿易の不活性は、オランダ政府、勿論在日オランダ商人を大きく失望させた。この状況の中、この記事は、極めて現実的な意見を提供している。すなわち日本用件よりも、より直接的な商業的利害がある植民地用件への政府の積極的な活動を、間接的に訴えたものである。

しかしこのような考え方が、徐々に一般的となり、そして現在、日本問題はオランダにとっては副次的な問題であったとの外見を得ることになった。しかしながら「当該の事件（下関砲撃事件）以来、在日オランダ政治代表によれば、オランダは日本で以前ほど高くみなされていない」[3]とも、既に報告されていた。

オランダの日本問題に関する対アメリカ政策は、歴史の偶然に助けられた。すなわち一八五四年の日米和親条約が成立しても、太平洋を汽船が通う余裕はなかった。[4] 更にペリー司令官の日本遠征は、全面的支持を受けていないようであった。すなわちペリーが評価したようには、ワシントンでは琉球と日本を、重要な場所と見なしていなかった。また彼の対イギリスとの計画は、理解されなかったし、歓迎もされなかった。[5] 当時アメリカでは国内問題で、アジアへの関心が低下していた。そこでアメリカ政府はペリーの功績を評価することなく、そのためペリーは弁明のため、その遠征記を出版する計画を立てた。このペリーへの批判の中心は、彼が通商条約締結に失敗したことである。[6] 結局一八五八年ハリスが通商条約を締結したが、その後アメリカの国内問題は悪くなるばかりであった。ここから上海－ロンドン間の英米クリッパー戦は、完全にイギリスが勝利することになる。その後一八六九年にスエズ運河が開通し、「日本を開いた主君は米国のものであったのに、横浜当初の貿易額の八〇％は英国」となってしまった。[7] 更に一八五九－一八六八年間、横浜に出来た外国人商館八五のうち五一までがイギリスの商館であり、すなわちほとんどイギリス商人が独占していた。[8] この事実から、対アメリカの蘭英仏協商関係は上手く機能したことが考えられる。

「明治初期には、オランダは他国よりも日本における影響力が強かったと言われていた。しかしながら、その後その影響力は、急速に失墜した」[9] と評価されている。長崎の在日総領事ドゥ・ヴィッツから関係文書を引き継いだ代理総領事ポルスブルックは、条約で定められた諸外国代表の定住地江戸に向かった。この古来のオランダ定住地を離れる際、「なぜ総領事が出島を去るのか」[10] と質問された。これは条約による措置で理解できる。しかしこの出島撤収との象徴的事件は、「我々の古い書簡は、ずたずたに引き裂かれた」と言われた。[11] すなわち日蘭の特別な関係は、完全に過去のものになったのである。[12]

しかしながら、「オランダの日本開国への試みは忘れないでほしい」[13] とするのは、正当なことであろう。

補論1　アメリカ合衆国ペリー司令官日本遠征の再検討とその真意
――アメリカ合衆国国立公文書館国務省・海軍省ファイルに含まれる未公刊関係史料の検討から

本章では、アメリカ合衆国ペリー司令官の日本遠征並びに初代駐日アメリカ総領事ハリスの活動を、アメリカ合衆国国立公文書館が所有する国務省・海軍省ファイルに含まれる未公刊関係史料から再検討し、この遠征の真意を解明する。(1)

日本開国は、一九世紀中葉から積極化した欧米列強のアジア進出の象徴的事件であり、その後日本は、その世界資本主義に強制的に編入させられた。(2) ここで日本は西欧近代化の道へ進み、その文明の所産を習得・獲得していった。現在の日本の繁栄、そして現在も重要な日米関係の直接の起源は、この事件に由来しよう。

そこでこのペリー日本遠征は、日本人にとってはもとより、世界史上においても、極めて大きな事件である。しかしながらこの事件を引き起こしたアメリカが、如何なる意図をもって日本遠征を実施したかについては諸説存在し、その全ては未だ批判の余地がある。このような状況は、今までこの問題の検討が、偏った史料と視点からなされ、またアメリカ現地史料調査が十分に実施されなかったことによる。

そこで本章では、このペリー日本遠征を、主にアメリカ未公刊関係史料に基づき、その真意を、歴史実証的に明らかにする。

一、ペリー日本遠征に関する先行研究と問題の所在

ペリー日本遠征の意図に関しては、これまで多くの研究者が検討してきた。この検討に用いられてきた史料は、主に合衆国議事録（*Congressional Globe*）、『ペリー提督日本遠征記』[3]（以下ペリー遠征記）等の公刊史料である。ペリー遠征記は、同遠征を指揮したペリー司令官監修の下、本件に関する膨大な文書を、編纂者ホークス（Francis L. Hawks）の力を借りて出版した。同書から、ペリー自身の考えや計画、実際の行動の詳細が分かる。同遠征に関する古典的研究著作から、この遠征の意図を要約すると、１、アメリカ国民の太平洋における捕鯨活動の保護・促進　２、太平洋横断汽船航路の中継地獲得　３、中国貿易の促進　となろう。さらに近年の研究からでは、加藤祐三は、国務省と海軍省の遠征意図の相違、海洋国家志向のホイッグ党（共和党の前身）政権と西方への領土的拡張思考をもつ民主党優勢の議会との関係を踏まえ、「外交法権」「アメリカ海軍の事情」「対イギリス」等の諸点も指摘している。[4]またペリーを中心に、その遠征記や書簡、さらに当時の資料を幅広く検討し、アジア貿易を促進するロビイストとペリーとの関係、アメリカ海軍の状況、拡張主義者ペリーの人物像から、ペリー自身の言葉にもある太平洋横断汽船航路確立と断じたワイリーの著作は注目される。[5]しかしながらなお、これらの考察には疑問の余地が残る。それはこれらの著作では、ペリーの史料やその遠征に焦点が向けられていることである。ペリー遠征記は、彼の遠征の評価が本国で低かったため、彼の弁明書として出版された。この点を特に注意しなければならない。

すなわちここで、ペリー遠征への低い評価は、何に基づいているのか。そこから同遠征を計画した外事担当の国務省が、対アジア政策をどのように観察し、如何なる成果を期待していたのか。ここを問うべきである。ペリー自身やその遠征だけではなく、この遠征前後を、とりわけ国務省の史料を中心に、その対アジア戦略の一環として総合的に

検討しなければ、この遠征の真意は理解できない。

二、アメリカの対アジア政策と日本遠征の前史

一七七七年のアメリカ独立は、古い慣習や悪徳がはびこる〝旧世界〟ヨーロッパから脱却し、全く新しい国家を理想とした結果であった。さらに一八二三年五代大統領モンロー(James Monroe, 1758-1831)は、その非同盟・不介入の態度を明確にした。しかしアメリカは、西半球における行動の自由を確立する努力は行った。[6] 一九世紀中葉以降、欧米列強のアジア進出は先鋭化し、アヘン戦争は、その象徴である。この事件から西欧列強が、自らの目的達成に、強大な武力を背景に政治介入を行うことが明白になった。これに対しアメリカは、この種の政治進出を控えた。例えばその中国貿易では、「アメリカ商人が政治的背景によらず、清国政府の法規、地方官憲の命令を良く遵守し、平和的態度をとった」と言われる。[7] このような態度が功を奏し、アメリカは、西半球の活動、すなわち太平洋の捕鯨や中国貿易を確実に増大させていった。

国務省から海軍省宛ペリー司令官指示書には、日本遠征前史が総括されており、これまでの同省の対アジア問題への見解が理解される。[8] この中では、日本から野蛮な行為を受けたとされる一八三七年モリソン号事件、一八四六年ラゴダ号とローレンス号事件、また同政府による日本との通商関係確立への努力、すなわち一八三二年アメリカ商人ロバーツ(Edmund Roberts, 1784-1836)の任命(到着前に死亡)と一八四五年ビッドル司令官派遣等が述べられている。

その後ペリーへの指示に移る。ここでは「アメリカ政府は同遠征で、独占的な商業特権を得るつもりはなく、全くその逆で、得られた如何なる恩恵をも、文明世界と共有する」と強調する。そして「通商関係確立は困難であろうが、恐らく不可能な仕事ではなく」「日本人のイギリス人への嫌悪から、恐らく英語を話す国民として誤解され、上述の野

蛮行為があったとも考えられる。[9] そこで合衆国は、如何なるヨーロッパの政府とも繋がっておらず、またアメリカの急速な発展により、現在太平洋に行き着き、そこから蒸気の力で、二〇日間で日本に到達できるようになった。そこで互いに日々、ますます近くなっている」ことを説明するよう伝えている。しかしこの後、「議論を尽くしても排外政策の緩和が得られない場合、声色を変え、断定的に、アメリカ国民の人道的保護がわが政府の決意であることを伝える」としている。そして「主目的を減ずることなく、可能であれば、日本近海の探索で地理学的知識を増やすのみならず、この遠隔地域における商業関係の拡大、また捕鯨船の避難・補給地を確保されたい」と述べている。

この報告書内には現れないが、アメリカの対アジア政策前史の重要な人物に、駐シンガポール米領事バレスティール(**Joseph Balestier, 1788-1858**)がいる。一八四九年、彼はコーチシナと他の東南アジア地域への合衆国特別代理人に任命され、当該諸国との通商関係確立に取り組んだ。国務省は「合衆国国民は戦争ではなく、平和的活動に研鑽し、英蘭仏西葡のように植民地や在外領土を有していない。わが商人は、自国から金銀等、様々な商品を運び、あらゆる世界と友好的に共存している」との事実を強調するよう指示している。[10] 彼の任務は失敗するが、これを彼の短気からだけとするのは言い過ぎもあろう。[11] しかし彼は国務省から解任を伝えられる際、「貴下は取るに足らないブルネイとの条約を運ぶためだけに、本国に帰る必要は全くありません」[12] と言われている。

この遠征前史を整理すると、日本との関係確立の試み・その失敗、アメリカ人捕鯨活動による日本近海における難破、特にラゴダ号事件、カリフォルニア領有から太平洋を通じて日本と接続したこと、アメリカ代理人が、既に西欧諸国民が進出している他のアジア諸地域に赴き、通商条約を締結する活動を行ったが不成功に終わったこと、になろう。そこで、これまでは〝旧世界〟、特にイギリスの手法に反し、アメリカは、政治・軍事・宗教的影響を他国に及ぼすことをせず、平和的通商関係確立のみを目指していた方針の失敗から、このペリー指示書には、以前の指示との大きな相違、〝砲艦外交〟適用への転換を見ることが出来るのである。

国務省とアーロン・ハイト・パルマー

外事担当の国務省は、日本遠征をどのように計画・立案したのか。この遠征立案を語る際、欠かせない人物がニューヨークの実業家パルマーである。彼はアジア問題について、たびたび国務省に報告書を提出していた[13]。パルマーはペリー遠征後、同遠征計画への寄与、そして当該諸報告書の作成に要した費用により政府に報酬を要求し、さらにこれらの報告書の大部分を出版した[14]。さてこのパルマーの存在は、どのような意味を持つか。

これは当時国務省に日本専門家、いやアジア専門家がいなかったことを示す[15]。すなわち当時のアメリカの対アジア政策は未だ組織的に確立していなかった。この点で、後述するが、当時日本と通商関係を継続していたヨーロッパの領土的小国、しかしアジアにその広大な植民地を有し、その知識を十分獲得していたオランダとは、大きな違いがある。例えば一八四四年オランダのウィレム二世が、国王書簡と贈物により、日本に開国勧告を行った。当時日本は、政治問題への関与をオランダに許していなかった。そこでこのオランダの試みは拒絶される恐れがあったが、それを良く知るオランダは、今までの日本との経験、日本人の性格、アジアの儀礼等を十分調査し、この遠征を実行し無事終了させたのである[16]。

このような状況で国務省から海軍省への日本遠征への依頼がなされた。アジア問題に疎い国務省は、その外交政策に基づくガイドラインのみを示し、本件の実行のほとんどを海軍省に委ねたのである。

三、国務省と海軍省間の対外政策の相違——日本遠征における対オランダ政策

日本の所謂「鎖国」期間でさえも、欧米諸国の中では唯一、日本との通商関係を有していた国がオランダである。このオランダの存在をアメリカは無視できなかった。

オランダはヨーロッパの領土的小国ではあるが、アジアにその広大な植民地蘭領東インドを有し、イギリスに次ぐ植民地大国であった。ナポレオン戦争の際、オランダはフランスに併合され、その植民地を喪失するが、戦後ヨーロッパにおける「最も当然の同盟者」イギリスから返還された。この条約が、アジアにおける英蘭植民地規定とも言えるロンドン条約(一八一四・一八二四)である。これは、首尾よい植民地経営から生じる莫大な利益により、オランダが、フランスに対するイギリスの堡塁になることが期待された措置であった。つまり弱小国としてのオランダの独立回復は、イギリスにとって不都合であったのである。この条約により両国は、アジアにおいては、「東方の盟主(Lords of the East)」として、相互にその利害を分け持つこととなった。(17)

オランダは、重要な植民地経営を一層円滑にするため、同地における民族学・地理学・言語学的研究を積極的に行った。駐日オランダ商館長やシーボルトなどの日本研究は、このオランダの植民地政策の一環である。ここからオランダは、日本はもとより、アジア研究において世界のトップレベルにあった。そこでアメリカが日本遠征を行う際、このオランダの業績を熱心に収集し活用した。そこでアメリカにとってオランダは、国の規模では小国であっても、アジアの知識でいえば大国であった。そこで国務省は、オランダとの関係を損ねない努力を行った。

ここで本件における国務省と海軍省との違いを理解せずには、アメリカの対オランダ政策が矛盾するように見える。すなわち国務省は駐オランダ米公使館を通じて、同遠征における援助をオランダ政府に要請した。しかし海軍省、とりわけペリーはオランダを全く信用せず、オランダの仲介を徹底的に避けた。当時蘭領東インドは、アメリカ商人が大きく注目しており、その点からも同地における示威活動は極めて重要と思われた。しかしペリーは、そのバタフィアに寄らず、さらに駐日オランダ商館長に同遠征支援を指示した蘭領東インド総督書簡を広東で受け取ったにもかかわらず、長崎にも寄港せず、その書簡を同商館長に届け、援助を要請することをしなかったのである。(18)

四、駐オランダ（ハーグ）米公使館とオランダ政府[19]

アメリカのペリー日本遠征に際し、オランダ本国と交渉した最初の駐オランダ米代理公使は、フォルソムである。彼の文書からは、彼が親オランダ、またその人柄の良さが窺われる。オランダ政府はアメリカの日本遠征を、公式には支持を表明し、しかし日本問題担当省の植民相は、フォルソムにオランダの対日貿易が如何に微々たるかを説明していた。[20]だがこれは表向きであり、アメリカの遠征を留めさせようとしたと思われる。しかしフォルソムは、そのまま信じ本国に報告した。この際日本の地図をオランダ政府に求めたが、後に持っていないとの回答を得る。フォルソムは当惑し、同遠征の平和的性格、またその成功はあらゆる国家の利害に資するとの返書を送り、そこでオランダの出島商館長が、日本におけるアメリカの行動を支援してくれるよう要請した。[21]その後オランダ新聞紙上で、アメリカ日本遠征に対する批判的な記事が掲載された際、フォルソムは驚き隠せず、しかし「オランダが、蘭領東インドの点で、アジアにおける新興国の出現に疑いの目を向けることは理解できます」と説明している。[22]しかし親オランダ路線を貫いていた彼は、「オランダ人の疑念について、貴下は私から如何なる示唆も必要としません。つまり私は、現在そのような雰囲気があろうとの事実を記録することで十分なのです」と失望の意を表している。[23]その後オランダから、駐日オランダ商館長のペリー支援の確約を得た。[24]この前後の書簡でフォルソムは、本件におけるオランダ政府関係者の好意的態度を強調している。

その後シーボルトが、この日本遠征の報を聞き、同遠征参加を希望する。フォルソムは、ドイツのボッパルト（Boppard am Rhein）に住むシーボルトの招きに応じ、同地を訪問した。フォルソムはシーボルトから温かく迎えられたこと、そして彼が、日本に関する優れた知識から、ペリー日本遠征の成功を固く信じていることに喜んだ。しかしシーボルトは、全ては政治的駆引きによるとも付け加え、その説明を行った。フォルソムは、シーボルトが遠征に参加すれば、素晴らしい活躍をすると彼の遠征参加の後押しをしている。[25] しかしペリーは「シーボルトがオランダ政府の業務下にあり、このオランダ、特にオランダ東インド会社の二枚舌、陰謀は周知である。そこで彼が、自らの国家的偏愛を完全に忘れるとは思えず、その日本文化・言語の知識は、私の計画に悪影響を与えられる。それ故私は彼の忠実を決して信用できず、彼がいないほうが全く良いと思う」と拒絶した。[26] その後まもなくフォルソムは、遠戚のロスチャイルド家代理としてニューヨークにやってきた、ユダヤ系ドイツ人で実業家出身のベルモント(August Belmont, 1813-1890)と交代した。

ペリーの娘婿でもあるベルモントは、ペリー遠征の成功が報じられた後の、日本問題に関するオランダの対アメリカ政策、特にペリー日本開国へのオランダの貢献を強調することに、強い嫌悪感を表している。しかしこれは日本が開国後、近代化を進める中で、尊大なアメリカよりも、日本人の慣習に理解を示す穏当なオランダとの関係強化を望んだ影響もある。日本はオランダに、西欧文明導入に関する多くの援助を要請した。オランダも、蘭領東インドの観点から、日本でのオランダの影響力を維持・拡大することは、アジアのそれに繋がると考え、そこで本件を最重要用件とし、日本の要求を遅滞なく満たすことに全力を尽くした。[27] そこで日蘭間に、かつてない互恵的で、緊密な関係が生まれたのである。ベルモントはオランダの対日積極政策からなされる、迅速な日本問題の処理や、贈物を運ぶ訪日使節等を具体的かつ詳細に本国に報告し、本国がアジア・日本問題を積極的に取り組むよう促した。[28] 注目されることは、国務省の人間である彼が、アメリカ海軍力の充実やカリフォルニア―中国間蒸気船航路の点で、日本における石炭供給地の必要性を指摘していることである。[29] しかしこれは義父ペリーとの交際からと推測される。またベルモントは、米蘭間の領事協定[30](一八五五年一月二二日)と、他の西欧諸国による蘭領東インドへの公使派遣を挙げ、アメリカも早急にこれに対応し、行動的で知的な人物をバタフィアに送ることを訴えた。[31] しかしこのベルモントの対オランダ、対アジア積極策案に、国務省は緩慢であった。そこでベルモントは何度も自らの書簡内で、「残念ながら、これらの提案は、貴下の承認を得ていないようです」と苦言を呈さなければならなかった。[32]

五、ペリー日本遠征に関わる重要人物の再検討――ペリーとハリスを中心に

ペリーを中心に

ペリーが日本遠征に任命される以前、オーリックがこの任務を担当していた。オーリックは、艦隊規模の増強から役不足になった、また彼の人格的問題から更迭されたとされる。後者の理由が一般的であるが、それだけとは思われない[33]。確かに彼は人格的問題を起こしているが、その後も東インド・中国海域司令官として、香港・マカオから定期的に海軍省へ報告を送っているのが分かる[34]。また海軍省から彼への日本遠征を含む指示書を見れば、そこにははっきりと「東インド・中国海域で合衆国政府が海軍力を維持する主目的は、中国や東インド諸島との我々の有益な貿易の保護、通商機会の増大」とあり、日本はほとんど重要視されていない[35]。すなわちペリー遠征の性格とは、全く異なるのである。オーリックの日本遠征は、彼の中国赴任が予定されている中、日本人遭難者がアメリカ人により救助された機会を捉え、当時国務省が、この日本人を本国に送還する口実で、日本に開国を迫ろうとしただけである[36]。

その後オーリックがアジアに到着する間、アメリカ国内・議会の状況が変わった。そこで海軍省は、海軍の名門出身で政財界に顔が広いペリーに注目したと思われる[37]。すなわち海軍省は、彼を中心にすれば、日本遠征だけで艦隊編制が可能になると考えた。ペリーは、先に日本遠征計画の意見書を提出しており、さらに当時退職まじかで艦隊勤務から外れていた。そこで彼が、この特別遠征司令官を引き受けることに問題はないと思われた。この状況から、オーリックの問題に乗じた彼の更迭が起こったと思われる。この更迭は、アメリカが日本遠征を真剣に考えているとの証拠となった[38]。

ペリーは、理由も分からず呼び出され、居住地のニューヨークからワシントンＤＣに来た。海軍長官グラハム

(William A. Graham, 1804-1875)は忙しく、ほとんど用件を話せなかった。彼は、地中海司令官を望んでいたが、オーリックとの交替と知りがっかりした。そこでペリーは「オーリックは、私の後輩。私の小艦隊での勤務もした」[39]と豪語し、同任務を引き受ける条件として、パルマー報告書には「日本はどの点からも弱い。勇ましく戦争好きな国民ではあるが、彼らは一隻のフリーゲート船に対抗する適切な国防の手段がない」[40]とあるにも関わらず、遠征の成功を確実にするため、艦隊の増強と有能な乗組員も要求した。そのお陰もあろうか、この遠征の準備期間、多くの船員(正式にはその母からの書簡)から同遠征除隊希望がなされている。また準備期間も長かった。一八五二年三月二四日海軍省秘密指示には既に、「遅滞なく実施するように」とあるが、実際彼が出航したのは同年一一月二四日である。[41]結果的に、東アジアでは「超大国」イギリスを凌ぐ、強力艦隊を率いることになった。[42]

同遠征は大規模に行われた。ここからか、ペリーは帰国後、ニューヨークの実業家からは労をねぎらわれたが、大統領は彼に敬意を表する行事を行わなかった。[43]すなわち国務省にとっては、商業規定を欠く条約では、目的達成と見なさなかった。そこで国務省はハリスにも、「我々の妥当な期待が失望となる場合、あなた方(日本人)が抗し得ない方法で、必ず帰すべき権利を要求すると日本政府に伝えたい」と砲艦外交に基づく姿勢を見せ、さらに「貴下が現条約の平和的確立だけではなく、そこで得られる以上の素晴らしい権利を上手く獲得できることを祈っている」と期待した。[44]

ペリーは日本遠征計画案で、「厳密に海軍が行うのであって、外交官の干渉によって制限されたりしないこと」を提案していた。しかしその結果、外交官でもない彼は、日本で当時応接係林大学頭(林復斎)らに、通商について話すことを巧みに防がれてしまった。[45]この点からも、彼は通商条約締結失敗の責任から免れなかった。しかし彼自身は、同遠征の成功を信じていたので、遠征報酬の引き上げにつき、海軍省と交渉する。これに海軍長官ドビン(James C. Dobbin, 1814-1857)は、「海軍省の成功報酬は実際非常に少ないが、貴下の成功への努力に、精一杯の援助をする」との書簡を送るしかなかった。[46]

この時期ペリーに、人間関係の問題が起こっている。それはリンゴルトからの訴えである。一八五四年のアジア遠征中、リンゴルトは病気（マラリア）になった。これにペリー司令官指揮下の海軍医局は彼を指揮不適格とし、そこで海軍退職委員会が彼を予備役に編入した事件に基づいている。(47) リンゴルトは、彼の世界遠征や水路学的調査により、広く知られていた。また当時彼のアジア遠征指示書には、ペリー同様にアジア諸地域との条約全権が付与され、そこで「ペリーが訪れるらしい、または訪れた場所では、交渉しないように」とある。(48) この背景から、この両人の関係が推し量られる。リンゴルトは退職委員会の決定を拒否し、議会への請願が不成功の後も、特別審査裁判所に訴えた。そして約三年間の闘争の後、現役復帰を果たした。(49)

ハリスを中心にして

日本渡航以前ハリスは、ニューヨークの教育事業に携わり、その後マニラ、シンガポール、香港の貿易に従事した実業家である。一八五三年香港住民として香港か広東の領事を望んだが叶わず、寧波領事となるが失望し、本国に帰還した。(50) その後日本開国の報を聞き、日本での職を得たいがために、知人の政府関係者を頼り、自ら政府に売り込んだ。彼は外交官の経歴はなかったが、上述のように国務省にはアジア専門家がおらず、そこで彼の「アジアに関する知識と、業務の知恵と経験」が買われたのであった。(51)

「清と日本で領事を選ぶなら、日本」(52) としていたハリスは、日本の職に留まりたかった。国務省はハリスへの指示書内で、何度も「時間を逸するな」と警告している。ハリスはそれに応え、日米修好通商条約を締結した。その後、彼の駐日アメリカ弁理公使が承認された。(53) すなわち不成功は失職との過酷な条件が、彼の行動を強く推し進めて行ったのである。そこで彼の帰国がちらつく中、日本との交渉が暗礁に乗った際、ハリスは「全権が艦隊を背景にして、日本人にたいして議論の代りに砲弾を見舞うことなしには、彼らとの間に交渉を行いえないことを示すものだ」と脅し文句を吐いたのは理解できる。しかしこの発言により「気の毒にも信濃守（井上清直）はわなわなと身体を震わせて傾聴し」条約締結に結びついたのである。[54]

条約締結の際、実業家としてのハリスの資質で評価される点がある。それは「西欧諸国にある日本の利害を、アメリカ合衆国が支援し、日本はアメリカにその必要品を注文する」との条項を入れたことである。これを駐日オランダ全権ドンケル・クルチウスは、日蘭条約上に掲載することに関して「余り必要もなく、妙なことである」とした。しかしこれをオランダ植民相は、「見過ごさない」とした。すなわち彼は「アメリカ人がこの条項を、オランダの特権以上に彼らの特権を促進することに十分利用するため、オランダは政治的影響、そして貿易・工業の点で、今後日本でアメリカに遅れを取らないためには、二倍の活動が必要になるとの恐れは抑えられない」と読み取ったからである。[55]この条項は日本でも、特別な意味を有さないと考えていた。確かにこの文章に強制力はないが、オランダ植民相は、アメリカが巧みにオランダ製品を日本から駆逐しようとしていると恐れた。日本開国後、オランダの日本問題における巻き返しは目覚ましく、それはアメリカを大いに刺激した。しかしハリスは、新条約とこの条項で、オランダに報いたのである。

六、ペリー日本遠征の再検討に基づく、既存の同遠征意図への批判

一、アメリカ人捕鯨活動の保護・促進――ペリー遠征以前の海軍省ファイル内に、アメリカ人の捕鯨・商業活動に関する新聞が添付されている。[56]そこで捕鯨問題が、同遠征を支持する表向きの理由となった。しかしこの目的であれば、和親条約で十分である。そこでこれは、この特別遠征に関わる費用の承認を議会から得るための具体的な理由の一つとして、挙げられただけと考えられる。

二、太平洋横断汽船航路の中継地獲得――この件に関する具体的な計画、また特定の商社の名前や資料は、国務

省・海軍省ファイル共に見ることが出来ない。さらにペリーは実際太平洋航路を取らず、喜望峰回りでアジアへ向かった。この航路はイギリスの影響下にあり、ペリーは不快に感じていたにも関わらずである[57]。当時日本を含む西北太平洋は、世界で探検航海が最も遅れた海域として取り残されていた[58]。ここから、太平洋汽船航路の確立を望むのであれば、その調査の必要もあったと考えられる。ここからワイリーが断じたこの動機も、説得力に欠くのである。さらにアメリカの太平洋郵便汽船航路の敷設は、一八六七年にようやくなされた[59]。そこでこの意図は、ペリーの通商条約締結失敗による、彼の弁解とも思われる。

三、アメリカ中国貿易の促進――この問題も、日本航行途上で行ったペリーの艦隊示威行動と和親条約で十分である。国務省のアジア局の規模、さらにベルモントによる同省への対アジア積極政策への度重なる請願を見れば、当時国務省が、中国貿易を中心とした包括的なアジア戦略を持っていたとは考えづらい。例えば国務省ファイル内に見られるハリスへの日本との条約指示は「条約の詳細にこだわる必要はなく、シャム条約にある商業規定が入ればよい」だけである[60]。

小　括――ペリー日本遠征の真意

独立戦争によりアメリカは、〝旧世界〟から自由を獲得した。しかしその後進出したアジアでは、再度不自由に遭遇する。それはアジアが〝旧世界〟のはびこる地域であったからである。当初アジアの新興国アメリカは、〝旧世界〟と一線を画し、政治・軍事行動を控え、平和的通商関係の確立に専念した。しかしこの試みは成果が少なかった。それはアジアにおけるアメリカの影響力が強まることを、既にその地に強い利害を持つ他の西欧諸国は歓迎せず、そこで彼らは自らの地歩における政治的影響力を巧みに行使し、この新興国の参入を防いだのである[61]。しかし一九世紀中葉には既に、「ヨーロッパの最強国に匹敵する」アメリカは、この状況に満足できなかった。アメリカは、アジアにおける同権を強く主張する決意をした。

当時アメリカは、アジアに最も好意的な扱いを受ける地点に欠いていた。これは自らがアジアにおいてイニシアチブを取り、新しい地域を開拓してこなかったことによる。そこでアメリカは、それまでアジアにおける政治・外交的成果がなかったことを強く認識し、今までの方針を転換した。すなわち強力な艦隊の示威行動によりアメリカの影響力を示し、それだけに留まらず、アジアで明白な成果を獲得する計画をした。そこで目に付いた国が日本である。

ペリー日本遠征は、先のアメリカによるアジア諸遠征と全く性格を異にする。すなわちこの目標は、一世界最強国でしかなし得ないアジアにおける明確な成果をあげること、すなわち頑強な排外政策を続ける独立国日本を、圧倒的軍事力を示し開国させ、同地で自由貿易を確立させること、そしてそれを、ペリーへの指示書に見られるように、惜しみなくあらゆる国家に均霑すること、そしてそこからアメリカが、アジアにおける他の地域で相応の同条件・同待遇を得ること、これがアメリカの真意であった。ここから当時国務省が、ハリスの日本駐在以前に、「如何なる目的であってもアメリカ国民が日本に赴かなかった」ことを嘆くほど、日本への同国民の関心が低かったにも関わらず[62]、ハリスは、明らかなアメリカによる成果を得る点で、オランダが既に幕府と締結した一八五六年条約に基づく制限貿易の受入を、頑強に拒否し続けたのである。

さらにこのアメリカの真意から、以下の事実も納得できるようになる。

第一番目に、アジアの競争国イギリスが、ペリー日本遠征に、好意的な目を送っていたことである。これは同盟国オランダが、日本開国の努力を行っており、また自らが日本に遠征隊を送る余裕がなかったことによる。そこでイギリス外相マームスベリは、「英国政府は日本と貿易が開かれるようになるのを喜びとするが、それを合衆国政府にまかせ、実験させるのが良いと思う。もしその実験が成功すれば、英国政府はその成功を利用することができるであろう」と期待した[63]。国務省のハリスへの指示書内で、彼の最初の任務であるシャムとの条約交渉の際、「他国よりも低い待遇は許されない」[64]と厳命されているが、実際アメリカの日本開国後、先にバレスティールが条約締結に失敗した同国で、見事ハリスはイギリスと同条件の条約締結に成功している。これはイギリスの同意もあったのではないかとも考えられる。

第二番目には、アメリカのオランダに対する強い敵愾心である。この日本遠征の成果は、アメリカにだけ帰すべきであった。すなわち他国の貢献も認められれば、アメリカの成果が薄れ、その評価が下がり、アジアでの権利を損ねる恐れがあった。そこでアメリカだけの日本開国に異を唱える小国オランダに対して、この大国は全く寛容な精神が保てなかった。当時オランダは、真の開国者は自らであることを主張し始めていた。さらにそれを裏付けるように、開国後の日本と緊密な関係を築く最大限の努力を行った。これをアメリカは、ひどく恐れたのである。ペリー遠征記に見られるオランダへの非難は、およそ一世界最強国司令官の発言とは思えない。これに対しオランダ側からも反論がなされたが、その際には、アメリカにではなく、外交上の配慮からか、ペリー個人に対して行われた[65]。

最後に、アメリカが、それまでなじみの薄いこの日本に対し、大規模な外交手段を講じてきたにも関わらず、確かに南北戦争（一八六一―六五）が生じたにせよ、ハリス以降、日米関係が全く希薄になったことである。それはつまりこの日本遠征が、〝旧世界〟へのアジア貢献から実行され、その目的が達成したことによる。そこでアメリカにとって、もう日本問題は重要ではなくなったのである。ここから他の西欧列強が、アメリカの日本開国のお陰で、容易に日本に進出でき、その関係を密にしていった。そしてアメリカに代わって、他の西欧諸国が、その後の日本の近代化に大きな影響を与えることになったのである。

補論2　オランダ的外交政策
――一九世紀中葉アメリカ合衆国ペリー司令官による日本遠征に対して

一、はじめに

本章では一九世紀中葉のオランダ対日外交政策の中で、日蘭の特別な関係を利用した、オランダのみが可能である当時の外交政策として注目された一事件を検討する。オランダは欧米列強、特に英米仏等に比べれば、小規模国家である。そこで物量に物を言わせるような政策は取れなかった。また一般的に伝統的なオランダの国際政治手法とは、大国の強引な政策を忌諱し、そこから政治問題を道義的問題に持ち込むこと、そして国際政治においては、――オランダの歴史家の言葉を借りれば[1]――「自制と中立」を合言葉とし、そしてその実現として、反大陸的態度によりヨーロッパにおける領土的野心を回避し、むしろその領土縮小も考慮するほどとされている。ここからオランダは、当時の典型的な欧米列強の外交政策、主として強圧的な外交政策とは異なる政策を用いていた。これをここでは「オランダ的外交政策」と述べる。この政策は、一九世紀中葉のアメリカ合衆国ペリー司令官による日本遠征に対し、オランダが採った外交手段にも、明らかに観察されるように思われた。

ここから本件を、この視点から取り上げ、オランダの自主的で積極的な外交政策との認識から、以下検討する。

二、アメリカ合衆国ペリー司令官日本遠征の経緯

悪習の蔓延するヨーロッパの〝旧世界〟から独立した〝新世界〟アメリカ（一七七六―）は、自国地域における「自由」を獲得した。しかしながら、その発展に伴い赴くことになったアジア地域において、再度「不自由」に遭遇する。(2) 当初アメリカは、既に〝旧世界〟が苦労して関係を確立したアジア諸国に赴き、この〝旧世界〟西欧諸国の、政治・宗教を背景にし武力に訴える強圧的政策を引き合いに出し、そのような手段に基づかないアメリカの極めて平和的性格を訴え、商業関係を結んでいった。このアメリカの平和的手法は、当初アジア諸国に歓迎され成功を収めていった。しかし後に、同地に強い影響力を有する〝旧世界〟イギリス・オランダ等の抵抗に遭う。すなわち〝旧世界〟にとってアメリカは、協力関係が求められる外地の一西欧諸国としてのパートナーではなく、自らは大きな努力をせず、〝旧世界〟から利益をかすめ取るだけの国にしか観察されなかったからである。この事実を痛感したアメリカは、自らがその労苦を取り、自らの成功を示し、〝旧世界〟との共同作業を示す必要性に迫られ、日本の開国を強引に行ったのである。またアメリカは、この目的を最大限に達成するためにも、日本開国は、自国のみの成果と位置づける必要があった。ここからオランダの価値を低め、また痛烈に非難した。しかしながら、このペリー司令官の余りに行き過ぎた行動に対して、オランダは強く抗議することを決めた。ここから関係官庁のオランダ植民省は、日本との良好な関係を歴史的に証明することにより、その抗議を揺るぎないものにしようと試みたのである。

三、オランダ植民省による友好的日蘭関係の証明

この良好な日蘭関係を歴史的に証明するとの問題が、オランダ植民省歴史図書部門G部のクラッベに依頼された。その後彼は、当時ヨーロッパでは馴染みのない日本問題を直接担当するようになり、彼の部は「日本部局」とも呼ばれるようになる。そこでこの当時日本問題は、公式には植民省事務次官ウェディック（Arnoldus Laurens Weddik, 1807-1861）が処理した体裁になっており、各々の書類に彼の署名を見ることが出来る。しかしその関係書類を実際に作成し、意見を展開しているのは、筆跡からクラッベと理解される。ここから本件に関する最初の文書一八五二年二月二五日L号官房文書がクラッベ覚書であり、これにより同問題の経緯が認識される。[3]

このクラッベ覚書では、「先日G部により『一八四四年オランダ特別日本派遣隊史』が作成された」と述べられている。これは当時、アメリカの日本開国を目的とする遠征計画が報じられた際、対抗策としてオランダ植民省は、一八四四年オランダ国王ウィレム二世による、アヘン戦争の結果とイギリスの脅威を伝え、無私の精神から日本に開国を勧告した事件を、アメリカに伝える計画をしたことによる。[4] これはオランダが、あらゆる諸国への利益考慮から、日本に開国と諸外国との貿易の認容を、既に勧告していたことを公表し、オランダの他の欧米諸国に対する貢献を訴える意図であった。そのため同派遣隊の詳しい経緯について、このG部に調査が依頼されたのである。この『一八四四年オランダ特別日本派遣隊史』は、植民省文書中で、正確には『一八四四年日本特別派遣の歴史的覚書』という題名となっており、「先日」とあるが、正確には一八五一年一二月一七日付で作成されている。[5]

この際クラッベは、この覚書が余り良い報告にならなかったと述べている。すなわち将軍へのオランダ国王書簡の中では、「双方の君主間で、書簡交換は今まで一切行われなかった」と述べられていることを指摘した。しかしながらクラッベは、この表現が正しいかを確かめる努力をした結果、先にマウリッツ公（Maurits van Oranje, 1567-1625, オラ

ンダ総督，1585-1625）と将軍（徳川秀忠、一五七九―一六三二）間で書簡の交換が行われていた事実を突き止めた。そしてシーボルトのような人が、この事件を知っていたであろうし、これを無視または言及しないことには訳があったのであろうと述べている。[6] しかしながら一八四四年国王書簡発送に関する文書の中には、このマウリッツ公と将軍間の書簡交換について言及されていないので、今回この書簡交換を突き止めたとの報告は、余計ではないでしょうとしている。

以下クラッベは、その調査結果を展開する。彼によれば、『オランダ東インド会社貿易史』[7] の第一巻内に、一六〇九年ファン・デン・ブルック（Abraham van den Broeck, 生没年不詳）とパイク（Nicolaas Puyck, 一六世紀後半生誕、一六五一年後没）の日本派遣に関する短い記述があり、その本の四七四ページに、次のように書かれているとしている。

本日ファン・デン・ブルックとパイクが、将軍に呼ばれた。彼らは将軍に贈物をして、同時にマウリッツ公の書簡を手渡した。将軍はこれらを友好的に受け取らせた。そこで彼らはオランダ東インド会社を代表して、日本での貿易の自由を要請した。将軍は直ぐにこれを認めただけではなく、必要であれば、若干の費用をも貸し与えると述べた。二〇日将軍とお別れする際、将軍はマウリッツ公への書簡と素晴らしい贈物を手渡した。この書簡は今まで印刷されなかったので、その手紙をここで翻訳する。「この会社に日本での商業を行う最初の自由」（を認める。）

クラッベは、この最後の表現が、周知である一六〇九年通商許可書（所謂朱印状：著者注）を思い起こさせるとし、これについて我々は、ホフマン博士の翻訳により、正確な内容を認識していることを述べている。しかしながら彼は、両文書の違いはかなり大きく、すなわちこの許可書は非常に短く簡潔で、翻訳は七行しかないが、それに対して同書簡は、印刷して二枚ほどの長さであることを指摘している。更に彼は、この許可書が日本での使節に提供されたこと、そしてその書簡の書き出しには、「日本の皇帝で国王である私が、私にそれ程遠い国から訪問させたオランダ国王に、私からのご挨拶を申し上げます」となっており、この書簡はルザック著『オランダの富』(8)第三巻に、完全な形で掲載されていることを述べている。

ここからクラッベは、

最後に、日本で我々に与えられた先の将軍による二つの通商許可書の歴史と内容について扱っている一八四四年三月八日一番公開文書と一八四五年一二月三一日四六二番秘密文書をここに添付致します。この両文書の中で、誤りを証明する、あるいはその存在を承認できる、日本における我々にとって最初の貿易の自由が述べられているマウリッツ公への将軍書簡が、一言も述べられていないことは奇妙なことです。しかしこの書簡が本当であれば、とりわけ先例を重んずる国である日本にとって、重大な先例を提供してしまったのであろうと思われる。

と判断している。

このクラッベ覚書から、オランダ政府による一八四四年国王ウィレム二世の日本開国勧告事件の公表、それによる他の諸外国に対する日本におけるオランダの貢献を訴える計画が理解される。しかし同調査を依頼された植民省G部は、ウィレム二世書簡内に、今まで双方の君主間で書簡交換は一切行われていなかったとの表現を見つけ、これは余りオランダのためにならないと思ったこと、しかしこれを覆すと思われる遠い過去におけるオランダの日本派遣があり、これを調査することが良いとする結論に至ったことが分かる。更に前掲書『オランダの富』第三巻で、翻訳された将軍の返書を載せており、著者ルザックが、この将軍返書に関する信憑性を全く疑っていないため、植民省はこの一六〇九年のマウリッツ公書簡、それに対応する将軍の通商許可書の捜索を開始するのである。(9)

四、将軍へのオランダ総督マウリッツ公書簡の捜索

しかしこれらの文書の捜索が容易でなかったことが、同文書から判明する。すなわち同文書内では、先のオランダ東インド会社文書の様々な目録を点検しても、この書簡交換の存在に関する証拠は見当たらなかったと述べられているからである。そこで当初植民省は、日本における我々の最初の貿易認容に関する実際の公文書として見なされている一六〇九年の日本政府による通商許可書と将軍の返書間で混乱が生じたのではないかと考えたが、この許可書は非常に短く単純であり、この誤りはないとした。そこで恐らくオランダ東インド会社執行部ではなく、マウリッツ公により書簡交換が行われたのであろうと考えられ、そこでこれは旧植民地文書館以外にあるのではないかと考えた。ここから植民省は、言うまでもなくとして、当該文書館に詳しい調査をする命令を下し、そこで良い成果が期待できそうな王室文書館（Koninklijk Huisarchief）と王立文書館（Algemeen Rijksarchief）に照会する積りであるとしている。ここからその当該文書館への書簡の中で植民省は、「この確認は本省にとって重要であり、出来れば交換された書簡を手に入れたい」として、「最後に貴下の協力を強く要請し、貴下の配慮にある文書の調査と、それを私に報告することをお願いします」と記している。この書簡はハーグの王立文書館館長ドゥ・ヨンゲ（Johannes Cornelis de Jonge, 1793-1853, 在1831-1853）と同じくハーグの王室文書館担当のファン・プリンステラー（Guillaume [Willem] Groen van Prinsterer, 1801-1867）に送られた。

この植民省による一八五二年二月二五日書簡に対して、意外にも早くドゥ・ヨンゲは三月六日に返答した。この理由は以下、彼の返信により明らかになる。

一八四七年六月一九日に植民相の名で、植民省事務次官からの同様の要請、特には一六〇九年マウリッツ公への将軍書簡捜索の要請があり、それは既に行われました。この文書は王立文書館にあるのでしょうか。私は一八四七年六月二三日付書簡で、当時の植民相に、その文書は間違いなく植民省内保管文書の中にあるとして、お断りの回答を行いました。しかしそれにもかかわらず、また新たに同じ調査が依頼されました。同じことは、以前と同じく何もなりませんでした。将軍書簡も見つからず、その一つの署名や言及についても、他の公文書の中で発見されませんでした。この当該文書は王立文書館には存在せず、他の公文書内に向けられると確証できます。

この書簡の正当性は証明されていますが、周知の著作『オランダ東インド会社貿易史』内では、これについて述べられていないことが注目されます。私が管理しており、日本関係文書も含まれます一六〇二年から始まる蘭領東インド関係手書文書の中でも見当たりませんでした。オランダ人が若干の好意を日本人に要求した場合、それは直接将軍になされたのではなく、老中になされたことが分かっています。そこから恐らく将軍に書面による回答を要請しなかったのではないかと思われます。これは現在も、日本での習慣になっているものと思われます。とにかく将軍宛のウィレム二世国王書簡は、将軍自らではなく、老中により回答されました。これは王立文書館にある原文書の翻訳から分かります。様々な理由から、私はこの書簡の正当性を疑っております。すなわち『オランダ東インド会社貿易史』でも、著者は出典を挙げていません。更に如何なる著述家も、これについては述べておりません。そこでどうしてそのような文書が、一世紀半以上も周知にならないのかも見当もつきません。(10)

ドゥ・ヨンゲは、以前同種の要請を取り扱ったことがあり、再度行うことを無駄と見なした。そこで彼は本格的調査をする前に、調査は無意味とし返信したため、早期の回答となったのである。

五、植民地史研究者ファン・ダイクによる積極的な調査

一八五二年二月二五日付覚書により植民省は、植民省事務官捕(Adjunkt-kommies bij het Departement van Koloniën)であり、アムステルダム旧植民地文書館(Oud- Koloniaal Archief te Amsterdam)勤務のファン・ダイク(L.C.D. van Dijk, 1824-1860)にも、同様の調査を依頼している。この覚書は、ドゥ・ヨンゲへの調査依頼の内容とほぼ一致する。しかしこの覚書内では、このマウリッツ公と将軍の書簡交換について、先のオランダ東インド会社文書内の詳細な調査と、可能な限り同書簡原本の捜索を要求するとし、更に「本件の結果に関する貴下の報告を待ち受けつつ、貴下に委託された本業務について、私は早急に、かつ慎重に行うことを付け加えさせて頂きます」と、本件の重要性が強調されている。(11)

これに対してファン・ダイクは、早速一八五二年三月一五日に調査報告を以下の覚書として纏め、植民省に送っている。(12)

(ファン・ダイクに調査を要請した植民省の)先のオランダ東インド会社文書の詳細な調査を要請している覚書の回答として、以下ご報告致します。

一、ミデルブルフから送られてきた諸認可状は、未だ分類できていませんので、要求された調査は、アムステルダムの旧植民地文書館が所有する文書に限られます。

二、発見できましたことは、

a 一六〇九年マウリッツ公への将軍書簡のオランダ語で書かれた写し。その冒頭では、「日本の皇帝であり、国王である私が、私にそれ程遠い国から訪問させたオランダ国王に、私からのご挨拶を申し上げます。私は非常

に喜んでいる…」と書かれている。

b　一六一〇年ハーグ一二月一八日付マウリッツ公による上述の書簡に返答した二枚の文書写し。その回答は約二つ折り版（フォリオ folio：筆者注）で二枚分である。

三、将軍への最初のマウリッツ公書簡は発見できませんでした。

四、一六〇九年将軍の通商許可書 [de handelspas]（またむしろそれは複数の通商許可書 [passen]）も、見つけられませんでした。その理由は、次のファン・バーイ（Hendrik van Baeij, 生没年不詳[13]）書簡から分かりました。

私が発見した文書を、ハーグに送るべきかをお知らせ下さい。（それらは一つの分厚い古いファイルにより製本されていますが、簡単に取り出せます）

次にこの用件に関します、詳しい説明をご報告致します[14]。

実際一六〇九年に、日本派遣は実施されなかった。しかし当時ジョホール河の前で、ポルトガル艦隊を待ち受けていたピーター・ウィレム・フルフーフ（Pieter Willem Verhoeff, 生没年不詳）の船団に属するロードゥ・レウー・メットパイレン号（Roode Leeuw met Pijlen）とフリフィオン号（Griffioen）は、艦隊司令官から（一六〇九年六月末マカオから日本に出発することになっていたと思われる）ポルトガル大キャラック船を待ち伏せして拿捕する命令を受けていた。またこの船を取り逃がした際には（傍点は強調：筆者注。以下同様）日本に向かい、そこで真剣に交渉を要請することになっていた。

五月一〇日ジョホールの諸船は出発し、当該船を見つけられなかったので、彼らは日本へ向かい、七月六日長崎に到着した。しかし日本人により、平戸に送られた。その地で当該船が、二日前に十分積荷を積んで日本に到着していたことを知った。ここで私はファン・バーイが、パタニ（Patani）からオランダ東インド会社重役会に送った一六一〇年一〇月八日付書簡の抜粋を紹介します。

「六月二七日商務員（すなわち）ファン・デン・ブルックが、フリフィオン号のパイクと共に、将軍へのオランダ総督書簡（この書簡は彼らの艦隊司令官から送られてきたものであり、フーデ・ホープ号は、更に若干の品物を届けた）を示すために、また将軍と自由貿易の契約をするために、クヴァケルナック（Jacob Jansz. Quaeckernaeck, c. 1570-1606）が連れてきて日本に居残っていたサンツフォールツ（Melchior van Santvoort, c.1570-1606）と共に、将軍に挨拶に出かけた。我々は二八日に到着し、直ぐにこの国における自由貿易を得た。そこでその地で我々は、好きな場所に留まれ、思い通りに大小の家を作ることが出来る。そして我々の商品を持ち込み、取引が行え、我々は出来る限りの高値で売ることが出来る。ポルトガル人のように制限されることはない。ポルトガル船には昼夜警備がおり、彼らの取引では、商品価格が決まっている。そこで同じものを一ペニー（één penning）でさえも、高く売ることが出来ない。ポルトガル人にとって特に一層悔しいことは、ポルトガル使者が、我々よりも五日前に将軍の宮廷に到着し、そして我々を商人ではなく海賊であり、全くくだらない奴らと辱めたにも関わらず、それは聞き入られず、更に将軍への謁見が、彼らよりも我々の方が先になったことである」。

同封して、オランダ総督への将軍書簡のコピーを添えます。更にその他二つの将軍書簡も入手しました。これは後に来航する船への旅券の類であり、その一つはパタニに、もう一つはバンタム（Bantam）にあります。

この当時の（上述の船の）航海日誌（De notulen van den breeden raad）原文書を発見しました。上述の諸船は、一六〇九年一〇月パタニに戻りました。

シャムにいるランベルト（Lambert Jacobsz Heijn, 生没年不詳。アユタヤ［Ayutthaya］商館設立者）宛のパタニにいるスプリンケル（Victor Sprinckel, 生没年不詳。パタニ商館長）の一六一〇年一月三〇日付書簡では、次のように書かれています。

「一六〇九年一〇月三〇日ここ（ホット・ロフ［God Lof］）に、日本遠征団、すなわちフルエーニヒト・レウー号（Vereenichd Leeuw）とヤハト船フリフィオン号が再び到着し、その後一一月二一日再びここから積荷を十分積んで、バンタムに出発した。そして日本の平戸に、商館を設立した。ヤコブ・クヴァケルナックと共に来日し、平戸で通訳やその他の業務により滞在していた若干名のオランダ人と一緒に、会社業務のため五人が日本に残された。その指示書によると、上級商務員はジャックス・スペックス（Jacques Specx, c. 1585-1652）であり、十分な利益を上げることを期待されている。将軍は大変歓待してくれた。その地の取引については、大部分が認められた。また平戸のファン・デン・ブルックが書簡に書いているように、翌年こちらに来航する船に渡すため、そしてまた、こうして毎年神の助けが続くように、こちらに残されていた将軍の許可書も受け取った」。

言うまでもなく、私が付け加えることは、一、ロードゥ・レウー・メットパイレン号が祖国に帰還する際、一六一〇年四月二三日セント・ヘレナ（St. Helena）にいたこと、更に一六一〇年一〇月三一日パタニで、その後直ぐに任命されたスプリンケルは、デルフト号（Delft）で発送した会社重役会への手紙の中で、「貿易仕法に関する将軍の契約書複写は、まずロードゥ・レウー・メットパイレン号とヤハト船フリフィオン号により運ばれた」と書いていることです。

この契約書が、恐らく将軍書簡と思われる。

当時の史的調査からファン・ダイクは、将軍書簡と言われているものは、将軍による通商契約書と考えたのである。この覚書には以下の書簡が添付されている。

私は一七世紀初頭に行われたマウリッツ公と将軍間の書簡交換への調査結果を、謹んでご報告致します。一枚一枚、最も古い認可状を捜索しておりましたところ、とうとうこの件の手がかりをつかみ、あちらからこちらへと行き着きました。そこで将軍へのマウリッツ公による回答を、今日まで貴下がご存知でなければ、この目的に叶い、そして大臣が喜ばれる全く十分な報告を私は貴下に行えます。そこでこの報告が、貴下に重要と思われると謹んで申し上げます。

注目されることは追伸として、「もし重大な異議が御座いませんでしたら、私が調査したことから、「我々最初の支社・日本」と題された冊子(の出版)をご推奨致します」とある。[16]

ドゥ・ヨンゲやファン・プリンステラーとは異なり、ファン・ダイクは、本件に大きな関心を示した。この違いが理解されるのは、ドゥ・ヨンゲとファン・プリンステラーの研究対象はオランダ国史にあったが、ファン・ダイクは、旧植民地文書館文書館員として植民地関係の著作に従事しており、日本も彼の研究テーマになりえたからと考えられる。

この覚書を受け取った植民省は、早速三月一七日ファン・ダイクへ、次の書簡を送った。[17]

マウリッツ公と将軍に関する貴下の重大な調査成果を伺い、大変満足しました。この発見された文書を拝見したいので、それらを含む冊子をそっくりそのまま、こちらにご送付下さい。汽車を使えば、費用は余りかかりません。ばらばらに取り出すことは、文書を損ねず保管するとの点から、余り好ましくないように思われます。貴下により調査された文書は、単なる複写でありますが、貴下による覚書の内容との関連で、この書簡交換の存在は、十分疑いようのないものとなりました。これにより、この望みが生き返りました。すなわち王室文書館の調査から、恐らく原文書を発見できるとのことです。お知らせとして、将軍書簡の完全な翻訳は、『オランダ東インド会社貿易史』第一巻で発見されました。ここからこの書簡は、ルザック著『オランダの富』第三巻に掲載されました。その一方でこれは、ラウツの日本に関する最近の著作内にも述べられています。[18]マウリッツ公による最初の書簡の内容は、分かっておりません。同じく貴下が調査した、二番目の書簡の存在も分かっていません。差し当たり、また今後の調査が終了しない限りでは、この問題に関する冊子の出版はお勧め出来ません。

ファン・ダイクの冊子出版の願望は見事に断られてしまったが、直ぐに彼はこの植民省の要請に三月一九日、次のように返答した。

三月一七日貴下の覚書の結果、ご要請の通りでは御座いませんが、私の調査によるマウリッツ公と将軍書簡の複写をご提出致します。当該文書を含む冊子は、年月等により非常に悪い状態となっており、もはや個別の許可書を纏める分厚い冊子としては相応しくありませんでした。そこでこれらの文書の取出しには、何の問題もありませんでした。この羊皮紙の装丁は完全に崩れており、この古い冊子は僅かな力によってでも壊れてしまいそうなので、私はハーグへの発送は勧められないと判断しました。また更には、この内容の目録もないため、確認できずに、あれこれの文書がなくなる可能性がありました。ここにマウリッツ公の書簡複写を提出致しますので、この同封のコピー（複写の複写の意。以下同様：筆者注）は植民省統計部（**Het Statistiek bureau bij het Departement van Koloniën**, G部のこと：筆者注）に譲渡できます。しかしながら将軍書簡の複写は、私にご返送下さい。

更に私は、お願いした情報を報告してくれましたことに、貴下に感謝申し上げます。また最後になりますが、機会が御座いましたら、この書簡交換に関します王室文書館の調査成果をお知らせ下さいますよう、お願い申し上げます。(19)

このようにファン・ダイクは、文書の状態から、文書を含む冊子をそのまま送付されたいとの植民省の要請を満たさず、当該の将軍書簡複写と将軍へのマウリッツ公書簡コピーを送付したのである。

その後ファン・プリンステラーから、次のような書簡が届いた。

私は先に同文書館で捜索致しました際、本館所有のアジアの言語で書かれ、恐らくルザックが『オランダの富』

第三巻に翻訳を掲載したものと同じ書簡と思われる『一六一〇年ギューリッヒ駐屯地の総督に送られ提出された将軍書簡』（*Brieven van den Coninck van Japan gesonden aan S.M. en gepresenteerd in 't jaar 1610 in 't leger van Gülich*）と題された文書以外には、そのような書簡交換については分かりませんでした。

言うまでもなく王室文書館での調査を継続致します。しかし残念なことに、その他の文書は何も発見されませんでした。[20]

六、オランダ国史研究者ファン・プリンステラーとドゥ・ヨンゲの非積極的協力

これを受けて植民省は、ファン・プリンステラーに書簡を送った。これはその調査への感謝と、彼が上述の書簡で述べたアジアの言語で書かれた文書を貸してほしいとのお願いである。更にアムステルダム旧植民地文書館におけるファン・ダイクによる調査成果を報告することで、以前ドゥ・ヨンゲが、この書簡交換自体の信憑性に疑問を投げかけたが、その事件は確証されたと報告している。[21] 植民省はアムステルダムの成果を報告することにより、ドゥ・ヨンゲと同じく、恐らくこの書簡交換の存在自体を疑い、そこで余りやる気の見られないファン・プリンステラーに対し、その調査をはかどらせようとしたと思われる。

植民省の要請に応えファン・プリンステラーは、五月二日に当該文書を発送し、その際調査成果を楽しみにしていますと述べている。[22] それを受け取った植民省は、表紙に書かれている署名から、これはマウリッツ公への将軍書簡に間違いないと期待感を持って返信している。[23]

その後植民省はアムステルダムの植民省代理人に、以下の文書を送った。

一六〇九年日本貿易が認められるため、将軍へのマウリッツ公書簡を携えて、その地へ我々の船二隻が派遣された。そしてそれは回答された。

この出来事、特に書簡交換について、本省は詳細な調査を行ってきた一方で、先のオランダ東インド会社記録目録の中で、恐らく一層この事件について理解されると思われる署名を見つけた。これは「日本――一六一〇年八月二三日XVII当地における貿易を獲得した。続いて一六一〇年九月六日XVII――日本の返送品はほとんど銀である」と書かれている。

この手がかりにより貴下が、本件を調査され、そこで発見されたものを複写、または抜粋して送って頂ければ幸いです。[24]

植民省は、この当該文書をアムステルダム植民省代理人から受け取った後、[25] またファン・プリンステラーに次のような書簡を送っている。

今月五日、貴下の書簡と共に送って下さいましたアジアの文字で書かれた文書をご返送致します。この文書の表紙にあるオランダ語の表題や日本語文字とは関係なく、専門家による調査から、この手書文書は、一七〇三年コンツタンチノープル宮殿のトルコ会社（*een Turksche firman van het Hof te Konstantinopel dagteekende van het jaar 1703*）のものと判明しました。すなわちここで、間違いが生じたに違いありません。すなわち一六〇九年の日本の文書が、ある日一七〇三年のトルコ会社のものと交換されてしまったと思われます。すなわち日本の文書が、トルコ会社の文書の代わりに入れられてしまったとのことです。とにかく私は、将軍書簡原文書の入手を、最も重要視致しております。そこで貴下に更なる調査を急かすことは致しませんが、その追跡のため、若干もう少し本件を進めて下さいますことをお伝え致します。[26]

このように当該文書が見つかったと思われたのであるが、全く別のものであった。その後も同調査は、次の文書の日付から、難航したことが分かる。次の文書は既に秋、一八五二年九月二七日となっている。以下紹介する。

七、ファン・ダイクの調査成果

ハーグの王立文書館に関するスホーテル博士(G.D.J. Schotel, 1807-1892)によるドゥ・ワル(J. de Wal, 1816-1892. ライデン大学学長 1850-1851, 1860-1861)宛の出版された書簡[27]の八ページに、「上述の諸箱の一つに、とりわけ我々の重要な文書の中で、素晴らしい将軍書簡が私の注意を引いた」とある。この書簡の日付はないので、この文書が閣下により探されています書簡の原文書かどうかは判断できませんが、これを閣下にお知らせいたします。[28]

この久しぶりの書簡は、ファン・ダイクからである。この情報から、彼はやはり将軍書簡原文書はハーグにあるのではないかと植民省に伝えた。このファン・ダイク書簡を見て作成されたと思われるクラッベ覚書[29]の概略を、以下紹介する。

スホーテル博士の出版された書簡は手元にはないが、当地の出版物なので、求めれば直ぐに手に入る。ファン・ダイク氏の意見から、この調達は余計であろう。一八四四、四五年の日本との交信文書は、王立文書館にある。これはスホーテル博士の所見から、全く明らかとなった。これについては、スホーテル博士の明快な解決を見て下さい。ファン・ダイク氏は、よくよく考えた上で、王立文書館内を行きかう人々の注意を引く素晴らしい文書が、一六〇九年日本書簡を捜索できませんと何度も報告してきた当文書館員の目には、困難にも留まらなかったことを見抜いたのでしょう。

ちなみに先日五月二四日フルーン氏（フルーン・ファン・プリンステラー：筆者注）に、更なる調査をこちらから要請した件であるが、これはほとんど期待できない。もしこちらが彼に示した誤った封筒の中で、彼が当該書簡を発見していたならば、彼はそれについて間違いなく報告してきたであろう。フルーン氏との書簡交換から推測されるように、彼はアジアの言語と文書への見識がなく、今後の彼による調査成功の見通しは、ほぼ存在しない。すなわち彼は王室文書館におり、そこで一六〇九年日本書簡が、ある間違った封筒や表題で探されることは、まずないと思われる。ただ彼が多少内容を理解できる場合にのみ、認識できよう。

ここで更に、極めて読みづらい書き込みで、「コピーよりも将軍の原書簡が極めて重要であろう。ファン・プリンステラー氏は、後の要請に何も言ってきていないのであろうか。彼はホフマン博士に、外国語で書かれた関係文書を見せることに、何か問題があるのであろうか」と非難めいた言葉が読める。

その後ファン・ダイクから、次のような書簡が届いた。

本件の重要性から、私がこのマウリッツ公と将軍間の書簡交換（その中で、我々に同地域での貿易の自由が認められた）に関して調査を始めて以来、この問題を見失うことはありませんでした。現在私は、貴下の注意に足ると思われるものを突き止めました。

一五世紀中頃［一七世紀の間違い：筆者注］（一六四〇年または一六五〇年）、日本での貿易の自由に関する新たな承認または確認が、将軍によってなされました。そこで新しい文書、すなわち新たな通商許可書のようなものが、我々に渡されたに違いないことが、十分な根拠をもって推測できました。これを貴下はご存知であろうか。

植民省は、同件の調査を重要と思われるでしょうか。またはこの当該文書は、貴下が既にご存知か、あるいは重要ではないでしょうか。ご回答をお待ち致しております。[30]

これに対して植民省は、次の書簡で回答した。

今月一〇日の貴下の書簡は、一七世紀中葉の日本における我々の貿易の確認を述べているが、これは周知である。

これは一六四九年、ブロックホフィウス(Petrus Dirksz Blokhovius, ?-1649)とフリシウス(Andries Frisius, 生没年不詳)両氏からなる日本派遣隊の結果であった。ブロックホフィウスは死去し、フリシウスは将軍から迎えられず、また失礼に遇された。彼らの抗議は、一六五一年のいわゆる「将軍による会社社員への命令」(Order door Zijne Keizerlijke Majesteit tot een reglement aan 's Compagnies Residenten ter hand gesteld)と呼ばれる文書で回答された。実際この文書は、我々の日本における認容を継続している。しかしこの文書は横柄な調子で書かれ、更に新たな厳しい諸規則を含んでいる。この諸規則は、まさに一八四二年に撤回されたものであり、そこで当時、以前の認可に戻すことになった。しかし当時の日本の回答は、ただ以前に戻すとのことで、一六五一年令は言及されなった。

この派遣隊史とその命令の文面は、メイランによって「日本におけるヨーロッパ人商業の史的概観」[31]の中で公表された。またこの派遣隊史は、ラウツによる『政治的市民的思考方法とヨーロッパ諸国との通交における日本』の中で、簡単に触れられている。[32]

このファン・ダイクへの植民省回答から、同省にとって、オランダ人への冷遇、また日本での権利縮小やその過程は不必要であり、ただその狙いは、両国の互恵的関係が示されていると思われる一六〇九年のマウリッツ公と将軍間の書簡交換だけとのことが、よく認識される。

その後ファン・ダイクは、以下のような書簡を送っている。

マイヤー氏編集の『指示書集』[33]を、特に一九番目書簡への調査依頼を首尾よく遂行するために、もし貴下が、私にこのマイヤーの上述作品（植民省図書室に必ずあります）を、しばらくお貸し下されば、非常に有難いです。この著作が、ハーグに御座いませんでしたら、その場合私は、尊敬する友人であり、既に上述の著作を、私に貸してくれたことのあるユトレヒトのフレーデ教授にお願い出来るでしょう。「当時マイヤー氏が、彼の演説内で、若干の指示書——一六一三年ラインスツ氏（Rejjnst, 恐らくコンスタンタイン・ランスツ（ドゥ・ヨンゲ）. [Constantijn Ranst <de jonge>, 1635-1714]）の指示書——の欠落により、彼の編集が不完全になっていることを悔やんでいたことに気づいていました。そこで加筆が求められ、私はとうとう、その欠落文書を発見しました。この同封の書簡によれば、植民省の名で、マイヤー氏に同文書は送られたようです。当時私は、当地で勤務しておりませんでしたし、そして学問への興味という全くの趣味から、私の調査は生じているので、上述の指示書が送付される際、マイヤー氏にこの状況と私の名前をお伝え下さることを希望致します」。同封の閣下への書簡を、再び植民相にお渡し下さいますことをお願い申し上げます。[34]

これに続いてファン・ダイクは、更に植民省に、次のような書簡を送っている。

一六四九年日本派遣隊に関する、学術的に重要なお知らせを含む今月一二日G号貴下の書簡を、早速頂きましたことに感謝申し上げます。しかしながらそこで引用されている、一六五一年の将軍によるオランダ東インド会社社員への命令が、私の意図しているものと同じものであるか、疑わなければならないことを貴下にお伝え致します。

先日まで私は調査を継続し、そして今月一〇日、私が書簡で述べた将軍の文書が、一六四五年以前になされたに違いないことに関して、ありとあらゆる推測を致しました。

その後ヴァレンタインの本(35)を参照した際、私が述べている貿易認可の新しい確認声明は、上述の著作第二巻五章八六ページに述べられています。ヴァレンタインは、この文書の内容を述べ、その後それを判断しています。私には文面や趣旨は穏当であり、厳しくはありますが、失礼ではないと思われます。

この見解から私は、一六五二年のステルテミウス（Pieter Sterthemius, ?-1676。在日オランダ商館長，1650-1651）による回顧録（ヴァレンタインが述べている）「当時我々は苦しめられていないわけではなかったが、翌年――（一六四一年以来）――から一六四九年まで、若干より良く見なされた」。一六四三年文書についてヴァレンタインは、「これが将軍の新しい許可書である。それはこの規定が、翌年に意図されていたからである」。

…………（原文内省略記号：筆者注）

恐らく我々には、一六五一年に失礼な命令が下されたと思われます。その理由は誇り高い将軍に、彼の考え方からすると、我々は見下した態度を示したからです。特には、一六四一年カストリクム号（Castricum）難破事件です。その際オランダ人船員一〇名が、将軍のお陰で厚遇されました。そこで恐らく彼は、もっともなことに、恭しい感謝の表明を期待していたと思われます。しかしながら当時我々は、そのお礼として、何の使節も送らなかったのです。（この埋め合わせに、ようやく一六四九年にブロックホフィウスとフリシウスが送られた訳です）

…………（原文内省略記号：筆者注）

このようなことから、私が述べている文書への調査は一層重要に思われます。そこでこの調査結果は、出来る限り早く貴下にご報告されるでしょう。最後に、もし植民省図書室に御座いましたら、貴下が引用されましたメ

イランの著作を、閲覧のため、しばらくお貸し下さい。(36)

八、植民省とファン・ダイクの意見相違

この文書には、植民省事務次官（恐らく既述のウェディック：筆者注）による書き込みがなされている。これによると彼はクラッべに「貴下の判断を述べよ。そして彼に、この本を送る必要があるか」と要請している。これに対してクラッべは「更なる捜索は、恐らく何もならないでしょう。そこで本の発送は控えました」と回答したことが分かる。大分厳しい所見と思われるが、この理由は、以下のファン・ダイクへの植民省書簡から判明する。(37)

今月一四日と一五日付貴下の書簡の返答として、まずマイヤー氏編集『蘭領東インド指示書集』に、この編者による関係書簡を付加し、同著作の返送の通知をもって送付します。これについては、必要にご使用下さい。その他日本における我々の認容に関する、繰り返された確認への貴下の更なる調査であるが、これらは本省にとって、実際的な有用がほとんどない。日本における我々の最初の通商許可書が、絶対的であり普遍的なのである。それ以来の我々の認容を修正する、それは我々の認容を承認するものでもあるが、この通商許可書に関して日本で施行されたあらゆる諸法令は、同時に制限と規定がなされた。そのような条件的承認は、しばしば起こった。認容は時に縮小され、時に拡大された。貴下が述べている時代にも、それは行われた。一六四一年我々は、平戸から出島に定住地を移さなければならなかった。その時我々を認容する将軍の命令は、横柄かつ失礼であった。一六四七年まで、年ごとに不愉快な関係になっていった、その点で我々の商館長が毎年抗議し、若干の緩和がなされた。そこからブロックホフィウスとフリシウスの派遣と一六五一年の将軍の命令が生じたのである。

このようにクラッベは、日蘭関係史に良く通じており、そこでこのマウリッツ公と将軍間の書簡交換以外には、オランダにとって余りよい事実が見つけられないことを十分理解していた。また植民省としては、日蘭関係史を学術的に纏めようとの意図はなく、外交策からこの用件を早急に処理したかった。そこでファン・ダイクへの、上述にみた冷たい所見と書簡が生まれたのである。

九、マウリッツ公書簡存在の確認

このような状況の中、突然王立文書館のドゥ・ヨンゲから、以下のような書簡が植民省に届いた。これは植民省に朗報であった。

先の二月二五日貴下の官房書簡により、一六〇九年将軍書簡についてお尋ねされました。これにつきましては三月六日、ご回答致しました。それ以来、原文書の捜索を重要視致しておりました。私はこの書簡は、王立文書館にはないと思っておりました。しかし先日非常勤のファン・デン・ブリンク氏(Reinier Cornelis Bakhuizen van den Brink, 1810–1865, 王立文書館館長 1854-1865)が、偶然にも同書簡とほぼ同文の、オランダ語写しを発見致しました。これは先のオランダ連邦共和国等の文書内にありました。この年代の古さと同写しが発見されました場所から、将軍書簡が、実際に存在したことを十分に示していると思われます。

この発見は、閣下にお伝えするに足ると思われました。更にここに、同書簡コピーと説明書を同封致します。(38)

このコピーと説明書は、後の文書一八五三年七月九日H号官房文書付属資料同年七月七日付植民省へのファン・プリンステラー書簡から判明する。この説明書の概略を、以下示す。

王立文書館のオランダ連邦共和国書類棚（Loketkas A.A の den bundel N.38）に、この書簡のコピーがある。一七九二年カッサ（J.S. Cassa, 生没年不詳）作成の目録には、同書簡の言及はない。そしてこの文書は「モロッコ皇帝の条約」と一緒に纏められた。

後の調査から、同書棚の文書の大部分は、一六一九年ファン・オルデンバルネフェルツ（**Johan van Oldenbarnevelt, 1547-1619**, オランダ連邦議会議長 [Raadpensionaris] 1586-1619）[39]故人の家にあった文書に由来し、当時のオランダ政府（Gecommitteerde raden van Holland）が管理していた。一六三一年この文書から、オランダ国司法長（Lands-advokaat）ファン・デル・ヴォルフ（Anthonis van der Wolff, 生没年不詳）により、詳細な目録が作成された。これに関しては王立文書館に、この原本と清書の複写がある。これらを参照すると、モロッコ・トルコ皇帝との条約にならんで、「総督への将軍書簡複写」と書かれている。そこで確かなことは、同封の同文書コピーは、この目録が示すものに間違いなく、この文書が保管されている箱（dorso）の表題は、「オランダ連邦共和国への将軍書簡」と、ファン・デル・ヴォルフによって、はっきりと書かれています。

諸々の理由により、原書から作成されたもの、すなわち一六一九年の同書簡複写は、ファン・オルデンバルネフェルツ文書に含まれていたことが明らかです。これは当該文書の存在の正当性に、大きな証拠を提供していると思われます。[40]

残念ながら、ここでも現物は見つからなかったが、その存在を示す目録と複写がみつかった。そこで必ずこの原本があると、その発見に大変希望の持てる内容であった。

植民省は、この朗報により「アムステルダムの旧植民地文書から既に明らかであったが、将軍書簡の実存について新たな証拠を提供している[41]」と、ドゥ・ヨンゲに感謝の書簡を送った。そしてまた、ファン・プリンステラーに、以下のような書簡を送った。

> 王立文書館の継続調査から、一六〇九年の将軍書簡に関し、更なる詳細が発見された。
> これらの詳細は、この二つの文書内に含まれている[42]。これらは王室文書館における同日本語原文書捜索に寄与すると望まれ、そこで貴下に調査を謹んで依頼する。私は今なお、この原文書の入手に特別な関心を払わなければならず、そこで敢えて、貴下の援助を急いて要請する。また今後の調査に、日本語に通じているライデンのホフマン博士への協力要請が出来ることをお伝え致します[43]。

十、植民省の失望

この書簡から、多少時間が経過する。上述の書簡回答であるファン・プリンステラー書簡を以下示す。

> 今年三月三一日に拝受した貴下書簡により始められました王室文書館における調査に成果がなかったことを、残念ながら閣下にご報告しなければなりません。
> 同封してファン・オルデンバルネフェルツ文書内の書簡コピーと、「当該日本書簡の実在を恐らく証明している」とする関係文書をご返送致します。しかしながらこの推論は、日本語原書簡の発見に寄与しませんでした。
> 王室文書館の一七〇三年トルコ会社封筒表書から、同書簡がこの編纂に一度は入っていたものの、この文書は

偶然にも、誤ってか何かで、同会社のものと取り替えられた。恐らく数年来、王室文書館から紛失していたと思われる。様々な移転、これは外国へもあるが、政治的運命のいたずらから、この編纂内で大きな損失が生じた。国王ウィレム一世が、王室文書館のために、かなりの額で文書を購入したことを覚えている。日本語文書を扱う場合、ライデンのホフマン博士の協力は高く評価されます。しかしながら閣下は、この編纂内で、（その希少性から、直ぐに目を引く）日本文書があるかどうかを調査する彼の援助は、ほとんど役に立たないとの見解に至るでしょう。[44]

このファン・プリンステラー書簡は、植民省を深く失望させた。同文書には以下のような書き込みがある。

現在フルーン氏が判断しているが、専門家でない人でも、日本語文書は、はっきり認識でき、そしてそれを、他のアジアの文書から区別できると判断できるとは、我々は知らなかった。我々は一年前に、トルコの許可書を日本語書簡の代わりに受け取った。当時閣下は、それほどアジアの言語を十分知らなかった。

更にフルーン氏は、王室文書館が被った移転や運命の変遷については完全に黙っているので、今後の捜索は、もはや何もならないと思われる。

ファン・プリンステラーは、ヨーロッパ言語とは大きく異なる日本語は、読めなくても文字が異なるので、素人でも容易に発見できると、専門家ホフマンの援助を拒否し、調査を終了させようとした。しかしながら彼は、トルコ語と日本語を区別できなかったのである。今までも、ファン・プリンステラーのやる気のない態度は明らかであった。植民省は、十分な説得力を持つ証拠を彼に送付して、調査を促し進展を期待したが、今回も完全に拒否された形となった。このような状況から本件は、あっけなく終了することになった。

十一、その後

朱印状に関わる問題は、後に再度取り扱われることになった。これはシーボルトの日本問題に関する、植民省への助言が契機であった。[45]オランダは、当時日本との通商条約締結を目指していた。日本は頑なに、諸外国との通商を拒否し続けていた。そこでシーボルトは、先に朱印状により、日本でオランダの自由貿易が認められていたことに着目し、この朱印状を基に、通商条約を締結するようにすれば、日本人にも納得しやすいのではないかと考えたのであった。これはまた植民省に、素晴らしい計画として聞こえていたと思われる。なぜならこの証明は、日蘭による古来の特別な関係を、新たに世界に示すことが出来、先のマウリッツ公への将軍書簡捜索の趣旨に合致したからである。そこで在日オランダ弁務官ドンケル・クルチウスに、この計画を伝えた。しかしながらドンケル・クルチウスは、この計画に同意できなかった。彼は本件に関し、覚書を作成している。[46]同覚書から、次のようなことが理解される。

ドンケル・クルチウスは、シーボルトの朱印状に関する提案について、最初にケンペル(Engelbert Kaempfer, 1651-1716)やドゥフ等の著作と、日本にあった日本語の朱印状と比較して、まずこれが正しいか、意味が一致するかを検討した。そしてその正当性の確認後、彼の日本人使用人に翻訳させた。そこから、この中には貿易の認容について書かれていないことが判明したと述べている。更にこれについては、メイランも指摘しているとして、この事実の妥当性を証明している。[47]すなわちメイランは、朱印状が貿易について述べておらず、ただ日本に来訪でき、安全に逗留できる許可であること、更に彼は、日本人が将軍による文面を損なうことなく、オランダ人の貿易を制限し、ほとんど無価値にしてしまったことを指摘し、ここから朱印状には、オランダ人の貿易の自由は述べられていないことを裏付けている。

更に朱印状が毎年吟味され、更新されるとの習慣をシーボルトが述べたことについて、それは現在もはや行われていないことも述べている。そこでシーボルトの提案である朱印状の更新は、賢明とは思われないと判断した。またケンペルによると、二番目の朱印状は、余り好意的な言葉で書かれていないとも指摘した。ここから朱印状は、更新するのではなく、日本政府にとって神聖な許可書を、条約の基本原理、言い換えれば条約交渉の際の拠りどころにすべきであるとしている。更にドンケル・クルチウスは、英米条約が最恵国待遇を規定していることから、これはオランダにも適応されるとし、そこからオランダが、日本との交渉において、危険を犯す必要のないことも述べている。そしてオランダが日本と締結する条約は、朱印状で認可された自由を現実化することを目的とした、より精神的な性格が良いとしている。その後ドンケル・クルチウスは、当時このような朱印状は、イギリスにも与えられていたので、イギリスが同種の行動を行うかもしれないとも述べている。しかし彼は、スターリングが締結した協約から、これは出来ないとも判断している。

以上のことからドンケル・クルチウスは、シーボルトが提起した、朱印状を厳かに更新するために、華やかな使節団を日本に派遣するとの計画は実施できないと結論づけた[48]。また彼は、この覚書と共に、日本語の朱印状の写し、更に二つの朱印状のオランダ語訳と、同オランダ語テキストの解説をしているドゥフ書簡コピーを添付した[49]。このドンケル・クルチウスの解説を受けたクラッペの判断は、『一八五六年三月受領の日本文書要約続覚書』(Vervolg-Nota van resumtie der Japansche stukken, ontvangen in Maart 1856)で見ることが出来る[50]。

これによると

朱印状に関して。ドンケル氏は、朱印状の更新とシーボルト准爵によって提起された華やかな日本使節団の考えに反対しているが、彼は我々の条約を、この朱印状に関連づけたいとしている。彼は朱印状の翻訳と、更に朱印状では貿易認容について述べられていないとの所見をつけてきた。また彼は当時イギリスにも認められた朱印状を考慮して、この問題を観察している。

として、更なる他のシーボルトの諸提案についても、反対の見解を示し、そこで最後に「ドンケル氏は、シーボルト准爵による諸提案をうけ、そこからは何も提案していないことが分かる。そこでこれらの用件は、更なる処理を必要としないであろう」と帰結された。

小括

ドンケル・クルチウスの最後の所見から、イギリスにもオランダと同じ朱印状が渡されていた事実が判明した。これは当時、オランダ本国では気づかれていなかった。すなわちまず植民省は、マウリッツ公への将軍書簡と朱印状から、オランダだけが有している、日本との長い特別な通商関係と、先に存在した互恵的交信を世界に示し、オランダの日本における特別な地位を示そうと努力した。その失敗の後、シーボルトの提案から、オランダにのみ有効と思われた朱印状の更新により、その特別な関係の正当性を示そうと試みた。しかしこれもまた、成功しなかった。

このような結果であるが再度注意を向けたいことは、アメリカ合衆国日本遠征で生じた、特にペリー司令官によるオランダへの非難に対して採られた、この「オランダ的外交政策」である。ヨーロッパの領土的小国オランダは、大国が用いる強圧的手段を採れない、またその政治文化的背景から採らなかったが、本件では歴史的にオランダの日本における特別な関係を証明することで、この大国アメリカに対抗したのである。この事実は、当時如何にオランダが、日本との関係を特別視し、重要視していたかを証明するものである。一方この事件の顚末から、アジア用件が、当時如何にヨーロッパ人にとって困難であったかも指摘できる。当時世界最強国アメリカ・イギリスも、既に日本に進出していたが、当初これらの大国でさえも、日本問題の処理には大変苦労したのである。このような状況を考慮すると、オランダは、英米等に比べては小規模国家ではあるが、日本に関する多くの、また深い知識を持っており、更に開国後、日本の欧化政策の実現は、当初専らオランダに要請されたことにより、日本人から信頼され、また尊敬を受けることになった(51)。このような背景から、当時オランダが日本問題において、他の欧米諸列強に比し、どれ程その外交を有利に展開する可能性を有していたかも理解されよう。そこで当時オランダ植民省が、日本問題を積極的に処理し、蘭領東インドの考慮から、日本におけるオランダの影響力を維持・拡大し、更にアジアにおける新しい市場創設を目指していたことは、全く正当なことであった。それはオランダが日本問題において、もはや主導権を取れなくなったと考えられた一八五八年日米修好通商条約締結以降も継続された。オランダ植民省によるこのような挑戦は、日本用件が外務省に移る一八六三年まで続けられたのである(52)。

あとがき

本著は、オランダ国ライデン大学博士論文が中心となっている。当初の博士論文草稿では、専らオランダの史料・資料に基づき構成されていた。しかし最近の博士論文の〝書式〟、また海外では日本で周知の事柄が知られていない状況があり、それを補完する形でイギリスの史料（マルチアーカイブズというらしい）、更に日本人には既知と思われる英米日の研究書の業績（温故知新という良い言葉がある）を加えなければならなかった。同博士論文終了後、日本学術振興会科学研究費補助金若手研究A（二〇〇九—二〇一二）と科学研究費基金基盤研究C（二〇一二—二〇一五）を受けることができ、その成果により同論文の加筆・修正を加えることが出来た。そこで本著は上述の史料に、インドネシア・アメリカの史料をも加え、より多角的に検討されたことで、一層充実した内容になったことは喜ばしい限りである。

残念な点を述べれば、本著中心部分の研究は、ほぼ十年以上前になされ、そこで今回の本著出版にあたり、現在の研究書の成果が十分反映されていない場合がある。更に本研究開始から現在まで、非常に長い時間が経過した。ここから先の研究成果を修正すべき箇所もある。しかしこの修正は、当該箇所前後に留まらないこともあり、そこでこれを十分な形で行おうとすると極めて膨大な時間を要し、出版が遅れることが懸念された。そこでその場合には、簡潔に注で指摘するに留めた。そのため読みづらい箇所があろうかと思うが、ご寛恕願いたい。

また、この研究が実を結んだのは、まず長期にわたりオランダで研究が継続できたこと、そして受入機関ライデン大学、良く通ったオランダ国立文書館の親切なスタッフの方々から受けたご厚意の結果であり、深く感謝致します。またこの感謝の気持ちは、オランダ王立図書館、イギリス国立文書館、大英図書館、アメリカ国立文書館、アメリカ議会図書館、インドネシア国立文書館、ニューヨーク・シティカレッジについても同様である。そして研究継続には、オランダ国費、キャノン財団、エイリオン財団、CNWS、日本学術振興会特別研究員(二〇〇三—二〇〇六)、上述の科学研究費の資金援助を受ける幸運に恵まれた。今回の成果は、これらの研究資金による成果の一部であることを記して、深く感謝の意を表します。

母校明治大学の文化継承学研究所客員研究員(二〇〇九—二〇一三)として、研究が継続できたことについて、同研究所所長井戸田総一郎教授、また研究に関する点では同大学恩師文学部三宅立前教授、現在まで様々な便宜を図って下さる林義勝文学部長に深く感謝致します。またこの間多くの研究者の方々から激励を受けてきた。この場に全ての方々の名を挙げられませんが。とりわけ熊本大学故山口隆男教授、元中部大学井東猛博士、また東京大学史料編纂所横山伊徳教授、松井洋子教授、松方冬子准教授、明海大学岩下哲典教授に、記して深く感謝致します。更に辛いオランダ帰国後すぐにも、「早く(英語の博士論文を)日本語で出版したほうがいい」と常にプッシュして下さった先輩岐阜大学加藤公一先生にも、感謝致します。

史料編纂所横山先生には、専門分野に関し多くのご教授と示唆を伺ってきた。実際私は一八五八年ハリスによる日米修好通商条約で、オランダの対日積極外交の終焉としようと考えていた。しかし先生は「外務省に移管する一八六三年まで見る方が良い」と述べられた。史料の多さから、当時勘弁してもらいたいと思ったが、(半ば仕方なく取り組み)何とかそれを行った。結果同条約以降も、多くの重要な研究論点に巡り合え、そしてそれらが本著の重要な視点の一角と、同研究テーマの締め括りに相応しい結末を担えることになった。本研究分野の恩師金井圓東京大学名誉教授・元日蘭学会常務理事のご逝去後、同分野で直接ご教授頂けることは大変有難く、掛け替えのないことである。

あとがき

ライデン大学での博士論文執筆の間、多くの困難、苦労、屈辱に耐えねばならなかった。またこの間に、金井先生がご逝去された。恩師を失うことにより、一時は研究意欲を全く失った。思い返せば当滞在期間、研究上、良い思い出は皆無である。ただ僅かであるが、その間常に優しく援助して下さった当時の指導教授ファン・フーリック先生、またそのような困難な中、本来私の直接の専門ではないが、常に暖かく父親のように励まして下さり、現在の研究にも大きな便宜を図って下さるライデン大学スカリヒャー研究所所長ブイケルス教授に、特に記して心から感謝致します。

今回の出版は、科学研究費補助金研究成果公開促進費（学術図書）を受けたことによる。この種の出版は本当に難しく、それだけ一層有難く、日本学術振興会に深く感謝致します。また出版に関しては、版元である彩流社社長竹内淳夫様に、大変なご迷惑と大変お世話になりました。竹内社長は、常に寛大で前向きに、同出版を支持して下さり、本当に気持ち良く、この仕事を行うことが出来ました。記して心より、深く感謝致します。また同出版にあたり、現所属天理大学、同文学部の諸先生方、また事務の片岡さんには様々な面で、大変お世話になりました。二〇一五年で天理大学は九〇周年を迎えます。この場をお借りして、本学一教員として心からお祝いを申し上げ、深く感謝の意を表します。

小暮実徳

二〇一四年一二月吉日　天理にて

日葡修好通商条約と外交関係史
978-4-7791-1560-8 C0020 (10. 09)

1860 ～ 1910　　ジョゼ・アルヴァレス 著　金七紀男 訳

江戸で調印された「日葡修好通商条約」と、リスボンで調印された「日葡通商航海条約」を再現する貴重な書。ポルトガル語の対訳と坂本龍馬の海援隊が運航した「いろは丸」購入時のポルトガル語契約書付。日本ポルトガル修好 150 年記念出版！　A5 判上製　2,500 円 + 税

未知との遭遇 スイスと日本
978-4-7791-1572-1 C0020 (10. 11)

16 世紀～ 1914 年　　ロジャー・モッティーニ 著　森田 安一 訳

互いに相異なる両国が比較的早い時期に、正確に言えば 1864 年に、公式の接触を開始し、それもスイス側のイニシアティヴで始まったのはなぜか？意外に知られていない歴史の内幕を、豊富な史料をもとに気鋭の学者が克明に綴る。写真多数。　四六判上製　2,500 円 +

風刺画にみる日露戦争
978-4-7791-1512-7 C0020 (10. 06)

石 和静 著　金 容権 訳

“痛快な笑いと共感” をもたらす時事風刺漫画から覗く帝国主義時代の国際関係の歴史。風刺画には、それぞれの国の文化と他に対するイメージ、言説が溶け込んでおり、国益の視点と弱肉強食の論理から描き出す“世界史としての日露戦争” の姿と本質。　A5 判並製　2,500 円 + 税

日露戦争の裏側“第二の開国”
978-4-7791-1604-9 C0022 (11. 02)

日本列島に上陸したロシア軍捕虜七万人　　大熊秀治 著

明治 37 ～ 38 年、全国 29 ヵ所の収容所に 72,000 人のロシア兵が溢れた！　各地に移動する捕虜（外国人）を初めて見る民衆の反応、脱走事件や郭通い、捕虜祭りなど、地元の異文化体験の姿を僅かに残る資料をもとに描く。現在の写真と当時の写真、150 余点を収録。　A5 判並製　2,200 円 + 税

日本紀行「開戦前夜」
978-4-7791-1143-3 C0020 (06. 02)

フェレイラ・デ・カストロ 著　阿部孝次 訳　保阪正康 解説

日露戦争で世界を震撼させた「神々の国」日本の実情はどのようなものであったか？　日中戦争下の 1939（昭和 14）年、世界一周旅行の途上、日本を訪れたポルトガル人作家が見たものは、昭和という時代の「死に至る病」であった。　四六判上製　1,900 円＋税

チャールズ・ホームの日本旅行
978-4-7791-1607-0 C0021 (11. 04)

日本美術愛好家の見た明治　C・ホーム著　T・ヒューバマン／S・アシュモア編　菅靖子／門田園子訳

1889（明治 22）年、ジャポニスム流行に大きく貢献することになる一人のイギリス人が日本を旅して回った。欧米の芸術界に大きな影響を与え、漱石も愛読した『ステューディオ』誌の創刊者ホーム。彼の美意識をとおして見る明治期の日本。　A5 判上製　3,000 円 + 税

日加関係史　1929–1941
978-4-7791-1194-5 C0030 (06. 09)

戦争に向かう日本ーカナダの視座から　J・D・ミーハン著　田中俊弘／足立研幾／原口邦紘訳

日加関係形成期の特徴づける密接な絆と楽観主義から「脅威の認識」へと変化する外交関係史。太平洋・東アジアと米英を視野に入れたアジアの強国日本に対するカナダの政策を政治、経済、社会、文化にも目配りして描く労作。　A５判上製　23,500 円＋税

■ 著者紹介

小暮実徳（こぐれ　みのり）

1969年大阪生まれ。都立目黒高等学校卒業（1988）、明治大学文学部史学地理学科西洋史専攻卒業（1993）、明治大学大学院文学研究科史学専攻博士前期課程修了（1995）、明治大学大学院政治経済学研究科政治学専攻博士後期課程単位取得退学（1998）。

1997年オランダ国費を受け、オランダ国ライデン大学において、1850年代のオランダ対日外交政策につき研究を開始、その後キャノン財団（1999年間）、エイリオン財団、日本学術振興会特別研究員（PD、2003 － 2006）等の研究資金を得て、研究を継続する。

2008年ライデン大学人文学部博士号。

2009年明治大学文化継承学研究所客員研究員・文学部兼任講師として、科学研究費補助金若手研究A（2009 － 2012）、科学研究費補助金基盤研究C（2012 － 2015予定）を受け、研究を継続。

2013年から天理大学文学部歴史文化学科歴史学専攻准教授。

主な著訳書として、シェイス著『オランダ日本開国論』（雄松堂2004）、根本孝・小暮実徳他『海外・人づくりハンドブック　オランダ編』（財団法人海外職業訓練協会2005）Minori Kogure, *National Prestige and Economic Interest - Dutch diplomacy towards Japan 1850-1863,* (Shaker Publishing, 2008。ライデン大学博士論文：英語）岩下哲典編『江戸時代来日外国人人名事典』（東京堂出版2011）がある。

幕末期《ばくまつき》のオランダ対日外交政策《たいにちがいこうせいさく》――「国家的名声《こっかてきめいせい》と実益《じつえき》」への挑戦《ちょうせん》

2015年1月25日発行　　定価は、カバーに表示してあります

著者　小暮実徳

発行者　竹内淳夫

発行所　株式会社　彩流社

〒102-0071 東京都千代田区富士見2-2-2
TEL 03-3234-5931 FAX 03-3234-5932
ウェブサイト　http://www.sairyusha.co.jp
E-mail　sairyusha@sairyusha.co.jp

印刷　㈱平河工業社
製本　㈱難波製本
装幀　佐々木正見

ISBN 978-4-7791-2080-0 C0022

索 引

あ行

阿部正弘（1819-1857）102
アバディーン（Earl of Aberdeen, George Hamilton Gordon, 1784-1860）128
井伊直弼（1815-1860）172
井上清直（1809-1867）169,173,263
岩瀬忠震（1818-1861）170
ウィレム２世（Willem Frederik George Lodewijk, 1792-1849）17, 65-67, 69, 70, 75, 82, 88, 89, 92-94, 97, 192, 208, 248, 257, 271, 273, 275
ウィレム６世（Willem Frederik, 1772-1843, オランダ王ウィレム１世）25, 29, 40, 41, 50, 59, 105, 293,
ウィレム５世（Batavus, 1751-1795）40
ドゥ・ヴィツ（Jan Karel de Wit, 1819-1884）182, 197, 202, 219-221, 223, 224, 226, 243, 251
ウェディック（Arnoldus Laurens Weddik, 1807-1861）271, 289
ファン・デル・ヴォルフ（Anthonis van der Wolff, 生没年不詳）291
ドゥ・ヴォルフ（Adrianus Johannes Jacobus de Wolff, 生没年不詳）112
クヴァルルス・ファン・ウッフォールト（J.K.W. Quarles van Ufford, 1818-1902）184-187, 210
江原素六（1842-1922）205
エラウツ（Cornelis Theodorus Elout, 1767-1841）45, 49-51
エラウツ（Cornelis Pieter Jacobs Elout, 1795-1843）50
エラウツ（Pieter Jacob Elout van Soeterwoud, 1805-1893）60
エルギン（James Bruce Elgin, 1811-1863）140, 153-156, 169, 177
ファン・デル・オイエ（Willem Anne Schimmelpenninck van der Oije, 1800-1872）230
大沢秉哲（1808-1883）103
オールコック（Rutherford Alcock, 1809-1897）14, 16, 128-131, 137, 179, 180, 191, 205
オーリック（John H. Aulick, 1789-1873）89, 261, 262

か行

フォン・ガーゲルン（Friedrich Balduin von Gagern, 1794-1848）70
カッサ（Anthonie Abrahum Cassa, 1760-1817）58
カッサ（J.S. Cassa, 生没年不詳）291
カッテンダイケ（W.J.C. ridder Huyssen van Kattendyke, 1816-1866）178, 193-195
カニング（George Canning, 1770-1827）46, 47, 49-51, 53, 132
ファン・デル・カペレン（Godert Alexander Gerard Philip van der Capellen, 1778-1848）45, 50

キャッスルレー（Robert Steward Castlereagh, 1769-1822）41-44, 48-50, 53
ギュツラフ（K.F.A. Gutslaff, 1803-1851）78
キング（Thomas Butler King, 1800-1864）78
クヴァケルナック（Jacob Jansz. Quaeckernaeck, c. 1570-1606）278
クラッベ（H.T. Krabbe, 1814-1884）117, 146, 147, 150, 271-284, 289, 290, 295
グラハム（William A. Graham, 1804-1875）261
クラレンドン（George William Frederick Villiers, 4th Earl of Clarendon, 1800-1870）133-135, 139
クリ ― ブラント（William Cleveland, 1777-1842）88
クレイトン（John Middleton Clayton, 1796-1856）80, 85
クルースマン（J.D. Kruseman, 1794-1861）68
ケンペル（Engelbert Kaempfer, 1651-1716）294, 295
コープス（H.H.F. Coops, 生没年不詳）71, 72

さ行

佐久間象山（1811-1864）102
サンツフォールツ（Melchior van Santvoort, c.1570-1606）278
シーボルト（Philipp Franz von Siebold, 1796-1866）34, 69, 74, 90-92, 95, 109, 146, 147, 174, 190, 199-203, 258-260, 272, 294-296
シッカマ（O.W. Hora Siccama, 1805-1879）50
スターリング（James Stirling, 1791-1865）130-133, 137, 295
ステルテミウス（Pieter Sterthemius, ?-1676, 在日オランダ商館長、1650-1651）288
ステュルレル（Johan Willem de Sturler, 1777-1855）34
スヒンモルペンニンク（Gerrit Schimmelpenninck, 1794-1863）86
スプリンケル（Victor Sprinckel, 生没年不詳。パタニ商館長）278, 279
ジャックス・スペックス（Jacques Specx, c.1585-1652）279
スホーテル（G.D.J. Schotel, 1807-1892）284
セイムア（Michael Seymour, 1802-1887）140
セニャービン（Senyavin, 生没年不詳）202
ファン・ソンスベーク（Herman van Sonsbeeck, 1796-1865）95

た行

ファン・ダイク（L.C.D. van Dijk, 1824-1860）276, 279-282, 284, 285-290
テイラー（Zachary Tyler, 1784-1850）85, 93
デイビス（John Davis, 1787-1854）128, 130
テスタ（F.M.W. Testa, 1806-1882）79, 85, 94, 95
ファン・トゥィスツ（Albertus Jacobus Duymaer van Twist, 1809-1887）87-89, 91-94, 96-98,

104, 107, 111-113, 117, 119, 120, 123-125, 139, 141, 143-146, 168
ドゥフ（Hendrik Doeff, 1777-1835）57-60, 294, 295
ドビン（James C. Dobbin, 1814-1857）262
ドンケル・クルチウス（Jan Hendrik Donker Curtius, 1813-1879）16, 89, 90, 93, 96-98, 103, 105, 108-113, 118-122, 124, 131, 133, 138, 139, 143, 146, 148, 150, 161, 162, 169, 172-183, 185, 186, 194, 195, 204, 211, 223, 264, 294-296
徳川秀忠（1579-1632）271-292, 294, 296
徳川斉昭（1800-1860）101
徳川慶恕（1824-1883）172

な行

中浜万次郎（1827/28-98）102
鍋島直正（1814-1871）120, 149
ファン・ナーヘル（Anne Willem Carel van Nagell van Ampsen, 1756-1851）42, 43
ナポレオン・ボナパルト（Napoléon Bonaparte, 1769-1821）41, 44-46
ルイ・ナポレオン（Louis Napoléon Bonaparte, 1778-1846）40
ナポレオン三世（Charles Louis Napoléon Bonaparte, 1808-1873）24, 203
西吉兵衛（1812-1855）103
ファン・ナイエフェルツ（Hugo baron van Zuylen van Nijevelt, 1781-1853）70
ニーマン（Johannes Edewin Nieman, 1796-1850）70
ネーピア（William John Napier, 1789-1834）127
ネプヴュー（C. Nepveu, 1791-1871）69, 70

は行

ファン・バーイ（Hendrik van Baeij, 生没年不詳）277
パイク（Nicolaas Puyck, 16 世紀後半生誕 -1651 年後没）272, 277
ハイデンライク（C.J.A. Heydenrijck, 1832-1911）233, 235
バウト（Jean Chrétien Baud, 1789-1859）68, 69, 71, 73, 74, 75, 81, 87
パヒュット（Charles Ferdinand Pahud de Montanges, 1803-1873）85-87, 89, 91-93, 96, 97, 104, 106-109, 111-113, 117, 118, 120, 121, 124, 143-146, 150, 168, 195
パーマストン（Henry John Temple Palmerston, 1784-1865）31, 54, 86
ハモンド（Edmund Hammond, 1802-1890）130
バレスティール（Joseph Balestier, 1788-1858）256, 267
ハリス（Townsend Harris, 1804-1878）16, 102, 169, 170-173, 178, 179, 182, 203-205, 251, 253, 261-267, 300
ファン・オルデンバルネフェルツ（Johan van Oldenbarnevelt, 1547-1619, オランダ連邦議会議

長 [Raadpensionaris], 1586-1619）291, 292
ブイスケス（Arnold Adriaan Buyskes, 1771-1838）45
パルマー（Aaron Haight Palmer, 1779-1863）79, 85
ビク（Pieter Albert Bik, 1798-1855）66-68, 70-73
一橋慶喜（1837-1913）172
ピット（William Pitt, 1759-1806）42
ビッドル（James Biddle, 1783-1848）102, 128, 130, 255
ヒュースケン（H.C.T. Heusken, 1832-61）200, 203-205
ファビウス（Gerhardus Fabius, 1806-1888）14, 36, 107, 108, 110, 111, 113, 115, 117-121, 124, 133, 134, 136, 137, 139, 140, 144, 146, 160, 162, 163, 164
ファーヘル（Hendrik Fagel, 1765-1838）42, 43, 45, 50
ファルック（Anton Reinhard Falck, 1777-1843）42, 43, 50
フィルモア（Millard Fillmore, 1800-1874）80, 99
フェンダル（John Fendall, 1762-1825）45, 46
フォルソム（George Folsom, 1802-1869）92, 259, 260
フォールマン（Voorman, 生没年不詳）58
藤田東湖（1806-1855）102
プチャーチン（Evfimii Vasilierich Putyatin, 1803-1883）202
フーヘニン（Fredrich Ulrich Jacobus Huguenin, 1827-1870） 150
フリシウス（Andries Frisius, 生没年不詳）286, 288, 289
ファン・デン・ブリンク（Reinier Cornelis Bakhuizen van den Brink, 1810-1865,0 王立文書館館長、1854-1865）290
ブロックホフィウス（Petrus Dirksz Blokhovius, ?-1649）286, 288, 289
ブロムホフ（Jan Cock Blomhoff, 1779-1853）58
ファン・ブラーム（Braam Houckgeest, Andereas Charles van Braam, 1800-1873）58
ファン・プリンステラー（Guillaume [Willem] Groen van Prinsterer, 1801-1876）274, 280-283, 285, 291-293
ファン・デン・ブルック（Abraham van den Broeck, 生没年不詳）272, 277, 279
ファン・デン・ブルック（Jan Karel van den Broek, 1814-1865）113
ピーター・ウィレム・フルフーフ（Pieter Willem Verhoeff, 生没年不詳）277
ブルース（George Isaac Bruce, 1803-1850）87
ペリー（Matthew Calbraith Perry, 1794-1858）14, 16, 75, 77, 80, 83, 85, 89, 90, 94-97, 99-103, 107, 115, 130, 132, 185, 191, 251, 253-256, 258-267, 269, 270, 296
ベルモント（August Belmont, 1813-1890）260, 265
ベンチンク（A.A. baron Bentinck van Nijenhuis, 1798-1868）139, 203, 205
ボウリング（John Bowring, 1792-1872）128, 133, 135-137, 170, 171
ホエーフェル（Wolter Robert van Hoëvell, 1812-1879）81, 82, 87, 100, 101, 122, 184-186
ホッドフロイ（M.H. Godefroi, 1813-1882）231, 235
堀田正睦（1810-1864）102, 143
ホーヘンドルプ（Dirk van Hogendorp, 1761-1822）44

ま行

や行

ら行

ランベルト（Lambert Jacobsz Heijn, 生没年不詳。アユタヤ [Ayutthaya] 商館設立者）278
リンゴルト（Cadwalader Ringgold, 1802-1867）96, 263
リンダウ（Rudolf Lindau, 1829-1910）220
ファン・デル・リンデン（Gijsbertus Martinus van der Linden, 1812-1888）122, 211
レザノフ（Nikolai Petrovitch Rezanov, 1764-1807）74, 205
ローズ（Frederik Cornelis Rose, 1808-1880）85-87
ロバーツ（Edmund Roberts, 1784-1846）255

わ行

ドゥ・ワル（J. de Wal, 1816-1892, ライデン大学学長、1850-51, 1860-61）284
ワルデナール（Willem Wardenaar, 生年不詳 -1816）58, 59

註

略号　MKG ＝オランダ植民省秘密文書
MKS ＝オランダ植民省半公文書書館
MKZG ＝オランダ植民省極秘文書
Buza ＝オランダ外務省文書

はじめに

（1）Griffiths, Richard T., *Industrial Retardation in the Netherlands 1830-1850*, Den Haag, 1979, p.38.

（2）最後のオランダ商館長ドンケル・クルチウスによる覚書の翻訳書、フォス美弥子『幕末出島未公開文書 — ドンケル＝クルチウス覚え書 —』新人物往来社 1992 年、また日本遠征を三度行い、日本の近代化に大きく貢献したファビウスの日本駐留日誌の編訳、フォス美弥子『海国日本の夜明け』思文閣出版 2000 年、局地的な状況を扱うとすれば、またオランダの日本での活動をも検討すべきである。それに関しては、フォス美弥子女史の一連の邦訳がある。同章で述べられている以外に、更にはフォス美弥子「J.K. ファン＝デン＝ブルックの「オランダと日本 I」」『日本の洋学　I』1993 年、「J.K. ファン＝デン＝ブルックの「オランダと日本 II」」『日本の洋学 II』1994 年があり、これらは Broek, J. K. van den, ‘Nederland en Japan – Kantteekeningen bij offisieusen tekst’, *De Tijdspiegel,* 1861 の邦訳である。更には同「J.K. ファン＝デン＝ブルックの遺文」『日本洋学史の研究 IX』1989 年、同「ファン＝デン＝ブルックの伝習」『日本洋学史の研究 X』1991 年、同「ファン＝デン＝ブルック悶着事件」『日本の洋学 III』1995 年も参照されたい。

（3）Beasley, W.G., *The modern history of Japan, London*, 1963. Beasley, W.G., *Great Britain and the opening of Japan 1834-1858*, Folkestone, 1995 (rep.).

（4）Cortazzi, Hugh (ed.), *British Envoy in Japan 1859-1972*, Folkestone, 2004.

（5）Goodman, Grant Kohen, *The Dutch impact on Japan (1640-1853)*, Leiden, 1967.

（6）ピーター・ブース・ワイリー著・興梠一郎訳『黒船が見た幕末日本 - 徳川慶喜とペリーの時代』ティービーエス・ブリタニカ 1998 年（Wiley, Peter Booth with Ichiro Korogi, *Yankees in the Land of the Gods - Commodore Perry and the Opening of Japan,* New York, 1990）

（7）来日したオランダ商館長・商館医等の関連作品が、数多く出版されている。

（8）Chijs, J.A. Van der, *Neêrlands Streven tot Openstelling van Japan voor den Wereldhandel-uit officieele, grootendeels onuitgegeven bescheiden toegelicht,* Amsterdam, 1867. ファン・デル・シェイス著・小暮実徳訳『オランダ日本開国論』雄松堂出版 2004 年。

（9）Stapelkamp, Herman, *Gerhardus Fabius 1806-1888*, Amsterdam, 1999.

（10） Stellingwerff, J., *Zijne Majesteits Raderstoomschip Soembing overgedragen aan Japan – De drie diplomatieke reizen van kapitein G. Fabius ter opening van Deshima en Nagasaki in 1854, 1855 en 1856,* Zutphen, 1988, p.9.

（11） 横山伊徳「日本の開港とオランダの外交——オランダ外務省試論」『アジアの中の日本史Ⅱ』東京大学出版会 1992 年。百瀬 宏『小国』岩波書店 1988 年。Vandenbosch, Amery, *The Dutch foreign policy since 1815: A study in small power politics,* The Hague, 1959. Voorhoeve, J C., *Peace, profits and principles. A study of Dutch foreign policy*, The Hague, 1979 等の著作を参照。

（12） 三谷博『明治維新とナショナリズム——幕末の外交と政治変動』山川出版社 1997 年、142 頁。

（13） 石井孝『明治維新と外圧』吉川弘文館 1993 年、8 頁。

（14） William S. Lewis and Murakami Naojiro (eds.), *Ranald MacDonald: The Narrative of His Early Life,* Spokane: The Eastern Washinton State Historical Society, 1923, p.209, 225-227, 232. ワイリー『黒船が見た幕末日本』22 頁。

（15） ワイリー『黒船が見た幕末日本』311-314 頁。

（16） オールコック著・山口光朔邦訳『大君の都：幕末日本滞在記』上 1962 年、310-311 頁。このオールコックの日本人への評価に対し、「私はどうしても日本人を好きになれません。我々に対して常に憎悪心をたぎらせ、決して信用してかかろうとはしないのです。人を裏切る反逆的行為のまさに権化としか見えない日本人よりも、中国人のほうが付き合うにはずっと気持ちの良い国民です」とのイギリス外交官ミッドフォードの意見もある。Cortazzi, Hugh (ed.), *MitFord's Japan,* London, 1985, 中須賀哲郎邦訳『ある英国外交官の明治維新－ミッドフォードの回想』中央公論社 1986 年、32 頁。

（17） 同書の問題点については、オランダ対日外交政策の視点で検討した拙稿「幕末オランダ対日外交政策の一視点『オランダ日本開国論』の手書き原稿から考察した」『一滴』第 8 号 2000 年と「ファン・デル・シェイスの『オランダ日本開国論』の成立事情 — 未公開目次を含む —」『洋学』第 8 号 1999 年を参照されたい。

序　章

（１）横山「日本の開港とオランダの外交」、百瀬『小国』。

（２）Hellema, Duco, *Neutraliteit & vrijhandel - de geschiedenis van de Nederlandse buitenlandse betrekkingen,* Utrecht, 2001.

（３）本章前半に用いられた個々の作品の紹介は、Wels, C.B., 'De historicus en de constanten in het buitenlands beleid', Bot, B.R., *Lijn in de Buitenlandse Politiek van Nederland,* 's-Gravenhage, 1984 に基づく。更に同時代を扱っている歴史書としては、以下を参照されたい。Sas, N.C.F. van, 'De Nederlanden en Europa 1815-1830', *Algemene Geschiedenis der Nederlanden 11*, Weesp, 1983. 特にナポレオン戦争後からベルギー分離までの英蘭関係を扱った彼の博士論文として *Onze Natuurlijkste Bondgenoot Nederland, Engeland en Europa 1813-1831,* Groningen, 1985. 近代のオランダ対外政策史では、以下のようなもの

がある。Smit, C., *Diplomatieke Geschiedenis van Nederland inzonderheid sedert de vesting van het koninkrijk,* 's-Gravenhage, 1950. Wels, C.B., *Aloofness and neutrality,* Utrecht, 1982. オランダ外政指導に関するボーフマンの作品は数多く出版されている。彼の研究の要約としては、Boogman, J.C., 'Achtergronden, tendenties en tradities van het buitenlands beleid van Nederland (eind zestiende eeuw-1940)', Beugel, E.H. van den (e.a.), *Nederlands buitenlandse politiek. Heden en verleden*, Baan, 1978. "オランダの帝国主義" を周知させた作品として、Kuitenbrouwer, M., *Nederland en de opkomst van het moderne Imperialisme koloniën en buitenlandse politiek 1870-1902,* Amsterdam, 1985 は、カイテンブラウワーの博士論文。彼の最近の研究としては、'Het imperialisme van een kleine mogendheid: de overzeese expansie van Nederland 1870-1914', Sas, N.C.F. van (red.), *De kracht van Nederland Internationale positie en buitenlands beleid,* Haarlem, 1991.

(4) Wels, 'De historicus', p.12.

(5) Wels, 'De historicus', p.15. Telders, B.M., *Nederlands onzijdigheid. Grondslagen en gevolgen,* 's Gravenhage, 1939.

(6) Geyl, P., *Nederland en de oorloog. Beschouwingen naar aanleiding van prof. Telders 'Nederlands onzijdigheid*', Utrecht, 1939.

(7) Boogman, 'Achtergronden', p.227.

(8) J.C.H. Blom, E. Lamberls (red.), *Geschiedenis van de Nederlanden*, Rijswijk, 1993, p.309.

(9) Smit, *Diplomatieke Geschiedenis,* p.198.

(10) Wels, 'De historicus', p.21.

(11) Boogman, J.C., 'The Netherlands in the European Scene, 1813-1913', Wels, C.B.(eindredactie), *Vaderlands Verleden in Veelvoud Deel II: 19e-20e eeuw,* Den Haag, 1980, p.62.

(12) Hoeven, Hans van der, *De Belgische Beroerte – De Tiendaagse Veldtocht en de scheuring der Nederlanden 1830-1839,* Amsterdam, 1973, p.18.

(13) Wels, 'De historicus', pp.11-12.

(14) Hooykaas, G.J., 'De politieke ontwikkeling in Nederland 1830-1840', *Algemene Geschiedenis der Nederlanden 11,* Weesp, 1983, p.306.

(15) 当時外相であったホーヘンドルプ（Gijsbert Karel graaf van Hogendorp, 1762-1834）の言葉、1814 年 2 月 25 日君主宛書簡内の "onzen natuurlijksten bondgenoot" による。Sas, *Onze Natuurlijkste Bondgenoot,* p.I.

(16) Tamse, C.A., *Nederland en België in Europa (1859-1871) - De zelfstandigheidspolitiek van twee kleine staten*, Den Haag, 1973, p.4.

(17) Reid, Anthony, *The Contest for North Sumatra – Atjeh, the Netherlands and Britain 1858-1898,* London, 1969, p.285.

(18) Legêne, Susan., *De bagage van Blomhoff en Van Breugel - Japan, Java, Tripoli en Suriname in de negentiende-eeuwse Nederlandse cultuur van het imperialisme,* Amsterdam 1998, pp.330-367.

(19) Kuitenbrouwer, *Nederland en de opkomst*, p.32.

(20) この種の近年における議論は、Baudet, H., 'Nederland en de rang van Denemarken', Fasseur, C.(samengesteld en ingeleid), *Geld en geweten – Een bundel opstellen over anderhalve*

eeuw Nederlands bestuur in de Indonesische archipel Deel II, Den Haag,1980, pp.214-256 を参照。

（21）Goor, J. van der, *De Nederlandse koloniën - Geschiedenis van de Nederlandse expansie 1600-1975,* Den Haag, 1993, p.226.

（22）Wels, 'Aloofness', p.16. Eyffinger, A., 'Moraal uit noodzaak – Het Nederlands buitenlands beleid en de internationale rechtsorde', A.E. Kersten, A.L.M. van Zeeland, A.C. van der Zwan, *Twee honderd jaar Ministerie van Buitenlandse Zaken, onder redactie van R.E. van Ditzhuyzen,* Den Haag, 1998, p.151. しかしウェルスは、ベルギー分離後は、オランダは第三ランクの国に落ちたとして、実利的に無関心（Aloofness）を選んだのではなく、それを追及するしかないとしている。

（23）Wels, *Aloofness,* p.18.

（24）Vollenhoven, C. van, *Holland's International Policy,* New York, 1919, p.193.

（25）Wels, *Aloofness,* p.25.

（26）Tamse, *Nederland en België in Europa,* p.105.

（27）Kuitenbrouwer, *Nederland en de opkomst,* p.20.

（28）Kikkert, J.G., *Koning Willem III,* Utrecht, 1990, p.339.

（29）Reid, *The Contest for North Sumatra,* pp.18-19.

（30）Reid, *The Contest for North Sumatra,* p.20.

（31）同種のオランダ対アジア政策内に、対中国政策も存在しようが、これについては以下を参照されたい。Putten, Frans-Paul van der, 'Small Powers and Imperialism: the Netherlands in China, 1886-1905', *Itinerario,* Leiden 1996. ファン・デル・プッテン氏は、特にファン・ドンゲン（Dongen, Frans van, *Tussen Neutraliteit en Imperialisme: De Nederlands-Chinese Betrekkingen van 1863 tot 1901,* Groningen, 1966）の国際政治的視点から帰結した、当時のオランダ対中国外交の評価"慎重な政策ではなく、ほとんど偶然の産物"を、政治経済的視点からの考察により、むしろ"慎重な政策"と言えるとして、当時のオランダ対中外交のおける自主的で明確な外交方針を"オランダの帝国主義"の一環として説明している。

（32）Van Raalte, 'Troonredes, 125'; Geyl, '1813 herdacht in 1863', 32 vlg.; *Handelingen 1860-1861, Tweede Kamer,* 310. *Handelingen 1865-1866, Tweede Kamer,* 148 (graaf van Zuylen); *Handelingen 1851-1852, Tweede Kamer,* 206 (Van Goltstein), Tamse, *Nederland en België in Europa,* p.90.

（33）Shroeder, Paul W., 'The 19th-Century International System: Changes in the Structure', M.C. Brands, N.C.F. van Sas, B.A.G.M. Tromp (red.), *De Veiligheid van Europa – Aspecten van de ontwikkeling van het Europese statenstelsel,* Rijswijk, p.85.

（34）Tamse, *Nederland en België in Europa,* pp.24-25. Eyffinger, 'Moraal uit noodzaak', p.148.

（35）Patijn, Constantijn Leopold (ed.), *Nederlandse Buitenlandse Politiek – aspecten en achtergronden,* 's-Gravenhage, 1970, p.6.

（36）Fasseur, Cees, *De weg naar het paradijs en andere Indische geschiedenissen,* Amsterdam, 1995, p.47. 勿論、彼の意図する中心はインドネシアである。

（37）Rothstein, *Allianaces and small Powers,* New York London, 1968, pp.26-35. Tamse, *Nederland*

en België in Europa, p.90.

(38) Doel, H.W. van den, *De Stille Macht,* Amsterdam, 1994, p.329.

(39) KITLV は、蘭領東インドの文官養成学校があったデルフト（Delft, 1851-61）に設立され、その後政治都市ハーグ（'s Gravenhage, 1861-1966）に移った。そして更にライデン（Leiden, 1967- ）に移された。

(40) Kuitenbrouwer, *Nederland en de opkomst,* p.23.

(41) 栗原福也「フォン・シーボルト来日の課題と背景」箭内健二・宮崎道夫編『シーボルトと日本の開国　近代化』続群書類従完成社 平成九年、16 頁。

(42) 栗原福也「フォン・シーボルト来日の課題と背景」37 頁。

(43) Fasseur, *De weg naar het paradijs,* p.48.

(44) Fasseur, *De weg naar het paradijs,* p.49.

(45) Fasseur, *De weg naar het paradijs,* p.50.

(46) Fasseur, *De weg naar het paradijs*, p.52.

(47) Fasseur, *De weg naar het paradijs,* p.55.

(48) 日蘭交渉史の基本書としては、金井圓『近世日本とオランダ』放送大学教育振興会 1993 年。また一般向けとしては、森岡美子『世界史の中の出島――日欧通行史上長崎の果たした役割』長崎文献社 2001 年。近代の日欧関係で詳しくは、田保橋潔『増訂近代日本外国関係史』原書房 1971 年。幕末・維新期の日欧関係では、石井孝『日本開国史』吉川弘文館 1972 年、横山伊徳『日本近世の歴史 5　開国前夜の世界』吉川弘文館 2013 年。

(49) イギリス国立文書館（The National Archives）所有イギリス外務省文書（Foreign Office, 略称 F.O.)F.O. 238-118, to F.O. 1857, 4 February 1857, N.16.

(50) Kikkert, *Koning Willem III*, p.394.

(51) フォス美弥子『海国日本の夜明け』271 頁

(52) フォス美弥子『海国日本の夜明け』109 頁

(53) FO. 238-118, to F.O. 1857, 15 June 1857, N.112.

(54) 栗原福也「フォン・シーボルト来日の課題と背景」50 頁。

(55) Th. van Tijn en Z.M. Zappij, 'De negentiende eeuw 1813-1914', Stuijvenberg, J.H., van (red.), *De economische geschiedenis van Nederland,* Groningen, 1977.

(56) 当時の貿易品の研究については、石田千尋「幕末期のおける蘭船積荷物の基礎的研究――天保 15 年（1844）～安政 2 年（1855）の本方荷物」『鶴見大学紀要』第 37 号 平成 12 年、同「長崎貿易における染織輸入――文政 5 年（1822）を中心として」『一滴』第 7 号 津山洋学資料館 1999 年、同『日蘭貿易の構造と展開』吉川弘文館 2009 年等を参照されたい。

(57) *De handel in Manufacturen in Ned.-Indië. – De invoer van katoenen, zijden, kunstzijden en andere manufacturen in Ned.-Indië en het aandeel van den uitvoer naar Ned.-Indië in de totale exporten van Nederland, Engeland en Japan,* Batavia, 1931, p.5.

(58) アジアの米蘭商業競争については、Westermann, J.C., *The Netherlands and the United States – Their relations in the beginning of the nineteenth century,* The Hague, 1935.

第一章

（１）Shroeder, Paul W., 'The 19th-Century International System: Changes in the Structure', M.C. Brand, N.C.F van Sas., B.A.G.M. Tronp (red). *De Veiligheid van Europa – Aspecten van de ontwikkeling van het Europese statenstelsel'*, pp.82-83.

（２）このオランダへの植民地返還を扱う日本の研究書としては、信夫清三郎『ラッフルズ伝』東洋文庫 123 平凡社 1968 年 。斎藤阿具『ヅーフと日本』広文館 1922 年。斎藤阿具訳注『ヅーフ日本回想録・フィッセル参府紀行』異国叢書 駿南社 1928 年 復刻版 雄松堂 1966 年を、また近代日本対外交流史を認識できるものとしては、田保橋『増訂近代日本外国関係史』を参照されたい。まだこの問題を扱ったオランダの研究書には、Hoek, I.H.J., *Het herstel van het Nederlandsch Gezag over Java en onderhoorigeheden in de jaren 1816 tot 1819,* 's Gravenhage, 1862. Smulders, C.M., *Geschiedenis en Verklaring van het Tractaat van 17 Maart 1824, te London gesloten tusschen Nederland en Groot Britannië, ter regering van de wederzijdsche belangen en regten in Oost-Indië,* Utrecht, 1856. 更にファン・デル・ケンプ（P.H. van der Kemp）の著作があり、'De geshiedenis van het Londensch tractaat van 17 Maart 1824', *Bijdragen tot de Taal- Land- en Volkenkunde van Nederlandsch Indië 56*, Amsterdam Frederik Muller, 1904, pp.6-13 内に自身の著作を含め、同問題に関連する著作・史料は列挙されている。関連書としては、ナポレオン戦争からベルギー分離までのヨーロッパにおける英蘭関係を扱った Sas, N.C.F. van, *Onze Natuurlijkste Bondgenoot Nederland, Engeland en Europa,1813-1831,* Groningen, 1985. また概説としては、'De Nederlanden en Europa 1815-1830', *Algemene Geschiedenis der Nederlanden 11,* Weesp, 1983. Veenhoven, Willem Adriaan, *Strijd om Deshima - een onderzoek naar de aanslagen van Amerikaanse, Engelse en Russische zijde op het Nederlandse handelsmonopolie in Japan gedurende de periode 1800-1817,* Leiden, 1950 等を参照されたい。

（３）本章は、以下の文献に基づく。Zimmermann, Alhred, 'Die Kolonialpolitik der Niederländer', *Die Europäischen Kolonien,* Berlin, 1903.

（４）この話は日本で膾炙しているが、中国の広東、黄金海岸のオランダ領でも、オランダ国旗は掲げられていた。Coolhaas, W.Ph., *A critical survey of studies on Dutch colonial history,* 's-Gravenhage Martinus Nijhoff, 1960, p.61.

（５）Kemp, 'De geshiedenis', p.25. 1813 年初、オラニエ公に植民地返還が確約されていた。Hoek, *Het herstel,* p.36, p.47.

（６）Deventer, M.L. van, *Het Nederlandsch gezag over Java en Onderhoorigheden sedert 1811- verzameling van onuitgegeven stukken uit de koloniale en andere archieven I 1811-1820,* 's Gravenhage, 1891, p.37. Kemp, 'De geshiedenis', p.25. 更に Kemp, 'De sluiting van het Londensch Tractaat van 13 Augustus 1814', *Bijdragen tot de Taal- Land- en Volkenkunde van Nederlandsch Indië 47,* Amsterdam Frederik Muller, 1897, pp.247-248.

（７）Sas, 'De Nederlanden', p.280.

（８）Lord Castlereagh to H.R.H. the Prince Regent. 8 Jan. 1814. *Correspondence, Despatches, and other papers, of Viscount Castlereagh, second Marquess of Londonderry. Edited by his brother,*

Charles William Vane, Marquess of Londonderry, G.C.B., G.C.H., G.B.E., Etc. third series. Military and Diplomatic in four volumes IX, London, 1852, p.151.

（９）Lord Castlereagh to Lord Leverpool. Hague, 8th January, 1814, Vane, Charles William, *Correspondence, Despatches, and other papers, of Viscount Castlereagh, second Marquess of Londonderry. third series. Military and Diplomatic in four volumes IX*, London, 1852, p.155.

（10）Hoek, *Het herstel*, p.56.

（11）Hoek, *Het herstel,* pp.37-38, p.42. Smulders, *Geschiedenis en Verklaring,* p.10.

（12）Hoek, *Het herstel,* p.41.

（13）Taring, Nicholas, *The Fall of Imperial Britain in South-East Asia*, Oxford, 1993, p.27.

（14）ファーヘルは「博学な政治家」、ファン・ナーヘルは頑固なほどオラニエ家に忠実な人物で「ヘルダーラントの偉大な領主」、ファルックは「控えめで穏やかな閣下」と評されている。Kemp, 'De Sluiting', p.250. Horst, D. van der, *Van Republiek tot Koninkrijk – De vromende jaren van Anton Reinhard Falck 1777-1813*, Amsterdam/Dieren, 1985 はファルックの伝記であり、またオランダ独立について扱っている。

（15）この植民地返還によるイギリスの商業的利害喪失は、既に指摘されていた。Lord Clancarty aan Lord Castleraegh, 25 Dec. 1813, p.13, そして *Letter to the right hon. Charles James Fox on the Importance of the Colonies situated on the Coast of Guiana, by a British Merchant,* London W.J. and J. Richardson, 1806, p.147, Colenbrander H.T., *Gedenkstukken der Algemeene Geschiedenis van Nederland van 1795 tot 1840 uitgegeven zevende deel Vestiging van het Koninkrijk 1813-1815*, Rijks Geshiedkundige Publicatiën (RGP) 23, 's-Gravenhage, 1914.

（16）Lord Bathurst aan Lord Clancarty, 21 Jan. 1814, RGP 23, *Gedenkstukken, Vestiging van het Koninkrijk 1813-1815,* p.30.

（17）ケープ植民地は、「東アジアにおけるイギリス帝国の保全に関る場所として」例外とされた。Memorandum of Cabinet, 26 Dec. 1813. RGP 23, *Gedenkstukken, Vestiging van het Koninkrijk 1813-1815*, p.16.

（18）Lord Castlereagh aan Lord Liverpool, 6 Febr. 1814, RGP 23, *Gedenkstukken, Vestiging van het Koninkrijk 1813-1815,* p.46.

（19）Lord Liverpool aan Lord Calncarty, 21 Jan. 1814 (private), p.31, そして Canning aan Lord Castlereagh, 9 Juni 1814, p.143, RGP 23, *Gedenkstukken, Vestiging van het Koninkrijk 1813-1815.*

（20）Lord Castlereagh aan Lord Liverpool, 4 Febr. 1814 (confidential), RGP 23, *Gedenkstukken, Vestiging van het Koninkrijk 1813-1815,* p.40.

（21）Hoek, *Het herstel,* p.19.

（22）Buza, 1814 年 6 月 7 日 66 番（231 番 in Verbaal）オランダ外相の在ロンドン蘭大使宛書簡秘密文書。Van Nagell aan Hendrik Fagel, 7 Juni 1814, RGP 23, *Gedenkstukken, Vestiging van het Koninkrijk 1813-1815.* Kemp, 'De Sluiting', p.255, 'De Geschiedenis', p.30.

（23）Kemp, 'De Sluiting', p.261.

（24）Kemp, 'De Geschiedenis', pp.30-37.

（25）Hoek, *Het herstel,* p.58.

(26) 信夫『ラッフルズ伝』88 頁。

(27) Kemp, 'De Geschiedenis', p.38.

(28) Lord Castlereagh aan Lord Clancarty, 30 Juli 1814, p.163 そして Lord Clancarty aan Lord Castlereagh 4 Aug. 1814 (secret), p.171, RGP 23, *Gedenkstukken, Vestiging van het Koninkrijk 1813-1815*.

(29) Memorie van Dirk van Hoogendorp, 17 Juni 1814, RGP 23, *Gedenkstukken, Vestiging van het Koninkrijk 1813-1815*, pp.600-601.

(30) Stevens, Th., *Van der Capellen's koloniale ambitie op Java - Economisch beleid in een stagnerende conjunctuur 1816-1826,* Amsterdam, 1982, p.60.

(31) Kemp, 'De sluiting', pp.269-270.

(32) この事件は、以下の史料からも認識される。Elout aan Hendrik Fagel, 5 Juni 1816, RGP 27, *Gedenkstukken, Regeering van Willem I. 1815-1825,* pp.41-42.

(33) オランダ史料では「総督」と訳しているが､実際は総督補佐であり､総督（ミントー卿）不在の際に、総督職を代行する役職である。信夫『ラッフルズ伝』114 頁。

(34) Reid, *The Contest for North Sumatra*, p.8.

(35) Raffles, Sophia, *Memoir of the Life and Public Services of Sir Thomas Stanford Raffles, F.R.S. &c. particularly in the government of Java, 1811-1816, and Bencoolen and its dependencies, 1817-1824; with details of the commerce and resources of the Eastern Archipelago, and selections from his correspondence,* London, 1830, p.22.

(36) Raffles, *Memoir,* p.84. 同じくオランダ側でも、ジャワは中国貿易と植民地産物の点から、オランダにとって非常に有用な場所であることが認識されていた。D.F. van Alphen aan Hogendorp, Sept. 1814, p.679, Dirk van Hogendorp aan Falck, 18 Sept. 1814, p.684, Hogendorp aan den Souvereinen Vorst, 13 Oct. 1814, p.701, RGP 23, *Gedenkstukken, Vestiging van het Koninkrijk 1813-1815.*

(37) Raffles, *Memoir,* pp.303-304. 実際オランダ側でも、イギリスの完全な優位の下では、植民地保有に何の利点もないと考えられてもいた。J.A. van Braal aan Commissarissen-Generaal, 28 Sept. 1817, Colenbrander, H.T., *Gedenkstukken der Algemeene Geschiedenis van Nederland van 1795 tot 1840 achteste deel, Regeering van Willem I. 1815-1825 II,* RGP 27, 's-Gravenhage, 1915, p.185.

(38) Taring, *The fall of Imperial Britain in South-East Asia,* pp.26-27.

(39) 信夫『ラッフルズ伝』280 頁。Raffles, *Memoir,* p.306.

(40) 信夫『ラッフルズ伝』298 頁。Raffles, *Memoir,* p.307.

(41) Kemp, 'Fendall's', p.378, p.446.

(42) Kemp, 'Fendall's', p.403.

(43) Tarling, *Imperial Britain in South-East Asia,* Oxford 1975, p.16.

(44) Betts, Raymond F., *The False Dawn European Imperialism in the Nineteenth Century,* Minneapolis, 1975, p.50.

(45) オランダ側では、ラッフルズとの交際は不可能と見ていたが、更にその活動を直接とめることも出来なかった。Elout aan Hendrik Fagel, 29 Maart 1818, p.183. そこで「神よ。彼が、成功しないようにして下さい」と祈るのみであった。Elout aan Hendrik Fagel, 19

Mei 1820, RGP 27, *Gedenkstukken, Regeering van Willem I. 1815-1825 II*, p.241.
(46) Raffles, *Memoir,* p.513.
(47) Raffles, *Memoir,* p.401.
(48) Lord Castlereagh aan Lord Clancarty, 13 Aug. 1819 (secret), Colenbrander, H.T., *Gedenkstukken der Algemeene Geschiedenis van Nederland van 1795 tot 1840 achteste deel, Regeering van Willem I 1815-1825 I,* RGP 25, 's-Gravenhage, 1915, p.132.
(49) Reid, *The Contest for North Sumatra,* p.11.
(50) Tarling, *Imperial Britain in South-East Asia*, pp.16-17.
(51) Tarling, *Imperial Britain in South-East Asia*, p.3.
(52) Tarling, *Imperial Britain in South-East Asia,* p.16.
(53) Lord Clancarty aan Lord Castlereagh, 3 Dec. 1819 (private), RGP 25, *Gedenkstukken, Regeering van Willem I 1815-1825 I,* pp.142-143.
(54) Elout aan Hendrik Fagel, 29 Maart 1818, RGP 27, *Gedenkstukken, Regeering van Willem I 1815-1825 II,* p.183. Smulders, *Geschiedenis en Verklaring,* p.19.
(55) キャッスルレーは鬱病の発作により、首の頚動脈を切って自殺した。Hyde, H. Montgomery, *The strange death of Lord Castlereagh,* London, 1959, p.4.
(56) Hoek, *Het herstel,* p.57.
(57) Hoek, *Het herstel*, pp.68-69.
(58) Kemp, 'De Geschiedenis', p.128.
(59) Tarling, *Imperial Britain in South-East Asia*, p.19.
(60) Tarling, *Imperial Britain in South-East Asia,* p.20.
(61) Smulders, *Geschiedenis en Verklaring,* p.56.
(62) この10万ポンドは、オランダ貿易会社 (Nederlandsche Handel-Maatschappij, NHM) に関る当時の政府による8,000,000フルデンの貸付から支払われた。Smulders, *Geschiedenis en Verklaring,* p.144.
(63) Soeterwoude, Elout van, *Bijdragen tot de geschiedenis der onderhandelingen met Engeland, betreffende de overzeesche bezittingen, 1820-1824,* 's Gravenhage Martinus Nijhoff, 1865, pp.222-228. またイギリス側の史料では *British and Foreign State papers 1812-1814 Vol.XI,* London, 1814, pp.194-203.
(64) Hoek, *Het herstel*, p.71.
(65) Sas, *Onze natuurlijkste Bondgenoot,* p.200.
(66) Taring, *The Fall of Imperial Britain in South-East Asia,* pp.27-28.
(67) Reid, *The Contest for North Sumatra,* p.17.
(68) カッテンディーケ著・水田信利訳『長崎海軍伝習の日々』平凡社1964年、213頁。
(69) Reid, *The Contest for North Sumatra,* p.52.
(70) Taring, *The Fall of Imperial Britain in South-East Asia,* p.28.
(71) Taring, *The Fall of Imperial Britain in South-East Asia,* p.28.
(72) Tamse, *Nederland en België in Europa,* p.25, pp.108-109.
(73) Tamse, *Nederland en België in Europa,* pp.28-29.

第二章

（1）イギリス船フェートン号が、突然長崎港に侵入し狼藉を働き、長崎全市を騒がした事件。これにより長崎奉行は自害し、警備にあっていた佐賀藩も罰せられた。

（2）石井氏も、イギリス側の「オランダに対日交渉の仲介役をつとめさせようとしていた」試みを指摘している。石井『日本開国史』175 頁。

（3）アメリカ合衆国ペリー司令官日本遠征の真意については、本書の補論 1 を参照。

（4）Kemp, 'Fendall's', p.361.

（5）Sas, *Onze natuurlijkste Bondgenoot,* p.80, p.200.

（6）永積昭『オランダ東インド会社』世界史研究双書 6 近藤出版社 1971 年、50 頁。1602 年のオランダ東インド会社の特許状では、「ケープ植民地からマヂェラン海峡まで」となっている。

（7）Kemp, 'Fendall's', p.394.

（8）Elout, *Bijdragen,* pp.24-25.

（9）Extract of report by Sir Stamford Raffles made to the Governor General of India from Malacca, dated June 1811 en route to conquer Java, Paske-Smith, M., *Report on Japan to the secret committee of the English East India Company by Sir Stanford Raffles 1812-1816,* Kobe, 1929, p.5.

（10）Raffles, *Memoir,* p.229.

（11）Appendix B from the History of Java by Sir Stamford Raffles published in London in 1817, Paske-Smith, *Report on Japan,* pp.234-235.

（12）Paske-Smith, *Report on Japan,* p.243.

（13）Enclosure II To David Ainslie, Esqre. M.D. in Letter from Sir Stamford Raffles to Governor General of India, 23rd. September 1813, enclosing copies of the instructions issued to the various members of the Mission to Japan, Paske-Smith, *Report on Japan,* p.61.

（14）Enclosure VI To the President &ca. of the Committee of Supra Cargoes Canton in Letter from Sir Stamford Raffles to Governor General of India, 23rd. September 1813, enclosing copies of the instructions issued to the various members of the Mission to Japan, Paske-Smith, *Report on Japan,* p.69.

（15）Letter from the Government of India approving the undertaking, dated the 31st. July 1812. Enclosure, Copy of a report on the Japan trade by Mr. Van Braam a Dutch resident in Calcutta in the service of the East India Company, Paske-Smith, *Report on Japan,* pp.18-19.

（16）Extract from a letter, dated the 30th June 1813, from Sir Stamford Raffles to the Chairman of the East India Company reporting the departure of the two ships, "Charlotte" and "Mary" for Japan, Paske-Smith, *Report on Japan,* p.54.

（17）Letter from the Government of India approving the undertaking, dated the 31st. July 1812. Enclosure, Copy of a report on the Japan trade by Mr. Van Braam a Dutch resident in Calcutta in the service of the East India Company, Paske-Smith, *Report on Japan,* pp.21-22.

（18）斎藤阿具『ヅーフ日本回想録』239-309 頁。信夫『ラッフルズ伝』210-237 頁。またフェーンホーヘンの著作でも、この事件が扱われている。更に Stellingwerff, J., *De Diepe*

wateren van Nagasaki - Nederlands-Japanse betrekkingen sedert de stichting van Deshima, Franeker, 1983, pp.55-58 を参照されたい。

(19) Kikkert, J.G., *Geen revolutie in Nederland - Impressies van Nederland tussen de Franse tijd en de Eerste Wereldoorlog 1813-1914,* Haarlem, 1992, p.25.

(20) Elout, *Bijdragen,* p.25, p.29.

(21) Opstall, Margot E. van, 'Japans-Nederlandse betrekkingen 1609-1856', Margot E. van Opstall, Frits Vos, Willem van Gulik, Jan de Vries, *Vier eeuwen Nederland-Japan - Kunst-Wetenschap-Taal-Handel,* Lochem, 1983, p.16.

(22) Leonard Blussé, Jaap de Moor, *Nederlanders Overzee - De eerste vijftig jaar 1600-1650,* Franeker, 1983, pp.207-208.

(23) Posthumus, N.W., *Documenten betreffende de Buitenlandsche handelspolitiek van Nederland in de negentiende eeuw,* 's-Gravenhage, 1919, Vijfde Deel, p.97.

(24) MKG, 1856 年 3 月 11 日 141 番。

(25) Baud, W.A., *De semi-officiële en particuliere briefwisseling tussen J.C. Baud en J.J. Rochussen 1845-1851, - en enige daarop betrekking hebbende andere stukken, 1983,* Assen. Deel II, p.252, Deel III, p.156, p.163.

(26) Elout, *Bijdragen,* p.211.

(27) 田保橋『増訂近代日本外国関係史』291-292 頁。Battistini, Lawrence H., *The United States and Asia,* London, 1956, p.13 においても同様の記述がある。

(28) Battistini, *The United States and Asia*, p.9.

(29) アメリカ船は、日本にも度々来航した。そのことに関するものとして Shunzo Sakamaki, 'Japan and the United States 1790-1853', *The Transactions of The Asiatic Society of Japan, 2nd Ser. Vol.X,* 1939. またフェーンホーヘンの著作、田保橋『増訂近代日本外国関係史』にも詳しい。

(30) Battistini, *The United States and Asia*, p.8.

(31) 田保橋『増訂近代日本外国関係史』269 頁。

(32) Battistini, *The United States and Asia*, p.14.

(33) Sas, *Onze natuurlijkste Bondgenoot,* p.195.

(34) Elout, *Bijdragen,* p.57. Sas, *Onze natuurlijkste Bondgenoot,* p.194.

(35) Sas, *Onze natuurlijkeste Bondgenoot,* p.195.

(36) Sas, *Onze natuurlijkste Bondgenoot,* p.200.

第三章

(1) 本書に関連する問題を扱った作品としては、一連の拙稿を参照されたい。
「ファン・デル・シェイスの『オランダ日本開国論』— その書誌的説明と本書の 1852 年までの問題点への検討 —」『日蘭学会会誌』第 42 号 1997 年。

「幕末期のオランダ対日外交の可能性 — オランダの対外政策の基本姿勢を理解して —」『日蘭学会会誌』第 47 号 2000 年。そして「ファン・デル・シェイスの『オランダ日本

開国論』の成立事情——未公開目次を含む」『洋学』第8号2000年。

「幕末オランダ対日外交政策の一視点——『オランダ日本開国論』の手書原稿から考察した」洋学研究史『一滴』(津山洋学資料館紀要)第8号2000年。

(2) Chijs, *Neêrlands streven,* p.17.

(3) Chijs, *Neêrlands streven,* pp.18-19.

(4) Chijs, *Neêrlands streven,* p.19.

(5) Chijs, *Neêrlands streven,* p.19. MKG, 2.10.01, 4310, 12 January 1845 N.34/A.

(6) この事件に関して「1844年日本特別派遣の歴史的覚書 (Nota van het historiële der buitengewone zending naar Japan in 1844)」が、1851年12月17日付で作成されており、この事件の経緯を認識できる。この覚書作成については後述するが、その記述は、ほとんどシェイスの著作と一致する。MKG, 2.10.01, 3218. また本件を扱う研究としては、Jacobs, Els M., 'Met alleen woorden als wapen. De Nederlandse poging tot openstelling van Japanse havens voor de internationale handel (1844)', *Bijdragen en Mededelingen betreffende de Geschiedenis der Nederlanden 105,* 1990.

(7) 清・蘭船以外は二念なく(ためらうことなく)撃退することを命じたもの。

(8) 外国漂流民に対し、必要と思われる薪・水等を提供するもの。

(9) MKG, 2.10.01, 3218「1844年日本特別派遣の歴史的覚書」。

(10) Jacobs, 'Met alleen woorden als wapen', p.59. メルクスの意見書はMKG, 4297, 1844年1月19日内1843年8月31日18番。クルーセマンの覚書は、同1844年1月19日文書内付属資料として、そのコピーが添付されている。

(11) Chijs, *Neêrlands streven,* pp.19-20.

(12) Jacobs, 'Met alleen woorden als wapen', p.61.

(13) Jacobs, 'Met alleen woorden als wapen', p.61. 国王官房文書 (Kabinet des Konings) 2.02.04, 4164, 1844年1月20日M2番内1844年1月19日47番極秘文書。

(14) Chijs, *Neêrlands streven,* pp.20-21.

(15) Siebold, Phillippp Franz von, *Met oorkonden gestaafd vertoog van de pogingen door Nederland en Rusland gedaan tot openstelling van Japan voor de scheepvaart en den zeehandel van alle natiën,* Zalt-Bommel, 1854. pp.13-14. MKG, 1843年11月3日N.458. MKG, 11月20日485番内11月15日シーボルトへの植民相書簡。MKZG, 1843年12月9日523/F1.

(16) MKG,「1844年日本特別派遣の歴史的覚書」。

(17) Chijs, *Neêrlands streven,* pp.21-22.

(18) Jacobs, 'Met alleen woorden als wapen', p.67. 国王官房文書4164, 1844年1月22日M2番開示内1844年1月15日。蘭領東インド総督に本件が伝えられた書簡は、MKG, 1844年1月20日50/C番蘭領東インド総督宛植民相書簡。

(19) Chijs, *Neêrlands streven,* p.24. オランダ本国の商館長への指示を含む文書が、MKG, 1844年1月31日72/E番蘭領東インド総督宛植民相書簡。

(20) 田保橋『増訂近代日本外国関係史』342頁。

(21) Chijs, *Neêrlands streven,* p.51.

(22) Chijs, *Neêrlands streven,* p.53. 国王書簡の中身を伝えている文書は、MKG, 1844年3月9日144/L番蘭領東インド総督宛植民相書簡。

（23）田保橋『増訂近代日本外国関係史』353 頁以降に詳しい。
（24）三谷博『明治維新とナショナリズム』山川出版社 1997 年、86-89 頁。
（25）岩下哲典編『江戸時代来日外国人人名事典』東京堂出版 2011 年、206-207 頁。
（26）Chijs, *Neêrlands streven,* p.65.
（27）宮崎道生「シーボルトの日本開国・近代化への貢献」、箭内・宮崎『シーボルトと日本の開国　近代化』290 頁。
（28）Jacobs, 'Met alleen woorden als wapen', p.77. MKG,「1844 年日本特別派遣の歴史的覚書」。
（29）Beasley, *Great Britain and the opening of Japan,* p.42.
（30）Beasley, *Great Britain and the opening of Japan,* p.45.
（31）Beasley, *Great Britain and the opening of Japan,* p.46.
（32）Beasley, *Great Britain and the opening of Japan,* p.49.
（33）Beasley, *Great Britain and the opening of Japan,* p.50.
（34）永積洋子「通商の国から通信の国へ——オランダの開国勧告の意義」『日本歴史』第 458 号 1986 年。
（35）Beasley, *Great Britain and the opening of Japan,* p.58.
（36）John Gallagher and Ronald Robinson, 'The Imperialism of Free Trade', *The Economic History Review, Second series, Vol. VI, no. 1*, 1953.
（37）佐藤直助『西洋文化受容の史的研究』東京堂出版 昭和 43 年、11 頁。

第四章

（1）アメリカ合衆国ペリー司令官日本遠征の真意については、本書の補論 1 を参照。
（2）服部之総『黒船前後・志士と経済——他十六篇』岩波文庫 1981 年、55 頁。
（3）ワイリー『黒船が見た幕末日本』81 頁。
（4）田中弘之『幕末の小笠原——欧米の捕鯨船で栄えた緑の島』中公新書 1997 年、88 頁。
（5）30th Congress, 1st Session Report No.596. 石井『日本開国史』20 頁。
（6）石井『日本開国史』24 頁。
（7）加藤祐三『黒船異変——ペリーの挑戦』岩波新書 1988 年、25-26 頁。
（8）32d Congress, 1st Session. S.Ex.Doc.No.59, pp.5-7. 石井『日本開国史』27 頁。
（9）ワイリー『黒船が見た幕末日本』32-33 頁。
（10）ワイリー『黒船が見た幕末日本』43 頁。
（11）Palmer, Aaron Haight, *Documents and facts illustrating the Origin of the Mission to Japan authorized by Government of the United States, May 10th, 1851; And which finally resulted in the treaty concluded by Commodore M.C. Perry, U.S. Navy with the Japanese commissioners at Kanagawa, Bay of Yedo, on the 31st March, 1854*, Washington, 1857, p.11.
（12）ワイリー『黒船が見た幕末日本』82-83 頁。
（13）ワイリー『黒船が見た幕末日本』47 頁。
（14）MKG, 1850 年 11 月 22 日 A 号 319/O1 番内同年 10 月 28 日 55 番。
（15）Dennett, Tyler, *Americans in Eastern Asia. A Critical Study of the Policy of the United States*

with reference of China, Japan and Korea in the 19th Century, New York, 1922, p.253.

(16) MKG, 1851 年 3 月 15 日 78 番。

(17) ワイリー『黒船が見た幕末日本』90-95 頁。

(18) Fasseur, *De weg naar het paradijs,* p.53.

(19) 1848 年フランス二月革命の波及によりウィーンで暴動が勃発したが、その報せを聞いたウィレム二世は一夜（3 月 12 日から 13 日の夜）にして、「非常に保守的から、非常に自由主義的に（彼自身の言葉による）」変わった。Leeuwen, W.L.M.E. van, *Honderd Jaar Nederland 1848-1948,* Hengelo, 1948, p.52.

(20) Legêne, *De bagage van Blomhoff,* p.128.

(21) Nieuwenhuys, Rob, *Mirror of the Indies – A History of Dutch Colonial Literature,* Singapore, 1999, p.63.

(22) *Tijdschrift voor Nederlandsch Indië 1850,* pp.296-297.

(23) *Tijdschrift voor Nederlandsch Indië 1850,* pp.385

第五章

(1) フォス美弥子『幕末出島未公開文書』212 頁。Dennett, *Americans in Eastern Asia,* p.252.

(2) Palmer, *Documents and facts illustrating,* p.6 にも、同様の表現が見られる。しかしここでは 1846 年から 1851 年の間となっている。

(3) 彼については、岩下編『江戸時代来日外国人人名事典』209 頁も参照。

(4) MKG, 1851 年 3 月 26 日 91 番書簡。更に同様の発言は *Handelingen Tweede Kamer 1856-1857,* p.565 にも見ることが出来る。

(5) MKG, 1851 年 2 月 17 日 40 番。

(6) MKG, 1851 年 3 月 8 日 64/H 番 A 号と同年 3 月 15 日 78 番。国王の承認は MKG, 1851 年 3 月 17 日 79 番で得られたことが分かる。

(7) Chijs, *Neêrlands Streven,* pp.69-70. Beasley, *Great Britain and the opening of Japan,* p.73.

(8) Verkade, W., *Thorbecke als Oost-Nederlands patriot,* Zutphen, 1974, pp.218-220.

(9) *De Gids*, Amsterdam, 1868, p.176.

(10) Madoka Kanai, 'A Diary of William Cleveland, Captain's Clerk on Board the Massachusetts', Monograph Series 1, Quezon City, *Institute of Asian Studies*, University of the Philippines, 1965, p.20 の同氏邦訳「寛政十二（1800）年米船マサチューセッツ号日本長崎滞在日記」洋学史研究年報『洋学 1』八坂書房 1993 年、195 頁。

(11) Beasley, *Great Britain and the opening of Japan,* p.40.

(12) MKG, 1852年3月21日100番内MKGS, 1851年1月8日植民相宛蘭領東インド総督書簡。

(13) Doel, *De Stille Macht,* p.61.

(14) MKG, 1852 年 3 月 21 日 100 番。

(15) オランダの文書からはこのように述べられているが、オーリック罷免の実際の理由は、彼の人格的問題とされる。田保橋『増訂近代日本外国関係史』432 頁。Johnson, Robert Erwin, *Far China Station- the U.S. Navy in Asian Waters 1800-1898,* Maryland, 1979 の第 4 章

を参照。この真相についても、補論1を参照。
（16）『横浜市史』第二巻、52頁。
（17）ワイリー『黒船が見た幕末日本』84頁。
（18）ワイリー『黒船が見た幕末日本』105頁。
（19）MKG, 1852年3月21日100番内1852年2月21日書簡。MKG, 1853年1月6日2番内1852年5月21日601番書簡。
（20）MKG, 1853年1月6日2番内1852年5月21日601番。
（21）ワイリー『黒船が見た幕末日本』113頁。
（22）ワイリー『黒船が見た幕末日本』118頁。
（23）この姿勢は、その後のMKG, 1852年7月13日243番A号書簡で確認された。
（24）MKG, 1852年4月8日123番。
（25）MKG, 1852年4月22日139/R番A号内同年4月21日書簡。
（26）沓沢宣賢「第二次来日時におけるシーボルトの外交活動」、箭内・宮崎『シーボルトと日本の開国』236頁。
（27）MKG, 1852年4月8日123番。
（28）MKG, 1852年4月8日123番。
（29）MKG, 1853年1月6日2番。
（30）MKG, 1852年7月22日259/H番。
（31）MKG, 1852年7月13日243番A号内同年7月2日書簡。オランダ側の回答を疑ったものと思われる。
（32）MKG, 1852年7月13日243番A号と7月17日249/F1番A号。
（33）MKG, 1852年4月22日139/R番A号内同年4月3日書簡。
（34）MKG, 1851年11月22日303/P1番A号。
（35）MKG, 1853年1月6日2番内1852年6月25日D号書簡。
（36）MKG, 1853年1月6日2番内1852年339番D号。
（37）MKG 1853年1月6日2番内1852年6月25日15番E号書簡。
（38）MKG, 1853年1月6日2番内1852年6月25日E号書簡。この「ペリー来航予告情報」から始まる日本側の動きを「情報史」の観点から扱った研究書として、岩下哲典『幕末日本の情報活動——「開国」の情報史』雄山閣出版2000年がある。
（39）Siebold-Archiv, Mittelbiebrach/Brandenstein, Nr.III 1483. 宮坂正英「シーボルトとペリーのアメリカ日本遠征艦隊——ブランデンシュタイン家文書を中心に」、箭内·宮崎『シーボルトと日本の開国』222頁。
（40）加藤『黒船異変』38頁。
（41）ワイリー『黒船が見た幕末日本』135頁。
（42）ワイリー『黒船が見た幕末日本』168頁。
（43）MKG, 1853年1月20日32/D番内同年1月4日書簡。3の地名は、南米のRio de la PlataとParanáと思われる。
（44）MKZG, 1854年2月14日50番A号内1853年12月23日261/R3番書簡。
（45）オランダの新聞記事としては、『新ロッテルダム新聞（*Nieuwe Rotterdamsche Courant*), *NRC*』の以下の記事が指摘できる：1853年9月7日水曜日247号「概観」1853年10

月18日火曜日288号「概観」1853年12月22日木曜日353号「概観」1854年2月15日水曜日46号「植民地」1854年2月16日木曜日47号「概観」1854年3月16日木曜日75号「植民地」1854年6月3日土曜日152号「概観」1854年8月9日水曜日218号1854年8月29日火曜日238号「概観」1854年8月31日木曜日240号「概観」1854年9月1日241号金曜日「概観」1854年9月20日水曜日260号「概観」1854年10月1日271号日曜日「概観」1854年10月3日273号火曜日「概観」1854年10月18日288号水曜日「概観」1854年11月1日水曜日302号「概観」1854年12月20日水曜日351号「概観」1855年1月26日金曜日26号「概観」1855年4月29日日曜日118番「概観」1858年3月21日80番日曜日「概観」(ペリー司令官の訃報記事)
(46) MKG, 1852年7月17日249/F1番書簡とMKG, 1852年7月22日256番書簡を指している。
(47) MKG, 1853年2月15日75番内1852年9月22日書簡。
(48) MKG, 1853年4月22日162番O号内1852年9月22日406番。
(49) ワイリー『黒船が見た幕末日本』252頁。
(50) 岩下哲典「ペリー来航直前における伊達宗城の情報活動——『幕末日本の情報活動』補遺」『明治維新史学会報』第36号2000年、8頁。
(51) MKG, 1853年4月22日162番O号。
(52) MKZG, 1854年3月19日101番。
(53) MKZG, 1854年3月20日103/H番内1853年12月23日書簡。

第六章

(1) Kol, H.H. van, *De historische Verhouding tusschen Japan en Nederland, Amsterdam, 1914,* p.26.
(2) 加藤『黒船異変』1-3頁。
(3) 德富蘇峰『近世日本国民史　遣米使節と露英対決篇——開国初期篇』1991年(rep.)、8頁。
(4) 德富『近世日本国民史』6頁。
(5) 德富『近世日本国民史』7頁。
(6) 石井『日本開国史』48頁。
(7) 石井『日本開国史』116頁。
(8) Beasley, *Great Britain and the opening of Japan,* pp.88-89.
(9) 加藤『黒船異変』139頁。
(10) フォス美弥子「ファン=デン=ブルックの遺文」127頁。
(11) *Tijdschrift voor Nederlandsch Indië 1850,* pp.296-297.
(12) *Handelingen 1853-1854, Tweede Kamer,* p.182.
(13) 石井『日本開国史』80-86頁。
(14) 坂田精一『ハリス』吉川弘文館1987年(rep.)、193頁。
(15) 巌本善治編『新訂　海舟座談』岩波文庫1983年、245頁。
(16) ワイリー『黒船が見た幕末日本』323頁。
(17) 山川菊栄『覚書　幕末の水戸藩』岩波文庫1991年、182頁.
(18) 山口宗之『ペリー来航前後——幕末開国史』ぺりかん社1988年、25頁。

（19）ワイリー『黒船が見た幕末日本』201 頁。
（20）ワイリー『黒船が見た幕末日本』245-248 頁。
（21）ワイリー『黒船が見た幕末日本』184 頁。
（22）加藤『黒船異変』87 頁。
（23）加藤『黒船異変』94 頁。
（24）ワイリー『黒船が見た幕末日本』107 頁。
（25）*Handelingen 1855-1856, Tweede Kamer,* p.298.
（26）ワイリー『黒船が見た幕末日本』258 頁。
（27）MKZG, 1854 年 4 月 15 日 132 番。
（28）MKG, 1854 年 9 月 18 日 345 番。
（29）H. Beukers, A.M. Lyendijk-Elshout, M.E. van Opstall, F. Vos, *Red-Hair Medicine Dutch-Japanese medical relations,* Amsterdam/Atlanta, 1991. Beukers, Harmen, *The Mission of Hippocrates in Japan – Philipp Franz von Siebold in his role as medical doctor,* Amsterdam/Leiden, 1996 等を参照。
（30）MKG, 1855 年 2 月 28 日 76 番。
（31）*Tijdschrift voor Nederlandsche Indië 1855,* pp.176-177.
（32）MKG, 1855 年 3 月 14 日 106 番。
（33）*Handelingen 1855-1856, Tweede Kamer,* p.8.
（34）*NRC,* 1854 年 12 月 20 日水曜日 351 号「概観」。
（35）この件で詳しくは、拙稿「シェイス著『オランダ日本開国論』付属資料 II「オランダ海軍日本分遣隊の歴史」」洋学研究史『一滴』（津山洋学資料館紀要）19 号 2011 年を参照されたい。
（36）MKG, 1855 年 2 月 28 日 76 番内 1855 年 2 月 6 日書簡。
（37）フォス美弥子『海国日本の夜明け』332 頁。
（38）MKG, 1855 年 2 月 28 日 76 番。
（39）この問題に関しては、拙稿「幕末オランダ対日外交政策の一視点『オランダ日本開国論』の手書き原稿から考察した」を参照されたい。
（40）MKG, 1855 年 2 月 28 日 76 番。
（41）日本はオランダの植民地ではないため、「弁務官（保護国・植民地などに派遣され，その地の政治・外交などを指導する官吏）」の訳語を用いない嫌いがある。しかし当時オランダでは、植民省が日本問題を管轄していた。そこでこの訳語をあてることが、適切に思われる。すなわち 1863 年外務省が日本問題を植民省から引き継ぐので、それ以降に外務省下の役職「理事官」等の訳語を用いることが、史実に忠実と言えよう。
（42）MKG, 1855 年 3 月 24 日 123 番。
（43）MKG, 1855 年 3 月 29 日 139/H 番内同年 3 月 26 日書簡。
（44）この「目下～ならない」「現状で～行うべきでない」部分も、シェイスの本から削除された。
（45）MKG, 1855 年 2 月 28 日 76 番。
（46）MKG, 1855 年 3 月 14 日 106 番。
（47）MKG, 1855 年 3 月 24 日 123 番。

(48) MKG, 1855 年 4 月 4 日 156 番。

(49) 彼は以前出島商館員の経験をもち、その当時の回想録が、A.J.J. Wolff, L.J.F.E. von de Ende, *Herinneringenuit Japan,* Brussel, 1890 である。

(50) MKG, 1855 年 3 月 29 日 139/H 番内 1854 年 12 月 25 日書簡。

(51) 看板貿易と本件に関し詳しくは、シェイス著『オランダ日本開国論』内付属史料 I 「本方貿易と看板貿易の廃止の歴史」を参照されたい。

(52) MKG, 1855 年 4 月 4 日 156 番。

(53) MKG, 1855 年 4 月 6 日 164/K 番内同年 2 月 8 日書簡。

(54) ファン・デン・ブルックに関しては、多くの研究がある。Moeshart, Herman J., *Een miskend geneesheer – Dr. J.K. van den Broek en de overdracht van kennis van westerse technologie in Japan 1853-1857,* Amsterdam, 2003 を参照。更にファン・デン・ブルックへの評価に関しては、フォス美弥子『海国日本の夜明け』31 頁。

(55) MKG, 1855 年 4 月 6 日 164/K 番内 1854 年 12 月 29 日と 1855 年 1 月 23 日蘭領東インド評議会考慮と助言。

(56) フォス美弥子『海国日本の夜明け』76 頁。またシェイス付属資料 II を参照。

(57) MKS, 1855 年 6 月 10 日 154 番植民相宛蘭領東インド総督書簡。

(58) MKS, 1855 年 9 月 8 日 133 番蘭領東インド総督宛植民相書簡と MKG, 1855 年 12 月 9 日 560/V1 番。

(59) MKG, 1855 年 3 月 17 日 109 番。

(60) *Handelingen 1855-1856, Tweede Kamer,* p.216, p.298.

(61) フォス美弥子『海国日本の夜明け』117 頁。

(62) Kikkert, *Koning Willem III,* p.394.

(63) 加藤『黒船異変』180 頁。

(64) フォス美弥子『海国日本の夜明け』124 頁。

(65) *Handelingen 1855-1856,Tweede Kamer,* p.21.

(66) *Handelingen 1855-1856, Tweede Kamer,* p.22. クレッフェンスは自著内で、この発言を引用する際、"果てしなく" (oneindig) を落としている。Kleffens, Eelco van, *De internationaal-rechtelijke betrekkingen tussen Nederland en Japan (1605-heden),* Leiden, 1919, pp.33-34.

第七章

(1) MKG, 1856 年 2 月 29 日 105A 番。

(2) MKG, 1856 年 3 月 4 日 111 番。

(3) MKG, 1856 年 3 月 11 日 141 番と同年 3 月 26 日 159 番。この報告書の抄訳は、フォス美弥子『海国日本の夜明け』で見ることが出来る。

(4) MKG, 1856 年 3 月 29 日 162 番。

(5) *Handelingen 1854-1855, Tweede Kamer,* p.100.

(6) フォス美弥子『海国日本の夜明け』242 頁。

(7) フォス美弥子『海国日本の夜明け』354 頁。

(８) フォス美弥子『海国日本の夜明け』367 頁。
(９) MKG, 1856 年 3 月 29 日 162 番内同年 2 月 22 日書簡。
(10) MKG, 1856 年 3 月 29 日 162 番。
(11) MKG, 1856 年 8 月 7 日 450/E1 番。
(12) MKG, 1856 年 3 月 29 日 162 番。
(13) MKG, 1856 年 3 月 29 日 162 番内同年 3 月 21 日書簡と 22 日書簡と MKG, 1856 年 4 月 5 日 U 号。
(14) 1824 年、蘭領東インドにおけるイギリス輸出産業（綿織物）と競合するために、南オランダで繁栄している織物工業とオランダ北部の商業と海運をより緊密に協力させることを目的として、37 百万フルデンの資本金で設立された貿易会社。その際国王ウィレム一世が 4 百万フルデンを出資し、当初に配当を保障した。植民地産物を輸送・購入し、その委託販売を行い、ロッテルダム（Rotterdam）、アムステルダム（Amsterdam）、ミデルブルフ（Middelburg）で競売し、特にコーヒーと砂糖で巨大な利益を上げた。強制栽培制度の撤廃後、NHM は大銀行に発展し、自らのプランテーションを設立した。1864 年トゥエンテ銀行（Twentsche Bank）と、ABN 銀行 (Algemene Bank Nederland) の名前で合併、その後更に AMRO 銀行と合併し、現在の ABN-AMRO 銀行となる。
(15) Beasley, *The modern history of Japan,* p.62.
(16) Beasley, *The modern history of Japan,* p.64.
(17) *Handelingen 1856-1857, Tweede Kamer,* p.423. *Tijdschrift voor Nederlandsch Indië 1857,* p.207. *Tijdschrift voor Nederlandsch Indië 1860 I,* p.166.
(18) *Tijdschrift voor Nederlandsch Indië 1857,* p.207. *Tijdschrift voor Nederlandsch Indië 1860 I,* p.166.
(19) *Handelingen 1856-1857, Tweede Kamer,* p.423.
(20) *Tijdschrift voor Nederlandsch Indië 1857,* p.207.
(21) *Tijdschrift voor Nederlandsch Indië 1860 I,* p.167.
(22) *Tijdschrift voor Nederlandsch Indië 1860 I,* p.166.
(23) *Tijdschrift voor Nederlandsch Indië 1857 I,* p.209.
(24) MKG, 1856 年 5 月 2 日 232 番内同年 1 月 3 日書簡。
(25) MKG, 1856 年 5 月 2 日 232 番内同年 1 月 21 日書簡。
(26) MKG, 1856 年 5 月 2 日 232 番内同年 1 月 24 日書簡。
(27) MKG, 1856 年 5 月 2 日 232 番内同年 2 月 22 日蘭領東インド総督決議録抜粋。
(28) MKG, 1856 年 5 月 2 日 232 番同年 1 月 10 日書簡。
(29) MKG, 1856 年 4 月 8 日 196/O 番。
(30) MKS, 1856 年 5 月 8 日 141 番蘭領東インド総督宛植民相書簡。

第八章

(１) Taring, *The Fall of Imperial Britain in South-East Asia,* p.27.
(２) 田中『幕末の小笠原』63-65 頁。ちなみに小笠原は、1853 年ペリーも来航している。

田中『幕末の小笠原』74 頁。
(３)田中『幕末の小笠原』52-53 頁。
(４)田中『幕末の小笠原』88 頁。Taring, *The Fall of Imperial Britain in South-East Asia,* p.6.
(５)Tarling, *Imperial Britain in South-East Asia,* p.100.
(６)Beasley, *Great Britain and the opening of Japan,* p.70.
(７)Beasley, *Great Britain and the opening of Japan,* p.90.
(８)Tarling, *Imperial Britain in South-East Asia,* p.114.
(９)石井寛治・関口尚志編『世界市場と幕末開港』東京大学出版会 1982 年、7 頁。
(10)石井・関口編『世界市場と幕末開港』8-9 頁。
(11)Baud, *De semi-officiële en particuliere briefwisseling tussen J.C. Baud en J.J. Rochussen 1845-1851,* p.101.
(12)FO. 238-117, From F.O. 1857 March 10, 1857.
(13)Beasley, *Great Britain and the opening of Japan,* p.87.
(14)Beasley, *Great Britain and the opening of Japan,* p.93.
(15)大英図書館（The British Library）Additional 43248, Aberdeen Papers Vol.CCX presented by The Marquess of Aberdeen. "Foreign Office memorandum on 1852" この文書の頭には、"Mr. Hammond's Dep:"（ハモンドさんの部署へ）と書かれている。すなわち当時イギリスでは、"ハモンド部局"が、"日本部局"であった。
(16)Beasley, *Great Britain and the opening of Japan,* p.99.
(17)Beasley, *Great Britain and the opening of Japan,* p.102.
(18)Beasley, *Great Britain and the opening of Japan,* p.103.
(19)Cortazzi, *British Envoy in Japan,* pp.4-5.
(20)Beasley, *Great Britain and the opening of Japan,* p.116.
(21)Cortazzi, *British Envoy in Japan,* p.11.
(22)Cortazzi, *British Envoy in Japan,* p.13.
(23)Cortazzi, *British Envoy in Japan,* p.13.
(24)Shroeder, 'The 19th-Century International System', p.83.
(25)第二章を参照。
(26)Sas, *Onze natuurlijkste Bondgenoot,* p.195.
(27)Taring, *The Fall of Imperial Britain in South-East Asia,* pp.29-30.
(28)ワイリー『黒船が見た幕末日本』121 頁。
(29)ワイリー『黒船が見た幕末日本』133 頁。
(30)MKG, 1855 年 2 月 28 日 76 番。日英協約は *Convention between Her Majesty and The Emperor of Japan. Signed at Nagasaki, in the English and Japanese languages, October 14, 1854. Presented to both Houses of Parliament by Command of Her Majesty,* London, printed by Harrison and Sons, 1856 に見ることが出来る。その交渉については、*Correspondence respecting the late Negotiation with Japan. Presented to both Houses of Parliament by Command of Her Majesty,* London, printed by Harrison and Sons, 1856, p.12 を参照されたい。
(31)*Correspondence respecting the late Negotiation with Japan. Presented to both Houses of Parliament by Command of Her Majesty,* p.12.

(32) Beasley, *Great Britain and the opening of Japan,* pp.145-146.
(33) FO. 238-111, From F.O. 1855-1856, 9 February 1856, N.10 Confidential.
(34) FO. 238-113, To F.O. 1856, 13 March 1856 N.21
(35) FO. 238-113, To F.O. 1856, 11 April 1856, N.46.
(36) FO. 238-113, To F.O. 1856, 11 April 1856, N.46.
(37) FO. 238-113, To F.O. 1856, 4 December 1856, N.164.
(38) FO. 238-118, To F.O. 1857, 4 February 1857, N.16.
(39) FO. 238-114, From F.O. 1856-57, October 14 1856, N.79.
(40) FO. 238-114, From F.O. 1856-57, October 28, 1856, N.83.
(41) Taring, *The Fall of Imperial Britain in South-East Asia,* p.31.
(42) Reid, *The Contest for North Sumatra,* p.54.
(43) Reid, *The Contest for North Sumatra,* p.284.
(44) Reid, *The Contest for North Sumatra,* p.61.
(45) Tarling, *Imperial Britain in South-East Asia,* pp.21-24.
(46) Tarling, *Imperial Britain in South-East Asia,* p.27.
(47) Tarling, *Imperial Britain in South-East Asia,* p.29.
(48) この文章には「!!」が付けられ、大きな驚きが強調されている。
(49) FO. 238-114, From F.O. 1856-57 October 14 1856, N.79.
(50) MKG, 1855 年 10 月 1 日 470a 番。
(51) オールコック『大君の都 上』142 頁。
(52) V. F. アルミニヨン著・大久保昭男訳『イタリア使節の幕末見聞記』新人物往来社 1987 年、20-21 頁。
(53) MKZG, 1857 年 3 月 9 日 125 番内 1856 年 9 月 16 日 52 番蘭領東インド総督宛ドンケル・クルチウス書簡。
(54) MKG, 1857 年 4 月 25 日 199 番内 1857 年 3 月 2 日 39 番オランダ外相宛在ロンドン蘭大使書簡。Chijs, *Neêrlands streven,* p.235.
(55) MKG, 1857 年 4 月 20 日 192 番。
(56) この「」内の発言には、全て下線が引かれ、強調されている。
(57) MKS, 1857 年 11 月 25 日 189 番植民相宛蘭領東インド総督書簡内 1857 年 10 月 25 日 39 番付属資料ファビウス司令官書簡秘密文書。
(58) FO. 238-118, To F.O. 1857, 4 February 1857, N.16.
(59) FO. 238-118, To F.O. 1857, 26 February 1857, N.35.
(60) MKS, 1859 年 6 月 8 日 202 番蘭領東インド総督宛植民相書簡。
(61) MKS, 1859 年 6 月 23 日 227 番植民相宛蘭領東インド総督書簡。

第九章

(1) フォス美弥子『幕末出島未公開文書』171 頁ドンケル・クルチウス覚書 331 番。MKG, 1856 年 3 月 29 日 162 番。

(２) 田辺太一『幕末外交談』富山書房 1898 年、40 頁。石井『日本開国史』181 頁。
(３)「ランペキ」と斉昭が嫌い、また斉彬ら雄藩大名も奇異の念を持った蘭学好みの堀田の起用は重要とされている。青木美智雄・川内八郎編『開国』有斐閣 1985 年、99 頁。
(４) MKS, 1855 年 12 月 10 日 159 番植民相宛蘭領東インド総督書簡。
(５) MKS, 1856 年 1 月 1 日 160 番植民相宛蘭領東インド総督書簡。ここでは植民相も“私もだ”(Ik ook) と書込みを入れている。
(６) MKS, 1856 年 1 月 1 日 160 番。“　”は著者。
(７) MKS, 1856 年 2 月 8 日 138 番蘭領東インド総督宛植民相書簡。
(８) MKS, 1856 年 3 月 8 日 139 番蘭領東インド総督宛植民相書簡。
(９) MKG, 1856 年 3 月 31 日 170/L 番 H 号。
(10) MKG, 1856 年 4 月 8 日 196/O 番内同年 2 月 6 日 32 番。
(11) MKS, 1856 年 5 月 8 日 141 番蘭領東インド総督宛植民相書簡。
(12) MKS, 1856 年 5 月 8 日 164 番植民相宛蘭領東インド総督書簡。
(13) MKS, 1856 年 4 月 8 日 140 番蘭領東インド総督宛植民相書簡。 この問題の決議は MKG, 1856 年 4 月 8 日 196/O 番植民・外務両大臣の共同報告書でなされた。
(14) MKS, 1856 年 6 月 10 日 165 番植民相宛蘭領東インド総督書簡。このような発言は、後の日本からの返礼品に関する植民相の所見に対する回答でも、パヒュットは「完全に貴下に一致します」と述べている。MKS, 1856 年 10 月 10 日 169 番植民相宛蘭領東インド総督書簡。
(15) *Handelingen 1856-1857, Tweede Kamer,* p.423.
(16) MKG, 1856 年 4 月 5 日 U 番。
(17) MKG, 1856 年 11 月 20 日 669 番内 11 月 3 日報告書。シーボルトの提案は同年 10 月 21 日 613 番。
(18) MKG, 1856 年 11 月 20 日 669 番内 11 月 3 日報告書。そして MKG, 1856 年 12 月 2 日 704 番内同年 11 月 29 日書簡。更に MKG, 1857 年 1 月 19 日 33 番。現在までオランダ長崎海軍「派遣隊」と訳されてきたが、ここでは「分遣隊」とする。その説明としては、オランダ国王蒸気船スンビン号を将軍に献上するため、オランダ本国海軍省所属の派遣隊が、日本へ送られた。これがオランダ海軍日本派遣隊である。そしてこの派遣隊員のほとんどは、スンビン号献上後、日本を後にする。しかしこの蒸気船の運用や蒸気機関の構造等を日本人に教育するため、この派遣隊から選抜された人員が、一小隊を形成し日本に留まった。この小隊は、日本政府の裁量下に入らず、オランダ海軍に所属し続け、しかしこの目的のため、一時的に蘭領東インド政庁の裁量下に入った。すなわち形式的には、オランダ本国から日本へ派遣された部隊から、蘭領東インド業務の延長として日本業務に分隊が組織されたのである。ここからこれを、「分遣隊」と述べる。拙稿「シェイス著『オランダ日本開国論』付属資料 II「オランダ海軍日本分遣隊の歴史」」を参照。
(19) MKS, 1857 年 5 月 8 日 154 番蘭領東インド総督宛植民相書簡。この共同報告書とは、MKG, 1857 年 4 月 20 日 192 番を指している。
(20) MKS, 1857 年 5 月 8 日 154 番蘭領東インド総督宛植民相書簡。
(21) MKG, 1857 年 4 月 20 日 192 番。MKS, 1857 年 5 月 8 日 154 番蘭領東インド総督宛植

民相書簡。

（22）MKS, 1857年5月8日154番蘭領東インド総督宛植民相書簡。

（23）*Handelingen 1860-1861, Eerste Kamer,* p.83, p.338.

（24）*NRC,* 1858年11月21日322番日曜日「日本」これは一面トップに掲載された。

（25）*NRC,* 1858年11月7日308番日曜日「日本」これも一面トップに掲載された。

第十章

（1）現在のインドネシア国立文書館は、1979年以来の新館である。1925年からその時点までは、1777年に設立された蘭領東インド総督旧邸（通称ガジャマダハウス）が旧文書館であった。旧館所蔵文書の目録化（目録名：ガジャマダ [Gadjah Mada]）は終了し、現在はボゴール（オランダ名：バイテンゾルフ [Buitenzorg]。蘭領東インド総督の避暑地。そこで公務も行われていた）に置かれていた19世紀後半以降の文書を整理中（目録名：ボゴール [Bogor]）である。

（2）東南アジア・アフリカ諸国で一般的であるが、インドネシアでの研究も許可が必要である。またこの手続きは、容易ではない。これに関しては拙稿「インドネシア短期研究滞在を充実させるために——インドネシア国立文書館（ANRI）における調査を例にして」『広島東洋史学報』第14号2009年を参照されたい。

（3）この文書は蘭領東インド決議録（Besluiten van Indische Regering）に含まれ、オランダ国立文書館の蘭領東インド総督秘密決議集（NA, Register der Geheime Besluiten van den Gouverneur Generaal van Nederlandsch Indië）内で、そのコピーを見ることができる。しかしながらこの決議文書作成に関わる細かな議論を扱う文書は、オランダでは見ることが出来ない。

（4）拓務省文書課編『蘭領東印度の統治機構』1933年では、総督官房と訳出している。また規模であるが、同時期の司法局（Justitie）と比べると、ほぼ同じ人員数（約30人）である。

（5）現在同文書館のオランダ東インド会社時代の文書は、ほぼ分類されている。その最新のカタログが、G.L. Balk, F. van Dijk, D.J. Kortlang, F.S. Gaastra, Hendrik E. Niemeijer, P. Koenders, *The Archives of the Dutch East India Company (VOC) and the Local Institutions in Batavia (Jakarta),* Brill, 2007.

（6）松井洋子「インドネシア国立文書館所蔵オランダ時代史料について——日本関係文書を中心に」『東京大学史料編纂所研究紀要』第11号2001年。

（7）MKG, 1855年3月24日123番。

（8）インドネシア国立文書館 GH Besluiten 1857 Agustus 20 LY, Algemene Secretarie, 1816-1942, NO.INV: 14・758.

（9）インドネシア国立文書館 Daftar Indesk Folio Dan Klapper Gajah Mada (GM).

（10）*Almanak en Naamregister van Nederlandsch-Indië voor 1857,* Batavia, Ter lands-Drukkerij, 1857.

（11）彼の生没年は、オランダ国立文書館旧植民省文書内の蘭領東インド官吏名簿567

(Oost-Indië: Stamboeken Ambtenaren en Gouvernementsmarine, 567 [Register: G1]) と家系学研究所 (Het Centraal Bureau voor Genealogie, CBG) のファイル (Familieadvertenties Heijting Collectie: (1716) Gescande Familieadvertenties tot 1970) から判明した。この官吏名簿によると、彼が総務局内で、1855年第二等書記官、1857年第一等書記官、1859年首席書記官と着実に昇進し、1863年には第二等民間首席官吏 (Radicaal van Ambtenaar der Tweede klasse)、1864年には総務局局長 (Referendaris ter Algemeen Secretarie) になっている。その後1869年バンダ・アンボイナ副長官 (Assistent-resident van Banda/ Amboina)、1882年ベンクーレン (Benkoelen) 長官、1883年アンボイナ長官を歴任した。また訃報通知からは、彼がアンボイナ元長官 (Oud-Resident van Amboina) として、1919年2月8日ハーグにて86歳で死去したことが分かる。

(12) インドネシア国立文書館が所有する同文書原本では判読しづらい部分があったので、オランダ本国に送られた蘭領東インド決議コピーも参照した。多少文章に違いがあることが分かる。

(13) 原文では358番と読めたが、本国の文書では258番とある。

(14) 原文では7と読めたが、本国の文書では9eとあった。

(15) 原文では28と読めたが、本国の文書では20とあった。

(16) この最後の文章は、原文ではこのようにあるが、本国の文書では「在日オランダ弁務官には、情報提供と参考のため、抜粋が与えられる」とある。

第十一章

(1) 坂田『ハリス』157頁。

(2) 徳富『遣米使節と露英対決篇』45-46頁。

(3) 石井『日本開国史』243頁。

(4) 石井『日本開国史』286頁。

(5) 石井・関口『世界市場と幕末開港』10頁。

(6) アメリカ合衆国ニューヨークシティカレッジ (The City College of the City University of New York) 所有『タウンゼント・ハリス書簡集』(The Letters and papers of Townsend Harris)。

(7)『ハリス書簡集』第1巻43番1856年9月15日ハリスへのボウリング私信。

(8)『ハリス書簡集』第1巻52番1857年1月2日ハリスへのボウリング書簡。

(9)『ハリス書簡集』第1巻58番1857年3月18日ハリスへのボウリング書簡。

(10)『ハリス書簡集』第1巻64番1857年4月6日ハリスへのボウリング書簡。

(11)『ハリス書簡集』第1巻62番1857年4月3日付4月4日ハリスへのドリンカー書簡。

(12)『ハリス書簡集』第1巻79番1857年10月1日国務省へのハリス報告書。

(13)『ハリス書簡集』第1巻89番1858年6月7日ハリスへのボウリング書簡。

(14)『ハリス書簡集』第1巻96番1858年9月9日ハリスへのボウリング書簡。

(15) ハリスが条約を急いだ理由は、補論1を参照。

(16) ディキンズ著・高橋健吉訳『パークス伝－日本駐在の日々』平凡社1984年、20頁。

(17) ディキンズ『パークス伝』22 頁。
(18) 山川菊栄『覚書幕末の水戸藩』岩波文庫 1991 年、227-228 頁。
(19) カッテンディーケ『長崎海軍伝習の日々』60-62 頁。
(20) 石井『日本開国史』357 頁。
(21) Chijs, *Neêrlands streven,* p.179. MKG, 1856年4月8日196/O番内10月2日331番ドンケル・クルチウス覚書 “Dagelijksche Aanteekeningen van 29 November 1854 t/m 13 November 1855 behoorende tot de missive van den Nederlandschen Kommissaris in Japan van den 10 November 1855 La.T Geheim gericht aan Z.E. den Gouverneur Generaal van Nederlandsche Indië”. そしてフォス美弥子『海国日本の夜明け』199 頁。
(22) Chijs, *Neêrlands streven,* p.125. Middelstum, J.C. Lewe van, ‘De Openstelling van Japan’, *De gids,* 1858, p.69.
(23) 石井『日本開国史』250-256 頁。Cosenza, Mario Emilio, *The complete journal of Townsend Harris first American Cousul General and Minister to Japan,* 1930, p.496.
(24) MKG, 1858 年 12 月 8 日 446 番。
(25) MKG, 1859 年 1 月 5 日 3 番 A 号。
(26) MKG, 1859 年 1 月 22 日 37 番 A 号。
(27) 石井『日本開国史』364 頁。
(28) MKG, 1859 年 2 月 9 日 62 番 A 号。
(29) MKG, 1859 年 2 月 25 日 82 番 A 号。この部分は、線で削除されている。
(30) MKS, 1859 年 2 月 24 日 195 番蘭領東インド総督宛植民相書簡。
(31) 石井『日本開国史』361 頁。
(32) *NRC,* 1860 年 1 月 2 日 2 番月曜日「植民地」。
(33) *NRC,* 1860 年 6 月 28 日 177 番木曜日付録「植民地」。
(34) 第十四章参照。
(35) *NRC,* 1860 年 8 月 7 日 217 番火曜日「我々の外交」。
(36) 遣米使節団に関しては、徳富『遣米使節と露英対決篇』を参照。
(37) *NRC,* 1860 年 8 月 26 日 236 番日曜日「投稿書」(「ホエーフェルに一言」)。
(38) 彼らの論争は、*NRC,* 1860 年 10 月 29 日 300 番月曜日「投稿書」でも見ることが出来る。
(39) *NRC,* 1860 年 11 月 28 日 316 番水曜日「植民地」。
(40) *NRC,* 1860 年 11 月 30 日 332 番金曜日「投稿書」。

第十二章

(1) MKS, 1857 年 1 月 8 日 149 番蘭領東インド総督宛植民相書簡。
(2) MKS, 1856 年 7 月 6 日 166 番蘭領東インド総督宛植民相書簡。
(3) MKS, 1857 年 7 月 10 日 180 番植民相宛蘭領東インド総督書簡。MKS, 1857 年 9 月 8 日 160 番蘭領東インド総督宛植民相書簡。
(4) MKS, 1858 年 3 月 24 日 197 番。
(5) シーボルトの日本問題に関する活動を扱った論文としては、Mac Lean, J., ‘Philipp Franz

von Siebold and the opeing of Japan, 1843-1866', *Philipp Franz von Siebold, A contribution to the study of the Historical Relations between Japan and the Netherlands,* The Netherlands Association for Japanese Studies, Leiden, 1978.

（６）MKS, 1861 年 7 月 13 日 277 番植民相宛蘭領東インド総督書簡。蘭領東インド総督も非常に関心があると述べている。MKS, 1861 年 9 月 6 日 23 番植民相宛蘭領東インド総督書簡。

（７）*Handelingen 1858-1859, Tweede Kamer,* p.432.

（８）*Tijdschrift voor Nederlandsch Indië 1860 I,* pp.167-168.

（９）Kleffens, *De internationaalrechtelijke betrekkingen,* p.39.

（10）Kuitenbrouwer, *Nederland en de opkomst*, p.28.

（11）*Handelingen 1856-1857*, *Tweede Kamer,* p.566.

（12）オールコック『大君の都 上』163 頁。

（13）*NRC,* 1858 年 3 月 19 日 78 番金曜日「日本」これも一面トップに掲載された。

（14）*NRC,* 1860 年 11 月 10 日 312 番日曜日「投稿書」。

（15）MKG, 1859 年 2 月 25 日 83/G 番 A 号内 1858 年 10 月 2 日 501 番と同年 10 月 24 日蘭領東インド総督決議録抜粋。

（16）MKG, 1859 年 6 月 24 日 248/x 番内同年 3 月 15 日蘭領東インド評議会考慮と助言。

（17）MKG, 1859 年 6 月 24 日 248/x 番内 1858 年 10 月 15 日書簡。

（18）MKG, 1859 年 6 月 24 日 248/x 番内 1859 年 4 月 6 日書簡。

（19）MKG, 1859 年 6 月 24 日 248/x 番。

（20）石井『日本開国史』366 頁。

（21）福地源一郎『幕府衰亡論』東洋文庫 1967 年、201-202 頁。

（22）Buza, 1862 年 1 月 16 日開示 10 番 1 月 14 日 11 番。

（23）Buza, 1862 年 1 月 29 日 30 番。この植民相宛外相書簡は、植民省のインデックスでは確認できず、外務省のコピーを使用した。

（24）Buza, 1862 年 3 月 5 日 27 番外務省宛植民相書簡。

（25）Buza, 1862 年 3 月 24 日 7 番開示同年 3 月 20 日 24 番外相宛植民相書簡。

（26）Buza, 1862 年 4 月 4 日開示 4 番同年 4 月 3 日 89 番内同年 3 月 5 日 27 番国王への植民・外務両大臣共同報告書。

（27）MKG, 1855 年 4 月 3 日 152 番 U 号国王への植民相書簡。Mac Lean, 'Philipp Franz von Siebold and the opening of Japan, 1843-1866', p.59.

（28）沓沢「第二次来日時におけるシーボルトの外交活動」237 頁。

（29）ハンス・ケルナー著・竹内精一訳『シーボルト父子伝』創造社 1973 年、137-139 頁。

（30）*NRC,* 1861 年 11 月 14 日 315 番木曜日、11 月 16 日 317 番土曜日「江戸イギリス使節への攻撃、歴史的政治的視点から観察された、蘭領東インド陸軍総合スタッフ大佐シーボルト (Kolonal bij den algem. Staf van het Nederl. Ind. leger)」。

（31）沓沢「第二次来日時におけるシーボルトの外交活動」238 頁。

（32）Buza, 1862 年 6 月 11 日開示 21 番内同年 1 月 2 日蘭領東インド総督宛在日オランダ総領事書簡。

（33）徳富『遣米使節と露英対決篇』436-438 頁。田辺太一と呉秀三は、この判断をしている。

(34) Mac Lean, 'Philipp Franz von Siebold and the opening of Japan, 1843-1866', p.72.
(35) 沓沢「第二次来日時におけるシーボルトの外交活動」252 頁。
(36) 保田孝一「ロシアの日本開国交渉とシーボルト」箭内・宮崎『シーボルトと日本の開国　近代化』168 頁。
(37) 保田「ロシアの日本開国交渉とシーボルト」178 頁。
(38) 保田「ロシアの日本開国交渉とシーボルト」188 頁。
(39) 宮崎「シーボルトの日本開国・近代化への貢献」305 頁。
(40) Buza, 1862 年 4 月 29 日開示 16 番同年 4 月 25 日 82 番外相宛ベンチンク書簡。
(41) *NRC,* 1861 年 5 月 14 日 132 番火曜日「植民地」。
(42) 徳富『遣米使節と露英対決篇』335-336 頁。
(43) 坂田『ハリス』249-250 頁。
(44) 徳富『遣米使節と露英対決篇』336 頁。
(45) 坂田『ハリス』252 頁。
(46) 徳富『遣米使節と露英対決篇』339 頁。これを示す史料は、アメリカ合衆国ニューヨークシティカレッジ所有『タウンゼント・ハリス発信文書控』(The Letter Books of Townsend Harris) 第 5 巻 176 番 1861 年 11 月 27 日国務長官スワード (William H. Seward, 1801-1872) へのハリス書簡。
(47) この使節団に関しては、尾佐竹猛『幕末遣外使節物語――夷狄の国へ』講談社学術文庫 1989 年を参照されたい。
(48) Buza, 1862 年 4 月 29 日開示 16 番同年 4 月 22 日 82 番。
(49) Buza, 1862 年 4 月 30 日開示 6 番同年 4 月 30 日 5 番。

第十三章

(1) *NRC,* 1861 年 1 月 21 日 21 番月曜日「日本における無私の政策」。
(2) Buza, 1862 年 6 月 6 日 16 番付属史料同年 4 月 26 日 23 番同年 4 月 24 日付植民相宛アムステルダム商工会議所会頭書簡。
(3) Buza, 1862 年 6 月 6 日 16 番内同年 4 月 28 日 27 番同年 4 月 25 日付植民相宛ロッテルダム商工会議所会頭書簡。
(4) Buza, 1862 年 6 月 6 日内同年 4 月 28 日 27 番同年 1 月 17 日書簡植民省宛ロッテルダム商工会議所会頭書簡。
(5) Buza, 1862 年 6 月 6 日 16 番内同年 5 月 6 日 32 番 1862 年 5 月 5 日 29 番植民相宛オランダ貿易会社書簡。
(6) Buza, 1862 年 7 月 19 日開示 12 番同年 7 月 18 日 20 番内同年 4 月 15 日付植民相宛横浜商人書簡。
(7) Buza, 1861 年 12 月 2 日 1 番秘密文書同年 9 月 8 日上海領事ハモンド (Hammond) 宛オリファント (Oliphant) 書簡。
(8) Buza, 1862 年 6 月 6 日 16 番内同年 5 月 12 日 88 番秘密文書同年 5 月 10 日 30 番秘密文書植民相宛オランダ貿易会社書簡。

(９) Buza, 1862 年 6 月 18 日開示 19 番同年 6 月 17 日 32 番外相宛植民省事務次官書簡内同年 2 月 18 日蘭領東インド総督宛在日オランダ総領事書簡。

(10) 坂野潤治・宮地正人・高村直助・安田浩・渡辺治編『日本近現代史１　維新変革と近代日本』岩波書店 1993 年、84 頁。

(11) Moeshart, H.J.(ed), 'Journaal van Jonkheer Dirk de Graeff van Polsbroek 1857-1870' *Belevenissen van een Nederlands diplomat in het negentiende eeuwse Japan*, Assen, 1987, p.19.

(12) Bosma, H., 'Kômô-jin, Roodharige vreemdelingen op Deshima', Vrieze, J. (red.), *Kômô-jin, Roodharige vreemdelingen op Deshima – Nagasaki prenten en schilderingen uit de 18e en 19e eeuw,* Amsterdam, 1983, p.16.

(13) オリーヴ・チェックランド著・杉山忠平・玉置紀夫訳『明治日本とイギリス ――出会い・技術移転・ネットワークの形成』法政大学出版局 1996 年、120 頁。

(14) リンダウ著・森本英夫訳『スイス領事の見た幕末日本』新人物往来社 1986 年、68 頁。

(15) ロバート・フォーチュン著・三宅馨訳『幕末日本探訪記――江戸と北京』講談社学術文庫 1997 年、26-27 頁。

(16) フォーチュン『幕末日本探訪記――江戸と北京』42 頁。

(17) フォーチュン『幕末日本探訪記――江戸と北京』48-49 頁。

(18) Buza, 1862 年 7 月 17 日開示 41 番同年 7 月 16 日 8 番内日本総領事 4 月報告書。

(19) Buza, 1862 年 4 月 29 日開示 16 番。

(20) Buza, 1862 年 6 月 17 日 24 番開示同年 6 月 12 日 47 番内同年 4 月 3 日蘭領東インド総督宛在日オランダ総領事書簡。

(21) Buza, 1862 年 7 月 4 日開示 6 番同年 7 月 3 日 3 番。

(22) Buza, 1862 年 6 月 11 日 21 番同年 6 月 6 日 16 番外相宛植民相書簡付属文書。

(23) Buza, 1862 年 3 月 24 日同年 3 月 20 日付 21 番国王への植民・外務両大臣共同報告書。

(24) 傍点の箇所は、原文に下線が引かれ強調されている。

(25) このイギリス・ロシアの対馬に関する事件については、徳富『遣米使節と露英対決篇』を参照されたい。ロシアが対馬を退去した後、イギリス艦が視察に来たことに対し徳富は「余計な世話だ」と述べているが、しかしこの件でイギリスに大きくその力を依存したことは否めないとも判断している。

(26) この文章に「最初の方が断然好ましく思われる」との注が挿入されている。

(27) Buza, 1862 年 11 月 24 日開示 11 番同年 11 月 22 日 28 番外相宛植民省事務次官書簡内同年 8 月 7 日蘭領東インド総督宛在日オランダ総領事報告書。

(28) Buza, 1862 年 6 月 11 日開示 21 番同年 6 月 6 日 16 番外相宛植民相書簡内報告書。

(29) Buza, 1862 年 6 月 27 日 2 番秘密文書。オランダ内閣宛外相報告書。

(30) Buza, 1862 年 7 月 25 日閣僚宛外務省書簡。

(31) Buza, 1862 年 7 月 26 日 29 番植民省宛外務省書簡。

(32) Buza, 1862 年 12 月 11 日 26 番植民省宛外務省書簡。

(33) Buza, 1862 年 12 月 24 日開示 7 番同年 12 月 22 日 10 番外相宛植民相書簡。

第十四章

（１）Buza, 1858 年 4 月 17 日 153 番外務省宛植民相書簡秘密文書。
（２）この使節団に関しては、宮永孝『文久二年のヨーロッパ報告』新潮選書 1989 年、尾佐竹『幕末遣外使節物語——夷狄の国へ』を参照。
（３）尾佐竹『幕末遣外使節物語－夷狄の国へ』186-189 頁。
（４）*Handelingen 1862-1863, Tweede Kamer,* p.26. これらの議論は新聞でもほぼ同じである。
（５）*Handelingen 1862-1863, Eerste Kamer,* p.90. これは新聞では大分要約されている。
（６）*Handelingen 1862-1863, Eerste Kamer,* p.96. これは新聞では短く、ほとんど異なる。
（７）*Handelingen 1862-1863, Eerste Kamer,* p.110. これも新聞では大分要約された。
（８）*Handelingen 1862-1863, Tweede Kamer,* pp.128-129. これは新聞でははぼ同じである。
（９）*Handelingen 1862-1863, Tweede Kamer,* p.140. これも新聞でもほぼ同じである。
（10）*Handelingen 1862-1863, Tweede Kamer,* pp.143-144. これも新聞でほぼ同じに読める。
（11）*Handelingen 1862-1863, Tweede Kamer,* p.146. これは新聞では短くされている。
（12）FO. 238-127, To F.O. 1862, 14 July 1862, N.104.
（13）*Handelingen 1862-1863, Tweede Kamer,* p.262.
（14）*Handelingen 1862-1863, Tweede Kamer,* p.348(1).
（15）*Handelingen 1860-1861, Eerste Kamer,* p.400.
（16）*Handelingen 1861-1862, Tweede Kamer,* p.414.
（17）*Handelingen 1861-1862, Tweede Kamer,* p.805.
（18）*Handelingen 1861-1862, Tweede Kamer,* pp.841-842.
（19）Buza, 1862 年 6 月 16 日開示 52 番同年 6 月 15 日 1 番外相宛植民相書簡。
（20）Buza, 1862 年 7 月 16 日開示 52 番同年 7 月 14 日 34 番植民省宛外務省書簡。
（21）Buza, 1862 年 7 月 17 日開示 7 番同年 7 月 16 日 51 番外相宛植民相書簡。
（22）Buza, 1862 年 7 月 17 日 7 番 7 月 15 日 34 番国王への植民・外務両大臣書簡。
（23）Buza, 1862 年 7 月 19 日 31 番植民省宛外務省書簡。
（24）Buza, 1862 年 7 月 24 日開示 7 番同年 7 月 21 日 20 番外相宛植民省書簡。
（25）Buza, 1862 年 7 月 26 日開示 7 番同年 7 月 25 日 49 番。
（26）Buza, 1862 年 7 月 28 日 12 番同年 7 月 26 日 31 番外相宛植民相書簡。
（27）Buza, 1862 年 8 月 2 日 24 番植民省宛外務省書簡。ホフマンの蘭領東インド日本語通訳官との職はなくなった。Buza, 1862 年 10 月 8 日開示 3 番同年 9 月 30 日 84 番。
（28）Buza, 1862 年 8 月 9 日開示 9 番同年 8 月 7 日 40 番外務省宛植民省書簡。この植民相から蘭領東インド総督への指示書は、Buza, 1862 年 8 月 9 日開示 14 番同年 8 月 7 日 39 番内で見ることが出来る。更に Buza, 1862 年 8 月 16 日開示 1 番秘密文書同年 8 月 14 日官房文書 V5 号外相宛植民相書簡は、外相の意向に基づき植民相が直接日本総領事に送った官房秘密文書を含んでいる。それは主に領事館職員の処遇、給与・年金に関して述べられている。
（29）Buza, 1862 年 8 月 28 日 20 番植民省宛外務省書簡。
（30）Buza, 1862 年 9 月 30 日開示 1 番秘密文書同年 9 月 27 日 197 番秘密文書外相宛植民相

書簡。
(31) Buza, 1862年11月25日開示5番同年11月24日官房文書K8号外相宛植民相書簡。
(32) Buza, 1862年12月5日開示2番同年12月4日63番。
(33) Buza, 1863年1月21日2番在日オランダ総領事宛外相書簡内にも、同様の表現が見られる。
(34) Tamse, *Nederland en België in Europa,* pp.114-116.
(35) *NRC,* 1862年10月23日293番木曜日。
(36) *NRC,* 1862年11月6日307番木曜日。
(37) *Handelingen 1863-1864, Tweede Kamer,* p.170. この発言は新聞で見当たらなかった。
(38) *Handelingen 1863-1864, Tweede Kamer*, p.178(3). この発言も新聞では見当たらなかった。

結論

(1) H. Beukers, L. Blussé, R. Eggink, *Leraar onder de Japanners - Brieven van dr. K.W. Gratama betreffende zijn verblijf in Japan 1866-1871,* Amsterdam, 1987.

(2) *NRC,* 1863年4月27日116番月曜日付録「植民地」。

(3) *Handelingen 1863-1864, Tweede Kamer,* p.650.

(4) 服部『黒船前後・志士と経済』60頁。

(5) *A Report of the Secretary of the Navy ... relative to the naval expedition to Japan*, U.S. Senate, 33rd Congress, 2nd Session, pp.108-110, ワイリー『黒船が見た幕末日本』349-350頁。

(6) ワイリー『黒船が見た幕末日本』354-364頁。

(7) 服部『黒船前後・志士と経済』60頁。

(8) 服部『黒船前後・志士と経済』116頁。

(9) Kol, *De historische Verhouding,* p.24.
(10) *Handelingen 1863-1864, Tweede Kamer,* p.230.
(11) Rees, W.A. van, 'Japansche Geschiedenis, politiek en zeden', *De Gids,* 1868, p.203.
(12) Rees, 'Japansche Geschiedenis' p.203.
(13) Kol, *De historische Verhouding,* pp.43-47.

補論1

(1) アメリカ国立公文書館（The National Archives, NARA）は、Archives I（ワシントンDC）とArchives II（メリーランド）から成り、海軍省ファイルはArchives Iが、国務省ファイルは、Archives IIが保有している。両文書館の主要な文書は、ほぼマイクロフィルム化されている。個人・家族文書、歴史的新聞（Historic American Newspapers）等は、議会図書館（Library of Congress）が所有している。

(2) 坂野・宮地・高村・安田・渡辺編『維新変革と近代日本』3-4頁。

(3) Perry, Matthew Calbraith, *Narrative of the expedition of an American squadron to the China Seas*

and Japan: performed in the years 1852, 1853, and 1854, under the command of Commodore M.C. Perry, Washington, D.C. (United States Navy, by order of the Government of the United State), 1856. 本書には数多くの邦訳があるが、掲載は割愛する。

（４）加藤『黒船異変』。

（５）ワイリー『黒船が見た幕末日本』。

（６）有賀貞・宮里政玄編『概説アメリカ外交史』有斐閣 1983 年、6 頁。

（７）田保橋『増訂　近代日本外国関係史』269 頁。

（８）1852 年 11 月 5 日海軍省への大統領行政府機関書簡 Letters Received by the Secretary of the Navy from the President and Executive Agencies, 1837-1886, Vols. 21-22 Jul.3, 1852-Jun,30, 1853.

（９）フェートン号事件（1808）をさすと思われる。

（10）1849 年 8 月 16 日 1 番バレスティールへの国務省書簡 Special Missions Dec.15, 1823-Nov.12, 1852 Vol. 1.

（11）Dennett, *Americans in Eastern Asia,* p.350.

（12）1851 年 2 月 16 日 4 番バレスティーへの国務省書簡。

（13）ワイリー『黒船が見た幕末日本』82 頁。

（14）Senate, Miss. Doc. No.10, 33d Cong., 3d Session p.23. *Congressional Globe,* January 18, 1855 p.307. Palmer, Aaron Haight, *Documents and Facts illustrating the Origin of The Mission to Japan, authorized by Government of the United States, May 10th, 1851; and which finally resulted in the treaty concluded by Commodore M.C. Perry, U.S. Navy, with the Japanese commissioners at Kanagawa, Bay of Yedo, of the 31st March,* 1854, Washington, 1857, p.1. 彼の報告書は、国務省ファイルには含まれず、関係省庁の海軍省に送られた。そこでこれらは Miscellaneous Letter Received by the Secretary of the Navy 内で発見された。

（15）「国務省の役割のかなりの部分が、実質的に海軍省にまかされていた。国務省のアジア担当課はまだ小さい組織にすぎなかった」加藤『黒船異変』48 頁。

（16）本書第三章を参照。

（17）本書第一、二章を参照。

（18）シェイス『オランダ日本開国論』第 5 章を参照。

（19）この問題で、主にペリー日本遠征を扱う先行研究としては、Vernon, Manfred C., ‘The Dutch and the Opening of Japan by the United States’, *Pacific Historical Review,* Vol. 28, No.1, Feb., 1959.

（20）1852 年 2 月 24 日 25 番国務省へのフォルソム書簡 Despatches from U.S. Ministers to the Netherlands, 1794-1906 June 26, 1850 – Oct. 24, 1853.

（21）本書第五章を参照。

（22）1852 年 6 月 11 日 29 番国務省へのフォルソム書簡。この新聞は、1852 年 6 月 10 日オランダ貿易新聞（*Algemeen Handelsblad*）の地方版新アムステルダム新聞（*Nieuwe Amsterdamsche Courant*）である。

（23）1852 年 7 月 4 日 31 番国務省へのフォルソム書簡。

（24）1852 年 7 月 14 日 32 番国務省へのフォルソム書簡。

（25）1852 年 8 月 6 日 34 番国務省へのフォルソム書簡。

（26）1852年8月27日海軍省への大統領行政府機関書簡付属資料ペリー覚書。
（27）MKG, 1855年3月14日106番と17日109番。
（28）訪日使節については、1855年4月2日53番 Despatches from U.S. Ministers to the Netherlands, 1794-1906, Oct. 13, 1854 - Dec. 4, 1855. 1856年9月16日98番 Despatches from U.S. Ministers to the Netherlands, 1794-1906, Dec. 21, 1855 – Jan. 13, 1858から理解される。
（29）1853年12月6日9番国務省へのベルモント書簡 Despatches from U.S. Ministers to the Netherlands, 1794-1906 May 31, 1853 – Oct. 12, 1854.
（30）Livermore, Seward W., 'Early Commercial and Consular Relation with the East Indies', *Pacific Historical Review,* Vol. 15 No.1, Mar. 1946, p.58.
（31）1855年9月24日64番国務省へのベルモント書簡。
（32）1856年9月21日95番、1857年5月4日111番国務省へのベルモント書簡。
（33）本書第五章を参照。
（34）1852年8月30日362番、9月30日371番、11月30日389番、12月31日397番、1853年1月29日411番等オーリックへの海軍省書簡 Correspondence, 1798-1918 "Confidential" and Other Letters, Telegrams, and Cablegrams Sent Commanding Officers of Squadrons and Vessels, Sept. 12, 1843-Nov. 6, 1886, 1849-52, E-23 1-18, Vol. 2 of 14.
（35）1851年5月31日187番オーリックへの海軍省書簡。
（36）ワイリー『黒船が見た幕末日本』98-99頁。
（37）ペリー家は、海軍の名門ロジャーズ家との二度の姻戚関係を結び有名となった。そこでペリーの史料はアメリカ議会図書館手書史料部（Manuscript Divisions）が所有するロジャーズ家文書（The Papers of The Rodgers Family John Rodgers [1773-1838] box 3）にも含まれ、その中にはフィルモア大統領によるペリーへの日本遠征の信任状も見られる。
（38）MKG, 1852年3月21日100番内1852年2月21日書簡、1853年1月6日2番内1852年5月21日601番書簡。
（39）1851年12月3日海軍省へのペリー書簡 Letters Received by the Secretary of the Navy from Captains ("Captains' Letters"), 1805-61; 1866-85, Jul.1 – Dec. 30, 1851.
（40）Palmer, *Documents and Facts,* p.13.
（41）1852年3月24日ペリーへの海軍省書簡。
（42）加藤『黒船異変』52-53頁。
（43）ワイリー『黒船が見た幕末日本』358-359頁。
（44）1855年10月4日6番ハリスへの国務省書簡 Diplomatic Instructions of the Department of State, 1801-1906, Japan, September 12, 1855 – June 29, 1872.
（45）ワイリー『黒船が見た幕末日本』310-319頁。
（46）1856年1月29日158番ペリーへの海軍省書簡 Letter Sent by the Secretary of the Navy to Officers 1798-1868, Nov. 6, 1855 – Aug. 1, 1856.
（47）1856年3月17日250番ペリーへの海軍省書簡に、ペリーによるリンゴルトへの失礼な態度とある。Cole, Allen B., 'The Ringgold-Rodgers-Brooke Expedition to Japan and the North Pacific, 1853-1859', *Pacific Historical Review,* Vol. 16, No. 2 May, 1947, p.156.
（48）1853年3月2日リンゴルトへの国務省書簡 Special Missions Spt.11, 52 – Aug. 31, 1886.

（49）Houston, Alan Fraser, 'Cadwalader Ringgold, U.S. Navy', *California History,* Volume 79, Issue 4, Winter 2000, p.220.
（50）石井『日本開国史』209-211 頁。
（51）1855 年 9 月 12 日 1 番、9 月 13 日 2 番ハリスへの国務省書簡。
（52）石井『日本開国史』211 頁。
（53）1859 年 1 月 19 日 1 番ハリスへの国務省書簡。この任命に並び、彼の給与額等が記されている。
（54）石井『日本開国史』256 頁。 Cosenza, *The complete journal of Townsend Harris*, p.496.
（55）MKG, 1859 年 2 月 25 日 82 番。
（56）1852 年 1 月 13 日 46 番添付資料 *Whalemen's Shipping List, and Merchants' Transcript,* Vol. IX, New-Bedford.
（57）ワイリー『黒船が見た幕末日本』118-120 頁。
（58）藤井哲博『長崎海軍伝習所』中公新書 1991 年、121 頁。
（59）ワイリー『黒船が見た幕末日本』368 頁。
（60）1855 年 9 月 13 日ハリスへの国務省書簡。
（61）蘭領東インドでは英蘭植民地当局による差別待遇により、アメリカ商人の不利な状況は続いていた。1835 年以降イギリスは、自らの植民地にアメリカ領事を渋々受け入れ始めた。しかしオランダは、更に 20 年も彼らを閉めだし続けた。Livermore, 'Early Commercial'. p.48.
（62）1855 年 10 月 4 日 6 番ハリスへの国務省書簡。
（63）石井『日本開国史』123 頁。Beasley, *Great Britain and the Opening of Japan,* p.93.
（64）1855 年 9 月 12 日 1 番ハリスへの国務省書簡。この文章でも、アメリカが領土的野心のないこと、また宗教と政治は別であることを強調し、さらにイギリスの名前をあげることで、その仮想敵を明らかにしている。
（65）Chijs, *Neêrlands Streven* 内の付属史料 III を参照。この翻訳と検討については、拙稿「シェイス著『オランダ日本開国論』付属資料 III「『ペリー提督日本遠征記』への反論」とその考察――幕末期のアジアにおける欧米列強の国際関係を背景として」洋学研究史『一滴』（津山洋学資料館紀要）2009 年を参照されたい。

補論２

（１）Boogman, 'Achtergronden', p.227.
（２）このアメリカ合衆国日本遠征に関する部分、またその遠征目的の新解釈については、補論 1 を参照。
（３）MKG, 1852 年 2 月 25 日 L 号官房文書付属 1851 年 12 月 22 日付クラッベ覚書。
（４）MKG, 1852 年 3 月 21 日 100 番。
（５）本書一、二章を参照。
（６）明らかに嫌味である。これはクラッベが、その後のシーボルトによる日本問題に関する干渉を極度に嫌った態度からも明らかである。そこで、ここでの正確な意味は、「こ

のようなことも知らないシーボルトは、日本問題の第一人者と言えるでしょうか」になる。

（７）Troost, Wouter, *Historiesch verhaal. Van het begin, voortgang en tegenwoordigen staat der koophandel, van de generaale Nederlandsche geoctroyeerde Oost-Indische Compagnie 2 volumes,* Arnhem, 1768-1772.

（８）Luzac, Elie, *Hollands rijkdom : Behelzende den oorsprong van den koophandel, En van de magt van deze staat,* Leyden, 1780-1783.

（９）MKG, 1852 年 2 月 25 日 L 号官房文書。

（10）MKG, 1852 年 5 月 1 日 G1 号官房文書付属 1852 年 3 月 6 日付植民省へのドゥ・ヨンゲ書簡。

（11）MKG, 1852 年 5 月 1 日 G1 号官房文書付属 1852 年 2 月 25 日 G 号ファン・ダイクへの植民省書簡。

（12）MKG, 1852 年 5 月 1 日 G1 号官房文書付属 1852 年 3 月 15 日付植民省へのファン・ダイク覚書。

（13）Van Raeij, Van Raay 等、複数表記される。ロードゥ・レウー・メットパイル号で日本を訪問した。Van Dijk, L.C.D., *Zes jaren uit het leven van Wemmer van Berchem, gevolgd door iets over onze vroegste betrekkingen met Japan,* Amsterdam, 1858, p.23.

（14）この平戸商館開設に繋がる最初のオランダ使節に関する歴史は、日本でも周知である。金井『近世日本とオランダ』17-18 頁。

（15）在日オランダ商館長や江戸時代に来日した外国人の情報については、岩下編『江戸時代来日外国人人名事典』を参照。

（16）MKG, 1852 年 5 月 1 日 G1 号官房文書付属 1852 年 3 月 18 日付植民省へのファン・ダイク書簡。この部分には植民省担当官の書き込み「望んでいません！」(niet zo gaarne ！）がつけられてしまった。

（17）MKG, 1852 年 5 月 1 日 G1 号官房文書付属 1852 年 3 月 17 日 G 号ファン・ダイクへの植民省書簡。

（18）Lauts, Ulrich Gerard, *Japan in zijne staatkundige en burgerlijke inrigtingen en verkeer met Europesche natiën,* Amsterdam, 1847.

（19）MKG, 1852 年 5 月 1 日 G1 号官房文書付属 1852 年 3 月 19 日 3 番植民省へのファン・ダイク書簡。

（20）MKG, 1852 年 5 月 1 日 G1 号官房文書付属 1852 年 4 月 22 日植民省へのファン・プリンステラー書簡。

（21）MKG, 1852 年 5 月 1 日 G1 号官房文書ファン・プリンステラーへの植民省書簡。

（22）MKG, 1852 年 5 月 7 日 G 号官房文書付属 1852 年 5 月 5 日付植民省へのファン・プリンステラー書簡。

（23）MKG, 1852 年 5 月 7 日 G 号官房文書ファン・プリンステラーへの植民省書簡。

（24）MKG, 1852 年 5 月 24 日 V 号官房文書付属 1852 年 5 月 22 日アムステルダムの植民省代理人への植民省書簡。

（25）MKG, 1852 年 5 月 24 日 V 号官房文書付属 1852 年 5 月 24 日 121 番植民省へのアムステルダムの植民省代理人書簡とその史料（1608-1623 年間の第 17 回会議決議抜粋)。

(26) MKG, 1852年5月24日V号官房文書ファン・プリンステラーへの植民省書簡。
(27) Schotel, G.D.J., *Brief van Dr. G.D.J. Schotel, Predikant te Tilburg, aan Mr. J. de Wal, Hoogleeraar te Leijden, over 's Rijks Archief te 's Hage, 's* Gravenhage, 1850.
(28) MKG,1853年3月31日J号官房文書付属1852年9月27日付植民省へのファン・ダイク書簡。
(29) MKG, 1853年3月31日J号官房文書付属1852年9月30日付クラッペ覚書。
(30) MKG, 1853年3月31日J号官房文書付属1852年11月12日付G号植民省へのファン・ダイク書簡。
(31) Meijlan, G.F., 'Geschiedkundig overzigt van den handel der europezen op Japan', *Verhandelingen van het Bataviaasch Genootschap der Kunsten en Wetenschappen vol.14-1,* Batavia, 1833, p.82.
(32) MKG, 1853年3月31日J号官房文書付属1852年11月12日付ファン・ダイクへの植民省書簡。
(33) Mijer, Pieter, *Verzameling van instructiën, ordonnanciën en reglementen voor de regering van Nederlandsch Indië, vastgesteld in de jaren 1609, 1617, 1632, 1650, 1807, 1815, 1818, 1827, 1830 en 1836, met de ontwerpen der Staats-commissie van 1803 en historische aanteekeningen,* Batavia, 1848.
(34) MKG, 1853年3月31日J号官房文書付属1852年11月14日付植民省へのファン・ダイク書簡。
(35) Valentijn, François, *Oud en nieuw Oost-Indiën / Francois Valentyne; met aanteekeningen, volledige inhoudsregisters, chronologische lijsten, enz. uitgegeven door S. Keijzer, 3 vol,* Amsterdam,1862.
(36) MKG, 1853年3月31日J号官房文書付属1852年11月15日付植民省へのファン・ダイク書簡。
(37) MKG, 1853年3月31日J号官房文書付属1852年11月17日付ファン・ダイクへの植民省書簡。
(38) MKG, 1853年3月31日J号官房文書付属1853年3月23日付植民省へのドゥ・ヨンゲ書簡。
(39) スペインに対するオランダ独立戦争、またオランダ東インド会社設立にも貢献した。しかし1618年、マウリッツ公指導の政治クーデターの際逮捕され、1619年死刑となった。このクーデターの際、フーゴ・ドゥ・フローツ（Hugo de Groot, 国際法の父と言われるグロチウス）は、彼の神学思想上の理由により終身刑となり、ルーフェスタイン城（Slot Loevestein）に監禁された。彼は暇つぶしに書籍を要求していたが、その書籍を彼の部屋に持ち込む大きな箱に自ら入り、1621年この城から脱走したことは有名な話。
(40) MKG, 1853年7月9日H号官房文書付属資料同年R号官房文書ドゥ・ヨンゲ覚書。
(41) MKG, 1853年3月31日J号官房文書ドゥ・ヨンゲへの植民省書簡。
(42) ファン・プリンステラーに送った付録。ドゥ・ヨンゲからの将軍書簡コピーと説明書。
(43) MKG, 1853年3月31日J号官房文書ファン・プリンステラーへの植民省書簡。
(44) MKG, 1853年7月9日H号官房文書付属資料同年7月7日付植民省へのファン・プリ

ンステラー書簡。

（45）シーボルトの助言は、1855年12月12日と15日になされた。

（46）1856年3月29日162番秘密文書付属資料ドンケル・クルチウスの第二覚書（朱印状に関する覚書）。

（47）Meijlan, *Geschiedkundig overzigt,* p.82.

（48）シーボルト提案により、イギリスにも通商許可書が与えられていたことを指摘し、ドンケル・クルチウスが日本と交渉した記述は、1853年11月1日のドンケル・クルチウス覚書で認識される。フォス美弥子『幕末出島未公開文書』58-59頁。

（49）MKG, 1856年3月29日162番秘密文書付属資料34番F2号ドゥフ書簡。

（50）MKG, 1856年3月29日162番秘密文書付属資料『1856年3月受領の日本文書要約続覚書』。

（51）拙稿「シェイス著『オランダ日本開国論』付属資料II「オランダ海軍日本分遣隊の歴史」」を参照。

（52）本書第十二章以降を参照。

参考文献

一次史料

● オランダ

オランダ国立文書館（Nationaal Archief, NA）
Archief van het Kabinet des Konings
Archief van het Ministerie van Koloniën
Archief van het Ministerie van Buitenlandse Zaken
Archief van de Ministerraad
Archief van de Nederlandsche Faktorij in Japan
Archief van de Nederlandsche Handelmaatschappij

オランダ王立図書館（Koninklijke Bibliotheek, KB）
Handelingen der Staten-Generaal 1e&2e kamer
Nieuwe Rotterdamsche Courant

オランダ王立言語学地理学民俗学研究所
（Het Koninklijk Instituut voor de Taal- Land- en Volkenkunde van Nederlnadsch Indie, KITLV）
Westerse Handschrift en Archivalia H105

オランダ家系学研究所（Het Centraal Bureau voor Genealogie, CBG）
Oost-Indië: Stamboeken Ambtenaren en Gouvernementsmarine
Stamboeken van de Koninklijke Marine
Familieadvertenties

● イギリス

イギリス国立文書館（The National Archives, 旧 Public Record Office, PRO)
FO 238, Foreign Office: Consulate and Legation, Netherlands: General Correspondence

大英図書館（The British Library）
Additional 43248, Aberdeen Papers Vol.CCX presented by The Marquess of Aberdeen. "Foreign Office memorandum on 1852"

● インドネシア

インドネシア国立文書館（Arsip Nasional Republik Indonesia, ANRI）
Archivalis Japan Bundel 77

Algemene Secretarie, 1816-1942, NO.INV: 14・758

●アメリカ合衆国
アメリカ国立公文書館（The National Archives）
国務省文書（Records of The Department of State）
海軍省文書（Records Collection of the Office of Naval Records and Library）
アメリカ議会図書館（Library of Congress）
The Papers of the Rodgers Family, John Rodgers (1773-1838) box 3
ニューヨーク・シティカレッジ（The City College of the City University of New York）
The Letters and papers of Townsend Harris
The Letter Books of Townsend Harris

公刊一次史料

The Congressional Globe, New series containing Sketches of the Debates and Proceedings of the First session of the Thirty-first Congress, Volume XXI Part I, City of Washington printed at the office of John G. Rives, 1850.

The Congressional Globe: containing The Debates, Proceedings and Laws, of the First session of the Thirty-second Congress, Volume XXIV - Part I. City of Washington: printed at the office of John G. Rives, 1852.

Convention between Her Majesty and The Emperor of Japan. Signed at Nagasaki, in the English and Japanese languages, October 14, 1854. Presented to both Houses of Parliament by Command of Her Majesty. 1856. London, printed by Harrison and Sons.

Correspondence respecting the late Negotiation with Japan. Presented to both Houses of Parliament by Command of Her Majesty. 1856. London, printed by Harrison and Sons.

Great Britain Foreign Office, *British and Foreign State papers 1823-1824 Vol.XI,* London.

外務省『日本外交年表並主要文書』原書房 1965 年。

『幕末外国関係文書』東京大学出版会 1910 年。

De handel in Manufacturen in Ned.-Indië– De invoer van Katoenen, zijden, kunstzijden en andere manufacturen in Ned.-Indië en het aandeel van den uitvoer naar Ned.-Indië in de totale exporten van Nederland, Engeland en Japan, Batavia, 1931.

Histrorical documents relating to Japan in foreign countries: An inventory of microfilm acquisitions in the Historiographical Institute (Shiryôhensanjo), the University of Tokyo, Vols. I-V. the Netherlands. Parts I-V. Tokyo, 1963-66. 5 vols.

Alcock, *Rutherford, The Capital of the Tycoon: a Narrative of a Three years' Residence in Japan, 2 vols,* New York, 1683.（オールコック著・山口光朔邦訳『大君の都：幕末日本滞在記』上・中・下　岩波書店 1962 年）

V. F. アルミニヨン著・大久保昭男訳『イタリア使節の幕末見聞記』新人物往来社 1987 年。

Baud, W.A., *De semi-officiële en particuliere briefwisseling tussen J.C. Baud en J.J. Rochussen 1845-*

1851, - en enige daarop betrekking hebbende andere stukken (drie delen), 1983, Assen.

Beasley, W.G., *Select Documents on Japanese Foreign Policy 1853-1868,* London, 1955.

Boerma, J.J. *Westendorp, Briefwisseling tussen J. van den Bosch en J.C. Baud 1829-1832 en 1834-1836,* Utrecht, 1956.

Chijs, J.A.van der, *Neêrlands Streven tot Openstelling van Japan voor den Wereldhandel.-uit officieele, grootendeels onuitgegeven bescheiden toegelicht,* Amsterdam, 1867.

Colenbrander H.T., *Gedenkenstukken der Algemeene Geschiedenis van Nederland van 1795 tot 1840 uitgegeven zevende deel Vestiging van het Koninkrijk 1813-1815,* Rijks Geshiedkundige Publicatiën (RGP) 23, 's-Gravenhage, 1914.

Colenbrander, H.T., *Gedenkenstukken der Algemeene Geschiedenis van Nederland van 1795 tot 1840 achteste deel. Regeering van Willem I. 1815-1825 I,* Rijks Geshiedkundige Publicatiën (RGP) 25, 's-Gravenhage, 1915.

Colenbrander H.T., *Gedenkenstukken der Algemeene Geschiedenis van Nederland van 1795 tot 1840 achteste deel. Regeering van Willem I. 1815-1825 II,* Rijks Geshiedkundige Publicatiën (RGP) 27, 's-Gravenhage, 1915.

Cosenza, Mario Emilio, *The complete journal of Townsend Harris first American Consul General and Minister to Japan,* Tuttle, 1930.

ロバート・フォーチュン著・三宅馨訳『幕末日本探訪記――江戸と北京』講談社学術文庫 1997 年。

Doeff, Hendrik, *Herinneringen uit Japan,* Haarlem, 1833.

Gerretson, F.C. en Coolhaas, W. Ph., *Particuliere Briefwisseling tussen J. van den Bosch en D.J. de Eerens 1834-1840 en Enige daarop betrekking hebbende andere stukken,* Groningen, 1960.

Hawks, Francis L., *Narrative of the expedition of an American squadron to the China Seas and Japan, performed in the years 1852, 1853, and 1854 under the command of Commodore M. C. Perry, U.S. navy / comp. from the original notes and journals of Commod. P. and his officers,* New York, 1856.

Hoëvell, W.R. van, *Parlementaire Redevoeringen over Koloniale Belangen 1849-1854 Zalt-Bommel, 1862 and Parlementaire Redevoeringen over Koloniale Belangen 1856-1859,* Zalt-Bommel, 1864.

Heusken, Henry, *Japan Journal 1855-1861*, Translated and edited by Jeannette C. van der Corput and Robert A. Wilson, New Brunswick and New Jersey, 1964.

Kattendyke, Willem Johan Cornelis Ridder Huyssen van, *Uittreksel uit het dag boek van W.J.C. Ridder H. v. Kattendyke gedurende zijn verblijf in Japan in 1857, 1858 en 1859,* 's Gravenhage, 1860, カッテンディーケ著・水田信利訳『長崎海軍伝習の日々』平凡社 1964 年。

リンダウ著・森本英夫訳『スイス領事の見た幕末日本』新人物往来社 1986 年。

ニコライ著・中村健之介訳『ニコライの見た幕末日本』講談社学術文庫 1979 年。

Palmer, Aaron Haight, *Documents and facts illustrating the Origin of the Mission to Japan authorized by Government of the United States, May 10th, 1851; And which finally resulted in the treaty concluded by Commodore M.C. Perry, U.S. Navy with the Japanese commissioners at Kanagawa, Bay of Yedo, on the 31st March, 1854,* Washington, 1857.

Posthumus, N.W., *Documenten betreffende de Buitenlandsche handelspolitiek van Nederland in de negentiende eeuw (zes delen),* 's-Gravenhage, 1919.
Raffles, Sophia, *Memoir of the Life and Public Services of Sir Thomas Stanford Raffles, F.R.S. &c. particularly in the government of Java, 1811-1816, and Bencoolen and its dependencies, 1817-1824; with details of the commerce and resources of the Eastern Archipelago, and selections from his correspondence,* London, 1830.
Correspondence, Despatches, and other papers, of Viscount Castlereagh, second Marquess of Londonderry. Edited by his brother, Charles William Vane, Marquess of Londonderry, G.C.B., G.C.H., G.B.E., Etc. third series. Military and Diplomatic in four volumes IX., London, 1852.
Pahud, Charles Ferdinand, *Rapport aan Zijne Majesteit den Koning over de Japansche Aangelegenheden,* 's Gravenhage, 1855.
斎藤阿具訳注『ヅーフ日本回想録・フィッセル参府紀行』雄松堂 1966 年（rep.）。
フォス美弥子「J.K. ファン＝デン＝ブルックの「オランダと日本 I」」『日本の洋学　I』1993 年。
フォス美弥子「J.K. ファン＝デン＝ブルックの「オランダと日本 II」」『日本の洋学 II』1994 年 ('The Netherlands and Japan – Marginalia in official documents'), De Tijdspiegel, The Hague, 1861.
フォス美弥子『幕末出島未公開文書——ドンケル＝クルチウス覚え書』新人物往来社 1992 年。
フォス美弥子『海国日本の夜明け——オランダ海軍ファビウス駐留日誌』思文閣出版 2000 年。

概観

Battistini, Lawrence H., *The United States and Asia,* London, 1956.
Chamberlain, Basil Hall, *Things Japanese being Notes on various subjects connected with Japan for the use of travelers and others,* London, 1905.
Cullen, L.M., *A History of Japan, 1582-1941 – Internal and External Worlds,* Cambridge, 2003.
P.A.M. Geurts, A.E.M. Janssen, *Geschiedschrijving in Nederland Deel I-II,* Den Haag, 1981.
川崎晴朗『幕末の駐日外交官・領事官』雄松堂出版 1988 年。
Meerssche, Paul van de, *Internationale politiek 1815-1945 – Overzicht en interpretaties,* Leuven/Amersfoort, 1998.
百瀬宏『小国』岩波書店 1988 年。
Hoeven, Hans van der, *De Belgische Beroerte – De Tiendaagse Veldtocht en de scheuring der Nederlanden 1830-1839,* Amsterdam, 1973.
佐藤直助『西洋文化受容の史的研究』東京堂出版 1968 年。
Schuiling, R., *Nederland – Handboek der aardrijkskunde*, Zwolle, 1936.
Sked, Alan (ed.), *Europe's Balance of Power 1815-1848,* London, 1979.
芝原拓自『世界史のなかの明治維新』岩波新書 1977 年。
Shroeder, Paul W., 'The 19th-Century International System: Changes in the Structure', M.C. Brands, N.C.F. van Sas, B.A.G.M. Tromp (red.), *De Veiligheid van Europa – Aspecten van de ontwikkeling van het Europese statenstelsel,* Rijswijk, The Netherlands.
Volmuller, H.W.J. (ed.), *Nijhoffs Geschiedenis lexicon Nederland en België,* 's Gravenhage-Antwerpen.

帝国主義

Betts, Raymond F., *The False Dawn European Imperialism in the Ninetheenth Century,* Minneapolis, 1975.

Fieldhouse, D.K., *Economics and Empire 1830-1914,* London, 1973.

John Gallagher and Ronald Robinson, 'The Imperialism of Free Trade', *The Economic History Review,* Second series, Vol. VI, no. 1 (1953).

Goor, J. van (red.), *Imperialisme in de Marge – De afronding van Nederlands-Indië,* Utrecht, 1986.

Kuitenbouwer, Maarten, 'Het imperialisme-debat in de Nederlandse geschiedschrijving', *Bijdragen en Mededelingen betreffende de Geschiedenis der Nederlanden No.35b,* 1988.

Porter, Andrew, *European Imperialism* 1860-1914, London, 1994.

英蘭ロンドン条約（1814, 1824）

Coolhaas, W. Ph., *Het Regeerings Reglement van 1827 – Het werk van 1818 aan de ervaring getoetst,* Utrecht, 1936.

Soeterwoude, Elout van, *Bijdragen tot de geschiedenis der onderhandelingen met Engeland, betreffende de overzeesche bezittingen 1820-1824,* 's Gravenhage: Martinus Nijhof, 1865.

Hoek, I.H.J., *Het herstel van het Nederlandsch Gezag over Java en onderhoorigeheden in de jaren 1816 tot 1819,* 's Gravenhage, 1862.

Horst, D. van der, *Van Republiek tot Koninkrijk – De vromende jaren van Anton Reinhard Falck 1777-1813,* Amsterdam/Dieren, 1985.

Kemp, P.H. van der, 'De sluiting van het Londensch Tractaat van 13 Augustus 1814', *Bijdragen tot de Taal- Land- en Volkenkunde van Nederlandsch Indië 47,* Amsterdam Frederik Muller, 1897.

Kemp, P.H. van der, 'De geschiedenis van het Londensch tractaat van 17 Maart 1824', *Bijdragen tot de Taal- Land- en Volkenkunde van Nederlandsch Indië 56,* Amsterdam, 1904.

Smulders, C.M., *Geschiedenis en Verklaring van het Tractaat van 17 Maart 1824, te London gesloten tusschen Nederland en Groot Britannië, ter regering van de wederzijdsche belangen en regten in Oost-Indië,* Utrecht, 1856.

Stevens, Th., *Van der Capellen's koloniale ambitie op Java – Economisch beleid in een stagnerende conjunctuur 1816-1826,* Amsterdam, 1982.

Renier, G.J., *Great Britain and the Establishment of the Kingdom of the Netherlands 1813-1815 – a study in British foreign policy,* London, 1930.

Zimmermann, Alfred, *Die Europäischen Kolonien,* Berlin, 1903.

オランダ外交史

Boogman, J.C., 'Achtergronden, tendenties en tradities van het buitenlands beleid van Nederland (eind zestiende eeuw-1940)', Beugel, E.H. van den (e.a.), *Nederlands buitenlandse politiek. Heden en verleden,* Baan, 1978.

Boogman, J.C., 'The Netherlands in the European Scene 1813-1913', Wels, C.B. (eindredactie), *Vaderlands Verleden in Veelvoud, II: 19e-20e eeuw,* Den Haag, 1980.

Dongen, Frans van, *Tussen Neutraliteit en Imperialisme: De Nederlands-Chinese Betrekkingen van 1863 tot 1901,* Groningen, 1966.

Everts, Philip (ed.), *Dilemma's in de buitenlandse politiek van Nederland,* Leiden, 1996.

Eyffinger A., 'Moraal uit noodzaak – Het Nederlands buitenlands beleid en de internationale rechtsorde', A.E. Kersten, A.L.M. van Zeeland, A.C. van der Zwan, *Twee honderd jaar Ministerie van Buitenlandse Zaken, onder redactie van R.E. van Ditzhuyzen,* Den Haag, 1998.

Geyl, P., *Nederland en de oorlog: Beschouwingen naar aanleiding van prof. Telders 'Nederlands onzijdigheid',* Utrecht, 1939

Geyl. P., E*enheid en Tweeheid in de Nederlanden,* Lochem, 1946.

Hellema, Duco Andele, *Neutraliteit & vrijhandel - de geschiedenis van de Nederlandse buitenlandse betrekkingen,* Utrecht, 2001.

Hamel, J.A. van, *Nederland tusschen de Mogendheden,* Amsterdam, 1918.

Hamel, J.A. van, *Vaderlandsche Voetsporen, Amsterdam,* 1942.

Hoeven, Hans van der, *De Belgische Beroerte- De Tiendaagse Veldtocht en de scheuring der Nederlanden 1830-1839,* Amsterdam, 1973.

Hooykaas, G.J., 'De politieke ontwikkeling in Nederland 1830-1840', *Algemene Geschiedenis der Nederlanden 11,* Weesp, 1983.

Jurriaanse, M.W., *De Nederlandse Ministers van Buitenlandse Zaken 1813-1900,* Den Haag, 1974.

Kemseke, Peter van, *Diplomatieke Cultuur,* Leuven, 2000.

Kol, H.H. van, *De historische Verhouding tusschen Japan en Nederland,* Amsterdam, 1914.

Kuitenbrouwer, M., 'Het imperialisme van een kleine mogendheid: de overzeese expansie van Nederland 1870-1914', Sas, N.C.F. van (red.), *De kracht van Nederland Internationale positie en buitenlands beleid,* Haarlem, 1991.

Legêne, Susan, *De bagage van Blomhoff en Van Breugel- Japan, Java, Tripoli en Suriname in de negentiende-eeuwse Nederlandse cultuur van het imperialisme,* Amsterdam, 1998.

Schokking, J.J. (red.), *Nederland, Europa en de wereld ons buitenlands beleid in discussie,* Meppel, 1970.

Patijn, Constantijn Leopold (ed.), *Nederlandse Buitenlandse Politiek – aspecten en achtergronden,* 's-Gravenhage, 1970.

Putten, Frans-Paul van der, 'Small Powers and Imperialism: the Netherlands in China, 1886-1905', *Itinerario,* Leiden, 1996.

Putten, Frans-Paul van der, *Corporate Behaviour and Political Risk: Dutch Companies in China, 1903-1941,* Leiden, 2001.

Sas, N.C.F. van, 'De Nederlanden en Europa 1815-1830', *Algemene Geschiedenis der Nederlanden 11,* Weesp, 1983.

Sas, N.C.F. van, *Onze Natuurlijkste Bondgenoot Nederland, Engeland en Europa, 1813-1831,* Groningen, 1985.

Smit, C., *Diplomatieke Geschiedenis van Nederland inzonderheid sedert de vesting van het koninkrijk,* 's-Gragenhage, 1950.

Vandenbosch, Amery, *The Dutch foreign policy since 1815: A study in small power politics,* The

Hague, 1959.
Vollenhoven, C. van, *Holland's International Policy,* New York, 1919.
Voorhoeve, J.C., *Peace, profits and principles. A study of Dutch foreign policy,* The Hague, 1979.
Wels, C.B., *Aloofness and neutrality,* Utrecht, 1982
Wels, C.B., 'De historicus en de constanten in het buitenlands beleid', Bot, B.R., *Lijn in de Buitenlandse Politiek van Nederland,* 's-Gravenhage, 1984.
Westermann, J.C., *The Netherlands and the United States – Their relations in the beginning of the nineteenth century*, The Hague, 1935
Zwaan J.P. Kleiweg de, *Oude Betrekkingen tusschen Nederland en Japan,* Amsterdam, 1918.

オランダ史

Abeling, Joris, *Teloorgang en wederopstanding van de Nederlandse monarchie (1848-1898),* Amsterdam, 1996.
Remieg Aerts, Herman de Liagre Böhl, Piet de Rooy, Henk te Velde, *Land van Klein Gebaren – Een politieke geschiedenis van Nederland 1780-1990,* Nijmegen, 1999.
J.C.H. Blom, E. Lamberls, (red.), *Geschiedenis van de Nederlanden,* Rijswijk, 1993.
Colenbrander, H.T., *Willem II Koning der Nederlanden,* Amsterdam,1938.
Griffiths, Richard T., *Industrial Retardation in the Netherlands 1830-1850,* Den Haag, 1979.
Holst, Henriëtte Roland, *Kapitaal en Arbeid in Nederland,* Nijmegen, 1977 (rep.).
Horst, Han van der, *Nederland – De vaderlandse geschiedenis van de prehistorie tot nu,* Amsterdam, 2000.
Jansen, Michael, *De industriële ontwikkeling in Nederland 1800-1850,* Amsterdam, 1999.
Kiers, Jantinus, *De Bevelen des Konings – De verhouding van Koning, Minister en Landvoogd historisch verklaard,* Utrecht, 1938.
Kikkert, J.G., *Koning Willem III,* Utrecht, 1990.
Kikkert, J.G., *Geen revolutie in Nederland – Impressies van Nederland tussen de Franse tijd en de Eerste Wereldoorlog 1813-1914,* Haarlem, 1992.
Lademacher, Horst, *Geschiedenis van Nederland,* Utrecht, 1983.
Leeuwen, W.L.M.E. van, *Honderd Jaar Nederland 1848-1948,* Hengelo, 1948.
Offermans Paul, *Geschiedenis van het Gewone Volk van Nederland,* Nijmegen, 1975.
Ritter, P.H., *Eene halve eeuw 1848-1898 – Nederland onder de regeering van Koning Willem den derde en het regentschap van Koningin Emma,* Amsterdam, 1898.
Pots, Roel, *Cultuur, koningen en democraten Overheid & cultuur in Nederland,* Nijmegen, 2000.
Tamse, C.A. (red), *De Monarchie in Nederland,* Amsterdam/Brussel, 1980.
Tamse, C.A., *Nederland en België in Europa (1859-1871) – De zelfstandigheidspolitiek van twee kleine staten,* Den Haag, 1973.
Th. van Tijn, Z.M. Zappij, 'De negentiende eeuw 1813-1914', Stuijvenberg, J.H. van (red.), *De economische geschiedenis van Nederland,* Groningen, 1977.
Verkade, W., *Thorbecke als Oost-Nederlands patriot,* Zutphen, 1974.
Welderen W.J. van, *Parlementaire Geschiedenis van Nederland 1849-1891,* 's Gravenhage, 1905.

Wessels, Marius, *De Nederlandse traditie van vrijheid – Een vruchtbare voedingsbodem voor de hervormingen van 1848,* Assen, 1998.

Zwart, Jan A.J., *Duymaer van Twist – Een historisch-liberaal staatman 1809-1887,* Utrecht, 1939.

蘭領東インド

Angelino, A.D.A. de Kat, *Staatkundig Beleid en Bestuurszorg in Nederlandsch-Indië,* 's-Gravenhage, 1930.

Baudet, H., 'Nederland en de rang van Denemarken', Fasseur, C. (samengesteld en ingeleid), *Geld en geweten – Een bundel opstellen over anderhalve eeuw Nederlands bestuur in de Indonesische archipel Deel II,* 1980, Den Haag.

Bosch, P.A. Roeper, *De verhouding tusschen Japan en Nederlandsche-Indië,* Amsterdam, 1918.

Couperus, J.R., *Een Woord ter gelegenheid der op handen zijnde ontmoeting der oud Gouverneurs-Generaal J.J. Rochussen en Mr. A.J. Duijmaer van Twist,* 's Gravenhage, 1860.

Diepenhorst, P.A., *Onze strijd in de Staten-Generaal deel II A. Kiesrecht B. Kolonieale Politiek,* Amsterdam, 1929.

P. Boomgaard, L. Noordegraaf, H. de Vries, W.M. Zappey (red.), *Exercities in ons verleden – Twaalf opstellen over de economische en sociale geschiedenis van Nederland en koloniën 1800-1950,* Assen, 1981.

Breman, Jan, *Koelies, Planters en Koloniale Politiek – Het Arbeidsregime op de grootlandbouwondernemingen aan Sumatra's oostkust in het begin van de twintigste eeuw,* Dordrecht, 1987.

Coolhaas, W. Ph., *A critical survey of studies on Dutch colonial history,* 's-Gravenhage, 1960.

Deventer, M.L. van, *Het Nederlandsch gezag over Java en Onderhoorigheden sedert 1811- verzameling van onuitgegeven stukken uit de koloniale en andere archieven I 1811-1820,* 's Gravenhage, 1891,

Doel, H.W. van den, *De Stille Macht – Het Europese binnenlands bestuur op Java en Madoera, 1808-1942,* Amsterdam, 1994.

Fasseur, Cees, *Indischgasten,* Amsterdam, 1996.

Fasseur, Cees, *De weg naar het paradijs en andere Indische geschiedenissen,* Amsterdam, 1995.

Graaff, Bob de, *Kalm temidden van woedende Golven – Het ministerie van Koloniën en zijn taakomgeving 1912-1940,* Den Haag, 1997.

Groeneboer, Kees, *Weg tot het Westen – Het Nederlands voor Indië 1600-1950,* Leiden, 1993.

Gouda, Frances, *Dutch Culture Overseas – Colonial practice in the Netherlands Indies 1900-1942,* Amsterdam 1995.

Kuitenbrouwer, M., *Nederland en de opkomst van het moderne Imperialisme koloniën en buitenlandse politiek 1870-1902,* Amsterdam, 1985

Nieuwenhuys, Rob, *Mirror of the Indies – A History of Dutch Colonial Literature,* Singapore, 1999.

Pahud, Charles Ferdinand, *Het bestuur van den afgetreden landvoogd over Nederl. Oost-Indie – getoetst aan eenige feiten,* Rotterdam, 1862.

Reid, Anthony, *The Contest for North Sumatra – Atjeh, the Netherlands and Britain 1858-1898,* New York, 1969.

Stapel, F.W., *Geschiedenis van Nederlandsch-Indië,* Amsterdam, 1943 (tweeden druk).

Stevens Th., *Van der Capellen's koloniale ambitie op Java – Economisch beleid in een stagnerende conjunctuur 1816-1826,* Amsterdam, 1982.

Taring, Nicholas, *Imperial Britain in South-East Asia,* London, 1975.

Taring, Nicholas, *The Fall of Imperial Britain in South-East Asia,* Oxford, 1993.

Jong, Janny de, *Van batig slot naar ereschuld – De discussie over de financiële verhouding tussen Nederland en Indië en de hervorming van de Nederlandse koloniale politiek 1860,* Den Haag, 1989.

オランダ東インド会社とオランダ貿易

Leonard Blussé, Jaap de Moor, *Nederlanders Overzee – De eerste vijftig jaar 1600-1650,* Franeker, 1983.

Boxer, C.R., *Jan Compagnie in Oorlog en Vrede – Bekonpte geschiedenis van de VOC*, Lochem, 1977.

Boxer, C.R., *The Dutch Seaborne Empire 1600-1800,* London, 1965.

Centre for the History of European Expansion, *All of one Company – The VOC in biographical perspective,* Utrecht, 1986.

Goor, J. van (ed.), *Trading Companies in Asia 1600-1830,* Utrecht, 1986.

Gaastra, F.S., *De Geschiedenis van de VOC,* Bussum, 1982.

Heslinga, Van Eyck van, E.S., *Van Compagnie naar Koopvaardij – De scheepvaartverbinding van de Bataafse Republiek met de koloniën in Azië 1795-1806,* Amsterdam, 1988.

Hyma, Albert, *The Dutch in the Far East – A history of The Dutch commercial and colonial empire,* Mischigan, 1942.

Hongsheng Cai, Leonard Blussé (et al.), 航行珠江 *Sailing to the Pearl River – Dutch Enterprise in South China 1600-2000*, Guangzhou, 2004.

石田千尋「幕末期のおける蘭船積荷物の基礎的研究——天保 15 年（1844）～安政 2 年（1855）の本方荷物」『鶴見大学紀要』第 37 号 2000 年。

石田千尋「長崎貿易における染織輸入——文政 5 年（1822）を中心として」『一滴』第 7 号 津山洋学資料館 1999 年。

石田千尋『日蘭貿易の構造と展開』吉川弘文館 2009 年。

Mansvelt, W.M.F., *Nederlandsche Handel-Maatschappij,* Haarlem, 1924.

永積昭『オランダ東インド会社』世界史研究双書 6 近藤出版社 1971 年。

木村直樹「17 世紀中葉幕藩制国家の異国船対策」『史学雑誌』第 109 号 2000 年。

木村直樹「17 世紀後半の幕藩権力と対外情報——一六七三年リターン号事件をめぐって」『きんせい』1998 年。

Kuiper, J. Feenstra, *Japan en de Buitenwereld in de achttiende eeuw,* 's-Gravenhage, 1921.

Meilink-Roelofsz, M.A.P. (e.a.), *De V.O.C. in Azië,* Fibula,1976.

永積洋子「オランダ商館の脇荷貿易について——商館長メイランの設立した個人貿易協会（1826-1830 年）『日本歴史』1979 年。

永積洋子『朱印船』吉川弘文館 2001 年。

Oosterwijk, Bram, *Koning van de Koopvaart – Anthony van Hoboken (1756-1850),* Amsterdam, 1996.
Paul, H., *Nederlanders in Japan 1600-1854 – De VOC op Desjima,* Weesp, 1984.

イギリス史関連

Dickins, F.V., *The life of Sir Harry Parkes, Sometime Her Majesty's Minister to China and Japan*, in two volumes, London, 1894（ディキンズ著・高橋健吉訳『パークス伝――日本駐在の日々』平凡社 1984 年。
Hyde, Montgomery H., *The strange death of Lord Castlereagh,* London, 1959.
信夫清三郎『ラッフルズ伝』平凡社 1968 年。
Paske-Smith, M., *Report on Japan to the secret committee of the English East India Company by Sir Stanford Raffles 1812-1816,* Kobe, 1929.

アメリカ史関連

Dennett, Tyler, *Americans in Eastern Asia. A Critical Study of the Policy of the United States with reference of China, Japan and Korea in the 19th Century,* New York, 1922.
Kanai Madoka, 'A Diary of William Cleveland, Captain's Clerk on Board the Massachusetts', *Monograph Series 1. Quezon City Institute of Asian Studies,* University of the Philippines, 1965.
加藤祐三『黒船異変――ペリーの挑戦』岩波新書 1988 年。
大江志乃夫訳『ペリー艦隊大航海記』立風書房 1994 年。
Payson, J. Treat, *Diplomatic Relations between the United States and Japan 1853-1895,* California and London, 1932.
坂田精一『ハリス』吉川弘文館 1987 年 (rep.)。
Shunzoh Sakamaki, 'Japan and the United States 1790-1853', *The Transactions of The Asiatic Society of Japan,* 2nd Ser.Vol.X, 1939.
Reischauer, Edwin O., *The United States and Japan,* Cambridge, 1965.
Walworth, Arthur, *Black ships off Japan – The story of Commodore Perry's Expedition,* New York, 1946.
Wiley, Peter Booth with Ichiro Korogi, *Yankees in the Land of the Gods – Commodore Perry and the Opening of Japan,* New York, 1990.
山口宗之『ペリー来航前後――幕末開国史』ぺりかん社 1988 年。

日欧関係史

青木美智雄・川内八郎編『開国』有斐閣 1985 年。
Beasley, W.G., *The modern history of Japan,* London, 1963.
Beasley, W.G., *Great Britain and the opening of Japan 1834-1858,* Folkestone, 1995 (rep.).
Beukers, Harman, *The Mission of Hippocrates in Japan – Philipp Franz von Siebold in his role as medical doctor,* Amsterdam/Leiden, 1996.
H. Beukers, A.M. Lyendijk-Elshout, M.E. van Opstall, F. Vos, *Red-Hair Medicine Dutch-Japanese medical relations,* Amsterdam/Atlanta, 1991.
H. Beukers, L. Blussé, R. Eggink, *Leraar onder de Japanners – Brieven van dr. K.W. Gratama*

betreffende zijn verblijf in Japan 1866-1871, Amsterdam, 1987.

Bosma, H., 'Kômô-jin, Roodharige vreemdelingen op Deshima', Vrieze, J. (red.), *Kômô-jin, Roodharige vreemdelingen op Deshima – Nagasaki prenten en schilderingen uit de 18e en 19e eeuw,* Amsterdam, 1983.

Checkland, Olive, *Britain's Encounter with Meiji Japan, 1868-1912,* London, 1989.

Cortazzi, Hugh (ed.), *British Envoy in Japan 1859-1972,* Folkestone, 2004.

L.G. Dalhuisen, H.J.M. van der Geest (red.), *Deshima, een facrorij in Japan,* Gottmer Educatief Bloemendaal, 1985.

Doren, J.B.J., *De openstelling van Japan voor de vreemde natiën in 1856 – volgens zoowel uitgegevene, als niet uitgegevene bronnen,* Amsterdam, 1861.

藤井哲博『長崎海軍伝習所——十九世紀東西文化の接点』中公新書 1991 年。

Fujimoto Rei, 'The investigation on Jan Hendrik Donker Curtius' (in Japanese), *Bulletin of the Japan-Netherlands Institute*（*Nichiran gakkaishi*,『日蘭学会会誌』）Vol.21, Tokyo, 1986.

Vigden Nakanishi Michiko, 'The Correspondence between Jan Dendrik Donker Curtius and Townsend Harris' (in Japanese), *Bulletin of the Japan-Netherlands Institut*e Vol.23, Tokyo, 1987.

藤原彰・今井清一・宇野俊一・粟屋憲太郎編『日本近代の虚像と実像——開国～日露戦争』大月書店 1990 年。

布施昌一『シーボルトの日本史』木耳社 1988 年。

Greene, D.C., 'Correspondence between William II of Holland and the Shogun of Japan, A.D. 1844', *TASJ 34-4,* 1907:122.

Gulik, Willem R. van,「外交官シーボルト——幕末とシーボルトの役割」ヨーゼフ・クライナー編『黄昏のトクガワジャパン』NHK ブックス 1998 年。

Gulik, Willem R. van, *A Distant Court Journey – Dutch traders visit the Shogun of Japan,* Amsterdam, 2000.

Gulik, Willem R. van, 'De dagheraut van hooger leven – Een vorstelijk geschenk van koning Willem III aan het Land van de Rijzende Zon', J.R. ter Molen, E. van den Bent, C. Eymael, A.D. Renting, M.E. Spliethoff, *Een Vorstelijk Archivaris – Opestellen voor Bernard Woelderink,* Zwolle, 2003.

服部之総『黒船前後・志士と経済——他十六篇』岩波文庫 1981 年。

Hesselink, R.H., T*wee spiegels op Cambang – een portret van de Japanners in de negentiende eeuw naar Nederlandse ooggetuigenverslagen,* Utrecht, 1984.

保田孝一「ロシアの日本開国交渉とシーボルト」箭内健次・宮崎道生編『シーボルトと日本の開国　近代化』続群書類従完成社 1997 年。

石井寛治・関口尚志編『世界市場と幕末開港』東京大学出版会 1982 年。

石井孝『明治維新と外圧』吉川弘文館 1993 年。

石井孝『学説批判　明治維新論』吉川弘文館 1961 年。

石井孝『日本開国史』吉川弘文館 1972 年。

巌本善治編『新訂　海舟座談』岩波文庫 1983 年。

岩下哲典「江戸時代における白旗認識と‘ペリーの白旗’」『青山史学』21 号 2003 年。

岩下哲典『幕末日本の情報活動——「開国」の情報史』雄山閣出版 2000 年。

岩下哲典「ペリー来航直前における伊達宗城の情報活動――『幕末日本の情報活動』補遺」『明治維新史学会報』36号 2000年。

Jacobs, Els M., 'Met alleen woorden als wapen. De Nederlandse poging tot openstelling van Japanse havens voor de internationale handel (1844)', *Bijdragen en Mededelingen betreffende de Geschiedenis der Nederlanden 105,* Utrecht, 1990.

金井圓『近世日本とオランダ』放送大学教育振興会 1993年。

金井圓「文政3年9月の長崎出島の素人芝居」つくばね社 2000年。

小暮実徳「ファン・デル・シェイスの『オランダ日本開国論』――その書誌的説明と本書の1852年までの問題点への検討」『日蘭学会会誌』第42号 1997年。

小暮実徳「ファン・デル・シェイスの『オランダ日本開国論』の成立事情――未公開目次を含む」『洋学』第8号 2000年。

小暮実徳「幕末オランダ対日外交政策の一視点――『オランダ日本開国論』の手書原稿から考察した」洋学研究史『一滴』（津山洋学資料館紀要）第8号 2000年。

Kol, H.H. van, *De historische Verhouding tusschen Japan en Nederland,* Amsterdam, 1914.

ハンス・ケルナー著・竹内精一訳『シーボルト父子伝』創造社 1973年。

呉秀三『シーボルト先生――その生涯及び功業』平凡社（三巻本）1967-68年。

Kure Shuzo, *Philipp Franz von Siebold Leben und Werk, Deutsche, wesentlich vermehrte und ergänzte Ausgabe, bearbeitet von Friedrich M. Trautz, Herausgegeben von Hartmut Walravens, Vol.1,* Monographien aus dem Deutschen Institut für Japanstudien der Philipp-Franz-von-Siebold-Stiftung, 1996.

栗原福也「フォン・シーボルト来日の課題と背景」箭内健二・宮崎道夫編『シーボルトと日本の開国　近代化』続群書類従完成社 1997年。

沓沢宣賢「シーボルト渡来百年記念祭に関する一考察――外務省外交史料館所蔵史料を中心に」『鳴滝紀要』第6号 1996年。

沓沢宣賢「第二次来日時におけるシーボルトの外交活動」』箭内健二・宮崎道夫編『シーボルトと日本の開国　近代化』続群書類従完成社 1997年。

Kutsuzawa Nobutaka, 'The Activities of Philipp Franz von Siebold During His Second Stay in Japan, Particularly His Diplomatic Activities in Nagasaki, Yokohama and Edo', A. Thiede, Y. Hiki, G. Keil, *Philipp Franz von Siebold and His Era – Prerequisites, Developments, Consequences and Perspectives,* Springer, 1999.

沓沢宣賢「シーボルト研究史概観――我が国および外国における研究の跡を顧みながら」『季刊日本思想史』55号 1999年。

沓沢宣賢「シーボルトと日本研究」加藤泰編『知の近代を読み解く』東海大学出版会 2001年。

沓沢宣賢「シーボルトと日本医学」石山禎一編『新・シーボルト研究－自然科学・医学篇』八坂書房 2003年。

沓沢宣賢「シーボルトの医学関係史・史料について」石山禎一編『新・シーボルト研究――自然科学・医学篇』八坂書房 2003年。

沓沢宣賢「1861年東禅寺事件に関する一史料」石山禎一編『新・シーボルト研究　II――社会・文化・芸術篇』八坂書房 2003年。

沓沢宣賢「シーボルト研究史概観――最近の研究動向を中心に」石山禎一編『新・シーボ

ルト研究 II――社会・文化・芸術篇』八坂書房 2003 年。

MacLean, J., 'Philipp Franz von Siebold and the opening of Japan, 1843-1866, Philipp Franz von Siebold', *A contribution to the study of the Historical Relations between Japan and the Netherlands,* The Netherlands Association for Japanese Studies, Leiden, 1978.

MacLean, J., 'De betekenis van Jan Karel van den Broek (1814-1865) t.a.v. de introductie van de westerse technologie in Japan', *De Ingenieur,* NR30/31, 1975.

Maritiem Museum, *350 jaar Nederland-Japan,* Rotterdam, 1960.

松井洋子「インドネシア国立文書館所蔵オランダ時代史料について - 日本関係文書を中心に - 」『東京大学史料編纂所研究紀要』第 11 号 2001 年。

松方冬子「風説書以前のオランダ人による情報提供について」『東京大学史料編纂所研究紀要』第 9 号 1999 年。

松方冬子「1840 − 45 年の別段風説書蘭文テキスト」『日本歴史』第 632 号 2001 年。

松方冬子「幻の 1845 年別段風説書とその情報源・上」『日蘭学会誌』第 49 号 2002 年。

松方冬子「幻の 1845 年別段風説書とその情報源・下」『日蘭学会誌』第 50 号 2002 年。

三谷博『明治維新とナショナリズム－幕末の外交と政治変動』山川出版社 1997 年。

宮永孝『文久二年のヨーロッパ報告』新潮選書 1989 年。

宮坂正英「シーボルトとペリーのアメリカ日本遠征隊――ブランデンシュタイン文書を中心に－」箭内健二・宮崎道夫編『シーボルトと日本の開国　近代化』続群書類従完成社 1997 年。

宮崎道夫「シーボルトの日本開国近代化への貢献」箭内健二・宮崎道夫編『シーボルトと日本の開国　近代化』続群書類従完成社 1997 年。

水田信利『幕末における我が海軍とオランダ』有終會 1929 年。

森岡美子『世界史の中の出島――日欧通行史上長崎の果たした役割』長崎文献社 2001 年。

Middelstum, J.C. Lewe van, 'De Openstelling van Japan', *De gids,* 1858.

Moeshart, Herman J., *Een miskend geneesheer – Dr. J.K. van den Broek en de overdracht van kennis van westerse technologie in Japan 1853-1857,* Amsterdam, 2003.

Moeshart, Herman J., *Journaal van Jonkheer Dirk de Graeff van Polsbroek 1857-1870 – Belevenissen van een Nederlands diplomaat in het negentiende eeuwse Japan,* Assen/Maastricht, 1987.

Nagao Masanori, 'Philipp Frans von Siebold's Dutch Dairy of the Year 1861' (in Japanese), *Bulletin of the Japan-Netherlands Institute Vol.10,* Tokyo, 1985.

Nagazumi Yôko, *Improvements in Dutch Language Skills and the Russian Question in Japan: 1739-1805, Memoirs of the Research Department of the Toyo Bunko, No.55,* The Toyo Bunko Tokyo, 1997.

永積洋子「通商の国から通信の国へ」『日本歴史』第 458 号 1986 年。

坂野潤治・宮地正人・高村直助・安田浩・渡辺治編『日本近現代史 1　維新変革と近代日本』岩波書店 1993 年。

西澤美穂子「ペリー来航前後の日蘭交渉――オランダ商館長クルチウスの活動を中心に」『専修史学』第 30 号 1999 年。

西澤美穂子『和親条約と日蘭関係』吉川弘文館 2013 年。

Nypels, G., *Japan-Nederland in Oost-Azië – Eene militaire studie,* Haarlem, 1899.

尾佐竹 猛『幕末遣外使節物語』講談社学術文庫 1989 年。
Margot E. van Opstall, Frits Vos, Willem van Gulik, Jan de Vries, *Vier eeuwen Nederland-Japan – Kunst-Wetenschap-Taal-Handel,* Lochem, 1983.
Pierson, J.L. Jr., *De openstelling van Japan – Rede uitgesproken bij de aanvaarding van het ambt van bijzonder hoogleeraar in de Japansche taal en letterkunde aan de rijks universiteit te Utrecht op den 1en november 1930,* Utrecht.
Poelgeest, L. van, *Japanse Besognes – Nederland en Japan 1945-1975,* Den Haag, 1999.
Querido, A., 'Dutch Transfer of knowledge through Deshima – The Role of the Dutch in Japan's Scientific and Technological Development during the Edo Period', *The Transactions of The Asiatic Society of Japan Vol.XVIII,* Tokyo, 1983.
Rees, W.A. van, 'Japansche Geshiedenis, politiek en zeden' ("History of Japan, politics and culture"), *De Gids,* Amsterdam, 1868.
斎藤阿具『ヅーフと日本』廣文館 1922 年。
Siebold, Phillippp Franz von, *Met oorkonden gestaafd vertoog van de pogingen door Nederland en Rusland gedaan tot openstelling van Japan voor de scheepvaart en den zeehandel van alle natiën,* Zalt-Bommel, 1854.
Stellingwerff, J., *De Diepe wateren van Nagasaki – Nederlands-Japanse betrekkingen sedert de stichting van Deshima,* Franeker, 1983.
Stellingwerff, J., *Zijne Majesteits Raderstoomschip Soembing overgedragen aan Japan – De drie diplomatieke reizen van kapitein G. Fabius ter opening van Deshima en Nagasaki in 1854, 1855 en 1856,* Zutphen, 1988.
Stapel, F.W., *Japan en Nederland tot de openstelling van Japan voor den wereldhandel,* in KITVL.
Swart, Jacob (red.), 'Rapport aan Z.M. den Koning van Zijne Excelle: den Minister van Kolonien, betrekkelijk de Nederlandsche bemoeijingen en handelingen in Japan', *Verhandelingen en Berichten betrekkelijk het Zeewezen, de Zeevaartkunde en de daarmede in verband staande wetenschappen,* Amsterdam, 1855.
田保橋潔『増訂近代日本外国関係史』原書房 1971 年。
徳富蘇峰『近世日本国民史　遣米使節と露英対決篇』講談社学術文庫 1991 年。
田辺太一『幕末外交談』富山書房 1966 年。
田中弘之『幕末の小笠原——欧米の捕鯨船で栄えた緑の島』中公新書 1997 年。
Veenhoven, Willem Adriaan, *Strijd om Deshima - een onderzoek naar de aanslagen van Amerikaanse, Engelse en Russische zijde op het Nederlandse handelsmonopolie in Japan gedurende de periode 1800-1817,* Leiden, 1950.
フォス美弥子「J.K. ファン＝デン＝ブルックの遺文」『日本洋学史の研究 IX』1989 年。
フォス美弥子「ファン＝デン＝ブルックの伝習」『日本洋学史の研究 X』1991 年。
フォス美弥子「ファン＝デン＝ブルック悶着事件」有坂隆道・浅井允晶編『論集 日本の洋学 III』清文堂 1995 年。
フォス美弥子「幕末期のオランダ語・日本語事情」有坂隆道・浅井允晶編『論集 日本の洋学 IV』清文堂 1997 年。
フォス美弥子「幕末期のオランダ語・日本語事情 II」有坂隆道・浅井允晶編『論集 日本の

洋学 V』清文堂 2000 年。

箭内健次・沼田次郎編『海外交渉史の視点 2』日本書籍 1976 年。

山川菊栄『覚書　幕末の水戸藩』岩波文庫 1991 年。

横山伊徳「日本の開港とオランダの外交——オランダ外務省試論」『アジアの中の日本史Ⅱ』東京大学出版会 1992 年
横山伊徳「日本の開国と琉球」『新しい近世史 2　国家と対外関係』新人物往来社 1996 年。

Zwaan, J.P. Kleiweg de, *Oude Betrekkingen tusschen Nederland en Japan,* Amsterdam, 1918.

その他

小松重男『幕末遠国奉行の日記－御庭番川村修就の生涯』中公新書 1989 年。

楠本寿一『長崎製鉄所——日本近代工業の創始』中公新書 1992 年。

外山幹夫『長崎奉行——江戸幕府の耳と目』中公新書 1988 年。

横浜市編『横浜市史』横浜 1989-2004 年。

Summary

This work discusses Dutch diplomacy towards Japan in the period 1850-1863, predominately on the basis of Dutch primary sources and works. It is the main aim of this study to analyze the role of the Netherlands in the opening of Japan in view of its foreign relations between other Western powers and Japan during this period. This subject has drawn little attention until the present. Dutch diplomacy towards Japan has been discussed in the theory of neutrality and free trade that is generally accepted in relevant studies in the Netherlands. Accordingly, its diplomacy was regarded as passive and reactive. This study, however, examines Dutch diplomacy towards Japan in the theory of Dutch imperialism, in which diplomacy can be re-interpreted as autonomous and pro-active.

In the middle of the nineteenth century, the Netherlands had vast colonies in Asia, namely the Dutch East Indies (present-day Indonesia), and it ranked second only after England in the whole world in terms of the size of its colonies. The Netherlands, however, was not regarded as one of the big powers in this period, because its realm in Europe was not large in comparison with other Western powers. Moreover the Netherlands disliked the power politics of big Western powers and it rigidly maintained its neutrality among them, while this policy was combined with the economic theory of a free trade regime. Furthermore the Netherlands propagated not a military expansive but a peace-loving principle in its colonial policy. As a result Dutch influence did not appear to be powerful in international relations. In this context it is generally accepted that the Netherlands would not or could not adopt autonomous diplomacy among the big Western powers. Accordingly Dutch diplomacy is characterized in the nineteenth century as endeavoring to follow neutrality and a free trade regime.

As a consequence of this accepted theory of Dutch foreign policy in the nineteenth century, until now Dutch diplomacy towards Japan in the middle of this century has not been thoroughly academically examined. It had been accepted without much criticism that after the opening of Japan in 1854 the Netherlands would not or could not carry out a kind of diplomacy towards Japan that was autonomous from the big Western powers. Accordingly, thereafter Dutch influence in Japan soon disappeared. Moreover it could be easily accepted that the Netherlands had little interest in Japanese affairs, because the main Dutch interests in Asia were related to the Dutch East Indies. Against this background there are few works that address the subject of Dutch diplomacy towards Japan.

The recent theory of Dutch imperialism in which the Netherlands also adopted an imperialistic policy has afforded an opportunity to re-interpret Dutch diplomacy towards Asia as a more autonomous process. In general Dutch diplomacy was regarded as peace-loving on the basis of its humanistic principles. However, this understanding is not always correct. In its colonial policy the Netherlands did not resort to military expansion in the middle of the nineteenth century, because it was unnecessary: its peaceful policy worked effectively. However, it should not be overlooked that the Netherlands always had the option to resort to military force, when peaceful means turned out not to work. Thus the Netherlands strived to maximize profits in the colonies, while avoiding having an aggressive image. In consideration of the fact that the Netherlands could formulate a policy to maximize profits, it is possible to say that this country adopted an autonomous diplomacy. In this respect it is important to recognize that the Netherlands had to be regarded as a mid-sized power and it participated in the political and economic interests of the large Western powers. This work re-interprets Dutch diplomacy towards Japan in the context of international relations in Asia in this period. This study argues that Dutch diplomacy towards Japan should be regarded as an autonomous and pro-active policy.

It was only the Netherlands among the Western powers that had maintained a commercial relationship with Japan during the so-called Sakoku period (1641-1854). This fact made Japanese business affairs special for the Netherlands. The significance of its relationship with Japan is fully understandable from the aspect of national prestige and economic interests. With regard to its territory, the Netherlands is a small country in Europe. The fact of the Dutch special commercial relations with Japan, however, recalled the proud Dutch past as a great maritime power. Moreover only the Netherlands possessed various collections of Japanese articles and they had also acquired knowledge concerning Japanese matters by this trade. Therefore in this period the study of Japan in the Netherlands was the most advanced in the world. Accordingly, to a certain extent this gave the Netherlands a prestige among other Western powers.

In reality Dutch relations with Japan had more significance in view of the political benefit and economic profit. Concerning the political benefit, this related to the maintenance of the international influence in Asia in order to manage the Dutch East Indies. Concerning economic profit, the central issue was the system of forced cultivation of cash crops, 'Cultuurstelsel', which Van den Bos introduced in the Dutch East Indies in 1834. The system worked very well and produced large profits. As a result, the Netherlands was looking for new markets for colonial products from the Dutch East Indies and therefore the Netherlands

hoped to expand its trade with Japan, because Japan was geographically close by. Against this background, Dutch relations with Japan was one of the most important issues at that time in terms of its political and economic interests. Against this background, the Netherlands wanted to carry out an active diplomacy towards Japan when it knew that the US commodore M.C. Perry was going there in 1852.

The main features of this work are demonstrated as follows:

1. A re-interpretation of Dutch diplomacy towards Japan

Dutch foreign policy greatly depended on circumstances in Europe. For this reason Dutch diplomacy is generally not regarded as autonomous. This image is applied to all domains of its diplomatic relations. As a result, the autonomous nature of Dutch diplomacy towards Japan has also not been studied properly. This work accentuates the autonomous Dutch diplomacy towards Japan in the context of Western imperialism in Asia. It discusses especially the Dutch primary sources and literatures. As a result it is proved that the Netherlands adopted an autonomous diplomacy towards Japan, and that its relation with Japan was special and one of the most important undertakings for the Netherlands in view of its Asian interests.

2. The feasibility of Dutch diplomacy in Asia in the context of Dutch-British relations.

The Netherlands was a small country in Europe in the nineteenth century compared with other larger Western powers. At the same time although the Netherlands was a great colonial power, it lacked sufficient military forces in order to secure the colonies. The Dutch East Indies navy was too small to direct an effective management of the Indonesian archipelago. Therefore it leads to the assumption that there was little opportunity left for the Netherlands to play an influential role in Japanese foreign relations too. This work pays attention to the Dutch relations with England that the Netherlands regarded as ‘Our most natural ally’ in Europe, and proved that, in cooperation with England, the Netherlands could adopt an autonomous diplomacy in Asia within a certain range. England had a preference for cooperating with the Netherlands rather than other European countries in its Asian affairs.

This relationship resulted from the political situation in Europe and also its special relation as 'Lord of the East' in Asia. Until recently the relation between the Netherlands and England in the middle of the nineteenth century was generally regarded as one of confrontation. This work, however, finds that this matter should be understood as political cooperation and economic competition. Owing to its cooperation with England, the Netherlands could pursue its interests in Asia as much as possible, even when the U.S.A. as the aggressive newcomer and other big Western powers also went there.

3. Dutch autonomous and active diplomacy towards Japan – vis-à-vis the U.S.A

The Netherlands adopted an autonomous and active diplomacy toward Japan in consideration of the possibility that the U.S.A. aimed to break the unique trade relations between the Netherlands and Japan. The Netherlands would not abandon its interests in Japan even if the United States as an emerging great power, which did not respect the long relations between the Netherlands and Japan, entered Japanese affairs. On the basis of Dutch primary sources this work proves that Japanese affairs were the most important for the Netherlands in view of national prestige and economic interests, and in this context it discusses how the Netherlands carried out an autonomous and active diplomacy towards Japan among the new imperialistic powers around Japan.

4. The feasibility of adopting an autonomous and active diplomacy towards Japan by the Netherlands.

There is a question related to the accepted theory of this subject as to whether the Netherlands could become a good partner for Japan after its opening or not, and whether Japan could fully depend on Dutch support or not, because the Netherlands was a small country. By way of the economic profits the Dutch had to suffer humiliating treatment at the hands of the Japanese for a long time. Accordingly the question is also asked whether the Netherlands could be an honorable friend for the Japanese or not. The Netherlands was a relatively small power and it endured a humble position in Japan until its opening. This situation, however, completely changed after the opening of Japan. By coming into contact with Western civilization, the Japanese realized that Japan was an underdeveloped country.

By the same token its political leaders chose to base modernization on the European model and strived to acquire the knowledge of the Western civilization. The Japanese traditionalism, however, was very strong and it was very difficult for the government itself to reform its country. In this situation large Western powers, not least the U.S.A., continued to make demands on Japan for its liberalization. These were outrageous demands in the eyes of the Japanese at that time. Against this background the anti-foreign movement in Japan was increasing. The Dutch diplomatic measures, however, were relatively acceptable for the Japanese, because they took into consideration Japanese policies and customs. This peaceful Dutch diplomatic behavior was very attractive for Japan. The Netherlands belonged to the Western world and appeared to be one of the large colonial powers, because it possessed the Dutch East Indies. As a result Japan asked the Netherlands as its old and confidential friend to support it in its reconstruction and modernization. This work discusses this topic and demonstrates that the Netherlands had a well-grounded opportunity to adopt an autonomous diplomacy towards Japan in order to establish and to expand its influence and interests there.

5. The difficulties of adopting Dutch diplomacy towards Japan – the confrontation between the Minister of Colonial Affairs and the Governor-General of the Dutch East Indies.

The Ministry of Colonial Affairs in the Netherlands was ultimately responsible for diplomacy towards Japan. The government of the Dutch East Indies, as an executive organ in the overseas territories, could only deal with commercial matters concerning Japan. The government in Batavia was subordinate to The Hague about political affairs concerning Japan. The Ministry of Colonial Affairs pursued a positive diplomacy towards Japan in the period of Duymaer van Twist as governor-general who, however, had no interest in Japanese affairs and adopted a passive diplomacy towards it. Consequently a confrontation between The Hague and Batavia took place and thereafter Duymaer van Twist resigned. It is noteworthy that the then Minister of Colonial Affairs, Pahud de Montanges, himself became the new governor-general. This fact argues that Japanese affairs were highly important for the Netherlands at that time.

6. The plan to establish a new economic relationship between China (Shanghai) – Japan (Nagasaki) – the Dutch East Indies.

Japan's capital city Edo (present-day Tokyo) was opened to foreigners after its opening. Large Western powers soon established a diplomatic representative here. The Dutch diplomatic agent, however, was based in Nagasaki, which had been the settlement for the Netherlands for a long time. Until now this fact was regarded as evidence that the Netherlands had little concern for Japanese affairs. Moreover it was thought that this kind of Dutch perfunctory and passive diplomatic behavior damaged its interests in Japan. These opinions overlook the Dutch plan at that time to establish a new large market between Shanghai–Nagasaki–the Dutch East Indies. This plan originally resulted from a request from the Japanese government that the Netherlands should take care of conveying Chinese articles to Japan with regularity. Thus this was the Dutch political and economic reason to stay in Nagasaki. While limiting the political struggles among other Western powers, by dint of satisfying the Japanese demands, the Netherlands would establish a new and large market in Asia in the center of its old settlement, Nagasaki, which had a favorable location in view of China and the Dutch East Indies, and strived to maximize its economic profits there.

7. Dejima as a Dutch bonded warehouse

After the Japan-America treaty of 1858 it became more difficult for the Netherlands to exploit its privileges on the basis of its centuries-old special relationship with Japan. In this situation too, however, the Netherlands stuck to its privilege as its vested right to have Dejima as a Dutch bonded warehouse and strived to realize it. This plan resulted from the Japanese concession to the Netherlands in which it could bring articles to Dejima tax-free. The Netherlands would effectively promote Japanese trade and the future large Asian market by exploiting this right. This work sets out this plan in the context of the autonomous and active Dutch diplomacy towards Japan.

8. The triple entente between the Netherlands, England and France – vis-à-vis the U.S.A.

The establishment of the triple entente between the Netherlands, England and France resulted from a Dutch proposal. The Netherlands' aim was that the Japanese affairs would be smoothly managed with the cooperation of these three countries. Thereby the Netherlands did not ask the U.S.A to participate in it. The Netherlands regarded the U.S.A. as a newcomer in Asia that did not respect the Dutch vested position in Japan. The Netherlands, however, recognized that it alone could not oppose the U.S.A., because 'The United States of North America can compare with one of the greatest countries in Europe'. Therefore, the Dutch government invented this skilful and concerted diplomacy with great European powers. Through the fact that the Netherlands wanted to maintain its position in Japan, this study argues that the Netherlands adopted an active diplomacy towards it.

9. The transfer of Japanese affairs from the Ministry of Colonial Affairs to the Ministry of Foreign Affairs

Western powers built a diplomatic and commercial relationship with Japan with the conclusion of the treaty in 1858. Also it was the Ministry of Foreign Affairs that negotiated with a Japanese mission that visited the Netherlands in 1862. Though the Ministry of Colonial Affairs was officially responsible for Japanese affairs, the relationship with other countries concerning Japanese affairs became so close that the Ministry of Foreign Affairs took it over. In principle the reason why it was preferable for the Ministry of Foreign Affairs to deal with Japanese affairs was because its relation with Japan became the interest not of the Dutch East Indies but of the Netherlands. The Ministry of Colonial Affairs adopted an active diplomacy towards Japan. After this transfer too, the Ministry of Colonial Affairs cooperated with the Ministry of Foreign Affairs to deal with Japanese affairs in order to maintain its influence in relations with Asia. However, the Ministry of Foreign Affairs had little interest in Asian affairs. As a result this ministry got rid of the influence of the Ministry of Colonial Affairs concerning Japanese affairs and adopted a passive policy towards it in view of other large Western powers. This work takes notice of this process and argues how the Dutch autonomous and active diplomacy towards Japan came to an end. By analyzing

primary sources, this work demonstrates that the special relationship between the Netherlands and Japan was completely a thing of the past after this transfer.

10. The motives for Perry's expedition to Japan re-examined

This work is also an attempt to revise previously held understandings of the American intentions behind the opening of Japan. It does so by discussing Commodore Perry's expedition on the basis of unpublished documents of the Department of State and the Department of the Navy in the National Archives (NARA) in the United States.

Scholars have suggested a wide variety of intentions behind the decision to open Japan by the United States. The main ones have been: to protect shipwrecked seamen from American whaling ships active in the Pacific Ocean, to establish a trans-Pacific steamship line, to promote the China trade and to demonstrate the extent of American sea power in Asia to Britain. However, these motives are debatable. Perry took his powerful naval squadron to Japan not via Pacific Ocean, but via the Atlantic and the Cape of Good Hope. Also his achievement in opening Japan with a treaty of amity, as a commercial treaty proved impossible, was not regarded as a success in the estimation of the United States.

The United States enjoyed considerable freedom of action in its own region after it had acquired its independence from the 'Old World'. But it still could not enjoy a similar freedom in Asia, where the Old World continued to exert a strong influence. As a newcomer in Asia, the United States, established commercial relationships through peaceful means in the same places in which the European powers also fostered such relationships. However, subsequent European policies hindered American attempts to continue these relationships. The United States, which was emerging as one of the most powerful countries in the world, was not content with this situation. It felt entitled to the same economic privileges as those granted Europeans.

The United States recognized that it had no political clout in Asia. Therefore, changing its diplomatic approach, it decided to demonstrate its strength by sending a powerful fleet. The aim was to obtain new commercial privileges that were to be shared generously with the other trading nations. This would entitle the United States to the same status as the other Western countries. This idea of a trade-off with the Old World – the United States gaining great power status in Asia in return for its contribution to a common cause – is what drove the Americans to go to Japan in order to open it and to establish a commercial treaty.

Acknowledgements

In this translated and edited JAPANESE version of my doctoral disseretation at Leiden University, I would like to express my deep thanks to Nationaal Archief (NA) and Koninklijke Bibliotheek (KB) at The Hague, Arsip Nasional Republic Indonesia (ANRI), the National Archives (NARA), the Library of Congress and the City College of New York in the United States, the National Archives and the British Library in the United Kingdom, Nuffic, the Canon Foundation in Europe, Stichting Isaac Alfred Ailion Foundation, Schaliger Insitituut at Universiteit Leiden, the Leiden cafés De WW and Catena in the Netherlands.

Also I would like to thank Prof. Dr. Harmen Beukers, Drs. Kasper Ommen in the Scaliger Institute, Prof. Dr. Willem R. van Gulik, Dr. Frans Paul van der Putten in the Netherlands Institute of International Relations Clingendael in The Hague, Kuniko Forrer and Prof. Dr. Matthias Forrer for their research advice and cordial kind support, and Claire Tylor for matters related to the English language.